V&R Academic

Wittener Schriften zu Familienunternehmen

Band 17

Herausgegeben von

Arist von Schlippe und Tom Rüsen

im Wittener Institut für Familienunternehmen (WIFU)

an der Universität Witten / Herdecke

WIFU Wittener Institut für FamilienUnternehmen Universität Witten/Herdecke

Thomas B. Sabel

Private Equity und mittelständische Familienunternehmen

Sichtweise, Akzeptanz und Erfahrungen mittelständischer Familienunternehmen – Eine empirische Untersuchung

Mit zahlreichen Abbildungen

V&R unipress

MIX
Papier aus verantwortungsvollen Quellen
FSC® C083411
www.fsc.org

Bibliografische Information der Deutschen Nationalbibliothek

Die Deutsche Nationalbibliothek verzeichnet diese Publikation in der Deutschen Nationalbibliografie; detaillierte bibliografische Daten sind im Internet über http://dnb.d-nb.de abrufbar.

ISSN 2198-526X
ISBN 978-3-8471-0476-6

Weitere Ausgaben und Online-Angebote sind erhältlich unter: www.v-r.de

Printed in Germany.
Titelbild: Word Cloud »Private Equity«, © mindscanner bei Fotolia
Druck und Bindung: CPI buchbuecher.de GmbH, Zum Alten Berg 24, 96158 Birkach

Gedruckt auf alterungsbeständigem Papier.

„Family firms are important, not only because they make an essential contribution to the economy, but also because of the long-term stability they bring, the specific commitment they show to local communities, the responsibility they feel as owners and the values they stand for."[1]

(Final Report of the Expert Group to the European Commission)

1 Siehe European Commission 2009, S. 4.

Inhalt

Abbildungsverzeichnis

Tabellenverzeichnis

Abkürzungsverzeichnis

Abb.	Abbildung
BVK	Bundesverband Deutscher Kapitalbeteiligungsgesellschaften
DCF	Discounted Cash Flow (Methode zur Unternehmenswertberechnung)
DIHK	Deutscher Industrie- und Handelskammertag
EBIT (DA)	Earnings Before Interest (and) Taxes (Depreciation (and) Amortization)
ESA	Eigenstrukturanalyse
EU	Europäische Union
EVCA	European Private Equity& Venture Capital Association
FAZ	Frankfurter Allgemeine Zeitung
FTD	Financial Times Deutschland
FU	Familienunternehmen
IfM	Institut für Mittelstandsforschung, Bonn
IPO	Initial Public Offering (Börsengang)
KfW	Kreditanstalt für Wiederaufbau
KMU	Kleinere und Mittlere Unternehmen
LBO	Leveraged Buy Out
M& A	Mergers & Acquisitions (Fusionen und Übernahmen)
MBI	Management Buy In
MBO	Management Buy Out
Mio.	Millionen
Mrd.	Milliarden
NIÖ	Neue Institutionenökonomik
PA	Principal Agent (Prinzipal – Agenten Theorie)
PE	Private Equity
PEG	Private Equity Gesellschaft
SWA	Socioemotional-Wealth
Tab.	Tabelle
USD	US Dollar
VC	Venture Capital

Vorwort und Danksagung

Die vorliegende Publikation basiert auf meiner Dissertationsschrift, ist jedoch zum Zwecke der besseren Lesbarkeit an einigen Stellen geändert und gekürzt worden. Meines Erachtens handelt es sich beim Thema Private Equity und Familienunternehmen nicht nur um ein sehr spannendes, sondern auch um ein hochaktuelles Thema, welches in Zukunft noch an weiterer Bedeutung gewinnen wird. Entsprechend sollen die Ergebnisse der durchgeführten Studie und die erkenntnisreichen Erfahrungsberichte der zahlreichen Interviewpartner nicht im Archiv der Universitätsbibliotheken verstauben, sondern dem interessierten Leser leichter zugänglich gemacht werden. Ziel war es, ein Werk zu schaffen, welches auch für Praktiker lesbar ist. Eine sorgfältige wissenschaftliche Herangehensweise an eine Studie ist im Rahmen einer Dissertation unerlässlich, gleichwohl erleichtert eine intensive wissenschaftliche Auseinandersetzung nicht unbedingt den Lesefluss. Entsprechend wurde insbesondere das Kapitel 5 (Methodik der empirischen Untersuchung) gekürzt und überwiegend in den Anhang verschoben. Zudem wurde an verschiedenen Stellen im Text leicht gekürzt, teilweise wurden Formulierungen verändert.

Diese Arbeit mit ihren Erkenntnissen basiert zu weiten Teilen auf den geführten Interviews mit insgesamt 40 Familienunternehmen. Mein herzlicher Dank gilt daher insbesondere allen Gesprächspartnern (Inhabern, Geschäftsführern und ehem. Inhabern mittelständischer Familienunternehmen) für die Bereitschaft zur Teilnahme, die angenehmen, interessanten, lehrreichen und offenen Gespräche und das mir entgegengebrachte Vertrauen. Ohne die Unterstützung dieser Gesprächspartner wäre diese Arbeit nicht möglich gewesen.

Mein weiterer Dank gilt meinem hoch geschätzten Doktorvater Prof. Dr. Arist von Schlippe, meinem Zweitgutacher Prof. Dr. Andreas Hack (Universität Bern) und meinen Mitpromovenden am Lehrstuhl für Familienunternehmen der privaten Universität Witten/Herdecke für regelmäßigen Austausch, Inspiration und Motivation.

Eine berufsbegleitende Promotion ist für alle Involvierten – und nicht nur den Promovenden – eine große Herausforderung. Ganz besonders danke ich daher auch meiner lieben Frau Cathérine, meiner Familie und Freunden sowie meinem Arbeitgeber HSBC für die Unterstützung meines Promotionsvorhabens, das große Verständnis und regelmäßige Motivationshilfen, sowie insbesondere auch meinem Vater, Bruder und Onkel für die Unterstützung im Rahmen des Korrekturlesens.

1 Einleitung

1.1 Einführung, Problemstellung und Zielsetzung

Die deutsche Unternehmenslandschaft besteht ganz überwiegend aus mittelständischen Familienunternehmen. Je nach Definition gelten zwischen 95 % und 99,96 % aller Unternehmen in Deutschland als mittelständische Unternehmen.[2] Sie stellen 70 % (KfW-Definition) bzw. 59,9 % (IfM-Definition) aller Beschäftigten in Deutschland und vereinen etwa 38 % der kumulierten Gesamtumsätze in Deutschland auf sich.[3] Da gemäß einer Studie der *Stiftung Familienunternehmen* der Anteil der familienkontrollierten Unternehmen an allen Unternehmen in Deutschland etwa 92 % beträgt,[4] kann festgehalten werden, dass Familienunternehmen nicht nur den deutschen Mittelstand prägen, vielmehr sind sie der deutsche Mittelstand und damit für die deutsche Volkswirtschaft von herausragender Bedeutung. So wurde beispielsweise das »German Job Miracle« (*New York Times*)[5], der gesamtwirtschaftliche Beschäftigungszuwachs von 1,8 Mio. Erwerbstätigen zwischen 2005 und 2010 in Deutschland, ausschließlich durch mittelständische Unternehmen getragen.[6]

Diese mittelständischen Familienunternehmen stehen in den kommenden Jahren jedoch vor großen Veränderungen. So ermittelte das *IfM* Bonn, dass im Zeitraum 2010–2014 bei etwa 110.000 Unternehmen mit ca. 1,4 Mio. Arbeitnehmern eine überwiegend altersbedingte Nachfolge ansteht.[7] Die *Creditreform Wirtschaftsforschung* geht in einer Studie aus dem Jahr 2009 sogar davon aus, dass bis 2019 bei 44,5 % aller inhabergeführten mittelständischen Unternehmen eine Nachfolge ansteht (ca. 750.000 Unternehmen).[8] Dabei kann eine unzurei-

---

2 Vgl. u. a. KfW 2010, S. 1; IfM 2011; Ackermann 2007, S. 50.
3 Vgl. KfW 2010, S. 1; IfM 2011.
4 Vgl. Stiftung Familienunternehmen 2011, S. 13.
5 Siehe Ewing 2012.
6 Vgl. KfW 2011a, S. 1.
7 Vgl. Hauser et al. 2010, S. 22ff.
8 Vgl. Creditreform 2009, S. 45ff.

chend geregelte Nachfolge zu einem existentiellen Problem für das Unternehmen werden. So sind nach Angaben der *EU-Kommission* 10 % der Insolvenzanträge im Mittelstand innerhalb der EU auf eine schlecht vorbereitete Nachfolge zurückzuführen. Entsprechend sieht die Kommission in der Übergabe von Familienunternehmen an die nächste Generation oder an Dritte eine der größten Herausforderungen für das künftige Wachstum der europäischen Wirtschaft.[9] Sie schätzt, dass in den nächsten zehn Jahren EU-weit bei 690.000 Unternehmen eine Nachfolge ansteht.[10]

Zwar ist für die Familienunternehmer die Beibehaltung der Unabhängigkeit des Unternehmens die höchste Priorität[11] und die deutliche Mehrheit (77 %) wünscht sich eine Weitergabe innerhalb der Familie,[12] da in vielen Fällen jedoch keine Nachfolger gefunden werden können, werden bereits heute mehr als die Hälfte der betroffenen Unternehmen verkauft oder sogar liquidiert, mit steigender – nicht zuletzt der Demographie geschuldeter – Tendenz.[13] Bereits heute sind bei ca. 243.000 Unternehmen die Inhaber 65 Jahre alt oder älter.[14]

Darüber hinaus ist zu erkennen, dass die Finanzmarktkrise und die daraus resultierende Regulierungswelle (u.a. Basel III) massive Auswirkungen auf Banken und damit auch auf die Fremdfinanzierung von Unternehmen haben werden.[15] Die *KfW* warnt in diesem Zusammenhang bereits vor »erheblichen Risiken« für die zukünftige Finanzierung mittelständischer Unternehmen[16] und Experten wie *Hummel*[17] raten dazu, die Finanzierung im Mittelstand auf eine breitere, flexiblere und zukunftsfähigere Basis zu stellen, die eine größere Unabhängigkeit von Banken garantiert. Er konstatiert, dass die »bankengeprägte Finanzierung des Mittelstands strukturell nicht wirklich zukunftssicher ist«[18] und empfiehlt, insbesondere auch alternative Finanzierungsformen wie Private Equity in Betracht zu ziehen.[19]

Für beide Themen könnte Private Equity zumindest teilweise eine Lösung sein, entweder durch die Bereitstellung von Eigenkapital in Form einer Minderheitsbeteiligung oder durch die Mehrheitsübernahme eines Familienunternehmens infolge fehlender Nachfolger. Weltweit betrachtet sind Finanzinves-

9 Vgl. EG 1994, Nr. C 204/1,3.
10 Vgl. European Commission 2006.
11 Vgl. Imap 2008, S. 8.
12 Vgl. PWC 2012b, S. 28.
13 Vgl. Linnemann 2007, S. 16; Müller et al. 2011, S. 146ff.
14 Vgl. Rabsch 2010, S. 16.
15 Vgl. BdB/ DIHK 2011, S. 2ff.; Hartmann 2007, S. 36.
16 Siehe KfW 2011a, S. 2.
17 Prof. Dr. Detlev Hummel ist Inhaber des Lehrstuhls für Finanzierung und Banken an der Universität Potsdam.
18 Siehe Hummel 2012, S. 16.
19 Vgl. Hummel 2012, S. 17.

toren bereits zur zweitstärksten Erwerbergruppe von Familienunternehmen avanciert, auf dem Höhepunkt des Private Equity Booms 2006 entfiel mehr als jede vierte globale Unternehmensübernahme (26 %) auf einen Finanzinvestor.[20] Zudem sehen 90 % der deutschen PE Gesellschaften den Kauf von Familienunternehmen in Form einer Mehrheitsbeteiligung als primäre Deal Quelle an.[21] Darüber hinaus sind viele Private Equity Gesellschaften – entweder aus strategischen Gründen oder aus Gründen mangelnder Finanzierbarkeit großer Übernahmen – auch dazu bereit, lediglich Minderheitsbeteiligungen an mittelständischen Unternehmen einzugehen.[22] Letzteres ist in Zeiten von Basel III und mit Blick auf die – im weltweiten und europäischen Vergleich immer noch unterdurchschnittliche – Eigenkapitalquote mittelständischer Unternehmen in Deutschland[23] ein nicht zu unterschätzender Aspekt, der bei den meisten Familienunternehmen jedoch bislang keine größere Beachtung findet, wie die *KfW* in einer Publikation aus dem Jahr 2010 bestätigt:

> »Der Beteiligungskapitalmarkt ist im traditionell bankenorientierten deutschen Finanzsystem jedoch nicht sehr entwickelt und hat sich nach dem Einbruch des New Economy Booms nach der Jahrtausendwende noch nicht erholt. So sind Beteiligungskapitalfinanzierungen in Deutschland auch im internationalen Vergleich eher selten.«[24]

Tatsächlich besteht bei den meisten Familienunternehmen eine regelrechte Private Equity Vermeidungsstrategie wie *Poutziouris* feststellt:

> »There appears to be an aversion to institutional finance and, in particular, external equity. This antipathy to external, long-term finance [...] is particularly strong in family companies.«[25]

Dies gilt sowohl für einen möglichen Verkauf ihres Unternehmens als auch für eine Minderheitsbeteiligung. So gaben etwa in einer *PWC*-Studie aus dem Jahr 2010 nur 15 % der befragten Familienunternehmer an, dass sie sich den Verkauf ihres Unternehmens an einen Finanzinvestor vorstellen könnten.[26] Eine *Imap* Studie aus dem Jahr 2008 zeigt ebenfalls für den Fall eines Verkaufs eine klare Präferenz für strategische Investoren aus dem In- und Ausland (69 %). Hier

20 Vgl. Tschöke/ Klemen 2010, S. 86.
21 Vgl. PWC 2012a, S. 27.
22 Vgl. Achleitner et al. 2008c, S. 36; Platt 2008, S. 5; Alloway/ Wigglesworth 2011;Talmor/ Vasvari 2011, S. 6ff.Zudem gehen in einer PWC-Studie 59 % der befragten PEG von schlechteren Finanzierungsmöglichkeiten in der Zukunft aus, was den Trend zu Minderheitsbeteiligungen verstärken sollte (vgl. PWC 2012a, S. 25).
23 Vgl. Trautvetter 2011, S. 10; Ackermann 2007, S. 50; sowie KfW 2011a, S. 38.
24 Siehe Zimmermann 2010, S. 149.
25 Siehe Poutziouris 2001, S. 281.
26 Vgl. PWC 2010, S. 17.

würden nur 11 % der Befragten den Verkauf an einen Finanzinvestor in Betracht ziehen.[27]

Dies gilt in vergleichbarem Maße für Private Equity Minderheitsbeteiligungen. So lehnten in einer Umfrage der Unternehmensberatung *Weissmann & Cie* aus dem Jahr 2007 82 % der 500 befragten Familienunternehmen den Einstieg von Private Equity Gesellschaften in ihr Unternehmen ab.[28] Zu nahezu identischen Ergebnissen kommt auch eine aktuellere *PWC*-Studie aus dem Jahr 2011: 81 % der befragten mittelständischen Unternehmen können sich ein Engagement von Private Equity Gesellschaften in ihrem Unternehmen nicht vorstellen.[29] Dies führt dazu, dass der Anteil von Private Equity Beteiligungen in Deutschland – insbesondere auch im europäischen Vergleich – stark unterdurchschnittlich ausgeprägt ist. So ermittelt *PWC* in einer repräsentativen Studie bei einer Stichprobengröße von 533 befragten mittelständischen Unternehmen nur einen Anteil von 1 % mit einem Private Equity Engagement.[30] Wenngleich andere Autoren in ihren Studien auf leicht höhere Prozentzahlen kommen, so etwa *Achleitner et al.*, die bei einer Stichprobengröße von 237 Unternehmen einen Anteil von 7 % ermitteln,[31] ebenso wie *Espel* (7 % bei einer Stichprobengröße von 281),[32] kann dennoch konstatiert werden, dass die Verbreitung von Private Equity im deutschen Mittelstand sehr schwach ausgeprägt ist. Dies belegt auch ein Blick auf die absoluten Zahlen: Obwohl es in Deutschland etwa 3,6 Mio. Unternehmen gibt,[33] gehören nur 6.593 dieser Unternehmen zu den Portfolios verschiedener nationaler wie internationaler Private Equity Häuser.[34] Selbst bei Herausrechnung aller Kleinst- und Kleinunternehmen mit bis zu 9 Beschäftigten, verbleiben ca. 312.000 Unternehmen mit mindestens 10 Mitarbeitern.[35] Der Anteil von Unternehmen im Besitz von Private Equity Gesellschaften beträgt entsprechend in Deutschland gerade einmal 2,1 % (bezogen auf Unternehmen ab 10 Mitarbeitern).[36]

Obwohl Deutschland, gemäß einer aktuellen *PWC*-Studie, in Westeuropa aus Sicht der Private Equity Gesellschaften mit 17 % als der attraktivste Investitionsstandort gilt (*sic!*) und damit deutlich vor anderen europäischen Kernländern wie Großbritannien (6 %) oder Italien (5 %) liegt,[37] zeigt ein Vergleich mit

27 Vgl. Imap 2008, S. 8.
28 Vgl. Dierig 2007.
29 Vgl. PWC 2011, S. 24.
30 Vgl. PWC 2011, S. 24.
31 Vgl. Achleitner et al. 2008a, S. 27.
32 Vgl. Espel 2008, S. 139.
33 Vgl. hierzu und im Folgenden: Statistisches Bundesamt 2011.
34 Vgl. Die Bank 05/2010, S. 6.
35 Vgl. Statistisches Bundesamt 2011.
36 Eigene Berechnung.
37 Vgl. PWC 2012a, S. 33.

den anderen europäischen Ländern, dass Private Equity in Deutschland bislang unterrepräsentiert ist. So entfielen beispielsweise von 41,1 Mrd. EUR, die von Private Equity Gesellschaften in Europa im Jahr 2010 investiert wurden, nur 4,7 Mrd. EUR auf Deutschland.[38] Dies entspricht einem Anteil von 11,4 %. Hingegen betrug der Anteil Deutschlands als größte Volkswirtschaft Europas am europäischen Bruttoinlandsprodukt 18,2 %. Während PE Investments insgesamt 0,31 % des europäischen BIP ausmachten, waren es in Deutschland nur 0,19 % (Anteil am deutschen BIP). Damit liegt Deutschland auf dem Niveau von Ländern wie Polen (0,19 %) oder Bulgarien (0,23 %), aber deutlich hinter anderen großen Volkswirtschaften wie Großbritannien (0,75 %), Frankreich (0,33 %) und Spanien (0,28 %).[39]

Eine auch aus volkswirtschaftlicher Sicht bemerkenswerte Entwicklung. So ermittelte etwa *Meyer*, dass Länder mit einem höheren Anteil an Private Equity Investitionen durchschnittlich höhere Wachstumsraten aufweisen können.[40]

Eine reine Betrachtung der Zahlen insbesondere auch im europäischen Kontext legt dementsprechend den Schluss nahe, dass sich Private Equity in Deutschland bislang nicht durchgesetzt hat, obwohl Deutschland im Fokus der Branche steht.[41] Die Gründe hierfür scheinen daher eher bei den mittelständischen (Familien-) Unternehmen zu liegen. So weist etwa *Espel* in einer empirischen Studie nach, dass alle sog. sozialen Normträger eines Familienunternehmens, mit denen beispielsweise die Familie, die Belegschaft, die Hausbank, der Steuerberater und die Finanzabteilung des Unternehmens gemeint sind, einer Beteiligungsfinanzierung ablehnend gegenüberstehen; am stärksten ist die Ablehnung dabei innerhalb der Familie und der Belegschaft ausgeprägt.[42]

Das Problem scheint in der Andersartigkeit von Familienunternehmen und Private Equity Gesellschaften begründet zu sein, von *Achleitner* und *Poech* auch als »Zwei-Welten-Problem« bezeichnet.[43]

In der vorliegenden Arbeit soll entsprechend die Einstellung, Wahrnehmung und Akzeptanz mittelständischer Familienunternehmen zu bzw. von Private Equity als Finanzierungs- und Nachfolgeinstrument und den hierfür als Intermediär fungierenden Private Equity Gesellschaften genauer erforscht werden. Dabei soll die Sichtweise von Familienunternehmen ohne Private Equity der von Familienunternehmen mit Private Equity Erfahrung gegenübergestellt werden und die Erfahrungswerte von Familienunternehmen mit Private Equity überprüft werden. Da es jedoch einen augenscheinlichen Unterschied zwischen

38 Vgl. EVCA 2011, S. 194ff.
39 Vgl. EVCA 2011, S. 38.
40 Vgl. Meyer 2006b, S. 61ff.
41 Vgl. PWC 2012a, S. 33ff.
42 Vgl. Espel 2008, S. 143.
43 Vgl. Achleitner/ Poech 2005, S. 4.

Private Equity Gesellschaften gibt, die bereit sind, Minderheitsbeteiligungen einzugehen, und jenen, die als klassische Private Equity Gesellschaft lediglich auf Mehrheitsübernahmen fokussiert sind[44] und entsprechend anders mit dem übernommenen Unternehmen umgehen, sollen in dieser Arbeit fallbasiert auch erfolgte Übernahmen von Familienunternehmen durch Private Equity Gesellschaften aus der ex-post Sicht der Familienunternehmer dargestellt werden.

1.2 Vorgehensweise und Methodik

Die vorliegende Arbeit geht nach dem Forschungsprinzip des theoriegeleiteten Empirismus vor und bedient sich dabei eines Methodenmix aus qualitativen und quantitativen Forschungsmethoden. Dieser Methodenmix ermöglicht die Betrachtung der Forschungsfragen aus verschiedenen Perspektiven und gestattet so eine holistische Herangehensweise im Sinne eines Erkenntnisgewinns in einem bislang noch relativ wenig erforschten Themengebiet.[45] Insgesamt wurden hierfür 40 Interviews mit Familienunternehmen und ehemaligen Familienunternehmen bzw. deren Inhabern deutschlandweit durchgeführt. Davon verfügten 20 Familienunternehmen über keinerlei eigene Private Equity Erfahrung, während die weiteren 20 Familienunternehmen über direkte Erfahrung mit Private Equity verfügten, in 14 Fällen in Form einer Minderheitsbeteiligung und in sechs Fällen durch den vollständigen Verkauf des Unternehmens an eine Private Equity Gesellschaft. In diesen Fällen wurden die Gespräche mit den Verkäufern, den ehemaligen Familienunternehmern geführt und zusätzlich in Form eines fallbasierten Erfahrungsberichts in diese Arbeit mitaufgenommen.

Im Rahmen der Interviews wurde die Repertory Grid Methode (RGM) als Interviewtechnik eingesetzt, ergänzt durch einen semi-strukturierten Fragebogen zum weiteren Erkenntnisgewinn. Bei der Repertory Grid Methode handelt es sich um eine spezielle Interviewtechnik, die auf der Grundlage der Personal Construct Theory von *George A. Kelly*[46] entwickelt wurde.[47] Dieser Teil der Interviews wurde mit der Interviewsoftware Sci:vesco der Firma elements and constructs GmbH & Co. KG erfasst und ausgewertet.[48] Die Ergebnisse des semi-strukturierten Fragebogens werden zum einen anhand der Verteilung der Antworten graphisch durch Charts und Diagramme dargestellt und darüber hinaus mittels anonymisierter Zitate der Befragten näher erklärt. Ergänzend und zur

44 Vgl. hierzu u. a. Achleitner et al. 2008c, S. 36; sowie Kap. 2.3.2.
45 Vgl. Tomczak 1992, S. 77 ff.
46 George Alexander Kelly war ein US-amerikanischer Psychologe (1905–1967).
47 Vgl. Kelly 1991; sowie Scheer/ Catina 1993, S. 8.
48 Der Verfasser bedankt sich an dieser Stelle bei der Firma »elements and constructs« für das freundliche Entgegenkommen bei der Nutzung ihrer Software.

besseren Veranschaulichung werden zudem - entwickelt aus einzelnen Interviews und in der Form von Erfahrungsberichten - sechs Verkaufstransaktionen und zwei Minderheitsbeteiligungen im Verlauf der Arbeit näher vorgestellt.

2 Theoretische Grundlagen

2.1 Mittelständische Familienunternehmen

2.1.1 Definition Familienunternehmen

Die Definition von Familienunternehmen variiert, abhängig vom Ansatz wie von der Sichtweise in Wissenschaft und Praxis zum Teil stark. *Zeitel* weist bereits 1979 über 200 verschiedene Definitionen nach.[49] Insbesondere ist strittig, ob alleine der maßgebliche Einfluss einer Familie auf ein Unternehmen als Kriterium herangezogen werden kann oder ob ein gewisser Prozentsatz der Anteile im Familienbesitz liegen muss. So sind für *Wimmer et al.* alle Unternehmen Familienunternehmen, die unter dem »bestimmenden Einfluss einer Familie bzw. eines Familienverbandes« stehen.[50] Eine Familie kann dabei definiert werden als »eine Gruppe von Menschen, die in einem direkten verwandtschaftlichen Verhältnis zueinander stehen und die von einer definierten Ursprungsehe abstammen, sowie deren Ehepartner.«[51] Der bestimmende Einfluss kann zudem durchaus unterschiedlich aussehen und in verschiedenen Rollen ausgeübt werden (z. B. Geschäftsführung, Gesellschafterversammlung, Aufsichtsrat) und ist zumeist, allerdings nicht notwendigerweise, mit einer Mehrheitsbeteiligung am Unternehmen verbunden.[52]

Hingegen fordert *Voigt*, dass mindestens eine Familie das maßgebliche Stimmrecht auf der Anteilseignerseite hat. In der Regel ist hierfür eine Stimmenmehrheit von 50,1 % notwendig. Wesentlich sei nicht die Kapitalmehrheit, sondern lediglich die Stimmenmehrheit,[53] und *Gratz* sieht als charakteristisch für ein Familienunternehmen an, dass die Mehrheit der Gesellschafter in »ver-

---

49 Vgl. Zeitel 1979, S. 3

50 Siehe Wimmer et al. 2005, S. 18.

51 Siehe Klein 2010, S. 18.

52 Vgl. Wimmer et al. 2005, S. 18.

53 Vgl. Voigt 1990, S. 13.

wandtschaftlichen Beziehungen zueinander stehen.«[54] *Kormann* betont sogar die verwandtschaftliche Nähe zum Unternehmensgründer. So sei entscheidend, dass die Trägerschaft des Unternehmens bei einer oder mehreren natürlichen Personen liegt, die »in einer persönlichen Beziehung zu dem Unternehmen stehen, vermittelt zumeist durch das Verwandtschaftsverhältnis zu dem oder einem der Unternehmens-gründer.«[55]

Die in der Öffentlichkeit weit verbreitete Meinung, dass es sich bei einem Unternehmen dann um ein Familienunternehmen handelt, wenn ein oder mehrere Familienmitglieder der Gründerfamilie in der Unternehmensführung engagiert sind, wird wissenschaftlich zumeist als ein fakultatives und keineswegs notwendiges Merkmal angesehen.[56]

Auch die *Stiftung Familienunternehmen* definiert in einer Studie gemeinsam mit dem Institut für Mittelstandsforschung Familienunternehmen über die Stimmenmehrheit, wobei »maximal drei natürliche Personen mindestens 50 % des stimmberechtigten Kapitals (oder entsprechender Kontrollrechte) des Unternehmens halten.«[57] Sind mehr als drei natürliche Personen als Gesellschafter vorhanden, so kann davon ausgegangen werden, dass es sich um ein Familienunternehmen handelt, wenn »mindestens zwei dieser Personen den gleichen Nachnamen führen.«[58]

Im Rahmen dieser Arbeit soll der Definition des *Instituts für Familienunternehmen* an der Universität Witten/Herdecke gefolgt werden, das Familienunternehmen definiert als ein »Unternehmen im Eigentum einer Familie oder eines Familienverbandes,« bei dem die Familie »einen bestimmenden Einfluss auf die Entwicklung des Unternehmens ausübt.«[59] Bestimmend meint hier, dass die Familie in der Lage sein muss, »die maßgeblichen Entscheidungen im Unternehmen zu bestimmen, um das Unternehmen nach innen und außen zu prägen.«[60] Eine solche Prägung kann sich an der Art und Qualität der Unternehmenskultur, der Personalpolitik oder der langfristigen – zumeist auf den Erhalt des Unternehmens ausgelegten – Planung zeigen.[61] Eine notwendige Bedingung ist zudem die Beteiligung der Familie am Eigenkapital.[62]

Somit lässt diese Definition auch zu, dass ein Unternehmen durch Kauf seitens einer Familie – und nicht nur durch deren Gründung – zu einem Famili-

54 Siehe Gratz 1997, S. 1.
55 Siehe Kormann 2005, S. 2.
56 Vgl. Kormann, 2005, S. 3.
57 Siehe Stiftung Familienunternehmen 2007, S. II.
58 Ebd.
59 Siehe von Schlippe et al. 2007b, S. 4; vgl. auch Wimmer et al. 2005, S. 18; Klein 2010, S. 18.
60 Siehe von Schlippe et al. 2007b, S. 4.
61 Vgl. Simon 2002, S. 8
62 Vgl. Klein 2010, S. 18.

enunternehmen werden kann. Insgesamt ist die verwendete Definition des »bestimmenden Einflusses« demnach bewusst breit gefasst, um dem großen Spektrum an Familienunternehmen in Deutschland Rechnung zu tragen. Im Rahmen eines Forschungsprojekts ist es jedoch bisweilen schwierig, den bestimmenden Einfluss einer Familie zu ermitteln. Im Zweifelsfall wurde daher unterstellt, dass ein maßgeblicher Einfluss geltend gemacht werden kann, wenn mindestens ein Familienmitglied eine Führungstätigkeit im Unternehmen ausübt oder im Rahmen einer Beirats-, Aufsichtsrat oder Gesellschafterversammlung Entscheidungs- und Kontrollrechte wahrnimmt.[63]

2.1.2 Definition Mittelstand

Wie für Familienunternehmen, so gibt es auch für den Begriff »Mittelstand« keine einheitliche Definition. Vielmehr gibt es sehr unterschiedliche Ansichten darüber, welche Unternehmen noch zum Mittelstand gerechnet werden können, und welche bereits zu groß sind.

Die Europäische Union zählt alle Unternehmen mit einem Jahresumsatz von maximal 50 Mio. EUR oder einer Bilanzsumme von 43 Mio. EUR sowie maximal 249 Beschäftigen zum Mittelstand, sofern diese Unternehmen nicht zu 25 % im Besitz eines oder mehrerer Unternehmen stehen.[64] Alle Unternehmen mit mehr als 250 Mitarbeitern sind gemäß EU-Definition Großunternehmen. Damit richtet sich die EU bei ihrer Festlegung nach der Mehrzahl ihrer Mitgliedsländer, die ähnliche Größeneinteilungen haben. In Deutschland werden jedoch traditionell auch größere Unternehmen noch zum Mittelstand gezählt. So sind für das *Institut für Mittelstandsforschung Bonn (IFM)* alle Unternehmen zum Mittelstand zugehörig, die unabhängig sind und bis zu 499 Mitarbeiter haben und bis unter 50 Mio. EUR Umsatz erzielen.[65] Dabei setzt sich der Mittelstand aus kleinen (bis 9 Beschäftigte und bis unter 1 Mio. EUR Umsatz) und mittleren Unternehmen (bis 499 Beschäftigte und bis unter 50 Mio. EUR Umsatz) zusammen (KMU). Im Übrigen fällt auf, dass bevölkerungsstarke Länder wie Deutschland, Frankreich oder Italien prinzipiell höhere Grenzwerte festgelegt haben (meist 500 Beschäftigte), als dies in kleineren Ländern wie Belgien, Niederlande oder Dänemark der Fall ist. Hier werden Unternehmen lediglich dann als mittelständisch eingestuft, wenn sie höchstens 100 Beschäftige aufweisen.[66]

In wissenschaftlichen Arbeiten werden die Schwellen hingegen oftmals höher

63 Vgl. Stiftung Familienunternehmen 2011, S. 5; European Commission 2009, S. 10 Abs. 3.
64 Vgl. Amtsblatt der Europäischen Gemeinschaft Nr. L 222 vom 14.08.1978, S. 11; zuletzt geändert durch Amtsblatt Nr. L 283 vom 27.10.2001, S. 28.
65 Vgl. Günterberg/ Wolter 2002, S. 15ff.
66 Vgl. Günterberg/ Wolter 2002, S. 16.

angesetzt, als dies bei der EU-Definition der Fall ist.[67] Zumeist wird dann von großen mittelständischen Unternehmen oder auch vom gehobenen Mittelstand gesprochen.[68] Hierunter werden Unternehmen ab 50 Mio. EUR Umsatz mit bis zu 500 Mio. EUR Umsatz subsumiert.[69] *Dill* stellt hierzu fest, dass im Zusammenhang mit Private Equity Finanzierungen insbesondere mittelständische Unternehmen ab einem Umsatz von 50 Mio. EUR interessant sind, da hierdurch »die Transaktionskosten auf ein größeres Investitionsvolumen umgelegt werden können.«[70]

Auch die *Kreditanstalt für Wiederaufbau (KfW)*[71] betrachtet alle Unternehmen mit einem Jahresumsatz von bis zu 500 Mio. EUR (ohne Limitierung der Beschäftigtenzahl) als mittelständische Unternehmen und hat dementsprechend ihre Förderrichtlinien für den Mittelstand auf diese Größenordnung ausgerichtet.[72]

Insbesondere mit Blick auf Familienunternehmen räumt ebenfalls das *IfM* ein, dass »Familienunternehmen allein von ihrem Selbstverständnis her, häufig aber auch aufgrund ihres Verhaltens am Markt, zum Mittelstand gehören, wenngleich sie die rein quantitativ ausgerichtete, statistische Größenbegrenzung mitunter überschreiten. [...] Gerade unter den industriellen Familienunternehmen gibt es viele, die mehr Mitarbeiter beschäftigen, gleichwohl aber wie ein typisches mittelständisches Unternehmen geführt werden und agieren.«[73]

Für die vorliegende Arbeit soll daher, insbesondere da der deutsche Markt in der Untersuchung eine große Rolle spielt und das Hauptaugenmerk auf Familienunternehmen liegt, die folgende Mittelstands-Definition der KfW übernommen werden, wonach alle Unternehmen mit bis zu 500 Mio. EUR Umsatz und beliebiger Beschäftigtenzahl zum Mittelstand zu zählen sind:

> »Grundgesamtheit des KfW-Mittelstandspanels sind alle Unternehmen des Mittelstands in Deutschland. Diese definieren sich als private Unternehmen sämtlicher Wirtschaftszweige, deren jährlicher Umsatz die Grenze von 500 Mio. EUR nicht übersteigt. Ausgeschlossen sind der Öffentliche Sektor, Banken und Non-Profit Organisationen.«[74]

---

67 Vgl. zur grundsätzlichen Definitions- und Abgrenzungsproblematik auch: Wolter/ Hauser (IfM) 2001, S. 27ff.

68 Vgl. Weilep 2004, S. 2.

69 Vgl. Bechtold 2002, § 4 Rn. 4.; Vgl. Poech/ Achleitner/ Burger-Calderon 2005, S. 289; sowie Weilep 2004, S. 2.

70 Siehe Dill 2008, S. 27.

71 Die KfW als Bank der öffentlichen Hand, die dem Staat und den Ländern gehört, hat (unter anderem) die Förderung des Mittelstands als expliziten Auftrag. Sie verfügt sogar über einen eigenen Mittelstandsrat (Vorsitzender ist der Bundeswirtschaftsminister).

72 Vgl. KFW 2010, S. 1; sowie KfW et al. 2010b, S. 171.

73 Siehe Kayser/ Wallau (IfM) 2003, S. 10.

74 Siehe KfW et al. 2010b, S. 171.

2.1.3 Mittelstand und Familienunternehmen in Deutschland

Die deutsche Wirtschaft basiert auf mittelständischen Unternehmen. Gemäß Angaben des statistischen Bundesamts (2011) gab es im Jahr 2008 genau 3.636.495 Unternehmen in Deutschland.[75] Davon war der Großteil Kleinst- und Kleinunternehmen mit bis zu 9 Beschäftigten (91,4 %). Weitere 245.833 Unternehmen (6,8 %) fielen in die Klasse der 10 bis 49 Beschäftigten, 53.903 Unternehmen (1,5 %) verfügten über 50 bis 249 Beschäftigte und 11.978 Unternehmen (0,3 %) beschäftigten 250 oder mehr Mitarbeiter (vgl. Abbildung 1).

Unter Verwendung der KfW Mittelstandsdefinition gehören 99,6 % aller Unternehmen in Deutschland zum Mittelstand.[76] Hiervon erzielen knapp 86 % der Unternehmen einen Jahresumsatz von bis zu 1 Mio. EUR und nur 0,4 % der mittelständischen Unternehmen erwirtschaftet über 50 Mio. EUR Umsatz pro Jahr (vgl. Abbildung 1). Nach Branchen betrachtet, können etwa drei Viertel der mittelständischen Unternehmen der Dienstleistungsbranche zugerechnet werden. Der höchste Anteil (29,2 %) entfällt dabei auf die sog. unternehmensnahen Dienstleistungen. Hingegen sind nur knapp 8 % der KMU im verarbeitenden Gewerbe tätig.[77]

Die große Mehrheit dieser mittelständischen Unternehmen sind Familienunternehmen. Nach Berechnungen des *ZEW* im Auftrag der *Stiftung Familienunternehmen* handelt es sich bei 92 % aller aktiven Unternehmen in Deutschland um familienkontrollierte Unternehmen;[78] sie stellen mit 13,8 Mio. Beschäftigten 56 % der Gesamtbeschäftigen in Deutschland und vereinen 48 % der Gesamtumsätze auf sich, im Mittel erzielen sie einen Umsatz von 350 TEUR (Median) und beschäftigen 5,8 Mitarbeiter.[79] Prozentual gesehen ist der Anteil der familienkontrollierten Unternehmen in den fünf neuen Bundesländern mit jeweils 95 % am höchsten, absolut gesehen gibt es die meisten Familienunternehmen in Nordrhein-Westfalen, Bayern und Baden-Württemberg.[80] Insbesondere bei den Kleinst- und Kleinunternehmen handelt es sich fast ausschließlich um Familienunternehmen; entsprechend sind die Branchen, bei denen diese Kleinstunternehmen überwiegend vorkommen, überproportional von Familienunternehmen dominiert, u. a. das Gastgewerbe mit einem Anteil

75 Vgl. hierzu und im Folgenden: Statistisches Bundesamt 2011.

76 Vgl. hierzu und im Folgenden: KfW 2010, S. 1; vgl. auch IfM 2011.

77 Vgl. KfW 2010, S. 1.

78 Vgl. Stiftung Familienunternehmen 2011, S. 13ff.; hiervon abweichend zählt das IfM Bonn 95,1 % aller Unternehmen zu den Familienunternehmen (vgl. IfM Bonn 2007, S. VIII).

79 Vgl. Stiftung Familienunternehmen 2011, S. 13ff. Das ZEW geht dabei von 2,84 Mio. aktiven Unternehmen in Deutschland aus (im Vergleich zu o. a. 3,6 Mio. des statistischen Bundesamts) und unterscheidet zwischen familienkontrollierten (2,60 Mio. bzw. 92 %), nominellen (2,2 Mio./ 77 %) und eigentümergeführten Familienunternehmen (2,54 Mio. / 89 %).

80 Vgl. Stiftung Familienunternehmen 2011, S. 17.

von 98 % familienkontrollierter Unternehmen, sowie die Baubranche (97 %) und der Handel (95 %); im Bergbau (68 %) und der Energie- und Wasserversorgung (65 %) ist der Anteil der familienkontrollierten Unternehmen hingegen deutlich geringer.[81] Familienunternehmen stellen damit die Regel und nicht die Ausnahme der deutschen Wirtschaft dar.[82] Auffällig ist jedoch: Je größer die Unternehmen sind, desto größer ist auch der Anteil von Nicht-Familienunternehmen. Ab einem Umsatz von 50 Mio. EUR beträgt der Anteil von Familienunternehmen nur noch 46 %[83] und von den Unternehmen mit 500 oder mehr Mitarbeitern sind laut *Stiftung Familienunternehmen* nur 27 % familienkontrolliert.[84] Zu diesen Unternehmen zählen jedoch auch zahlreiche bekannte und global agierende Konzerne und Unternehmensgruppen wie etwa Aldi, Bertelsmann, Dr. Oetker, Tchibo, Boehringer-Ingelheim, Haniel, Henkel oder Tengelmann.[85] Insgesamt beschäftigen die 500 größten deutschen Familienunternehmen etwa 4,5 Mio. Mitarbeiter und erwirtschaften einen kumulierten Umsatz von knapp 900 Mrd. EUR. Auch volkswirtschaftlich sind sie von sehr großer Bedeutung für Deutschland. So erreichten sie zwischen 2006 und 2010 einen Beschäftigungszuwachs im Inland von 9 %, während hingegen die deutschen DAX-Konzerne (abzüglich der vier im DAX gelisteten Familienunternehmen[86]) als Vergleichsgruppe die Inlandsbeschäftigung um 7 % reduzierten.[87]

Auch weltweit sind Familienunternehmen die vorherrschende Unternehmensform. *Lank* geht davon aus, dass 75 % der Unternehmen in Großbritannien, 80 % in Spanien, über 90 % in Schweden und sogar 99 % der Unternehmen in Italien Familienunternehmen sind.[88] Europaweit sind es etwa 85 %[89] und in den USA ca. 90 %.[90]

81 Vgl. Stiftung Familienunternehmen 2011, S. 18; S. 25.
82 Vgl. Kormann 2005, S. 8.
83 Gem. IfM Bonn hingegen nur ein Drittel (vgl. IfM Bonn 2007, S. VIII.; vgl. zu diesem Thema auch Klein 2010, S. 51).
84 Vgl. Stiftung Familienunternehmen 2011, S. 18.
85 Vgl. Linnemann 2007, S. 6; vgl. hierzu auch von Schlippe/ Groth 2007c, S. 16.
86 Beiersdorf, Henkel, Metro und Merck.
87 Vgl. Stiftung Familienunternehmen 2011, S. 1.
88 Vgl. Lank 1993.
89 Die Europäische Kommission schätzt den Anteil hingegen nur auf über 60 % (vgl. European Commission 2009, S. 8.)
90 Eine gute Übersicht liefern u.a. Upton/ Petty 2000, S. 28.

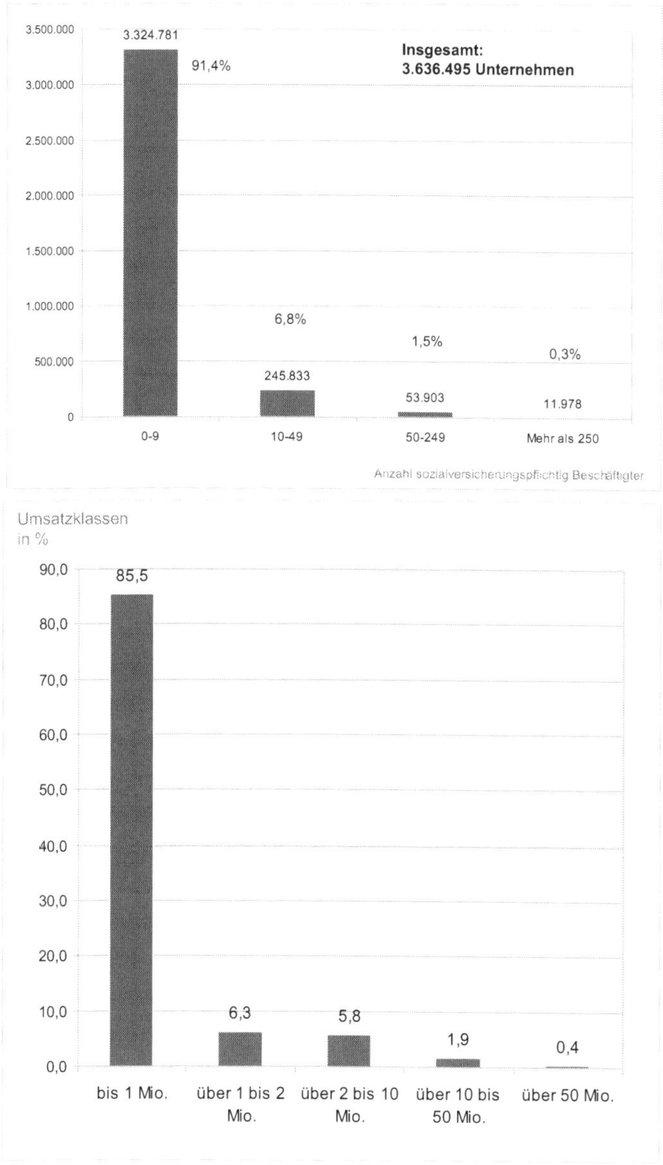

Abbildung 1: Anzahl der Unternehmen in Deutschland im Jahr 2008 nach Beschäftigtengrößenklassen[91] sowie Aufteilung des Mittelstands nach Umsatz (in Mio. EUR)[92]

91 Eigene Darstellung in Anlehnung an Statistisches Bundesamt 2011.

92 Eigene Darstellung in Anlehnung an KfW 2010, S. 1.

2.2 Akquisitionen und Beteiligungen

2.2.1 Begriffsabgrenzung

Im alltäglichen Sprachgebrauch wird die Unternehmensübernahme oder Akquisition oftmals unter dem Sammelbegriff M&A subsumiert. M&A ist jedoch die Abkürzung für Mergers & Acquisitions und steht als solche für sehr viel mehr als nur die reine Übernahme eines anderen Unternehmens. So zählen für *Balz* neben Fusionen (Mergers) und Akquisitionen ebenso auch Restrukturierungsmaßnahmen eines Unternehmens z. B. durch Rechtsformwechsel oder Ausgliederung (Spin-off), strategische Allianzen, Joint-Ventures, Beteiligungen und bestimmte Kapitalmarkttransaktionen wie Rückzug (Going Private) oder Börsengang (IPO) zum Oberbegriff M&A.[93]

Im Rahmen des in dieser Arbeit untersuchten Forschungsgebiets liegt der Schwerpunkt jedoch ausschließlich auf Beteiligungen sowie Gesamtunternehmensübernahmen durch Externe (hier Private Equity Gesellschaften) im Sinne von Akquisitionen. Eine Akquisition ist dabei nach *Pausenberger* der »Erwerb von Verfügungsrechten über bestehende Faktorkombinationen«,[94] häufig differenziert zwischen Share Deal und Asset Deal.[95] Der Share Deal bezeichnet den Kauf von Gesellschaftsanteilen an Kapitalgesellschaften und ist – sofern weniger als 100 % erworben wurden – als Beteiligung zu betrachten. Eine Beteiligung erhält für *Busse v. Colbe* den Charakter einer Akquisition, wenn sie dem Akquirierenden die Möglichkeit eröffnet, unternehmerische Grundsatzentscheidungen ohne die Zustimmung der verbleibenden Anteilseigner durchsetzen zu können.[96] Je nach Lehrmeinung[97] entspricht dies einem prozentualen Anteil am Unternehmen von 50,1 % oder 75,1 %. Ein Asset Deal (Vermögensübertragung) hingegen bezeichnet den Erwerb von Vermögensgesamtheiten, also aller »wesentlichen, d. h. für die Erfüllung der wirtschaftlichen Zweckbestimmung unabdingbaren Vermögensgegenstände des Betriebes.«[98] Übernahmen von Gesellschaften bürgerlichen Rechts bzw. Personengesellschaften lassen sich grundsätzlich nur als Asset Deal realisieren, da eine Übertragung der Gesellschafterstellung ohne gleichzeitigen Transfer des Gesellschaftsvermögens bei diesen Rechtsformen nicht möglich ist.[99] Auch Teilübernahmen, also der Erwerb

93 Vgl. Balz 2003, S. 12.
94 Siehe Pausenberger 1989, S. 18.
95 Vgl. Dabui 1998, S. 12.
96 Vgl. Busse v. Colbe 1974, S. 530ff.
97 Vgl. hierzu: Schmusch 1998, S. 10.
98 Siehe Gerpott 1993, S. 29.
99 Vgl. Klunzinger 1990, S. 37.

organisatorisch geschlossener und rechtlich unselbstständiger Teileinheiten von Unternehmen, sind im Rahmen eines Asset Deals möglich.[100]

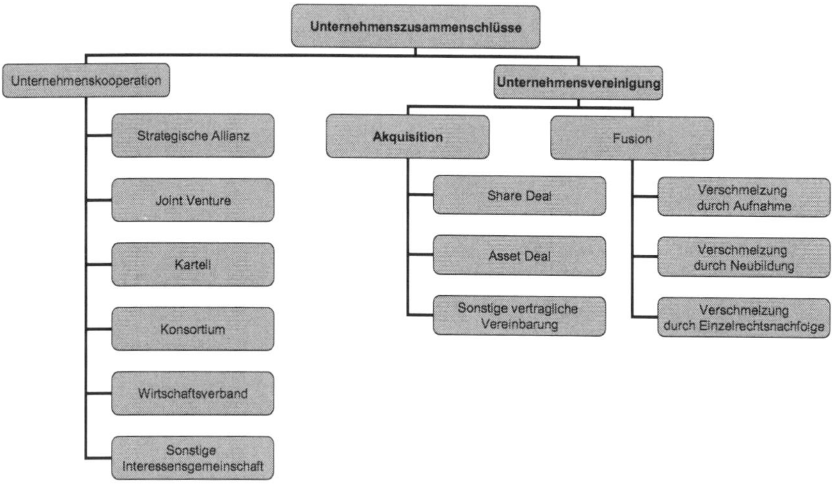

Abbildung 2: Typologie von Unternehmenszusammenschlüssen[101]

Prinzipiell kann zwischen vier Gruppen potentieller Käufer unterschieden werden: Strategische Käufer, renditeorientierte Käufer, die eigene Geschäftsführung und ein externes Management.[102]

Strategische Käufer können Großunternehmen aber auch andere mittelständische Unternehmen sein. Ziel der Akquisition ist zumeist eine Stärkung der eigenen Marktposition durch Übernahme eines Konkurrenten.[103] Auch die vertikale Erweiterung der Wertschöpfungskette, die Diversifikation außerhalb des eigenen Geschäftsfeldes, die Erreichung von Synergie- und Skaleneffekten[104] sowie der Eintritt in einen neuen geographischen Markt[105] sind strategische Ziele und können per Akquisition erreicht werden.[106] Ebenso können steuerliche Gründe zu Akquisitionen führen,[107] aber auch die Macht- und Geltungssucht einzelner Manager,[108] insbesondere dann, wenn das Übernahmeziel sehr bekannt und prestigeträchtig ist.[109]

100 Vgl. Penrose 1959, S. 155.
101 Eigene Darstellung in Anlehnung an Dabui 1998, S. 13.
102 Vgl. von Haller 2007, S. 54.
103 Vgl. KPMG 2011b, S. 8.
104 Vgl. Walter 2000, S. 217.
105 Vgl. Daniels et al. 2007, S. 396ff.
106 Vgl. hierzu auch: Picot/ Kamp 2007, S. 38ff.
107 Vgl. Balz, 2003, S. 28–29; sowie Honert/ Bader 2005, S. 48.
108 »Aufkäufe von Unternehmen, das sind Erlebnisse, die [...] dem öden Berufsalltag einen

Eine *Allensbach/ WHU-Studie*, bei der 253 repräsentativ ausgewählte Unternehmen befragt wurden, zeigt, dass für 37 % der befragten Unternehmen der Ausbau der eigenen Marktposition der Hauptgrund für Akquisitionen ist. Weiter werden Zwang zur Internationalisierung (21 %), Marktbereinigung (19 %) und Synergiegewinne durch Skaleneffekte genannt.[110]

Renditeorientierte Käufer hingegen sind Kapitalmarktakteure wie Private Equity Gesellschaften, Hedge Fonds oder SPAC's. Sie verfolgen keine strategischen Interessen, sondern gehen aus rein finanziellen Motiven zeitlich begrenzte Investments ein.[111] Auf diese Käufergruppe wird im Verlauf der Arbeit dezidiert in Kapitel 2.3.2 eingegangen.

Als Mischform können zudem Management Buy Outs und Management Buy Ins verstanden werden. Hierbei übernimmt das eigene Management (MBO) oder ein externes Management (MBI) das Unternehmen.[112] Um diese Transaktion finanzieren zu können, wird sehr häufig auf renditeorientierte Käufer wie Private Equity Gesellschaften zurückgegriffen. Die Private Equity Gesellschaft übernimmt dabei in der Regel die Mehrheit am Unternehmen und das Management ist an dem Unternehmen lediglich beteiligt.[113]

2.2.2 Verkaufsmotive des Familienunternehmers

Prinzipiell sind Familienunternehmen geprägt von einem unbedingten Vererbungswillen.[114] 90 % aller Familienunternehmer wünschen sich, dass ihr Unternehmen auch künftig im Familienbesitz verbleibt.[115] Das über Jahre oder Generationen aufgebaute Lebenswerk soll in der und durch die Familie weiter bestehen. Insbesondere bei sog. Mehr-Generationen-Unternehmen fühlen sich die Unternehmer verpflichtet, das Unternehmen bestmöglich für ihre Nachfolger zu hinterlassen.[116]

Jedoch gibt es Situationen, in denen ein Verkauf des Unternehmens in Erwägung gezogen werden muss. Häufigster Grund ist das Fehlen eines geeigneten Nachfolgers.[117] Jedes Jahr muss bei etwa 20–25.000 Familienunternehmen die

---

Kitzel verschaffen, Stoff für die Memoiren bieten und deswegen so beliebt sind.« (Siehe Kaden 2000, S. 44).

109 Vgl. Saxton 2004, S. 179.
110 Vgl. Allensbach/ WHU 2007, S. 10.
111 Vgl. Achleitner 2002, S. 719ff.
112 Vgl. Bader 1996, S. 109.
113 Vgl. Richard 2007, S. 72.
114 Vgl. Simon/ Wimmer/ Groth 2005, S. 13.
115 Vgl. Kayser/ Wallau (IfM) 2003.
116 Vgl. Simon/ Wimmer/ Groth 2005, S. 13.
117 Vgl. hierzu auch Kapitel 3.3.

Nachfolgefrage geklärt werden.[118] In vielen Fällen scheitert eine Weitergabe des Unternehmens jedoch daran, dass kein geeigneter Kandidat in der Familie vorhanden ist. Insbesondere mittelständische, familienintern geführte Unternehmen sind hiervon betroffen.[119] Das führt dazu, dass weniger als die Hälfte der Unternehmen im Familienbesitz bleiben; so konnten beispielsweise im Jahr 2005 nur 43,8 % der betroffenen Unternehmen an einen Nachfolger in der Familie übergeben werden.[120]

Daneben gibt es eine Vielzahl von Motiven, die den Unternehmer zu einem Verkauf des Unternehmens bewegen können. *Habig* und *Berninghaus* unterteilen diese Gründe in persönliche und sachliche Gründe. Persönliche Gründe können z. B. sein:[121]
- Uneinigkeit oder Streit im Gesellschafterkreis
- Kein Zukunftsvertrauen
- Fehlende Motivation, weiterhin als Unternehmer aktiv zu sein
- Veränderung der Prioritäten (z. B. mehr Zeit für Familie und Hobbys)

Als sachliche Gründe können aufgezählt werden:
- Verschärfung der Wettbewerbssituation
- Nachlassende Ertragsstärke
- Zunehmende Verlustsituation
- Wegfall von Märkten
- Prinzipielle Eigenkapitalschwäche
- Mangel an Investitionskapital oder Liquiditätsengpässe
- Technische Veralterung
- Zweifel an den Fähigkeiten des aktiven Managements

Insbesondere die oben als »sachliche Gründe« bezeichneten Situationen können für Familienunternehmen auch ursächlich sein, einen Teil des Unternehmens zu verkaufen, d. h. eine Beteiligung eines Dritten zuzulassen. Diese Dritte können ebenfalls strategische Käufer, renditeorientierte Käufer (Private Equity) sowie das eigene Management sein. Vor allem finanzielle Gründe wie z. B. die Erhöhung des Eigenkapitals etwa auf Grund von Wachstumsplänen oder einer infolge einer Krise eingetretenen Eigenkapitalschwäche sprechen für die Aufnahme frischen Kapitals und damit neuer Eigentümer.[122] *Achleitner et al.* unterscheiden dabei zwischen geschäftsgetriebenen (»induced by the business«) und famili-

118 Vgl. Hauser et al. 2010, S. 22 ff.
119 Vgl. IfM 2004, S. 31.
120 Vgl. IfM in Linnemann 2007.
121 Vgl. hierzu und im Folgenden: Habig/ Berninghaus 2004, S. 124; sowie Jung 1993, S. 4.
122 Vgl. u. a. Dreux 1990, S. 230.

engetriebenen (»induced by the family«) Entscheidungen.[123] In ihrer Studie aus dem Jahr 2008 untersuchen sie 15 Familienunternehmen, an denen sich Private Equity Gesellschaften als Minderheitsaktionäre beteiligt haben. Wenn die Entscheidung für Private Equity geschäftsgetrieben war, so war dies hauptsächlich wachstumsbedingt (in neun Fällen wurde Kapital für Wachstum, Internationalisierung oder Akquisitionen benötigt) oder krisenbedingt (in drei Fällen wurde Kapital benötigt, um eine Krise zu überstehen). Wenn die Entscheidung familiengetrieben war, so waren die Gründe mehrheitlich ebenfalls finanzieller Art, jedoch bezogen auf die finanzielle Kompensation von Familienmitgliedern, die das Familienunternehmen verlassen wollten oder im Rahmen von Nachfolgeregelungen ausbezahlt werden mussten (6 von 15 Fällen). In drei Fällen wurden zudem Anteile verkauft, um das Familienvermögen zu steigern bzw. zu entnehmen. Teilweise waren auch Kombinationen aus geschäftsgetriebenen und familiengetriebenen Gründen ursächlich für die Aufnahme von Beteiligungskapital (5 von 15 Fällen).[124]

2.2.3 Der globale M&A-Markt

In den letzten 120 Jahren können fünf große Akquisitions- und Fusionswellen identifiziert werden.[125] Diese liegen in den Zeiträumen 1887 bis 1904, 1916 bis 1929, 1965 bis 1969 und 1984 bis 1989. Die letzte Fusionswelle begann Anfang 1990 und übertraf alle vorangegangenen Wellen – sowohl bei der Anzahl an Transaktionen als auch beim Transaktionsvolumen – deutlich.[126] Sie hatte ihren vorläufigen Höhepunkt im Jahr 2000, schwächte sich dann ab und erreichte in den Jahren 2006/2007 neue Rekordhöhen, bevor es zu einem erneuten Einbruch auf Grund der Finanzmarktkrise kam. Im Vergleich zum Beginn der Fusionswelle 1990 hatte sich das Transaktionsvolumen zwischenzeitlich vervierzehnfacht.[127] Dabei stiegen die Transaktionsvolumina überproportional stärker als die Anzahl der Transaktionen; ein Beleg für deutlich höhere Verkaufspreise und zugleich Ausdruck gestiegener Nachfrage auf der Käuferseite. Gleichzeitig zeigt die Anzahl der Transaktionen von 20.000–30.000 Unternehmensübernahmen weltweit pro Jahr, dass – wenngleich spektakuläre, große Unternehmenskäufe in den Medien äußerst präsent sind[128] – der Großteil der Transaktionen relativ

123 Vgl. hierzu und im Folgenden: Achleitner/ Schraml/ Tappeiner 2008b, S. 9.
124 Ebd.
125 Vgl. Müller-Stewens 2000, S. 44.
126 Vgl. Grimpe 2007, S. 149–154.
127 Vgl. Tschöke/ Daniel 2007, S. 382.
128 Vgl. hierzu etwa die Übernahme der Dresdner Bank durch die Allianz AG (Sabel 2005, S. 3).

unbeachtet durch die Öffentlichkeit im Mittelstand stattfindet.[129] Abbildung 3 verdeutlicht den massiven Anstieg an Unternehmensübernahmen weltweit seit Ende 2001 bis einschließlich zum ersten Halbjahr 2007.

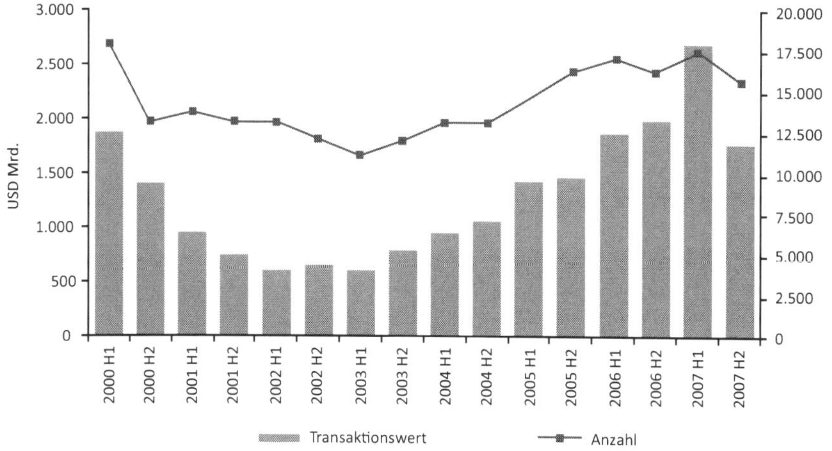

Abbildung 3: Globale M&A-Statistik von 2000–2007[130]

Als ursächlich für den Rückgang der globalen Transaktionsvolumina ab dem zweiten Halbjahr 2007 gelten – neben einer grundsätzlichen Investitionszurückhaltung in Krisenzeiten – insbesondere die infolge der Finanzmarktkrise gestiegenen Finanzierungskosten für Übernahmen.[131] Auf Grund deutlich höherer Risikoaversion in Kombination mit höheren Eigenkapitalkosten bzw. in vielen Fällen auch Eigenkapitalknappheit waren Banken nur noch sehr eingeschränkt bereit, stark fremdkapitallastige Übernahmen zu finanzieren; auch eine Weiterplatzierung der Kredite in Form von Collateralized Loan Obligations (CLO's) über den Kapitalmarkt an institutionelle Anleger,[132] vor der Krise ein übliches Geschäftsmodell, war während bzw. nach der Finanzmarktkrise nicht mehr oder nur noch in marginalen Größenordnungen möglich.[133] Von diesen Restriktionen am Kapitalmarkt waren insbesondere Private Equity Gesellschaften betroffen, die vor der Krise zur zweitgrößten Erwerbergruppe von Unternehmen avanciert waren[134] und die Übernahmen zumeist in Form von Leveraged Buy Outs, d.h. mit sehr hohem Fremdkapitalanteil, durchgeführt

129 Vgl. Russenschuck 2001, S. 500.
130 Siehe KPMG 2007.
131 Vgl. Tschöke/ Daniel 2007, S. 380ff.
132 Vgl. Kaplan/ Strömberg 2008, S. 6.
133 Vgl. Alloway/ Wigglesworth 2011.
134 Zum Höhepunkt 2006 entfielen 26 % aller Unternehmenskäufe auf Finanzinvestoren (vgl. Tschöke/ Klemen 2010, S. 86).

hatten.[135] Entsprechend lässt sich konstatieren, dass der Einbruch der globalen M&A-Transaktionen im bzw. ab dem zweiten Halbjahr 2007 zu einem wesentlichen Teil aus einer Reduktion der Transaktionen von Private Equity Gesellschaften resultierte.[136] Abbildung 4 verdeutlicht diesen Rückgang anschaulich: Zeichneten Private Equity Gesellschaften im Jahr 2006 weltweit noch für Übernahmen im Wert von knapp 700 Mrd. USD verantwortlich, so betrug dieser Wert im Jahr 2008 nur noch 186 Mrd. USD und im Jahr 2009 sogar nur noch 72 Mrd. USD. In den Folgejahren erholten sich die Transaktionsvolumina zwar gegenüber 2009, lagen mit 184 Mrd. USD (jeweils 2010 und 2011) jedoch auf dem Niveau von 2008 und damit immer noch sehr weit weg von den einstigen Hochständen.

Entsprechende Auswirkungen hatte diese Entwicklung auch auf den globalen M&A-Markt, der im Jahr 2012 zum fünften Mal in Folge sank und mit 65.060 Transaktionen bei einem Transaktionsvolumen von 3,1 Mrd. USD den niedrigsten Stand seit 2004 verzeichnete.[137]

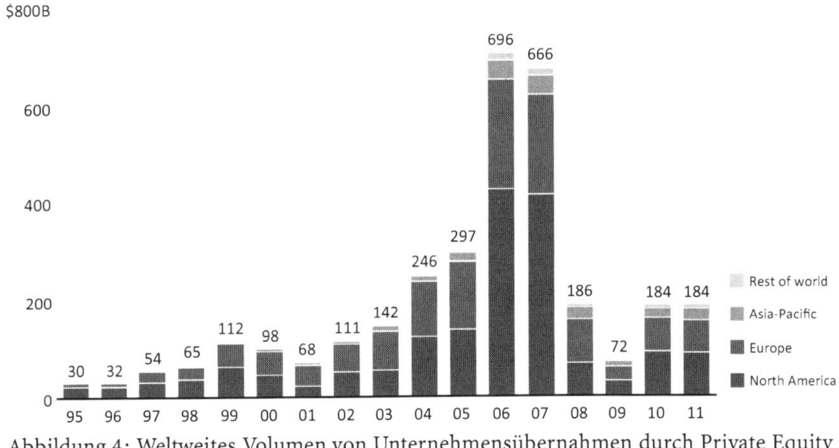

Abbildung 4: Weltweites Volumen von Unternehmensübernahmen durch Private Equity von 1995 bis 2011 nach Regionen (in Mrd. US-Dollar)[138]

135 Vgl. Talmor/ Vasvari 2011, S. 255ff.; vgl. auch Phan/ Hill 1995, S. 704ff.
136 Vgl. Jowett/ Jowett 2011, S. 480.
137 Vgl. Bureau van Dijk/ Zephyr 2012, S. 1.
138 Siehe Bain 2012, S. 2

2.3 Private Equity

2.3.1 Definition und Herleitung

Private Equity (PE)[139] als ein in der Praxis entstandener Begriff wird unterschiedlich verstanden und definiert. Dies gilt insbesondere für die Frage, was alles unter dem Begriff Private Equity (noch) subsumiert werden kann. Grundsätzlich beschreibt der Begriff die außerbörsliche Bereitstellung von Eigenkapital durch private Investoren.[140] Eigenkapital – in Abgrenzung zu Fremdkapital – bezeichnet dem Unternehmen zur Verfügung stehende Mittel, die seitens der Gesellschafter von außen in das Unternehmen eingebracht oder von innen etwa durch Verzicht auf Gewinnausschüttung zugeführt wurden und diesem unbegrenzt zur Verfügung stehen.[141]

Für *Schalek* ist das Eigenkapital die Basis allen unternehmerischen Handelns,[142] da es neben der Finanzierungsfunktion verschiedene Funktionen beinhaltet, die mit Rechten (z. B. Herrschafts- und Gewinnverteilungsfunktion) und Pflichten (z. B. Haftungs- und Garantiefunktion[143]) gleichermaßen verbunden sind.[144]

Formen von Private Equity sind so alt wie die Menschheit an sich; Private Equity nach heutigem Verständnis hingegen geht zurück auf die private Finanzierung von Eisenbahnstrecken und Textilfabriken durch Finanzinvestoren in den USA im 19. Jahrhundert.[145] Als Finanzinvestoren werden Investoren bezeichnet, die keine strategischen Interessen verfolgen, zeitlich begrenzte Investments eingehen und deren Beteiligungsentscheidungen rein finanziellen Motiven folgen.[146] Bei diesen Investoren handelt es sich in der Regel um institutionelle Anleger wie Pensionskassen, Stiftungen, Family Offices, Banken und Versicherungen.[147] Hauptgründe für ihr Investment in Private Equity sind risikoadjustierte Renditeerwartungen,[148] die auf Grund der Illiquidität des Investments und des höheren Risikozinses auf Grund der eigenkapital-spezifisch er-

139 Der Begriff Private Equity/ Private Equity Gesellschaft wird zumeist nicht ins Deutsche übersetzt. Zum Teil wird der Begriff Beteiligungskapital / Beteiligungsgesellschaft analog verwendet (vgl. Dill 2008, S. 31).
140 Vgl. Rudolph 2000, S. 143ff.
141 Vgl. hierzu u. a. Coenenberg et al. 2009.
142 Vgl. Schaleck 1988, S. 26 ff
143 Aufgrund der Haftungsfunktion wird teilweise Eigenkapital auch als Risikokapital bezeichnet (vgl. Kaserer et al. 2007, S. 14).
144 Vgl. Ebeling 1988, S. 86ff.
145 Vgl. Brophy/ Wadecki 2008, S. 39.
146 Vgl. Achleitner 2002, S. 719ff.
147 Vgl. Brettel et al. 2008, S. 24 ff; Mackewitz et al. 2012, S. 27.
148 Vgl Fenn et al. 1995, S. 5.

höhten Ausfallwahrscheinlichkeit höher als bei anderen Anlageformen wie Aktien, Renten oder Immobilien liegen.[149] Hinzu kommt die Möglichkeit der Diversifikation des bestehenden Portfolios,[150] bedingt durch eine geringere Korrelation zu den Erträgen aus anderen Asset-Klassen.[151] Institutionelle Anleger bedienen sich zumeist spezieller Beteiligungsgesellschaften (Private Equity Gesellschaften) für ihr Investment in diese Anlageklasse (vgl. Kapitel 2.3.2).

Auch wenn es keine einheitliche Definition des Begriffs »Private Equity« gibt und dieser häufig sehr weit ausgelegt wird,[152] so hat sich doch in der Literatur eine terminologische Abgrenzung durchgesetzt, die zwischen Private Equity »im weiteren Sinne« und »Private Equity im engeren Sinne« differenziert.[153] Während Private Equity i.w.S. auch Gründungs- und Frühphasenfinanzierung (Venture Capital) beinhaltet, welches zumeist nur Minderheitsbeteiligungen einschließt, fokussiert Private Equity i.e.S. auf die Spätphasenfinanzierung von Unternehmen und schließt hierbei sowohl Minderheits- als auch Mehrheitsbeteiligungen mit ein (vgl. Abbildung 5).[154]

149 Gemäß einer Studie der Investmentbank JP Morgan liegt die Renditeerwartung von 282 befragten europäischen Investoren bei 12,2 %. Die tatsächlich beobachtete Vergangenheitsrendite dieser Investoren lag bei durchschnittlichen 12,6 %, unterlag jedoch einer erheblichen Spanne, die sich von unter 3 % bis über 21 % erstreckte (vgl. JPMorgan 2007, S12. sowie S. 27). Adveq kommt in einer Studie aus dem Jahr 2012 auf eine Rendite von 12 % für den Zeitraum von 2002–2011 (16 % im Zeitraum 1997–2011 und 3 % für 2007–2011), bei deutlich geringerer Volatilität (22–23 %) im Vergleich zu Public Equity (vgl. Adveq 2012, S. 19). Andere Studien hingegen können diese positiven Ergebnisse nicht bestätigen. So ermitteln *Kaplan/ Schoar* in einer Studie aus dem Jahr 2003 Renditen von Private Equity Fonds, die – nach Gebühren – denen von Investments in den Aktienindex S&P 500 entsprechen. Dabei stellen sie eine hohe Heterogenität zwischen verschiedenen Fonds und Beteiligungsgesellschaften fest und finden, dass die Rendite mit der Erfahrung der PE Gesellschaft korrelliert ist (vgl. Kaplan/ Schoar 2003, S. 2ff.). *Phalippou/ Gottschalg* kommen in ihrer Studie aus dem Jahr 2005 hingegen zu deutlich schlechteren Ergebnissen für die Private Equity Branche. Sie ermitteln für PE Fonds eine Rendite nach Gebühren von im Schnitt 3 % unterhalb eines vergleichbaren Investments direkt in den Aktienindex S&P 500. Um das höhere Risiko adjustiert, stellen sie sogar eine Underperformance von 6 % pro Jahr fest und konstatieren daher: »Performance of private equity funds reported by industry associations and previous research is overstated. A large part of performance is driven by inflated accounting valuation of on-going investments and we find a bias towards better performing funds in the data.« (Siehe Phalippou/ Gottschalg 2005, S. 2).

150 Vgl. Burkhardt 2008, S. 65.

151 Vgl. Talmor/ Vasvari 2011, S. 27.

152 Vgl. hierzu u.a. Kraft 2001, S. 31ff.; Becker et al. 2011, S. 34.

153 Vgl. Kaserer et al. 2007, S. 14; Thum et al. 2008, S. 11ff.

154 Vgl. Schefczyk/ Pankotsch 2008, S. 4.

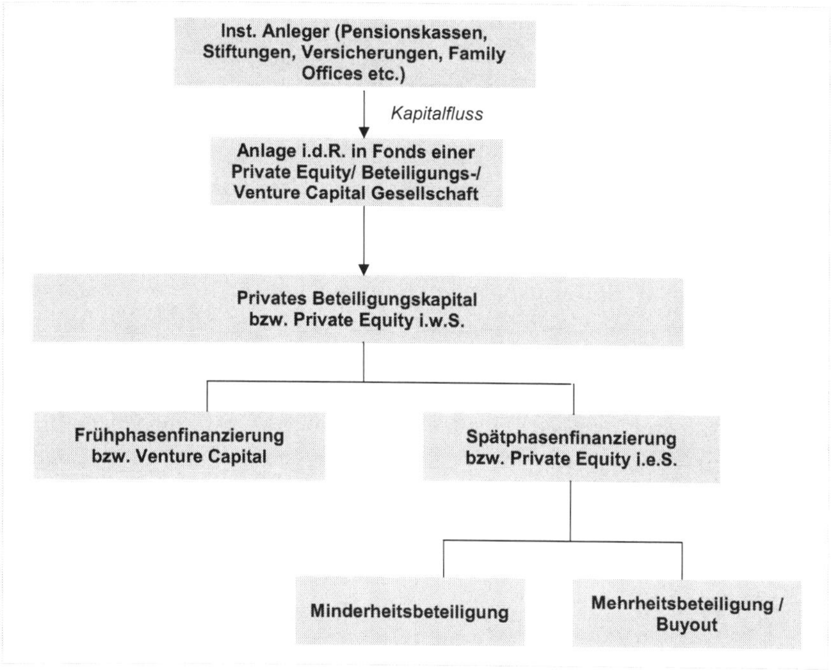

Abbildung 5: Definitorische Abgrenzung von Private Equity[155]

Auf Basis obiger Abgrenzung soll in dieser Arbeit Private Equity definiert werden als Bereitstellung von finanziellen Mitteln als mittel- bis langfristiges Eigenkapital durch spezielle Beteiligungsgesellschaften an zumeist (aber nicht ausschließlich) nicht börsennotierte Unternehmen, verbunden mit der Möglichkeit der Einflussnahme durch Informations-, Kontroll- und Mitentscheidungsrechte sowie der Übernahme von Risiko durch die Eigentümer- bzw. Kapitalgeberposition mit dem Ziel der Partizipation an der Steigerung des Unternehmenswertes und der Veräußerung zu einem späteren Zeitpunkt.[156] Insbesondere das zeitlich befristete Engagement mit dem Ziel einer späteren Veräußerung mit Gewinn (etwa in Abgrenzung zu reinen Zins- und Dividendenzahlungen) ist ein wesentliches Merkmal für Private Equity im Vergleich zum Erwerb »normaler« Beteiligungen.[157]

Die Bereitstellung der finanziellen Mittel erfolgt klassischerweise durch die Einbringung von Eigenkapital in das Unternehmen beispielsweise durch die Übernahme von Anteilen der Altgesellschafter oder mittels einer Kapitalerhöhung. Der Kapitalgeber wird dadurch stimmberechtigter Gesellschafter des

155 Eigene, modifizierte Darstellung in Anlehnung an Kaserer et al. 2007, S. 14.
156 Definition in Anlehnung an Becker et al. 2011, S. 34ff. sowie Davidson 2005, S. 25.
157 Vgl. Schefczyk/ Pankotsch 2008, S. 5.

Unternehmens.[158] Zudem kann die Beteiligung am Unternehmen auch in Form eigenkapitalwirksamen Mezzanine-Kapitals erfolgen, hierzu zählen etwa Nachrangdarlehen, stille typische sowie atypische Beteiligungen und Genussscheine.[159] Diesen Beteiligungsformen kommen zwar ähnliche Haftungsfunktionen zu und sie gelten daher bilanziell als eigenkapitalwirksam, jedoch ist kritisch zu hinterfragen, ob es sich hierbei nicht vielmehr um eigenkapitalnahes Fremdkapital handelt, welches mit Blick auf die (unstrittige) Rückzahlungsverpflichtung als Fremdkapital zu werten wäre und welches darüber hinaus die Möglichkeiten zur Einflussnahme durch Informations-, Kontroll- und Mitentscheidungsrechte nur in sehr begrenztem, in der Regel intra-individuell vertraglich augestalteten Maße, bietet. Dennoch werden auch diese Finanzierungsformen in der Literatur definitorisch regelmäßig zu Private Equity hinzugezählt, sofern sie von Finanzinvestoren bereitgestellt und dem Unternehmen nur für einen begrenzten Zeithorizont überlassen werden[160] und in verschiedenen Studien zu Private Equity vollumfänglich berücksichtigt,[161] so wie dies auch in der vorliegenden Arbeit der Fall sein soll.

2.3.2 Beteiligungsgesellschaften

2.3.2.1 Klassische und moderate Private Equity Gesellschaften

Als Finanzintermediär zwischen Investor und Beteiligungsobjekt fungieren spezielle Beteiligungsgesellschaften, sog. Private Equity Gesellschaften (PEG).[162]

Sie übernehmen für den Investor die Auswahl, Prüfung und Übernahme von bzw. die Beteiligung an geeigneten Investitionsobjekten;[163] sie managen aktiv das Portfolio an Beteiligungen, was eine Kontroll-, Betreuungs- und Unterstützungsfunktion beinhaltet, und übernehmen schließlich den Verkauf der Beteiligungen mit dem Ziel eines »Capital Gains« aus den gestiegenen Unternehmenswerten.[164]

Auf Grund ihrer Spezialisierung verfügen sie über komparative Vorteile und

158 Vgl. Achleitner et al. 2008c, S. 11.
159 Vgl. Brettel et al. 2008, S. 76–77.
160 Vgl. u.a. Kaserer et al. 2007, S. 15; Becker et al. 2011, S. 34.; Frommann/ Neuhaus 2003, S. 243.; Talmor/ Vasvari 2011, S. 29.
161 Vg. hierzu u.a. Achleitner et al. 2008c.
162 Vgl. Hagemüller 2005, S. 193.
163 Vgl. Kapitel 2.3.3 für eine detaillierte Darstellung der Funktions- und Arbeitsweise von Beteiligungsgesellschaften, insb. der Selektions- und Übernahmeprozesse.
164 Vgl. Bader 1996, S. 17.

können zudem Synergieeffekte nutzen, die insgesamt zu einer Reduktion der Transaktionskosten führen.[165]

Als erste organisierte Private Gesellschaft wird in der Literatur überwiegend[166] die American Research and Development Corporation (ARD) genannt, die im Jahr 1946 gegründet wurde.[167] Die Gründer der ARD[168] hatten erkannt, dass die Finanzierungsmöglichkeiten für (insbesondere auch junge) Unternehmen zunehmend schwieriger wurden und die Mittelvergabe gleichzeitig in der Hand einiger weniger Finanzinstitute konzentriert war. Die ARD sollte daher dem Privatsektor einschließlich institutioneller Anleger eine institutionalisierte Investitionsmöglichkeit in Unternehmen bieten und gleichzeitig den Unternehmen durch Management-Expertise beratend zur Seite stehen.[169] Obwohl Mehrheitsbeteiligungen bzw. Gesamtübernahmen nicht durch die ARD angestrebt wurden, kann sie als Ursprung der heutigen Private Equity Gesellschaften gelten.[170] Trotz dieser ersten frühen Form von organisiertem Private Equity gab es in den Folgejahren nur wenige weitere Gründungen von Private Equity bzw. Venture Capital Gesellschaften, die allesamt – analog zu ARD – als öffentlich handelbare »closed-end«-Fonds organisiert waren. Hierbei handelt es sich um öffentlich zugängliche Publikumsfonds, deren Anteile jedoch nur an andere Investoren unmittelbar weiterverkauft werden konnten und nicht etwa durch den Emittenten (d. h. die Private Equity Gesellschaft) zurückgenommen werden mussten.[171] Die erste Venture Capital Gesellschaft in der heute dominierenden Form der »Limited Partnership« wurde 1958 von Draper, Gaither und Anderson gegründet, blieb jedoch lange Zeit die Ausnahme.[172] Dies lag auch daran, dass im gleichen Jahr in den USA die Rechtsform der Small Business Investment Company (SBIC) eingeführt wurde.[173]

165 Vgl. Fenn et al. 1995, S. 35.

166 Konträr hierzu bezeichnet *Jesch* die Charterhouse Development Capital Gesellschaft in Europa als älteste Private Equity Gesellschaft. Sie wurde bereits 1934 gegründet, um Finanzierungslücken im Mittelstandsbereich zu kompensieren. Der Durchbruch gelang jedoch erst im Jahr 1976 mit der Auflegung des ersten externen Fonds; die deutsche Tochter wurde 1973 gegründet (vgl. Jesch 2003, S. 125.).

167 Vgl. Bygrave/ Timmons 1992, S. 17; Talmor/ Vasvari 2011, S. 5.

168 Hierzu gehörten u. a. Ralph Flanders (Präsident der Federal Reserve Bank Boston), Georges Doriot (Professor, Harvard Business School) und Carl Compton (Präsident MIT).

169 Vgl. Liles 1977, S. 82ff.

170 Allerdings schaffte es die ARD zunächst nur bedingt, das Vertrauen der Investoren zu gewinnen und konnte im Gründungsjahr 1946 nur 3,5 Mio. USD einsammeln; deutlich weniger als erwartet. In den Folgejahren kämpfte die Gesellschaft regelmäßig um ihr Überleben und wurde erst Ende der 1950er Jahre profitabel. Insgesamt erwirtschaftete sie in ihrer 25-jährigen Phase als unabhängige Private Equity Gesellschaft eine durchaus beachtliche jährliche Rendite von 15,8 % für ihre Investoren (vgl. hierzu auch Fenn et al. 1995, S. 7., sowie Liles 1977, S. 82ff.).

171 Vgl. Gompers/ Lerner 1999, S. 6.

172 Vgl. Gompers/ Lerner 1999, S. 6.

173 Vgl. Talmor/ Vasvari 2011, S. 5.

Hierbei handelte es sich um staatlich-lizensierte und durch die Small Business Administration (SBA) regulierte Venture Capital Gesellschaften in privater Hand, die jedoch die Möglichkeit hatten, für jeden investierten US-Dollar derer vier zinsgünstig von der öffentlichen Hand zu leihen. Dies führte zu einem rasanten Wachstum von Venture Capital Gesellschaften mit unerwünschten Nebenwirkungen. Der »Leverage-Effekt«, d.h. die Beteiligung an Unternehmen zu einem Großteil mit günstig finanziertem (staatlich subventionierten) Fremdkapital hatte eine größere Anzahl an unseriösen Anbietern zur Folge. Betrug und Inkompetenz führten dazu, dass 1966 knapp ein Drittel der existierenden 700 SBIC's als problematisch eingestuft wurden. Durch neue Regulierung wurde versucht, die Anzahl der SBIC's auf 250 zu reduzieren und im Jahr 1978 standen sie nur noch für 21 % aller Venture Capital Investments in den USA.[174] Ein Großteil der Beteiligungen erfolgte bis in die 1970er Jahre zudem direkt durch wohlhabende Familien, Unternehmen und Finanzinstitutionen; erst in den 1980er Jahren drehte sich dieses Bild und professionelle Private Equity Gesellschaften übernahmen den arbeitsintensiven Investmentprozess[175] und das Management für die Investoren.[176] Als ursächlich hierfür werden in der Literatur verschiedene Änderungen rechtlicher Rahmenbedingungen in den USA genannt, die insbesondere die Ausweitung von Private Equity Investments für institutionelle Anleger wie Pensionskassen ermöglichten, sowie den Administrationsaufwand von Private Equity Gesellschaften reduzierten.[177] Erhebliche Auswirkungen hatte beispielsweise die ERISA's »Prudent Man Rule« von 1979, eine Richtlinie, die es Pensionsfonds ermöglichte, höhere Risiko-Investments einschließlich Private Equity Anlagen einzugehen.[178] Gleichzeitig wurde die Regulierung von Private Equity Gesellschaften durch den »Small Business Investment Incentive Act« von 1980 gelockert. Dieser sah vor, dass Private Equity Gesellschaften nicht mehr zur Registrierung als »Investment Advisor« bei der Securities and Exchange Commission (SEC) verpflichtet waren, was mit einer Administrationsreduktion durch geringere Reporting-Anforderungen einherging.[179]

Generell kann zwischen vier Arten von Private Equity Gesellschaften unterschieden werden:[180]

Unabhängige Gesellschaften sind nicht mit ihren Investoren verbunden und sammeln Kapital bei verschiedenen institutionellen und privaten Anlegern ein.

174 Vgl. Bygrave/ Timmons 1992, S. 21 ff.
175 Zum Investmentprozess siehe auch Kapitel 2.3.3.
176 Vgl. Fenn et al. 1995, S. 1.
177 Vgl. Bygrave/ Timmons 1992, S. 25.
178 Vgl. Talmor/ Vasvari 2011, S. 5.
179 Vgl. hierzu und für eine Übersicht weiterer regulatorischer Maßnahmen: Soja/ Reyes 1990, S. 202.
180 Vgl. hierzu und im Folgenden: Schefczyk 2000, S. 17; Meier 2006, S. 11.

»Captive« Private Equity Gesellschaften erhalten ihr Kapital hingegen hauptsächlich durch ihren Hauptanteilseigner, während »semi-captive« Private Equity Gesellschaften Kapital durch einen oder mehrere Anteilseigner und weitere Investoren erhalten.[181] Darüber hinaus bestehen noch öffentliche Private Equity Gesellschaften, die Kapital vollständig über den Kapitalmarkt einsammeln.

In Deutschland gibt es ca. 230 Beteiligungsgesellschaften,[182] die etwa 2.000 Mitarbeiter beschäftigen;[183] dabei ist die Anzahl der Beteiligungsgesellschaften in Deutschland in den vergangenen 10 Jahren nur geringfügig um knapp 10 % gestiegen[184] und aktuell sogar rückläufig.[185] Europaweit gibt es etwa 1.700 Beteiligungsgesellschaften, von denen die meisten in Großbritannien angesiedelt sind.[186] Die Investitionsstatistik für das Jahr 2010 zeigt entsprechend, dass knapp die Hälfte (45 %) aller Investments in Europa durch Gesellschaften aus Großbritannien getätigt wurden. Erst deutlich später folgen Gesellschaften aus D/A/CH, die kumuliert für 15 % aller Investments stehen und Frankreich (14 %).[187]

Weltweit betrachtet dominieren jedoch amerikanische Gesellschaften den Private Equity Markt. Zu den weltweit größten und bekanntesten Gesellschaften gehören die amerikanischen Gesellschaften TPG, Blackstone, KKR, Goldman Sachs Private Equity, Carlyle, Apollo und Bain.[188]

Die Grenzen zwischen strategischen Investoren und klassischen Private Equity Gesellschaften sind dabei fließend und in den vergangenen Jahren haben sich verschiedene Zwischenformen gebildet. So gibt es Private Equity Gesellschaften wie die Hannover Finanz Gruppe[189] oder VR Equitypartner,[190] die die partnerschaftliche Beziehung zu ihren Portfolio-Unternehmen in den Vordergrund stellen, häufig auch nur Minderheitsbeteiligungen eingehen und diese z. T. über ein Jahrzehnt halten.[191] Das Geschäftsmodell besteht dabei vermehrt in der kontinuierlichen Ausschüttung von Dividenden im Gegensatz zur üblichen Praxis, Unternehmen komplett zu übernehmen, für drei bis sieben Jahre zu halten um dann durch einen deutlich über dem Übernahmepreis liegenden Exit die Rendite zu erwirtschaften.[192] *Achleitner et al.* führen für solche PE Gesell-

181 Vgl. Talmor/ Vasvari 2011, S. 22 ff

182 Diese Zahlen beinhalten auch Beteiligungsgesellschaften mit Förderauftrag wie MBGen, vgl. Kapitel 2.3.2.2.

183 Vgl. BVK 2013, S. 4.

184 Vgl. BVK2011b, S. 4.

185 Vgl. BVK 2013, S. 4.

186 Vgl. EVCA 2011, S. 1.

187 Vgl. EVCA 2011b, S. 43.

188 Vgl. Private Equity International 2012, S. 40.

189 Vgl. hierzu auch: Jowett, P./ Jowett, F. 2011, S. 46ff.

190 Hervorgegangen aus der Fusion von DZ Equity Partner und WGZ Initiativkapital im August 2012.

191 Vgl. auch Kaserer et al. 2007, S. 15 (8).

192 Vgl. Talmor/ Vasvari 2011, S. 4.

schaften den Terminus »moderate Private Equity Gesellschaft« ein. Diese sind gekennzeichnet durch gemäßigte Renditeanforderungen, mittelgroße Investitionen und einen längeren Anlagehorizont und gehen auch gezielt Minderheitsbeteiligungen im Mittelstand ein (vgl. Abbildung 6).[193]

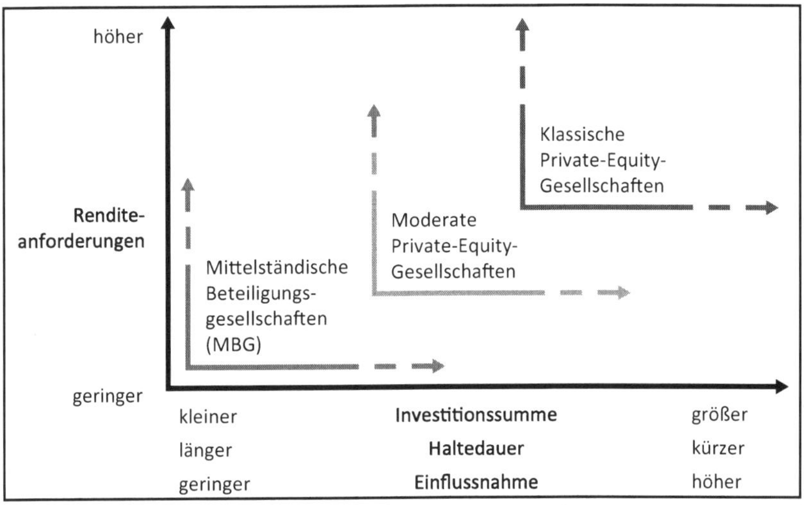

Abbildung 6: Klassifizierung von Private Equity Gesellschaften nach Achleitner et al.[194]

Darüber hinaus gibt es weitere Mischformen. Ein Beispiel ist die auch im S-Dax notierte GESCO AG, die sich selbst als Beteiligungsgesellschaft bezeichnet, und deren explizites Geschäftsmodell darin besteht, mittelständische Industrieunternehmen zu übernehmen, die über keine Nachfolgelösung verfügen. Im Gegensatz zu klassischen Private Equity Gesellschaften erfolgt die Übernahme jedoch mit dem Ziel einer »langfristigen, nicht auf einen späteren Verkauf ausgerichteten Heimat im Portfolio«.[195] Dabei werden die Unternehmen zu 100 % vom Alteigentümer übernommen und erhalten eine neue Geschäftsleitung, die in der Regel mit 20 % am Unternehmen beteiligt ist. Damit ist Gesco weder ein reiner Finanzinvestor noch ein strategischer Investor. Am ehesten könnte diese Unternehmensform als hybride strategische Beteiligungsgesellschaft bezeichnet werden, denn durch die Langfristigkeit erhalten die Übernahmen durchaus eine strategische Komponente, wenngleich die Auswahl der Übernahmekandidaten zuvorderst finanziellen Interessen folgt.[196]

193 Vgl. Achleitner et al. 2008c, S. 36.
194 Ebd.
195 Siehe Gesco AG 2012.
196 Gesellschaften wie Gesco oder Indus werden aus den o. a. Gründen in dieser Arbeit nicht als Private Equity Gesellschaften betrachtet.

2.3.2.2 Beteiligungsgesellschaften mit Förderauftrag

Neben diesen klassischen bzw. moderaten Private Equity Gesellschaften gibt es Beteiligungsgesellschaften mit öffentlichem Förderauftrag des Bundes oder der Länder, deren Aufgabe es ist, vor allem kleinere Mittelstandsunternehmen zu unterstützen.[197] Hier seien insbesondere die 15 Mittelständischen Beteiligungsgesellschaften (MBGen)[198] genannt, die eine »spezifisch deutsche Ausgestaltung der Beteiligungsszene« sind und, obwohl sie privatwirtschaftlich (zumeist in Form einer GmbH) organisiert sind, sich als eine »in die soziale Marktwirtschaft eingebettete Institution der Mittelstandsförderung« verstehen.[199] Zu ihren Gesellschaftern gehören Kreditinstitute,[200] Kammern und Verbände[201] und entsprechend handeln die MBGen gewinnorientiert, allerdings nicht gewinnmaximierend.[202] Erzielte Gewinne werden grundsätzlich thesauriert. Der Bund und die Länder sind nicht als Gesellschafter beteiligt, stellen jedoch zinsgünstige Darlehen zur Verfügung und gewähren Teilgarantien.[203]

MBGen beteiligen sich in der Regel in Form von typisch stillen Beteiligungen mit einem Investitionsvolumen von zumeist bis 1 Mio. EUR an mittelständischen Unternehmen.[204] Sehr häufig findet die Kapitalbeteiligung in Form der Bereitstellung eigenkapitalwirksamen Mezzanines statt.[205] Die Laufzeit der Beteiligung beträgt bis zu zehn Jahre (in den neuen Bundesländern 15 Jahre).

In Deutschland sind MBGen an über 3.000 Unternehmen mit einem Investitionsvolumen von insgesamt 1,2 Mrd. EUR beteiligt, d. h. im Durchschnitt mit 400 TEUR pro Unternehmen. Die Gesamtinvestitionssumme liegt jährlich zwischen ca. 100 und 200 Mio. EUR.[206]

77 % der finanzierten Unternehmen erzielten einen Umsatz von bis zu 10 Mio. EUR. Nur 5 % der Unternehmen setzten 50 Mio. EUR oder mehr um,[207] was ein Beleg für die starke Fokussierung der MBGen auf kleine Unternehmen ist.[208] Insgesamt entfallen damit etwa die Hälfte aller Private Equity Beteiligungen in Deutschland auf MBGen.[209]

197 Vgl. Hockmann/ Thießen 2007, S. 252.
198 Zum Teil auch KBG genannt (Bsp.: Kapitalbeteiligungsgesellschaft für die mittelständische Wirtschaft in Nordrhein-Westfalen mbH -KBG -).
199 Siehe Henrich 2010, S. 19.
200 An der KBG in NRW hält beispielsweise die öffentliche NRW.Bank 49 % der Anteile.
201 Vgl. Schild 2011, S. 31.
202 Vgl. hierzu und im Folgenden Henrich 2010, S. 19ff.; sowie BVK 2009c, S. 2ff.
203 Vgl. Jesch 2003, S. 116.
204 Vgl. BVK 2009b, S. 8.
205 Vgl. Selbherr/ Steffen 2011, S. 16ff.
206 Vgl. Henrich 2010, S. 19
207 Vgl. BVK 2009c, S. 5.
208 Vgl. Schild 2011, S. 31.
209 Vgl. Henrich 2010, S. 19.

Ähnliche Gesellschaften gibt es beispielsweise auch in Österreich und der Schweiz.[210]

Im Unterschied zu klassischen Private Equity Gesellschaften stehen diese Gesellschaften Unternehmen zwar als Ansprechpartner zur Verfügung, nehmen jedoch deutlich weniger Einfluss auf die Unternehmenssteuerung.[211] Sie verfolgen andere Ziele und verwenden einen anderen Investmentansatz und -prozess. Dies wird sehr deutlich an den Divestments der MBGen. Im Jahr 2009 gab es nahezu nur zwei Ausgänge der Beteiligung. In 53 % kam es zu einem Totalverlust auf Grund von Insolvenzen etc. und in 47 % wurden die stillen Beteiligungen zurückgezahlt.[212] Gleichwohl haben sich die MBGen dem Bundesverband Deutscher Kapitalbeteiligungsgesellschaften (BVK) angeschlossen und signalisieren damit, dass sie sich als Private Equity Gesellschaften, wenn auch nicht im klassischen Sinne, sehen und werden daher zumeist auch in der Forschung als Private Equity im engeren Sinne betrachtet,[213] so wie dies auch in der vorliegenden Arbei der Fall sein soll.

2.3.3 Geschäftsmodell

In der Praxis hat sich ein Private Equity Modell entwickelt und durchgesetzt, welches im amerikanischen Sprachgebrauch zumeist als LP (Limited Partnership) bezeichnet wird und auf der Gründung von Fonds basiert, die zumeist durch eine speziell geschaffene Zweckgesellschaft aufgelegt und gehalten werden.[214] Diese Zweckgesellschaft hat in den USA üblicherweise die Rechtsform einer Limited Partnership, während in Deutschland zumeist die Rechtsform einer vermögensverwaltenden GmbH & Co. KG gewählt wird, bei der die PEG als Komplementär und die Investoren als Kommanditisten auftreten.[215]

210 In Österreich seien exemplarisch die Niederösterreichische Beteiligungsfinanzierungen GmbH (»NÖBEG«) sowie die Austria Wirtschaftsservice GmbH (»AWS«) genannt. Während die Eigner der NÖBEG verschiedene Kreditinstitute sind, gehört die AWS zu 100 % dem Staat Österreich. Beide haben jedoch die »Förderung der mittelständischen Wirtschaft und der Investitionstätigkeit von KMU«, sowie die »Förderung von Neugründungen, Betriebsübernahmen und Unternehmensnachfolge« zum Ziele. Seit Gründung der NÖBEG im Jahr 1969 wurden etwa 370 Beteiligungen an mittelständischen Unternehmen in Höhe von 100 TEUR bis 1,5 Mio. EUR eingegangen; derzeit bestehen 170 aktive Beteiligungen. Die AWS unterstützte im Jahr 2010 knapp 1.000 Unternehmen mit insgesamt 212 Mio. EUR durch direktes Eigenkapital oder Haftungsübernahmen (vgl. NÖBEG 2011a; Rischanek 2009, S. 8; sowie Austria Wirtschaftsservice 2011, S. 5 & S. 20).

211 Vgl. Schild 2011, S. 31.

212 Vgl. BVK 2009c, S. 6.

213 Vgl. u. a. Kaserer et al. 2007, S. 15 (8).

214 Vgl. Talmor/ Vasvari 2011, S. 22ff.

215 Vgl. Brettel et al. 2008, S. 26.

Investoren, die in Private Equity Fonds investieren, werden in den USA daher auch als »LP's« bezeichnet, während sich in Europa anstelle von LP's der Begriff »Investor/ Investoren« durchgesetzt hat.[216]

Der entscheidende Vorteil bei dieser Konstruktion ist die begrenzte Haftung der Beteiligten. Die Haftung ist auf die Einlage der Zweckgesellschaft begrenzt, die seitens der Private Equity Gesellschaft zum Gründungszeitpunkt eingebracht wird. Darüber hinausgehende Haftungsrisiken bestehen für die Private Equity Gesellschaft nicht. Auch eine Haftung der Investoren über das investierte Kapital hinaus ist ausgeschlossen.[217]

Die Bündelung von Kapital in Fonds bietet zudem Kosten- und Diversifikationsvorteile, die Auswirkungen auf die Performance und das Risiko der Investments haben.[218] Schließlich dient die Fondskonstruktion auch dem Insolvenzschutz, da im Falle einer Insolvenz das Vermögen im Fonds als Sondervermögen gilt und daher nicht zu der Insolvenzmasse hinzugezogen werden darf.[219]

Im Gegensatz zu diesem fondsbasierten Ansatz wird bei einem projektorientierten Ansatz pro Investment eine eigene Zweckgesellschaft gegründet.[220] Dieser Ansatz ist zwar transparenter, aber auch deutlich kostenintensiver und kommt daher in der Praxis nur selten vor.

Prozessual betrachtet legen Private Equity Gesellschaften bei Auflage eines neuen Fonds zu Beginn ein Investmentziel und eine Investmentstrategie zur Erreichung dieses Ziels fest. Der Fonds ist entweder zeitlich unbefristet (Open-End) oder – wie die Mehrheit der Fonds – befristet auf eine spezielle Laufzeit von zumeist 10 Jahren (Closed-Up/ Closed-Ended)[221] und in seinen Anlagerichtlinien werden erwähnte Ziele und Strategien festgeschrieben.[222] Der nächste Schritt ist das Fundraising, d.h. die Einsammlung von Investitionskapital bei Investoren, in der Regel institutionellen Anlegern (vgl. Abbildung 7);[223] ggf. erfolgt die Fondsauflegung auch erst nach Erreichen einer kritischen Mindestgröße an Kapitalzusagen, da die Fondsauflegung mit Kosten verbunden ist. In der Praxis hat sich das Modell der zeitlich zumeist auf zehn Jahre begrenzten Fonds durchgesetzt, die – bei entsprechender Zustimmung der Investoren – in ihrer Laufzeit um drei weitere Jahre verlängert werden können.[224] Zu unter-

216 Vgl. Fraser-Sampson, 2010, S. 3.
217 Vgl. Georgieff/ Biagosch 2005, S. 175; Kaserer et.al. 2007, S. 16–17.
218 Vgl. hierzu und im Folgenden auch Schröder 1992.
219 Vgl. hierzu u.a. Gehwald/ Naumann 2011; zur Funktionsweise von Fonds insbesondere auch Seip 2011, S. 13ff.
220 Vgl. Pankotsch 2005, S. 13ff.
221 Vgl. Talmor/ Vasvari 2011, S. 27–28.
222 Vgl. Pankotsch 2005, S. 13ff.
223 Vgl. Nathusius 2003, S. 175ff.
224 Vgl. Kaplan/ Strömberg 2008, S. 5; Talmor/ Vasvari 2011, S. 30.

scheiden ist zudem zwischen offenen und geschlossenen Fonds.[225] Während offene Fonds keine Volumensbegrenzung haben, nehmen geschlossene Fonds nur eine ex-ante definierte Höhe an Kapital auf.[226] Neben der besseren Planbarkeit von Investitionssummen und Erlösen für die Privat Equity Gesellschaft soll diese künstliche Angebotsverknappung nicht zuletzt auch den Anlegern suggerieren, dass eine schnelle Kapitalzusage auf Grund der Limitierung sinnvoll bzw. notwendig ist, da nur so die Zeichnung in gewünschter Höhe gewährleistet werden kann.

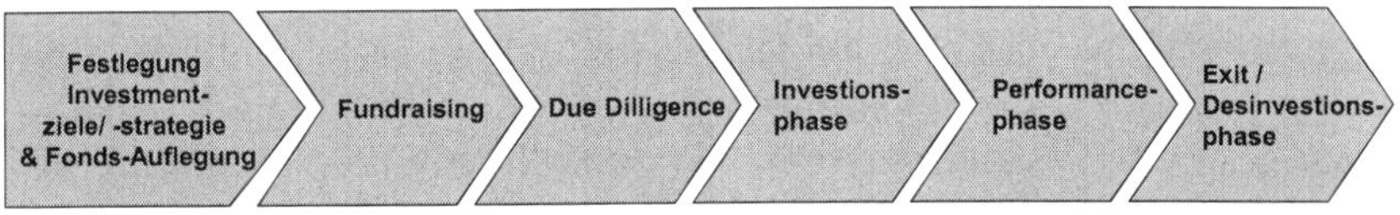

Abbildung 7: Wertschöpfungskette einer Private Equity Gesellschaft[227]

Den Investoren ist es – zumindest bei geschlossenen Fonds – im Regelfall nicht möglich, ihre Einlage im Fonds innerhalb eines vorher festgelegten Zeitraumes (i. d. R. sieben bis zehn Jahre) zurückzufordern (sog. illiquide Investments).[228] Auch die Übertragbarkeit der Anteile ist durch Auflagen stark eingeschränkt. Zudem sind den Investoren zwar Strategie und Tätigkeitsschwerpunkte des Fonds bekannt, konkrete Beteiligungsobjekte stehen zum Zeitpunkt der Kapitalzusage durch den Investor jedoch zumeist nicht fest (sog. Blind-Pool-Investing).[229] Vielmehr obliegt die Auswahl der Beteiligungsobjekte, die durch den Fonds erworben werden, allein der Beteiligungsgesellschaft und erfordert in der Regel keine weitere explizite Zustimmung seitens der Investoren.[230]

Auf Grund der hohen Informationsasymmetrien zwischen Beteiligungsgesellschaft und Beteiligungsobjekt, die insbesondere im Mittelstand zu konstatieren sind,[231] erfordert die Prüfung der potentiellen Beteiligungskandidaten einen erheblichen zeitlichen Aufwand.[232] *Hockmann* und *Thießen* konstatieren, dass nur 15 % der eingegangen Projekte die erste oberflächlichere Analyse überstehen und es in die Phase der Detailanalyse (»Due Dilligence«) schaffen, die oftmals unter Zuhilfenahme externer Wirtschaftsprüfungs- und Bera-

225 Vgl. Matz 2002, S. 45.
226 Vgl. Brettel et al. 2008, S. 27.
227 Eigene, modifizierte Darstellung in Anlehnung an Nathusius 2003, S. 185; Ottersbach 2003; Bygrave/ Timmons 1992, S. 14; sowie Zemke 1995, S. 103.
228 Vgl. Kaplan/ Strömberg 2008, S. 4.
229 Vgl. Kreuter 2008, S. 71; Brettel et al. 2008, S. 27–29.
230 Allerdings gibt es festgelegte und vorab bekannte Rahmenbedingungen in den Anlagerichtlinien der Fonds wie z. B. die Branche, in die investiert werden soll und an die die Fonds (bzw. deren Betreibergesellschaft) gebunden sind.
231 Vgl. Dill 2008, S. 81.
232 Vgl. Fenn/ Liang/ Prowse 1995, S. 1 sowie S. 30.

tungsgesellschaften durchgeführt wird.[233] Im Rahmen dessen scheiden durchschnittlich weitere 7 % der potentiellen Beteiligungsobjekte aus und nur in 8 % der Fälle werden Verhandlungen aufgenommen, von denen etwa die Hälfte (4 %) Angebote erhalten. Nur bei 1–3 % der Fälle kommt es schließlich zu einer tatsächlichen Beteiligung.[234]

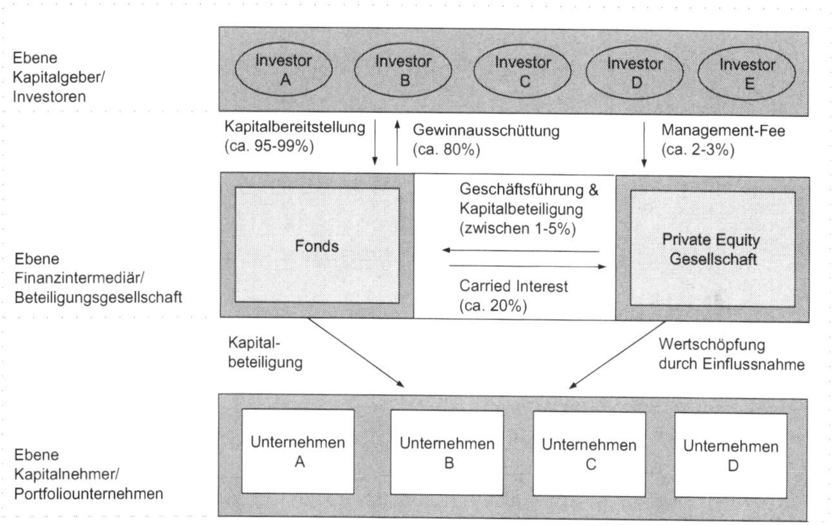

Abbildung 8: Grundstruktur von Private Equity-Beteiligungen im Rahmen des Fonds-Modells[235]

Private Equity Gesellschaften agieren somit als Finanzintermediäre[236] und investieren das Geld indirekt über Fonds in den Unternehmenssektor (vgl. Abbildung 8). Die überwiegende Mehrheit der Private Equity Fonds (lt. *Fraser-Sampson* ca. 95 %) ist eher klein, das Bild in der Öffentlichkeit wird jedoch geprägt durch die großen Private Equity Fonds (sog. Mega-Fonds mit einem Volumen von mind. 1 Mrd. USD) bzw. den dahinterstehenden bekannten PE Gesellschaften.[237] Bei anderen Finanzintermediären wie Banken an sich unüblich, beteiligen sich die Private Equity Gesellschaften zumeist auch selber mit 1–5 % am aufgelegten Fonds, während der Rest (95–99 %) seitens der Investoren (Anleger) bereitgestellt wird.[238]

Diese Kapitalbeteiligung hat einen Signaling-Effekt für die Investoren und

233 Vgl. Hockmann/ Thießen 2007, S. 256.
234 Vgl. auch BVK 2009b, S. 5; sowie Maier/ Walker 1987, S. 211ff.
235 In Anlehnung an Becker et al. 2011, S. 51; Bader 1996, S. 156; Nathusius 2003, S. 383.
236 Vgl. Hagemüller 2005, S. 193.
237 Vgl. Fraser-Sampson, 2010, S. 1.
238 Vgl. Bader 1996, S. 155ff.

soll eine Zielkongruenz herstellen bzw. verdeutlichen.[239] Ziel der Fonds[240] ist in der Regel die Beteiligung an oder die Übernahme von zumeist mehreren Unternehmen (Investitionsphase) mit dem Ziel eines Kapitalzuwachses, der am Ende einer Haltefrist, die typischerweise drei bis sieben Jahre beträgt[241] und auch als Performancephase bezeichnet wird, im Rahmen eines Exits (Desinvestitionsphase) realisiert wird.[242] Der Exit bezeichnet hierbei den Verkauf des Unternehmens bzw. der erworbenen Unternehmensanteile. Als Käufer kommen dabei alle potentiellen Zielgruppen in Frage: strategische Käufer wie Wettbewerber oder Großkonzerne (sog. »Trade Sale«), andere Private Equity Gesellschaften (sog. »Secondary Sale«), das eigene (MBO) oder ein fremdes Management (MBI), sowie der Verkauf der Anteile über die Börse im Rahmen eines Börsengangs (IPO).[243] Bei Familienunternehmen ist schließlich – insbesondere bei Minderheitsbeteiligungen – auch ein Rückkauf der Anteile durch die Familie eine Option (sog. »Buy Back«).[244] Generell präferieren die meisten Private Equity Gesellschaften einen Trade Sale gegenüber den anderen Exit-Kanälen (vgl. Abbildung 9).[245] Dies liegt vornehmlich daran, dass ein strategischer Käufer in der Regel den höchsten Preis zahlen wird, da er geringere Kapitalkosten und Synergieeffekte hat, wenngleich es zeitweilig sehr schwer sein kann, den passenden strategischen Käufer zu finden.[246] Übertroffen wird der beim Verkauf an einen strategischen Käufer erzielte »Capital Gain« zumeist nur durch einen Börsengang (IPO).[247] Hierbei können die Aufschläge bei 30–40 % liegen, hauptsächlich bedingt durch die Handelbarkeit der Aktien an der Börse nach einem IPO (sog. »Fungibilitätsaufschlag«).[248]

239 Vgl. Schertler 2006, S. 37ff.
240 Direkte Beteiligungen, d. h. ohne Fondskonstruktion, finden sich sehr viel seltener und sind zumeist auf vermögende Privatpersonen und Business Angels beschränkt (vgl. BVK 2009b, S. 7; Kaserer et al. 2007, S. 19).
241 Vgl. Talmor/ Vasvari 2011, S. 4.
242 Vgl. Bygrave/ Timmons 1992, S. 14.
243 Vgl. Thum et al. 2008, S. 129ff.
244 Vgl. Achleitner/ Schraml/ Tappeiner 2008b, S. 9ff.
245 Vgl. Rödl & Partner 2010, S. 14.
246 Vgl. Talmor/ Vasvari 2011, S. 269.
247 Vgl. Loos 2006, S. 393.
248 Vgl. Brettel et al. 2008, S. 111.

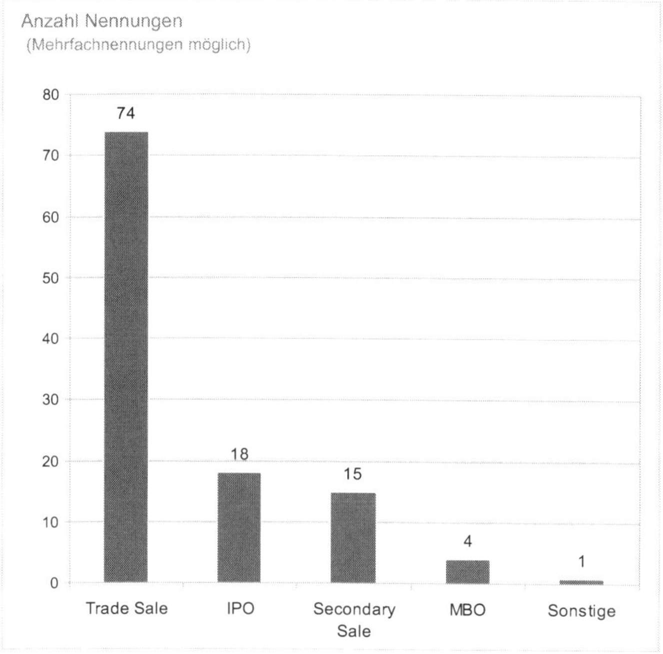

Abbildung 9: Exit-Präferenzen deutscher Private Equity Gesellschaften im Jahr 2010[249]

Allerdings ist die Vorbereitung eines Börsengangs – insbesondere im Vergleich zu einem Trade Sale – relativ langwierig, komplex und kostenintensiv, was die Präferenz für einen Trade Sale erklärt. Zudem ist die Art des Exits und insbesondere die des Börsengangs sehr stark konjunkturabhängig. In den Jahren der Finanzmarktkrise 2008 und 2009, in denen das Umfeld nicht für IPO's geeignet war, gab es dementsprechend nahezu keine Börsengänge.[250] Die häufigste Form des Exits in Deutschland ist allerdings die Rückzahlung der Beteiligung. Im Jahr 2010 entfielen hierauf 57,5 % aller Divestments (470 Beteiligungen), danach folgt der Totalverlust, der in 26,4 % aller Fälle die Ursache für das Divestment war. Absolut gesehen wurden nur 7 % (57 Unternehmen) der Unternehmen im Rahmen eines Trade Sales und sogar jeweils nur 2,2 % (18 Unternehmen) mittels Secondary Sale bzw. Börsengang verkauft (vgl. Abbildung 10).[251] Der hohe Anteil an Rückzahlungen und Totalverlusten ist hauptsächlich der großen Bedeutung mittelständischer Beteiligungsgesellschaften

249 Eigene Darstellung in Anlehnung an Rödl & Partner 2010, S. 14.
250 Vgl. BVK 2009a, S. 8.
251 Vgl. BVK 2011b, S. 16.

geschuldet, auf die etwa die Hälfte aller Private Equity Beteiligungen in Deutschland entfallen und die eine Rückzahlung als Exit präferieren.[252]

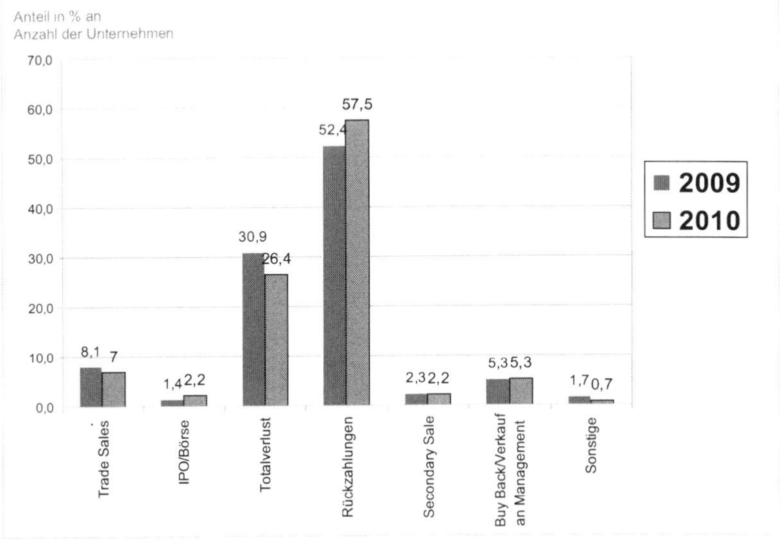

Abbildung 10: Prozentuale Aufteilung der Divestments nach der Anzahl der Unternehmen in Deutschland in den Jahren 2009/2010[253]

Weltweit hingegen ist der Trade Sale die häufigste Form des Exits. Zwischen 1970 und 2007 wurden 38 % aller PE-Beteiligungen auf diese Weise beendet; danach folgen Secondary Sales (24 %) und Börsengänge (14 %), wobei Secondary Sales im Zeitverlauf signifikant zu- und IPO's signifikant abnahmen.[254]

Der Exit-Kanal ist deshalb so bedeutsam, weil die Rendite des Fonds in der Regel nicht durch Ausschüttungen der Unternehmen, sondern durch einen erhöhten Weiterverkaufspreis der Portfolio-Unternehmen im Rahmen des Exits erzielt wird (»Capital Gains«).[255] Etwa 80 % dieser »Capital Gains« werden an die Investoren ausgeschüttet, der Rest (ca. 20 %) geht an die Beteiligungsgesellschaft (sog. »Carried Interest«), sofern eine vorab definierte Mindestrendite erreicht wurde (sog. »Hurdle Rate«); daneben erhält die Beteiligungsgesellschaft eine jährliche Managementgebühr von 2–3 %.[256] Erfolgt der Verkauf des Portfolio-Unternehmens deutlich schneller als die vorab vereinbarte Laufzeit des Fonds (zumeist zehn Jahre), so kann auch – abhängig von der vertraglichen

252 Vgl. Henrich 2010, S. 19.
253 Vgl. BVK 2011b, S. 16.
254 Vgl. Kaplan/ Strömberg 2008, S. 11
255 Vgl. von Haller 2007, S. 54 ff.
256 Vgl. Becker et al. 2011, S. 53.

Ausgestaltung – eine direkte Neuanlage des Verkaufserlöses anstelle einer Ausschüttung erfolgen.[257]

Generell ist zu unterscheiden zwischen reinen Private Equity Fonds Managern und Private Equity Dachfonds Managern (sog. »Fund of Funds«).[258] Letztere treffen in der Regel keine eigenen Akquisitonsentscheidungen, sondern investieren mit ihren Fonds in andere Private Equity Einzelfonds. Sie agieren damit als Intermediäre zwischen Investoren und Private Equity Gesellschaften.[259] Dies bietet dem Investor eine deutlich höhere Diversifikationsmöglichkeit, ist aber entsprechend auch mit höheren Kosten verbunden, da in diesem Fall für den zusätzlichen Fonds Manager weitere Gebühren anfallen.[260]

Insbesondere die längere Haltefrist und die aktive Einflussnahme auf die Portfolio-Unternehmen sind wesentliche Unterschiede zu Hedgefonds, deren Anlagehorizont deutlich geringer ist und die sich zumeist nicht als Mitunternehmer des erworbenen Unternehmens sehen.[261] Gegenteilige Beispiele in der jüngeren Vergangenheit[262] werden auch als »Private Equity-style Hedgefonds« bezeichnet.[263] Nominell werden beide Investmentarten in die Asset-Klasse der »Alternative Investments«[264] eingeordnet, die in den vergangenen Jahren rasant gewachsen ist.[265] Weltweit gibt es circa 8.000 Hedgefonds (ggü. 1.000 im Jahr 1997),[266] die etwa 2 Billionen USD verwalten (ggü. 0,47 Billionen USD im Jahr 2000).[267]

2.3.4 Formen von Private Equity und Werttreiber

2.3.4.1 Private Equity nach Finanzierungsphase

Wie schon in Kapitel 2.3.1 dargestellt, gibt es verschiedene Formen von Private Equity Investments, die zumeist nach der Finanzierungsphase unterschieden

257 Vgl. Cendrowski/ Wadecki 2008, S. 12.
258 Vgl. Davidson 2005, S. 28.
259 Vgl. Brettel et al. 2008, S. 24.
260 Vgl. Fraser-Sampson 2010, S. 3.
261 Vgl. Schöning/ Gatzka 2006, S. 1400.
262 Beispielhaft sei hier die versuchte Einflussnahme von Hedgefonds auf die Deutsche Börse AG und die britische Bank HSBC genannt.
263 Vgl. hierzu und für eine genauere Abgrenzung zwischen Private Equity und Hedgefonds u.a. Achleitner/ Kaserer 2005, S. 5ff. sowie Schöning/ Gatzka 2006, S. 1400ff.
264 Vgl. Kaserer et al. 2007, S. 13.
265 Zumeist werden auch Infrastruktur-Investments dieser Asset-Klasse zugerechnet.
266 Vgl. Cendrowski/ Wadecki 2008, S. 26.
267 Vgl. HSBC 2012, S. 15.

werden, welche sich nach der sog. Lebensphase des Unternehmens richten.[268] Dabei wird unterstellt, dass ein Unternehmen idealtypisch durch verschiedene Phasen geht, die auch als Pionier-, Wachstums-, Reife- und Wendephase bezeichnet werden.[269] In der Literatur[270] finden sich zahlreiche Modelle, die die einzelnen Phasen und die dazupassenden Arten von Private Equity Investments darstellen.[271] In jeder Phase kann Private Equity als Finanzierungsmodell eingesetzt werden. Zumeist ist der Grund eine zu geringe Eigenkapitalquote oder unzureichende Möglichkeiten einer weitergehenden Fremdfinanzierung, verbunden mit der fehlenden Bereitschaft oder Fähigkeit der Gesellschafter zu Eigenkapitalerhöhungen.[272] Gleichzeitig steht insbesondere mittelständischen Unternehmen die Kapitalbeschaffung über den organisierten Kapitalmarkt nur eingeschränkt zur Verfügung.[273]

Das Geschäftsmodell von Private Equity Gesellschaften ist zumeist an das Lebenszyklusmodell angelehnt, d. h. die Gesellschaften fokussieren sich in der Regel auf einzelne Phasen wie Early-Stage (Venture Capital), Expansion oder Later Stage (z. B. Buy Outs/ Restrukturierung/ Turn-Around), häufig mit dem Schwerpunkt auf bestimmte Regionen und Branchen. Die Spezialisierung führt nicht nur zu komparativen Vorteilen,[274] auch werden je nach Finanzierungsphase sehr unterschiedliche Anforderungen an eine Private Equity Gesellschaft hinsichtlich Expertise, Erfahrung, Finanzierungsvolumen und Kontakten gestellt.[275] Bezogen auf das Transaktionsvolumen sind Buy Outs die dominierende Form von Private Equity Investments, so betrug der Anteil von Buy Outs an den gesamten europäischen Private Equity Investments im Jahr 2010 etwa 70 %, mit großem Abstand folgt Private Equity in Form von Wachstumskapital und als Venture Capital.[276]

268 Vgl. hierzu u. a. Hockmann/ Thießen 2007, S. 243; Fenn et al. 1995, S. 18.; Schefczyk 2000, S. 37 ff.

269 Vgl. Pümpin/ Prange 1991, S. 83 ff.

270 Vgl. u. a. Fenn et al. 1995, S. 18 ; Geigenberger 1999, S. 49; Becker et al. 2011, S. 41.

271 Eine ansprechende Darstellung liefert zum Beispiel das Finanzierungsphasenmodell nach Schefczyk/ Pankotsch (vgl. Schefczyk/ Pankotsch 2008, S. 8).

272 Vgl. Thum et al. 2008, S. 21.

273 Vgl. Kaserer et al. 2007, S. 26.

274 Vgl. Fenn et al. 1995, S. 35.

275 Vgl. Prym 2010, S. 23.

276 Vgl. EVCA 2011b, S. 21.

2.3.4.1.1 *Frühphase (Early-Stage)*

> *»The new companies and industries spawned by venture capitalists have changed fundamentally the way in which we live and work.«*[277]

In der Frühphase (Early-Stage) eines Unternehmens wird zwischen der Seed- und der Start-Up Phase unterschieden, in denen Venture Capital (Wagniskapital) als eine spezifische Form von Private Equity zur Finanzierung genutzt werden kann.[278]

Als Seed-Finanzierung wird dabei die erste finanzielle Beteiligung an einem Unternehmen bezeichnet, die zeitlich vor, oder aber kurz nach dem eigentlichen Gründungsprozess liegt und das Ziel verfolgt, eine Idee soweit zu begleiten, dass eine Prüfung der Realisierbarkeit möglich wird; dabei werden die finanziellen Mittel insbesondere für Forschung und Entwicklung eingesetzt.[279] Als Kapitalgeber kommen dabei auf Seed-Finanzierung spezialisierte, private Venture Capital Gesellschaften (z.B. Sequoia Capital, Earlybird) sowie öffentliche Institutionen mit Förderauftrag (z.B. High-Tech Gründerfonds, BayernKapital, Fraunhofer Venture) oder Förderbanken wie die KfW oder die NRW.Bank in Frage.[280] Daneben gibt es auch spezielle Corporate Venture Capital Gesellschaften.[281] Hierbei handelt es sich um VC-Gesellschaften größerer Unternehmen, die gezielt Beteiligungen an jungen Unternehmen eingehen, um auf diese Weise neben der regulären Renditeerwartung an das Investment bei begrenzten Risiken an der Mitentwicklung neuer Technologien partizipieren zu können, die für den Mutterkonzern aus strategischer Sicht langfristig interessant sein könnten.[282]

Sollte die Seed-Finanzierung erfolgreich gewesen sein, so kann sich die sog. Start-Up-Finanzierung anschließen. Diese bezieht sich auf Unternehmen im Zeithorizont bis zu zwei Jahre nach ihrer Gründung und stellt daher finanzielle Mittel insbesondere für Produktion und Marketing zur Verfügung.[283]

Für die VC Gesellschaft bzw. die Investoren besteht der große Vorteil, dass der Gründer/ das Gründungsteam bereits über eine gewisse operative Erfahrung verfügt und zugleich eine meist große Abhängigkeit von Venture Capital existiert, da die eigenen Mittel häufig in der Seed-Phase vollständig aufgezehrt

277 Siehe Bygrave/ Timmons 1992, S. 1.
278 Vgl. Hockmann/ Thießen 2007, S. 243.
279 Vgl. Schefczyk/ Pankotsch 2008, S. 7.
280 Vgl. BVK 2011c; Kaserer 2007, S. 25.
281 Als erste Corporate VC Gesellschaft in Deutschland gilt die Techno Venture Management Gesellschaft (TVM), die 1984 den ersten Fonds auflegte, an dem sich u.a. die Deutsche Bank, Siemens, Bayer und Daimler Benz beteiligten (vgl. Jesch 2003, S. 119).
282 Vgl. Becker et al. 2011, S. 42.
283 Vgl. Oelke 2006, S. 37ff.

wurden.[284] Insbesondere bei Gründungs- und Frühphasenfinanzierungen besteht allerdings ein deutlich erhöhtes Risiko eines Totalverlusts für die Beteiligungsgesellschaft, da viele Unternehmensgründungen aus finanziellen Gründen oder aus Gründen mangelnder (technischer) Umsetzbarkeit scheitern.[285] Dennoch kommt Unternehmensgründungen und insbesondere jenen mit einer Technologieorientierung eine hohe volkswirtschaftliche Bedeutung zu. Durch die Realisierung von Ideen werden aus Innovationen neue marktfähige Produkte und diese können nicht nur durch neu geschaffene Arbeitsplätze, sondern auch durch Produktivitätsgewinne zur Steigerung des volkswirtschaftlichen Wohlstands führen.[286] *Meyer* weist nach, dass eine Erhöhung der Venture Capital Investitionen um 0,1 % des Bruttoinlandsprodukts zu Wachstumsraten des BIP von 0,44 % – 1 % führt, abhängig vom Zeitpunkt der Investition und mit einem Maximalwert von 1 %, der durch Frühphaseninvestitionen erreicht werden kann.[287] Studien u. a. von *Sapienza,*[288] *Achleitner,*[289] und *Popov/ Roosenboom*[290] bestätigen die positiven Wirkungen von Venture Capital, insbesondere bei solchen Unternehmen mit hohen Kosten für Forschung und Entwicklung; vor allem Gründungen mit einem Technologieschwerpunkt haben einen hohen Kapitalbedarf zur Realisierung ihrer Ideen.[291] Da die Finanzierung über Fremdkapital auf Grund des Risikoprofils des Unternehmens und der in aller Regel fehlenden Sicherheiten zumeist ausscheidet, ist Private Equity in Form von Venture Capital eine sehr interessante und zum Teil alternativlose Finanzierungsoption für die jungen Unternehmen,[292] insbesondere wenn im Rahmen der Finanzierungssuche die verschiedenen Risikokapitalgebergruppen gezielt analysiert und angesprochen werden.[293] Interessant ist VC auch aus Sicht der Investoren, denn junge Unternehmen – insbesondere mit einem Technologiehintergrund – bieten zum Teil attraktive Hebelmöglichkeiten in Bezug auf die Unternehmenswertsteigerung, sofern sie sich erfolgreich am Markt durchsetzen.[294] Diese Hebelwirkung ermöglicht zugleich eine (Über)-Kompensation der Verluste durch andere Portfolio-Unternehmen für die Beteiligungsgesellschaft.[295] Beispielhaft sei die

284 Vgl. Jesch 2003, S. 83.
285 Vgl. Meyer 2006b, S. 62.
286 Vgl. Kaserer 2007, S. 25.
287 Vgl. Meyer 2006a, S. 6; seine Analyse basiert auf Auswertungen der Private Equity Investitionen von 1994 bis 2005 in insgesamt 20 europäischen Ländern.
288 Vgl. Sapienza 1992, S. 10ff.
289 Vgl. Achleitner 2006, S. 143.
290 Vgl. Popov/ Roosenboom 2009, S. 30ff.
291 Vgl. hierzu u. a. Berger/ Udell 1998.
292 Vgl. Kaserer 2007, S. 25; Meyer 2006b, S. 62.
293 Vgl. Hack 2005, S. 407ff.
294 Vgl. u. a. Sahlman 1990, S. 473ff.; sowie Lerner 1995, S. 301.
295 Vgl. OECD 2011, S. 22.

Venture Capital Gesellschaft Sequoia Capital genannt, die u. a. Amazon, Skype, Yahoo und Google mit Wagniskapital finanziert hat. Bei Google betrug das Finanzierungsvolumen seitens Sequoia im Jahr 1999 12,5 Mio. USD. Beim Börsengang des Unternehmens konnte für diesen Kapitaleinsatz ein Wertzuwachs mit einem Faktor von 150 realisiert werden.[296]

Die Performance eines Venture Capital Fonds hängt allerdings nicht nur vom erzielten Exit-Preis und der Anzahl erfolgreich abgeschlossener Anteilsverkäufe ab, sondern auch vom Einstandspreis. Hierbei spielt auch die Reputation der Venture Capital Gesellschaft eine Rolle. Da der Einstieg eines bekannten Investors ein Qualitätssignal an den Markt darstellt und gegenüber anderen Investoren vertrauensfördernd wirkt, profitieren namhafte Venture Capital Gesellschaften von ihrem Image direkt monetär mit Abschlägen von 10–14 %.[297]

Im Jahr 2010 betrug der Anteil von VC Investitionen in Deutschland 0,028 % und in Europa 0,025 % des BIP.[298] Europaweit gibt es zurzeit etwa 700 Venture Capital Gesellschaften.[299]

2.3.4.1.2 Expansionsphase

Nach der Early-Stage folgt bei erfolgreichem Verlauf die sog. Expansionsphase, von einigen Autoren auch als Balanced bzw. reifere Frühphase bezeichnet.[300] In der Regel hat sich das Unternehmen in dieser Phase bereits am Markt etabliert und sucht nun frisches Kapital (sog. Growth Capital), um weiteres Wachstum finanzieren zu können.[301] Die Beteiligung erfolgt zumeist über Minderheitsbeteiligungen. In Abgrenzung zu Venture Capital, welches die Seed- und Start Up Phase umfasst, wird in diesem Zusammenhang bereits von Private Equity im engeren Sinne gesprochen.[302]

2.3.4.1.3 Later-Stage

Die Later Stage schließlich bezeichnet die Reife- und ggf. Wendephase eines Unternehmens im Unternehmenslebenszyklus. Zumeist wird hierbei zwischen Buy Out, Restrukturierung (Turn-Around) und Brückenfinanzierung (Bridge) unterschieden.[303]

Die gemessen am Volumen, der öffentlichen Wahrnehmung und wissenschaftlichen Forschungstätigkeit vorherrschende Form von Private Equity In-

296 Vgl. Hoerle/ Piehl 2004, S. 14.
297 Vgl. Hsu 2004, S. 1805ff.
298 Vgl. EVCA 2011b, S. 39.
299 Vgl. EVCA 2011, S. 1.
300 Vgl. Hockmann/ Thießen 2007, S. 243.
301 Vgl. Oelke 2006, S. 37ff.
302 Vgl. Kaserer 2007, S. 14.
303 Vgl. Becker et al. 2011, S. 41.

vestments sind sog. Buy Outs.[304] Diese können definiert werden als die zeitlich begrenzte Übernahme von Mehrheitsanteilen an Unternehmen von ihren bisherigen Eigentümern mit einer Mischung aus Eigen- und Fremdkapital durch oder mit Hilfe einer spezialisierten Investmentfirma.[305] Zumeist handelt es sich hierbei um relativ erfolgreiche und gesunde Unternehmen, die auf Grund ihres Geschäftsfeldes oder einer speziellen Expertise hohes Wachstumspotential aufweisen.[306] Eine Übernahme erfolgt häufig in Form eines Management Buy Outs (MBO). Erfolgt die Transaktion mit einer Fremdfinanzierungsquote von über 50 %, so wird der Buy Out auch als Leveraged Buy Out (LBO) bezeichnet (vgl. Abbildung 11),[307] d.h. die Private Equity Gesellschaft investiert nur 10–50 % des von den Investoren eingesammelten Kapitals,[308] der Rest wird als Fremdkapital aufgenommen, entweder in der Form von Bankkrediten oder von Collateralized Loan Obligations, die dann von Investmentbanken am Kapitalmarkt an institutionelle Anleger weiterplatziert werden.[309]

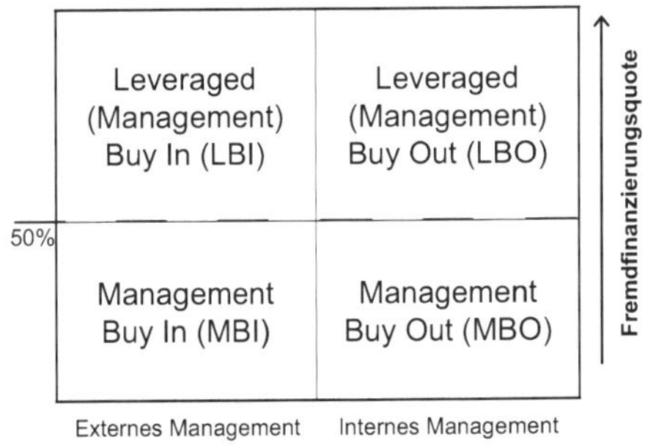

Abbildung 11: Verschiedene Arten von Buy Outs[310]

Bei einem MBO wird bei der Übernahme des Unternehmens durch die Private Equity Gesellschaft das bestehende Management übernommen und mittels Unternehmensanteilen (sog. Sweet Equity) zum (Mit-)Eigentümer gemacht. Seltener kommt es zu einem Management Buy In,[311] bei dem sich ein fremdes

304 Vgl. zu diesem Themengbiet u.a. Axelson et al. 2007; Davidson 2005; Kaplan/ Strömberg 2008; sowie Jakoby 2000.

305 Vgl. Wright et al. 1994, S. 216.

306 Vgl. Miller 2007, S. 42.

307 Vgl. hierzu auch Phan/ Hill 1995, S. 704ff.; sowie Butler 2001, S. 140ff.

308 Vgl. Achleitner/ Thoma 2001.

309 Vgl. Kaplan/ Strömberg 2008, S. 6; zur Entwicklung nach der Finanzmarktkrise Alloway/ Wigglesworth 2011.

310 Eigene Darstellung in Anlehnung an Achleitner/ Thoma 2001.

311 Daneben gibt es noch weitere Formen des Buy Outs in Abgrenzung der verschiedenen Käufergruppen wie Owner Buy Out (OBO), Employee Buy Out (EBO), Institutional Buy Out (IBO) sowie Buy-in Management Buy Out (BIMBO), auf die hier jedoch nicht vertiefend eingegangen werden soll. Vgl. für eine weitergehende Darstellung Jakoby 2000, S. 49.

Management in das Unternehmen einkauft.[312] In beiden Fällen hat das Management in der Regel nicht ausreichend Kapital, um den vollen Kaufpreis zahlen zu können. Es kommt daher zu einer Symbiose von Management und Private Equity Gesellschaft, die die Mehrheit am Unternehmen übernimmt und nicht selten dem Management über ein Darlehen Eigenkapital für die Beteiligung am Unternehmen zur Verfügung stellt.[313] Die Beteiligung des Managements liegt dabei üblicherweise bei mindestens 10 %.[314] Die Form des Management Buy Outs ist auch eine häufige Form der Übernahme von Familienunternehmen durch Private Equity Gesellschaften;[315] hierbei wird das vorhandene familienexterne Management in die Transaktion eingebunden und durch Anteile am Unternehmen beteiligt; so kann die PEG bestehendes Wissen einkaufen, Informationsasymmetrien reduzieren und eine Zielkongruenz mit der Geschäftsführung herstellen.[316] Daneben erleichtert es der Familie den Verkauf, wenn sie ihr Unternehmen weiterhin in der Hand der etablierten Geschäftsführung weiß.[317] Diese Art des Verkaufs von Familienunternehmen infolge fehlender Nachfolger wird auch als Succession Buy Out bezeichnet.[318] Daneben gibt es weitere Gründe für Buy Outs: Im Rahmen eines Spin-Off Buy Outs verkauft überlicherweise ein Unternehmen eine Division oder Tochtergesellschaft; bei Turn-Around Buy Outs handelt es sich um den Verkauf von Unternehmen, die in eine wirtschaftliche Notlage geraten sind; bei einem Privatization Buy Out wird ein Unternehmen durch die öffentliche Hand verkauft (privatisiert); im Rahmen eines Going-Private Buy Outs werden öffentliche, d. h. an der Börse gehandelte Unternehmen zurückgekauft und von der Börse genommmen; schließlich wird von einem Secondary Buy Out gesprochen, wenn es sich beim Verkauf um ein Unternehmen im Besitz einer Private Equity Gesellschaft handelt (Portfolio-Unternehmen), welches weiterverkauft wird. Buy Outs in Familienunternehmen sind in der Regel Succession Buy Outs oder Turn-Around Buy Outs; ihr Anteil an den gesamten europäischen Buy Outs beträgt etwa 38 %.[319]

Im Unterschied etwa zum Succession Buy Out ist die Besonderheit bei Turn-Around Buy Outs, dass der Verkaufsentscheidung eine wirtschaftliche Notlage des Unternehmens zu Grunde liegt, die der Grund für den Verkauf ist. Ent-

312 Vgl. Bader 1996, S. 109.
313 Vgl. Richard 2007, S. 72.; sowie Noel 2005, S. 16–17.
314 Vgl. Schefczyk/ Pankotsch 2008, S. 8.
315 Vgl. für eine gute Übersicht zum Thema Buy Outs in Familienunternehmen auch Klöckner 2009, S. 29–30.
316 Vgl. hierzu auch Kap. 2.3.4.2.
317 Vgl. Richard 2007, S. 72.
318 Vgl. hierzu und im Folgenden Klöckner 2009, S. 24.
319 Bezogen auf die Anzahl von Buy Outs im Jahr 2007 (Vgl. Klöckner 2009, S. 25; sowie Klöckner 2008, S. 17).

sprechend ist hier eine spezielle Expertise seitens der PEG notwendig, so dass es Gesellschaften gibt, die sich rein auf diese Art der Übernahmen fokussiert haben. Ihr Geschäftsmodell sieht vor, dass sie Unternehmen erwerben, die sich in der Insolvenz befinden, kurz vor einer solchen stehen oder zumindest in einer ernsthaften wirtschaftlichen Krise stecken. Mittels verschiedener operativer, strategischer und finanzieller Maßnahmen[320] versuchen sie sodann, in kürzester Zeit einen Turn-Around zu erreichen, d.h. das Unternehmen zurück in die Gewinnzone zu führen. Dabei wird zumeist – in Abgrenzung zum MBO – das bestehende Management ausgetauscht. Die Unternehmen sind zum Verkaufszeitpunkt entsprechend günstig bewertet und können dann, sofern der Turn-Around gelingt, mit deutlich erhöhten Exit-Multiples weiterverkauft werden. Auf Grund des hohen Risikos liegt die Renditeerwartung von Beteiligungsgesellschaften bei Turn-Around Investments zwischen 30 und 35 %.[321]

Abschließend sei der Vollständigkeit halber noch die sog. Bridge-Phase genannt. Diese eher selten vorkommende Form von Private Equity bezeichnet eine Überbrückungsfinanzierung, die ein Unternehmen in einer Later-Stage Phase erhält, welche der Vorbereitung eines Börsengangs oder eines Verkaufs an einen strategischen Investor dienen soll.[322]

2.3.4.2 Funktionen und Wertschöpfung von Private Equity

So trivial das Ziel von Private Equity Gesellschaften ist, ihre Portfolio-Unternehmen zu einem höheren Preis zu verkaufen, als sie ursprünglich erworben wurden, so facettenreich und komplex ist der Weg dorthin und kann als Folge einer Reihe von Methoden und Hebeln verstanden werden, die in verschiedenen Phasen zum Einsatz kommen und unterschiedliche Arten von Wertgenerierung zum Ergebnis haben können.

Einen guten Überblick über die verschiedenen Arten von Wertgenerierung liefern *Berg/ Gottschalg* im Rahmen ihres dreidimensionalen Wertgenerierungsmodells, welches zunächst zwischen den verschiedenen zeitlichen Perioden einer Private Equity Beteiligung differenziert (Akquisitionsphase, Haltephase, Divestmentphase).[323] Abhängig von der jeweiligen zeitlichen Phase unterscheiden sie zwischen der Art der Wertgenerierung unterteilt nach Value Capturing (Wertkaperung) und Value Creation (Wertschöpfung). Dabei gliedern sie die Value Creation in primäre und sekundäre Wertschöpfungshebel: Während primäre Wertschöpfungshebel (primary levers) – sei es durch opera-

320 Vgl. hierzu bspw. Cuny/ Talmor 2007; vgl. auch Kapitel 2.3.4.2: Funktionen und Wertschöpfung von Private Equity.

321 Vgl. Kraft 2001, S. 312.

322 Vgl. Brettel et al. 2008, S. 14.

323 Vgl. hierzu und im Folgenden Berg/ Gottschalg 2005, S. 5ff.

tive Verbesserungen oder strategische Entscheidungen – zu einer direkten Wertschöpfung führen, haben die sekundären Wertschöpfungshebel (secondary levers) keinen direkten Einfluss auf die Unternehmensergebnisse, verstärken jedoch die Wirkungen der primären Hebel, z. B. durch die Reduktion von Agency-Kosten.[324] Als letzte Dimension führen *Berg/ Gottschalg* die Quelle der Wertgenerierung auf und unterscheiden hierbei zwischen intrinsischen und extrinsischen Quellen. Intrinsisch bezieht sich dabei auf eine Wertgenerierung, die ausschließlich innerhalb des Portfolio-Unternehmens erfolgt, beispielsweise durch operative Verbesserungen und ohne expliziten Wissenstransfer von der PEG zum Unternehmen möglich ist. Extrinsisch hingegen bedeutet, dass die Wertgenerierung in direktem Zusammenhang mit einer speziellen Expertise, der Erfahrung oder auch dem Netzwerk der Private Equity Gesellschaft zusammenhängt, diese also in einem anderen Kontext (z. B. kein Buy Out oder andere PEG) voraussichtlich nicht erzielt worden wäre. Basierend auf diesem Modell identifizieren sie sechs wesentliche Kategorien von Werttreibern, die den einzelnen Dimensionen zugeordnet werden können: Financial Arbitrage, Financial Engineering, Steigerung der operativen Effektivität, Veränderung der Strategie, die Reduktion von Agency-Kosten und schließlich die Mentoring-Funktion.[325] Lediglich beim ersten Werttreiber 'Financial Arbitrage' handelt es sich um reine Wertkaperung (Value Capturing), während alle weiteren als primäre oder sekundäre Wertschöpfung (Value Creation) betrachtet werden können.

Financial Arbitrage bedeutet, dass der Capital Gain, also der Gewinn der PEG beim Verkauf des Unternehmens, lediglich aus einem Ausabitrieren des Marktes resultiert und keine Änderungen am Portfolio-Unternehmen für den höheren Verkaufspreis ursächlich sind. Financial Arbitrage[326] wird möglich durch Bewertungsänderungen, Informationsasymmetrien und eine besondere Transaktionskompetenz der PEG.[327]

Primäre Wertschöpfung hingegen hat einen direkten Einfluss auf das Unternehmen und erfordert aktive Veränderungen durch das Management oder die neuen Gesellschafter im finanziellen, operativen oder strategischen Bereich. Entsprechend können diese primären Wertschöpfungstreiber unterteilt werden

324 Vgl. Berg/ Gottschalg 2005, S. 9 ff.; vgl. zum Thema Agency-Kosten auch Jensen/ Meckling 1976, S. 308 ff.; sowie Hirsch 2004, S. 67 ff.

325 Vgl. alternativ: Systematisierung nach Kaserer et al. 2007, S. 96. Kaserer et al. fassen die Werttreiber in drei zentralen Blöcken zusammen: Operative und strategische Werttreiber, Corporate Governance und Finanzielle Werttreiber.

326 Vgl. hierzu und im Folgenden: Kaserer et al. 2007, S. 96 ff.; Berg/ Gottschalg 2005, S. 11 ff.

327 Beispielsweise durch sog. Cycle Timing (abweichende Kauf- und Verkaufspreise durch konjunkturelle Veränderungen), unterschiedliche Marktpreise (privat vs. Börsenlisting) oder Asset Stripping (Zerlegung und partieller Verkauf des Unternehmens in Teilen) (vgl. Kaserer et al. 2007, S. 96).

in Financial Engineering, Steigerung der operativen Effektivität und eine Veränderung der Strategie des Unternehmens.[328]

Unter Financial Engineering wird die Optimierung der Kapitalstruktur und der Kapitalkosten des Unternehmens unter Einsatz verschiedener Fremd- und Eigenkapitalinstrumente verstanden, beispielsweise durch die Verhandlung von besseren Kreditkonditionen, die Emission neuer Anleihen zur Erhöhung der Liquidität oder die Reduktion von Unternehmenssteuern durch Ausnutzung des Steuervorteils von Fremdkapital und Abschreibungen.

Ein weiterer Werttreiber, der der primären Wertschöpfung zuzurechnen ist, ist die Steigerung der operativen Effektivität. Hierzu zählen Kosteneinsparungs- und Margenoptimierungsprogramme, die Reduktion des Working Capitals und die Beseitigung von Ineffizienzen. Gängige Mittel sind u. a. Outsourcing, Senkung der Forschungs- und Entwicklungskosten und Reduktion der Fixkosten ('Overhead'-Kosten) durch eine Verschlankung der Organisation etwa durch den Abbau von Hierarchiestufen.[329]

Als letzter primärer Wertschöpfungshebel gilt die Veränderung der Strategie (Increasing strategic distinctiveness).[330] Dies kann eine Refokussierung auf das Kerngeschäft sein, die einhergeht mit einer allgemeinen Komplexitätsreduktion und den Verkauf von Divisionen oder Tochtergesellschaften einschließt;[331] möglich ist jedoch auch das Gegenteil, die Erweiterung der Wertschöpfungskette oder eine aggressive, z. B. geographische Expansionsstrategie etwa durch Akquisitionen.[332]

Werttreiber, die der sekundären Wertschöpfung zugerechnet werden können, sind hingegen die Reduktion von Agency-Kosten und das Mentoring. Beide haben keinen direkten Einfluss auf das Unternehmen, wirken jedoch verstärkend auf die primären Wertschöpfungshebel.[333] Am bekanntesten ist dabei die Reduktion von Agency-Kosten. Durch den Wechsel von Eigentümer und Organisationsform, der durch einen Buy Out möglich wird, können zahlreiche Agency-Konflikte behoben oder reduziert werden, was nachweislich zu einer Verbesserung der Performance führen kann.[334] Möglich wird dies u. a. durch eine Optimierung der Anreizsysteme, die effiziente Kapitalverwendung und das Monitoring und Controlling der Unternehmen.[335] Gerade letzteres wird von

328 Vgl. Berg/ Gottschalg 2005, S. 43.
329 Vgl. Kaplan 1989a, S. 250; Opler 1992, S. 33; Samdani et al. 2001, S. 99 sowie Talmor/ Vasvari 2011, S. 309ff.
330 Vgl. Berg/ Gottschalg 2005, S. 24.
331 Vgl. Anders 1992, S. 83.
332 Vgl. Wiersema/ Liebeskind 1995, S. 449.
333 Vgl. Berg/ Gottschalg 2005, S. 24–25.
334 Vgl. Cuny/ Talmor 2007, S. 631; Kaplan 1989a, S. 220.
335 Vgl. Baker/ Smith 1998, S. 57; Anders 1992, S. 84; Samdani et al. 2001, S. 100.

Private Equity Gesellschaften sehr aufwändig und zeitintensiv betrieben.[336] Hierzu zählt auch die Einrichtung bzw. Mitarbeit in Aufsichtsgremien wie Beirat oder Aufsichtsrat mit der dazugehörigen Aufgabe der Berufung und Abberufung des Vorstands bzw. des Managements.[337] Dies wird von der absoluten Mehrheit der Private Equity Gesellschaften aktiv wahrgenommen[338] und dient – neben der Sicherstellung von Einfluss zur Umsetzung der Wertschöpfungshebel – auch dem Erhalt vertraulicher Informationen im Rahmen der Kontrollfunktion.[339] Des Weiteren kann die Beteiligungsgesellschaft durch die Mitentscheidung bei vorab definierten zustimmungspflichtigen Geschäften in das operative Tagesgeschäft eingreifen oder hiervon nur bei strategischen Grundsatzentscheidungen Gebrauch machen.[340] Teil des Monitorings kann auch die Erweiterung von Management-Informationssystemen sein.[341] Die damit einhergehende Professionalisierung des Unternehmens-Controllings wird von den Beteiligten als ein häufiger Mehrwert von Private Equity wahrgenommen.[342] Dies trifft insbesondere auf mittelständische Unternehmen zu, die zum Teil nicht über umfassende Controlling- und Reportingmechanismen verfügen, die ausreichend sind, um den Informationspflichten gegenüber der Beteiligungsgesellschaft gerecht zu werden.[343] Für die Beteiligungsgesellschaft jedoch ist die Kenntnis der genauen Erlöszahlen, der Kostenstruktur, der Planzahlen sowie der Finanzierungssituation des Unternehmens von essentieller Bedeutung, da sie auf Grundlage dieser Informationen über den Wert und die Entwicklung des Beteiligungsobjekts und den Fortlauf der Beteiligung entscheiden muss.

Letzter Werttreiber im Rahmen der sekundären Wertschöpfung ist schließlich das Mentoring. Dabei verstehen sich die Investment Manager als »active advisors and enablers« und als »sounding board«, die eine neue und zusätzliche Management- und Industrieexpertise einschließlich ihres Netzwerkes in das Unternehmen miteinbringen.[344] Die Netzwerkfunktion wird insbesondere zur Personalbeschaffung und zur Etablierung von Industriekontakten verwendet.[345] Hierbei werden die Kontakte der Private Equity Gesellschaften aktiv genutzt, um beispielsweise Personal, hauptsächlich im Top-Management Bereich, zu rekrutieren. Neben Kontakten zur Personalbeschaffung werden auch aktiv Industriekontakte eingebracht, um etwa neue Absatz- und Einkaufskanäle zu

336 Vgl. Brettel et al. 2008, S. 96ff.
337 Vgl. Talmor/ Vasvari 2011, S. 317.
338 Vgl. Hohmann 2005, S. 59; Schefczyk 1999, 133ff.
339 Vgl. Berg/ Gottschalg 2005, S. 29.
340 Vgl. Schefczyk 2006, S. 36ff.
341 Vgl. hierzu auch Davila/ Foster 2007.
342 Vgl. Hellmann/ Puri 2002, S. 169ff.
343 Vgl. Dill 2008, S. 87.
344 Siehe Berg/ Gottschalg 2005, S. 33.
345 Vgl. BVK 2009b, S. 3

schaffen bzw. bestehende zu überprüfen und ggf. zu erweitern.[346] Durch die Nutzung von Kontakten zu Banken wird versucht, die Finanzierungskonditionen des Unternehmens zu verbessern. Neben diesen externen Kontakten, die je nach Gesellschaft unterschiedlich intensiv eingebracht und genutzt werden, versuchen verschiedene Beteiligungsgesellschaften auch aktiv, Synergieeffekte innerhalb ihrer Portfolio-Unternehmen zu heben. Dies kann vom Wissenstransfer bis zu gemeinsamen Einkaufs- und Vertriebsprozessen zur Erlangung von Skaleneffekten gehen.[347] Der Mentoring-Aspekt hat insbesondere auch im Venture Capital Bereich eine besondere Bedeutung; hier übernehmen Beteiligungsgesellschaften sehr häufig die Funktion eines Coachs oder Mentors der Gründer und stellen ihr Wissen in den Bereichen Finanzierung, Führung oder Vertrieb zur Verfügung.[348]

Die Private Equity Branche geht davon aus, dass auch zukünftig die operativen und strategischen Wertschöpfungshebel gegenüber dem reinen Financial Engineering an Bedeutung gewinnen werden.[349] Gleichzeitig wird immer wieder kritisch hinterfragt, ob PEG tatsächlich Wertschöpfung durch operative oder strategische Verbesserungen erreichen, oder ihre Gewinne hauptsächlich aus dem »Financial Engineering« beziehen.[350] Zudem wird – in der Öffentlichkeit, in den Medien wie auch in der Wissenschaft – diskutiert, ob ein Einstieg einer Private Equity Gesellschaft eher positive oder negative Auswirkungen auf das entsprechende Unternehmen hat. Hierzu gibt es eine Vielzahl wissenschaftlicher Studien, die nicht zu einem einheitlichen Bild kommen, aber mehrheitlich belegen, dass der Einstieg von Private Equity Gesellschaften primäre und sekundäre Wertschöpfung zur Folge haben kann und überwiegend positive Folgen für das Unternehmen hat:[351]

Cuny und *Talmor* ermitteln drei wesentliche Faktoren, die positiv auf das übernommene Unternehmen wirken.[352] Hauptsächlich sind dies operative Verbesserungen, die durch die Beteiligungsgesellschaft – oftmals unter Zuhilfenahme externer Berater – angestoßen werden. Daneben wirkt die Einbringung

346 Vgl. Berg/ Gottschalg 2005, S. 33.
347 Vgl. Lindsey 2002, S. 22ff.
348 Vgl. Kaserer 2007, S. 26.
349 So stimmen beispielsweise in einer Studie der Unternehmensberatung *Roland Berger* aus dem Jahr 2012 94 % der befragten PE Gesellschaften (n=862) der Aussage zu, dass das aktive Management der Portfolio-Unternehmen in Zukunft wichtiger werden wird und Passivität alleine nicht länger tragfähig ist. Dabei werden als Chancen für Wertsteigerung insbesondere strategische (54 %) und operative Maßnahmen (34 %) genannt, während finanziellen Maßnahmen (z. B. Rekapitalisierung, Refinanzierung) mit 2 % nur eine geringe Bedeutung zugemessen wird (vgl. Roland Berger Research 2012, S. 3–4).
350 Vgl. hierzu z. B. Meek 2012, S. 18.
351 Vgl. hierzu u. a.: Achleitner/ Geidner 2007, S. 18ff.
352 Vgl. hierzu und im Folgenden Cuny/ Talmor 2007, S. 629ff.

von Eigenkapital bzw. Liquidität positiv und die zumeist durch die Private Equity Gesellschaft initiierte Veränderung von Anreizmechanismen im Management.[353] Dies gilt sowohl für den Fall, dass das bestehende Management übernommen wird, als auch für die Einsetzung eines neuen Managements.[354]

Die seitens der Private Equity Gesellschaft veränderten Anreizmechanismen sehen auch *Lichtenberg* und *Siegel* als ursächlich an. Sie weisen anhand von Produktivitätskennzahlen in Fabriken nach, dass sich die Produktivität nach einem MBO für zumindest drei Jahre signifikant verbessert hat.[355]

Auch *McConnell* und *Servaes* (1990) zeigen, dass es eine positive Korrelation zwischen institutioneller Ownership und der Entwicklung des Tobin's Q[356] des Unternehmens gibt. Sie weisen gleichzeitig nach, dass der Firmenwert ansteigt, wenn das Management mit bis zu ca. 40–50 % beteiligt ist.[357] *Loos* hingegen ermittelt eine Beteiligungsquote des Managements von 10–20 % als ideal, da in dieser Spanne die größten Performancegewinne zu verzeichnen sind.[358]

Kaplan ermittelt in einer weiteren Studie, dass das Betriebsergebnis im dritten Jahr nach einem Buy Out im Schnitt 20 % höher als vor dem Buy Out ist und der Cash Flow sogar um 80 % gestiegen ist. Gleichzeitig stellt er fest, dass in diesen Unternehmen der Anteil des Vorstandsvorsitzenden am Unternehmen von ca. 1 % auf über 6,4 % angestiegen war und das Management-Team insgesamt über 20 % der Anteile hielt, was ebenfalls ein Beleg für den Erfolg von Incentivierung über Management-Beteiligung ist.[359]

Wright et al. belegen die bessere Performance von Unternehmen über zehn Jahre nach einem MBO und führen hierfür insbesondere die Exploration neuer Märkte und die Entwicklung neuer Produkte als ursächlich an.[360]

Rogers et al. ermitteln, dass Private Equity finanzierte Unternehmen eine um 7–16 % (abhängig vom betrachteten Zeitraum) bessere Performance erzielen als im S&P 500 gelistete Unternehmen.[361]

Eine weitere Studie, in der 117 Übernahmen europäischer Unternehmen durch PEG zwischen 1994 und 2003 analysiert werden, zeigt, dass diese überwiegend positiv für die betroffenen Unternehmen waren.[362] So stiegen im

353 Vgl. zu Anreizmechanismen im Management u. a. Aggarwal 2007, S. 497.
354 Vgl. hierzu auch Kaplan/ Strömberg 2003, S. 281 ff. Im weiteren Verlauf dieser Arbeit (insb. im Kapitel 2.4.2) wird auf diese Thematik noch weiter eingegangen werden.
355 Vgl. Lichtenberg/ Siegel 1990, S. 165 ff.
356 Das Tobin's Q drückt das Marktwert-Buchwert-Verhältnis eines Unternehmens aus.
357 Vgl. McConnell/ Servaes 1990, S. 595 ff.
358 Vgl. Loos 2006, S. 408.
359 Vgl. Kaplan 1989a, S. 217 ff.; sowie Kaplan 1991, S. 287 ff.
360 Vgl. Wright et al. 1996, S. 213.
361 Vgl. Rogers et al. 2002, S. 7.
362 Hauptursache für die Unternehmensverkäufe waren ungeklärte Nachfolgefragen. Interessanterweise gaben nur 33 % der befragten Unternehmen an, ihren Generationswechsel mit

Durchschnitt ein Jahr nach der Übernahme die Mitarbeiterzahl (+67,3 %), der Umsatz (+13,3 % bis +15,4 %) und der Gewinn (+10,3 % bis + 11,3 %). Getragen wurden die positiven Ergebnisse von Internationalisierungsstrategien. Beispielsweise stieg der Export in außereuropäische Länder durchschnittlich um 32 % innerhalb eines Jahres.[363]

Auch *Geidner* kommt in ihrer Studie zu dem Ergebnis, dass die Mehrheit der Unternehmen (20 von 25) nach einem Buy Out ihren Umsatz steigern konnten, im Durchschnitt um 6 % p.a., während nur drei Unternehmen einen Umsatzrückgang verzeichneten. Auch der Gewinn stieg, im Durchschnitt sogar um 19 % pro Jahr. Über die Hälfte der Unternehmen konnte einen Gewinnanstieg von über 10 % erzielen.[364]

Schefczyk/ Pankotsch zeigen im Rahmen einer Fallstudienuntersuchung für Deutschland, dass Private Equity bei allen untersuchten Unternehmen einen wichtigen Beitrag zur Unternehmensentwicklung beigetragen hat. Ein Effekt war hierbei die Hebelwirkung, die die Private Equity Finanzierung auf die Unternehmen, insbesondere auf deren Kapitalausstattung, Innovationskraft und Beschäftigungsmöglichkeiten hatte. Im Mittel konnte bei allen Unternehmen ein Mitarbeiterwachstum (mit Ausnahme von Turn-Around-Finanzierungen) nachgewiesen werden.[365]

Auch volkswirtschaftlich aggregiert scheinen Private Equity Gesellschaften nicht so schlecht wie ihr Ruf. So werden etwa in Unternehmen, die sich im Besitz von Private Equity Gesellschaften befinden, mehr Arbeitsplätze geschaffen als in börsennotierten Firmen. Während Unternehmen, die in Europa in Private Equity Besitz waren, von 2000 bis 2004 die Beschäftigung um 5,4 % erhöhten, bauten die im Dow Jones Stoxx 600 erfassten Aktiengesellschaften 0,2 % der Arbeitsplätze ab.[366] *Meyer* ermittelt zudem, dass ein Anstieg von Private Equity Investitionen im Buy Out Segment um 0,1 % des BIP zu einer Steigerung des realen Wirtschaftswachstums um 0,2 % führt.[367]

Cornelli und *Li* weisen allerdings auch daraufhin, dass die zahlreichen positiven Studien überbewertet sein könnten, da ein Teil des Performance-Anstiegs

einer Vorlaufzeit von mehr als einem Jahr geplant zu haben, während 45,3 % der Unternehmen erst im Jahr vor dem Wechsel damit begannen und 21,7 % über gar keine organisierte Nachfolgeplanung verfügten. Da jedoch die Nachfolgefrage bei all diesen Unternehmen nicht zufriedenstellend geklärt werden konnte, konnten Private Equity Fonds als Käufer auftreten. Dabei gaben 31 % der Unternehmen an, dass lediglich der Einsatz von Private Equity den Fortbestand des Unternehmens ermöglicht habe.

363 Vgl. Noel 2005, S. 16ff.

364 Vgl. Geidner 2009, S. 104ff.

365 Vgl. Schefczyk/ Pankotsch 2008, S. XI.

366 Vgl. Methfessel 2007, S. 3; zu ähnlich positiven Ergebnissen mit Blick auf die Beschäftigungsentwicklung kommen auch Achleitner/ Klöckner 2005 sowie Engel 2003.

367 Vgl. Meyer 2006a, S. 6; seine Analyse basiert auf Auswertungen der Private Equity Investitionen von 1994 bis 2005 in insgesamt 20 europäischen Ländern.

auf eine zuvor erfolgte künstliche Absenkung des Unternehmenserfolgs durch das eigene Management mit Blick auf den anstehenden MBO zurückgehen könnte.[368] Zudem ist zu berücksichtigen, dass nicht wenige der Studien im Auftrag oder wenigstens in Zusammenarbeit mit Branchenverbänden wie dem EVCA erstellt wurden.

2.3.5 Der globale und europäische Private Equity Markt

Wie in Kapitel 2.3.1 beschrieben, geht Private Equity nach heutigem Verständnis zurück auf die private Finanzierung von Eisenbahnstrecken und Textilfabriken durch Finanzinvestoren in den USA im 19. Jahrhundert.[369] Den endgültigen Durchbruch erlebte der mit als Intermediär auftretenden Beteiligungsgesellschaften organisierte Private Equity Markt schließlich gegen Ende der 1970er Jahre auf Grund einiger regulatorischer Änderungen in den USA, die insbesondere die Ausweitung von Private Equity Investments für institutionelle Anleger wie Pensionskassen zur Folge hatten.[370] Betrug das insgesamt global investierte Private Equity Volumen im Jahr 1980 noch 4,7 Mrd. USD, so wuchs es bereits bis 1994 auf über 100 Mrd. USD an.[371] Dies ging einher mit einer Verlagerung von Investitionen in Venture Capital zu Private Equity im engeren Sinne, was hauptsächlich an der deutlich größeren Anzahl an Unternehmen lag, die für Private Equity i. e. S. in Frage kamen. Betrug 1980 das Verhältnis von Venture Capital zu Private Equity im engeren Sinne noch zwei zu eins, so veränderte sich dies innerhalb dieses Zeitraumes auf etwa eins zu zwei. In dieser Zeit stiegen die Venture Capital Investments von 3,0 auf 30,0 Mrd. USD, während Private Equity Investments im engeren Sinne von 1,7 Mrd. USD auf 70,4 Mrd. geradezu explodierten (vgl. Abbildung 12).

368 Vgl. Cornelli/ Li 2008, S. 6.
369 Vgl. Brophy/ Wadecki 2008, S. 39.
370 Vgl. hierzu und für eine Übersicht weiterer regulatorischer Maßnahmen: Soja/ Reyes 1990, S. 202.
371 Vgl. hierzu und im Folgenden: Fenn et al. 1995, S. 2ff.

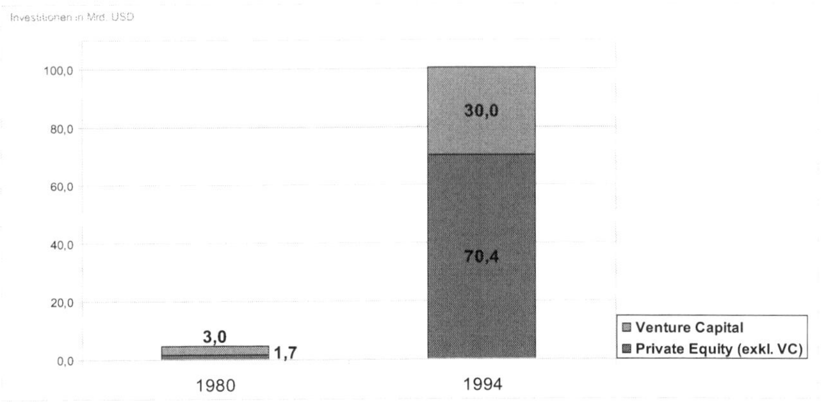

Abbildung 12: Global investiertes Private Equity Volumen in den Jahren 1980 und 1994 (in Mrd. USD)[372]

Durch die angesprochenen regulatorischen Änderungen waren Investitionen in Private Equity für institutionelle Anleger und insbesondere für Pensionsfonds in breitem Umfang möglich geworden. Entfielen im Jahr 1978 lediglich 15 % des in den USA neu bereitgestellten Private Equity Volumens auf Pensionsfonds (32 Mio. USD), so verdreifachte sich dieser Anteil innerhalb von nur 10 Jahren bei deutlicher Ausweitung der Volumina, so dass 1988 46 % des neu bereitgestellten Private Equity Kapitals auf Pensionsfonds entfielen (ca.1,35 Mrd. USD). Steuerten Familien und Privatpersonen 1978 noch mit 32 % den größten Teil an Private Equity Kapital bei, so sank der relative Anteil bis 1988 auf nur noch 8 %. Absolut gesehen stieg jedoch auch das von Familien und Privatpersonen bereitgestellte Volumen von neuem Private Equity Kapital von 69 Mio. USD auf 236 Mio. USD.[373]

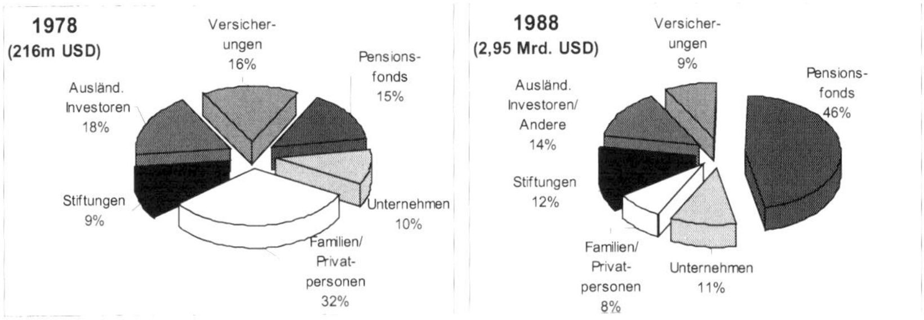

Abbildung 13: Investments in Private Equity nach Anleger (USA: 1978/ 1988)[374]

372 Eigene Darstellung in Anlehnung an Fenn et al. 1995, S. 2.
373 Vgl. Bygrave/ Timmons 1992, S. 45–46.
374 Eigene Darstellung in Anlehnung an Bygrave/ Timmons 1992, S. 45–46.

Anfang der 1990er Jahre endete das Wachstum von Private Equity vorübergehend, da im Rahmen der amerikanischen Wirtschaftskrise (1990–92) der High Yield Bond Markt zusammengebrochen war, dem insbesondere bei der Finanzierung von Leverage Buy Outs eine große Bedeutung zukam.[375] Der Markt erholte sich nur langsam und etwa fünf Jahre war die Branche stark eingebremst. Ab Mitte der 1990er Jahre kannte das Wachstum jedoch keine Grenzen mehr. Allein im Jahr 1995 wurden Unternehmensübernahmen in Höhe von 30 Mrd. USD durch Private Equity finanziert.[376] Das Limited Partnership Modell hatte sich dabei zu diesem Zeitpunkt bereits durchgesetzt und etwa 4/5 aller Private Equity Investments wurden in dieser Form durchgeführt.[377] Bis 1999 wuchs die Branche jedes Jahr im zweistelligen Prozentbereich. Obwohl das Wachstum im Rahmen des Platzens der Dot.Com Blase im Jahr 2000 stagnierte, betrug das investierte Volumen dennoch 98 Mrd. USD pro Jahr, d.h. es wurde soviel pro Jahr neu investiert, wie im Jahr 1994 insgesamt an Kapital in dieser Asset-Klasse vorhanden war.[378] Nach einem vorläufigen Tiefpunkt im Krisenjahr 2001 (68 Mrd. USD) begann ein neuerliches rasantes Wachstum bis zum Höhepunkt im Jahr 2006. In diesem Jahr wurden weltweit Unternehmen bzw. Unternehmensanteile im Wert von insgesamt 696 Mrd. USD durch Private Equity Gesellschaften übernommen. *Talmor/ Vasvari* halten hierzu fest: »[...] Over the past decade, Private Equity rode a credit bubble inflated by low interest rates to record deal values.«[379]

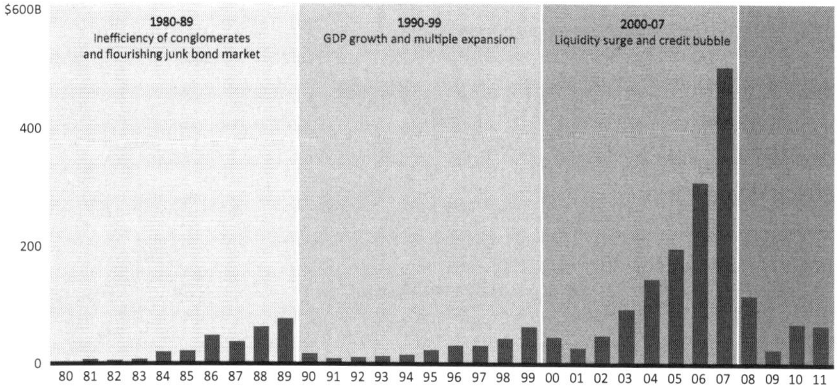

Abbildung 14: Transaktionsvolumen US-amerikanischer Private Equity Buy Outs[380]

375 Vgl. Talmor/ Vasvari 2011, S. 6.
376 Vgl. hierzu und im Folgenden Bain 2012, S. 2.
377 Vgl. Fenn et al. 1995, S. 2.
378 Vgl. Bain 2012, S. 2 in Kombination mit Fenn et al. 1995, S. 2.
379 Siehe Talmor/ Vasvari 2011, S. 6.
380 Siehe Bain 2012, S. 1.

Der dramatische Anstieg von Kapital in der Asset-Klasse der »Alternative Investments«, der in ähnlichem Maße auch bei Hedge Fonds zu verzeichnen war,[381] ging einher mit einer generellen Kapitalflut, die auch andere Asset-Klassen wie Aktien, Immobilien und Fixed Income miteinschloss und schließlich in der Finanzmarktkrise von 2007–2009 endete. So stieg das weltweit von institutionellen Anlegern verwaltete Kapital seit 1980 von 3 Billionen US-Dollar auf über 48 Billionen US-Dollar im Jahr 2007 an.[382]

Dieses außerordentliche Wachstum der Kapitalströme der Vorkrisenjahre wird von *Priewe* als »klassische Vermögenspreis- und Spekulationskrise« bezeichnet, die auf einem »enormen, erklärungsbedürftigen Finanzvolumen auf der Basis von Finanzinnovationen« basiere und einhergehe mit einer dramatischen weltweiten Nachfrage nach Wertpapieren der amerikanischen Finanzindustrie in den verschiedenen Asset-Klassen; so sei die USA zum »Magnet für riskante Anlagen« geworden.[383] Die zugrundeliegende Problematik und Ursache für diese Entwicklung wird volkswirtschaftlich auch als neues Triffin-Dillema[384] bezeichnet.[385] Dieses besagt, dass der faktische Dollarstandard und die Rolle des US-Dollars als Weltreservewährung, gepaart mit der niedrigen Inflationsrate, der historisch gesehen hohen Stabilität des US-Finanzsystems und der Größe des US-Kapitalmarkts die USA zum Zielland für weltweite Kapitalströme werden ließen. Die weltweiten Handels- und Kapitalstromungleichgewichte haben sich insbesondere in Boomzeiten, d. h. in den Jahren vor der Krise seit 2001, noch verstärkt zu Gunsten der USA gedreht. Die Folge war ein massives Wachstum des US-Kapitalmarkts, einhergehend mit der gestiegenen Bedeutung für den Staat und nicht zuletzt die hierdurch geringere Regulierung der Branche.[386] Dies führte zu vier zentralen Problemen:[387] Zunächst einer Überbewer-

381 Vgl. HSBC 2012, S. 15.

382 Vgl. OECD 2008; in Deutschland gibt es ca. 2.400 institutionelle Anleger, die etwa 2,3 Billionen EUR verwalten (vgl. Mackewitz et al. 2012, S. 7).

383 Siehe Priewe 2009, S. 5.

384 Das ursprüngliche Triffin-Dilemma (nach Robert Triffin) bezog sich auf den Widerspruch im Bretton-Woods-System, dass die Goldreserven auf natürliche Weise limitiert sind, der an eine feste Goldparität gebundene US-Dollar als Weltreservewährung durch steigenden Welthandel und steigende Währungsreserven der Länder jedoch überproportional zur Goldmenge nachgefragt wird, was mit einer Unterdeckung und direktem systemischen Vertrauensverlust einhergeht (vgl. hierzu u. a. Bordo/ Eichengreen 1993, S. 61). Die konstante Nachfrage nach USD und Bedienung durch (ungedeckte) Ausweitung der USD-Geldmenge seitens der US-Notenbank führt dann zwangsläufig zu einem stetig wachsenden Leistungsbilanzdefizit des Landes der Weltreservewährung (hier USA) (vgl. Saidi/ Scacciavillani 2010, S. 1).

385 Vgl. hierzu und im Folgenden: Priewe 2009, S. 8 ff.

386 Vgl. zur Problematik mangelnder Regulierung des Finanzsektors: Brunnermeier et al. 2009.

387 Vgl. Priewe 2009, S. 8 ff.

tung des US-Dollar, weiter zu einer Flutung des US-Kapitalmarkts durch ausländisches Kapital, was einherging mit einer Zinsreduktion und einer Ausweitung der Kreditvergabe, ferner einer erhöhten Anfälligkeit des US-Finanzsystems für Blasenbildung, da eine Konzentration von risikoorientiertem Kapital in den USA erfolgte und schließlich der Gefahr einer massiven Dollarabwertung gegenüber nicht an den Dollar gekoppelten anderen Währungen.[388]

Ein weiterer nicht unwesentlicher Grund für den massiven Anstieg von Private Equity Investments ist für *Kaplan/ Schoar* die Rendite von Private Equity Fonds, die ab Ende der 1990er Jahre äußerst medienwirksam vermarktet wurde,[389] wenngleich *Phalippou/ Gottschalg* anmerken, dass für die in den Medien seitens der Branche kolportierten Renditezahlen häufig empirische und historische Belege fehlten und diese nicht selten geschönt waren.[390]

Auf Grund der Finanzmarktkrise erlebte die Branche im Jahr 2008 einen signifikanten Einbruch der Volumina auf 186 Mrd. USD einhergehend mit einer grundsätzlichen Hinterfragung des Geschäftsmodells (vgl. Abbildung 15). Banken waren nicht länger bereit, einen Großteil der Risiken der Private Equity Gesellschaften mitzufinanzieren und entsprechendes Fremdkapital bereitzustellen.[391]

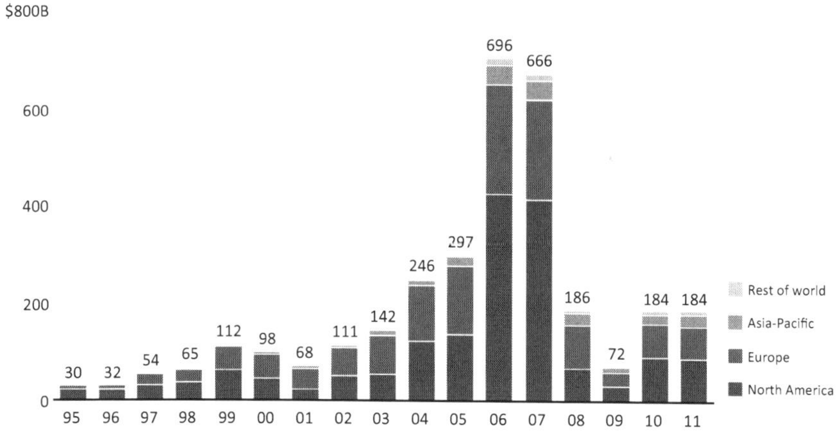

Abbildung 15: Weltweites Volumen von Unternehmensübernahmen durch Private Equity von 1995 bis 2011 nach Regionen (in Mrd. US-Dollar)[392]

Zugleich brach der Markt für strukturierte Finanzprodukte wie CLO's massiv ein, so dass auch diese Finanzierungsquelle für Private Equity Gesellschaften

388 Vgl. hierzu auch Carbaugh/ Hedrick 2009.
389 Vgl. Kaplan/ Schoar 2003, S. 2.
390 Vgl. Phalippou/ Gottschalg 2005, S. 2.
391 Vgl. Platt 2008, S. 5.
392 Siehe Bain 2012, S. 2.

und insbesondere für Leveraged Buy Outs wegfiel.[393] Entsprechend sank das Kreditvolumen für (europäische) LBO's beträchtlich von 242 Mrd. EUR im Jahr 2007 auf 84 Mrd. EUR im Jahr 2010 (vgl. Abbildung 16, linke Grafik).

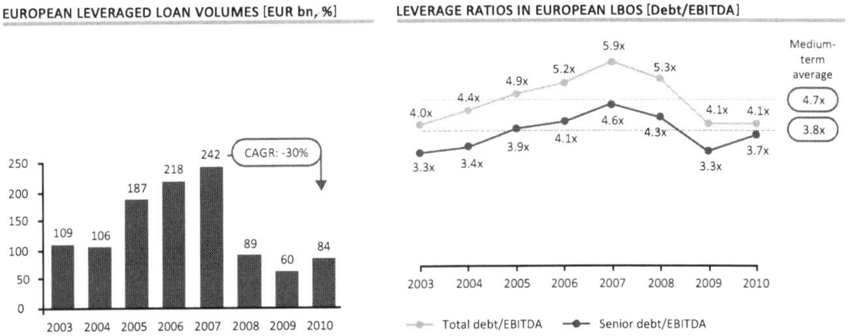

Abbildung 16: Entwicklung der Kreditvolumina für LBO's und Leverage Ratios europäischer LBO‹s (Verschuldung/ EBITDA)[394]

Der Private Equity Markt hatte sich quasi über Nacht komplett gewandelt. *Jowett/ Jowett* halten hierzu fest: »The global mega-deal buyout market collapsed overnight. The spillover to Germany was instantaneous. September 2007 saw an almost complete standstill in the German market, and first the large-cap, and then the large mid-cap markets [...] disappeared.«[395]

Insgesamt sanken die weltweiten Transaktionsvolumina von Unternehmensübernahmen durch PEG dramatisch von 696 Mrd. USD im Jahr 2006 auf nur noch 72 Mrd. USD im Jahr 2009, bevor sie sich in den Folgejahren 2010 und 2011 bei jeweils 184 Mrd. USD stabilisierten (vgl. Abbildung 15).[396] Die Rahmenbedingungen hatten sich verändert. Fremdkapital war plötzlich rar und teuer geworden mit erheblichen Auswirkungen auf die gesamte Branche. Wurden im Extremfall vor der Krise Übernahmen mit einer Fremdkapitalquote von 97 % (sic!) durchgeführt,[397] so sank dieser Anteil deutlich auf etwa 40 %.[398] Dies wird auch bei einer Betrachtung der DEBT/ EBITDA-Multiples bei LBO's deutlich. Betrug das Total Debt/ EBITDA-Multiple im Jahr 2003 noch durchschnittlich 4,0, so stieg es bis zum Höhepunkt im Jahr 2007 auf 5,9 an und bringt damit zum Ausdruck, dass Übernahmen im Durchschnitt mit Verschuldungen finanziert wurden, die dem 5,9-fachen EBITDA der übernommen Unternehmen

393 Vgl. Alloway/ Wigglesworth 2011; sowie Talmor/ Vasvari 2011, S. 6ff.
394 Siehe Roland Berger Research 2011, S. 21–23.
395 Siehe Jowett/ Jowett 2011, S. 480.
396 Vgl. Bain 2012, S. 2.
397 Beispielsweise finanzierte KKR den Kaufpreis von 4,8 Mrd. USD für die Supermarktkette Safeway im Jahr 1986 zu 97 % durch Fremdkapital (vgl. Bishop 2004).
398 Vgl. Bain 2012, S. 9.

entsprachen. Nach 2007 pendelte sich dieser Wert dann wieder auf einem normaleren Maße, ähnlich dem vor der Finanzmarktkrise, ein (vgl. Abbildung 16, rechte Grafik).[399]

Auch sanken nicht nur die Transaktionsvolumina signifikant, gleiches galt auch für die eingeworbenen Mittel im Rahmen des Fundraisings. Diese fielen um 54 % im Jahr 2009 gegenüber 2008 und sanken seitdem – zwar weniger stark – aber dennoch kontinuierlich (vgl. Abbildung 17).[400]

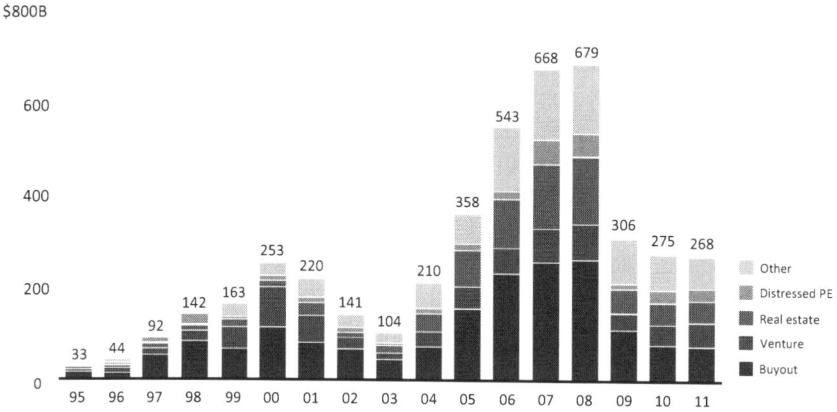

Abbildung 17: Weltweit eingeworbene Mittel pro Jahr nach Private Equity Fonds-Typ[401]

Zudem wandelte sich auch das Investitionsverhalten der Anleger. War der Trend vor der Krise, in die sehr großen Private Equity Fonds, die sog. Mega-Fonds mit einem Volumen von über 1 Mrd. EUR, zu investieren, so änderte sich dies ab 2008 deutlich und das Kapital wurde eher auf kleinere Fonds allokiert. Während im Jahr 2008 von insgesamt 68 Mrd. EUR (Closing neuer Fonds in Europa) noch ca. 2/3 auf Fonds größer 1 Mrd. EUR Volumen entfiel, so drehte sich dieses Verhältnis ins Gegenteil und im Jahr 2010 betrug dieser Anteil nur noch 1/3, d. h. von 18 Mrd. EUR entfielen 12 Mrd. auf kleinere Fonds unterhalb von 1 Mrd. EUR Volumen.[402] Dies scheint Ausdruck der schwierigeren Finanzierungs- wie Investmentmöglichkeiten, die insbesondere größere und damit auch unflexiblere Fonds treffen und ist zugleich ein Beleg für die Abkehr von den riesigen Finanztransaktionen der Boomjahre. Gleichzeitig präferieren, gemäß einer Studie von *Meerkatt/Liechtenstein,* die Investoren neuerdings diejenigen Private Equity Gesellschaften, die sich darauf verstehen, den Unternehmenswert durch operative Veränderungen zu erhöhen, im Gegensatz zu jenen, die sich auf

399 Vgl. Roland Berger Research 2011, S. 21–23.
400 Vgl. Bain 2012, S. 19.
401 Siehe Bain 2012, S. 19.
402 Vgl. EVCA 2011b, S. 5.

ein reines oder überwiegendes Financial Engineering konzentriert haben und hiermit in der Vergangenheit den größten Mehrwert für ihre Investoren geschaffen haben.[403]

Jedoch nicht nur die Anleger, auch die Private Equity Gesellschaften veränderten ihre Investitionsstrategien. Einhergehend mit den deutlich schwierigeren Finanzierungsmöglichkeiten und den geringeren Kapitalzuflüssen konzentrierte sich die Branche zunehmend auf mittelständische Unternehmen als Übernahmeobjekte. So zeigen die Zahlen des *Bain* Branchenreports 2012, dass eine Abkehr von großen Transaktionen hin zu Übernahmen im Small- und MidCap Bereich stattgefunden hat. Machten Übernahmen mit einem Transaktionsvolumen bis zu 1 Mrd. USD im Jahr 2006 nur 20 % des globalen Investmentvolumens aus, so stieg dieser Anteil im Jahr 2011 auf knapp 50 %.[404]

Nichtsdestotrotz verfügen Private Equity Fonds weltweit noch über etwa 929 Mrd. USD an Kapitalzusagen. Eingeworben hauptsächlich in den Boomjahren 2007 und 2008 wurde dieses Kapital bislang noch nicht investiert. Dieses sog. 'Dry Powder', davon 370 Mrd. USD in der Kategorie Buy Outs, steht jedoch für Investments in den kommenden Jahren immer noch zur Verfügung und wird dafür sorgen, dass die Investitionstätigkeiten von Private Equity Gesellschaften in den nächsten Jahren relativ konstant bleiben werden.[405]

2.3.6 Der Private Equity Markt in Deutschland

In Deutschland gibt es ca. 230 Private Equity Gesellschaften, von denen knapp 190 im Bundesverband Deutscher Kapitalbeteiligungsgesellschaften (BVK) organisiert sind.[406] Die folgenden Marktstatistiken[407] beziehen sich auf Angaben des BVK und gelten damit in der Regel auch nur für die im BVK vertretenen Mitglieder, decken damit jedoch immerhin 80 % des deutschen Private Equity Markts ab und können somit als repräsentativ betrachtet werden. Diese Gesellschaften verwalteten per Ende 2012 Assets under Management in Höhe von 42 Mrd. EUR und verfügten über 5.810 (Minderheits- oder Mehrheits-) Beteiligungen an Unternehmen, was einem Portfoliowert von knapp 36 Mrd. EUR entspricht (+2,5 Mrd. EUR ggü. 2011). Die finanzierten Unternehmen erzielten 2012 einen kumulierten Umsatz von knapp 200 Mrd. EUR und beschäftigten insgesamt 990.000 Mitarbeiter.

Seit dem Jahr 2000 war das Fundraising erheblichen Schwankungen unter-

403 Vgl. Meerkatt/ Liechtenstein 2010, S. 3
404 Vgl. Bain 2012, S. 32ff.
405 Vgl. Bain 2012, S. 32ff.
406 Vgl. BVK 2013, S. 4.
407 Vgl. hierzu und im Folgenden: BVK 2013, S. 2ff.

worfen und lag jährlich zwischen 1 Mrd. EUR im Jahr 2009 und 5,7 Mrd. EUR im Jahr 2008, dem vorläufigen Höhepunkt (vgl. Abbildung 18).[408]

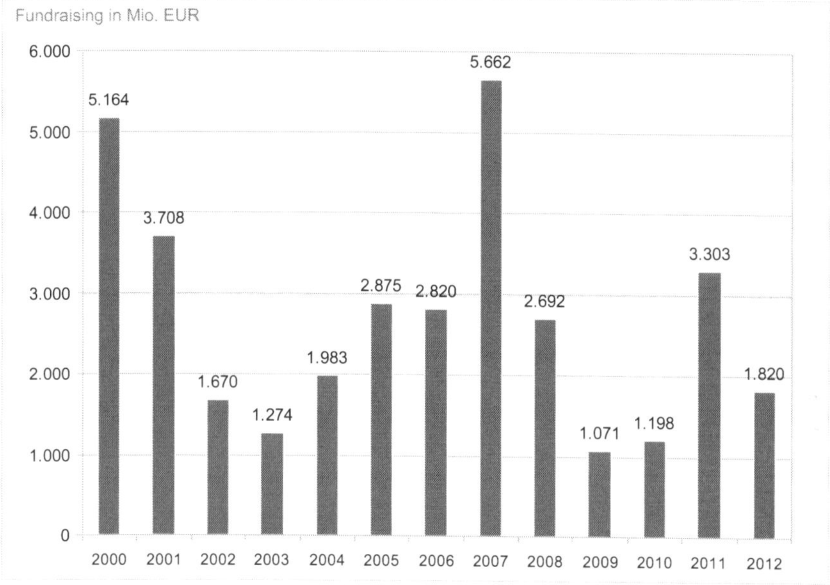

Abbildung 18: Fundraising deutscher Beteiligungsgesellschaften von 2000 bis 2012[409]

Im Jahr 2012 konnten insgesamt 1,8 Mrd. EUR an frischem Kapital durch die verschiedenen Private Equity Gesellschaften eingesammelt werden (-45 % ggü. 2011); hiervon stammt in etwa jeweils ein Drittel von deutschen, europäischen und weltweiten Investoren. 84 % der Mittel wurden für Buy Out Fonds eingeworben, 14 % für Venture Capital Fonds und etwa 2 % für sonstige Fonds wie Growth und Mezzanine Fonds. Dachfonds und Pensionskassen stellten mit jeweils 15 % die größten Investorengruppen dar.

Neu investiert wurden im Jahr 2012 etwa 5,8 Mrd. EUR (-6 %), davon entfiel mit 4,3 Mrd. EUR der Großteil auf in Deutschland ansässige Private Equity Gesellschaften; allerdings wurden nur rund ein Viertel der gesamten Mittel durch Private Equity Gesellschaften investiert, die auch ihren Hauptsitz in Deutschland haben, der Rest entfiel auf ausländische Gesellschaften, die lediglich mit einem Büro in Deutschland vertreten sind (ca. 50 %) und ausländische Gesellschaften ohne Sitz in Deutschland (27 %).

408 Vgl. BVK 2013, S. 5; sowie Schefczyk/ Pankotsch 2008, S. XII.
409 Eigene, modifizierte Darstellung in Anlehnung an BVK 2013, S. 5.

Die Gesellschaften gingen 2012 insgesamt 1.227 Beteiligungen an deutschen Unternehmen ein, 5 % weniger als noch 2011.

Überwiegend entfielen diese Investments auf Buy Outs (78 % bzw. 4,5 Mrd. EUR), nur ein kleinerer Teil ging in spezielle Wachstumsfonds (12 % / 0,7 Mrd. EUR), Venture Capital Fonds (9 % / 0,5 Mrd. EUR) und Turnaround-Fonds (1 % / 60 Mio. EUR) (vgl. Abbildung 19).

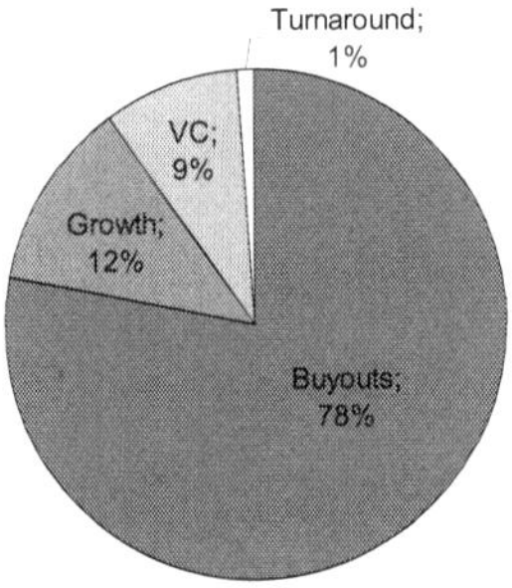

	2012			
	Mio. Euro	%	Unter-nehmen	%
Nach Finanzierungsanlass				
Seed	30,86	0,5	141	11,5
Start-up	300,86	5,1	430	35,0
Later stage-Venture Capital	189,17	3,2	202	16,5
Venture Capital insgesamt	520,89	8,9	748	61,0
Growth	708,69	12,1	358	29,2
Turnaround	8,10	0,1	9	0,7
Replacement Capital	61,93	1,1	15	1,2
Buy-Outs	4.542,41	77,8	104	8,5
Gesamt	5.842,03	100,0	1.227	100,0

Abbildung 19: Investitionen nach Finanzierungsanlass im Jahr 2012 (Marktstatistik)[410]

Die Investments verteilten sich dabei relativ breit auf verschiedene Branchen mit Schwerpunkten im Bereich Konsumgüter/ Handel (28 %), Industrieerzeugnisse (25 %) und Life Sciences (18 %). Eine Fokussierung erfolgte jedoch mit Blick auf Investments nach Bundesländern. So entfielen auf Bayern (19 %), Nordrhein-Westfalen (18 %) und Baden-Württemberg (17 %) kumuliert über die Hälfte aller Private Equity Investments in Deutschland im Jahr 2012. Ganz überwiegend wurden Beteiligungen an mittelständischen Unternehmen erworben. Nur 18 % der finanzierten Unternehmen verfügten über mehr als 100 Mitarbeiter und nur 5 % davon beschäftigten mehr als 500 Mitarbeiter. 90 % aller Unternehmen erzielten Umsätze von bis zu 100 Mio. EUR, die Mehrheit (51 %) erzielten sogar weniger als 1 Mio. EUR. Hierbei sind jedoch die vielen kleinen Venture Capital Investments an junge und daher kleine Unternehmen zu berücksichtigen. Insgesamt wurden 748 Unternehmen (61 %) mit Venture Capital finanziert. Auf diese Unternehmen entfallen jedoch nur 9 % des Gesamtinvestments. Auf der anderen Seite wurden zwar nur 104 Unternehmen in Form von Buy Outs übernommen, auf sie entfallen jedoch 4,5 Mrd. EUR (78 %) aller Investments. Absolut gesehen handelte es sich in den meisten Fällen um kleine Buy Outs (60 %) mit Eigenkapital-Investments seitens der PEG von unter 15 Mio. EUR. Gleichzeitig machen diese Transaktionen mit 280 Mio. EUR jedoch nur einen sehr geringen Teil des investierten Buy Out-Volumens aus. 39 % des

410 Eigene Darstellung in Anlehnung an BVK 2013, S. 6. (Grafik) / Siehe BVK 2013, S. 12 (Tabelle).

investierten Kapitals entfielen hingegen auf nur fünf große Buy Outs mit Investments von über 150 bis 300 Mio. EUR (vgl. Abbildung 20).

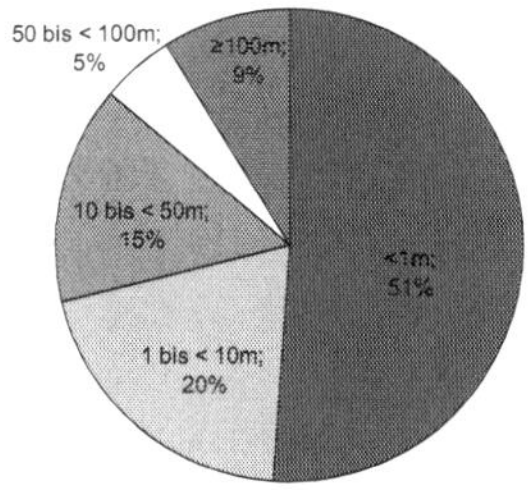

	2012			
	Mio. Euro	%	Unternehmen	%
Buy-Outs nach Größe				
Kleine Buy-Outs	279,62	6,2	62	59,6
Mittelgroße Buy-Outs	1.617,74	35,6	35	33,7
Große Buy-Outs	1.781,00	39,2	5	4,8
Mega Buy-Outs	864,06	19,0	2	1,9
Gesamt	4.542,03	100,0	104	100,0

Abbildung 20: Finanzierte Unternehmen nach Umsatz 2012 in Mio. EUR (Marktstatistik)[411] und Buy Outs nach Größe[412]

2.4 Relevante theoretische Erklärungsansätze

Auf Grund der betriebswirtschaftlichen und volkswirtschaftlichen Relevanz findet seit vielen Jahren eine intensive wissenschaftliche Auseinandersetzung mit den Themengebieten M&A[413] und Private Equity statt,[414] teilweise mit einer Fokussierung auf Familienunternehmen und Mittelstand.[415] Basierend auf diesen Forschungserkenntnissen sollen im Folgenden zwei wesentliche Erklärungsansätze als theoretischer Framework herangezogen und näher erläutert werden, die mit Blick auf die Verwendung von Private Equity in Familienunternehmen relevant sind: Die Pecking-Order Theorie fokussiert auf die Eigenschaft von Private Equity als externes Eigenkapital und liefert mit Blick auf den Kapitalmarkt mögliche Gründe, weshalb der Einsatz von Private Equity in Familienunternehmen als Finanzierungsinstrument bislang eher die Ausnahme ist.

Die Principal-Agent Theorie als wesentlicher Teil der Neuen Institutionenökonomik hingegen betrachtet die vor- und nachvertragliche Beziehung zwi-

411 Berücksicht wurden nur Unternehmen, bei denen der Umsatz bekannt war (n=335); Eigene Darstellung in Anlehnung an BVK 2013, S. 8.

412 Kleine Buy Outs: <15 Mio. EUR Eigenkapitalinvestment, mittelgroße Buy Outs: 15–150 Mio. EUR, große Buy Outs: 150–300 Mio. EUR, Mega Buy Outs: >300 Mio. EUR (siehe BVK 2013, S. 14).

413 Vgl. hierzu u. a.: Jansen 2008; Wirtz 2003; Rosenbaum et. al. 2009.

414 Vgl. hierzu u. a.: Cuny/ Talmor 2007; Fenn et al. 1995; Fraser-Sampson 2010; Kaplan 1989a & 1991; Kaplan/ Schoar 2003; Kaserer et al. 2007; Phalippou/ Gottschalg 2005; Schefczyk/ Pankotsch 2008.

415 Vgl. hierzu u. a.: Achleitner et al. 2005b; Achleitner et al. 2008b; Becker et al. 2011; Dill 2008; Dreux 1990; Espel 2008; Hohmann 2005; Klöckner 2009; Poutziouris 2001; Poech et al. 2005; Ressin 2008; Striebel 2009; Reimers 2004.

schen Private Equity Gesellschaften als Käufer und Familienunternehmern als Verkäufer von Unternehmen bzw. darauffolgend zwischen Private Equity Gesellschaften als Inhaber des Unternehmens und dem angestellten Management. Dabei zeigt sie potentielle Konflikte auf und liefert Hinweise, wie diese Konflikte gelöst werden können, um so einen Mehrwert für das Unternehmen zu schaffen.

Als weiterer theoretischer Hintergrund wird der Socioemotional-Wealth Ansatz vorgestellt, der – im Gegensatz zur Pecking-Order und Principal-Agent Theorie – nicht von ausschließlich ökonomisch-rationalen Überlegungen geprägt ist, sondern als ein Ansatz, der aus der Familienunternehmen-Forschung stammt, insbesondere die Familie und damit einhergehend sozial-emotionale Aspekte in den Vordergrund stellt; diesen kommt im Rahmen einer Entscheidung beispielsweise für oder gegen Private Equity eine besondere Bedeutung zu. Die zu Grunde liegende Idee ist, dass eine Familie nicht nur einen betriebswirtschaftlichen Nutzen aus ihrer Unternehmung erzielt, sondern auch einen nicht-ökonomischen Ertrag, einen sog. Socioemotional-Wealth, dessen Erhalt für sie eine sehr hohe Priorität hat.[416] Da ein Verkauf des Unternehmens an eine PEG den Verlust des Socioemotional-Wealth für die Familie zur Folge hätte, und der Einstieg einer PEG als Minderheitseigner den Socioemotional-Wealth der Familie zumindest gefährden könnte, könnte dieser Ansatz helfen, die geringe Verbreitung von Private Equity in mittelständischen Familienunternehmen zu erklären.

2.4.1 Pecking-Order Theory

Die sog. Pecking-Order Theory wurde 1978 erstmalig durch *Myers/ Majluf* vorgestellt und in den Folgejahren vertieft.[417] Der Theorie liegt die grundsätzliche Fragestellung zu Grunde, inwiefern es für Unternehmen sinnvoll ist, Kapital für die Investition in neue Projekte aufzunehmen. Dabei geht sie davon aus, dass Informationsasymmetrien zwischen Unternehmen bzw. deren Managern und den potentiellen Kapitalgebern bestehen, dass die Manager im Interesse der alten, passiven Inhaber (Stockholder) agieren und beide Seiten, d. h. Manager und potentielle neue Kapitalgeber um diesen Sachverhalt wissen.[418] Bietet sich nun dem Unternehmen die Möglichkeit, in ein vielversprechendes Projekt (»valuable real investment opportunity«) zu investieren, so kann es entweder auf bestehende Finanzmittel zurückgreifen, Fremdkapital aufnehmen oder eine Eigenkapitalerhöhung durchführen. *Myers/ Majluf* weisen im Rahmen ihres Modells nach, dass es für das Unternehmen am sinnvollsten ist, hierfür die

416 Vgl. hierzu u. a. Gomez-Mejia et al. 2007; Berrone et al. 2011; Zellweger et al. 2011.
417 Vgl. Myers/ Majluf 1978; sowie im Folgenden: Myers/ Majluf 1984, S. 187ff.
418 Vgl. Myers/ Majluf 1984, S. 189.

bestehenden Finanzmittel zu verwenden, oder – sofern nicht vorhanden aber möglich – Fremdkapital aufzunehmen. Die Aufnahme neuen Eigenkapital sollte hingegen die letzte Alternative sein (»It is generally better to issue safe securities than risky ones. Firms should go to bond markets for external capital, but raise equity by retention if possible«).[419] Wesentlich hierfür ist, dass auf Grund der bestehenden Informationsasymmetrien die Kapitalgeber die zu finanzierenden Unternehmen regelmäßig unterbewerten werden. *Myers/ Majluf* stellen damit einen Bezug zu Theorien von *Akerlof* her, der bereits 1970 zeigte, dass es negative Auswirkungen auf einen Markt haben kann, wenn Käufer die Qualität der angebotenen Ware nicht eindeutig beurteilen können. In diesem Fall verlangen sie einen Preisabschlag, den Verkäufer qualitativ hochwertiger Güter nicht bereit sind, zu gewähren, mit der Folge, dass es nicht zu einer Transaktion kommt.[420] Gleiches gilt für die Bereitstellung externen Eigenkapitals. Durch den informationsasymmetrisch bedingten Aufschlag wird externes Eigenkapital im Vergleich zu anderen Finanzierungsformen entsprechend teurer[421] und damit unattraktiver aus Unternehmenssicht (»[...] external financing using debt is better than financing by equity«).[422] Nehmen Unternehmen dennoch externes Eigenkapital auf, so wird dies aus den genannten Gründen am Markt als negative Nachricht aufgefasst; entsprechend würde daraufhin der Aktienkurs des Unternehmens fallen (»When managers have superior information, and stock is issued to finance investment, stock price will fall«).[423] Da den Unternehmen diese Marktreaktion bewusst ist, werden sie erst recht zu vermeiden versuchen, externes Eigenkapital aufzunehmen.[424]

Diese Informationsasymmetrien gelten verstärkt im Bereich der mittelständischen Familienunternehmen, die traditionell eine deutlich geringere Transparenz aufweisen als etwa börsennotierte Aktiengesellschaften, die zahlreiche Offenlegungspflichten berücksichtigen müssen.[425] Dementsprechend zeigen empirische Studien, dass externes Eigenkapital tatsächlich oftmals erst als letzte Finanzierungsquelle nach interner Finanzierung, Fremd- und Hybridkapital in Anspruch genommen wird,[426] und diese Logik insbesondere auch bei Famili-

419 Siehe Myers/ Majluf 1984, S. 219.
420 Vgl. Myers/ Majluf 1984, S. 196; sowie Akerlof 1970, S. 488ff.
421 Vgl. Cassar/ Holmes 2003, S. 126ff.
422 Siehe Myers/ Majluf 1984, S. 219.
423 Siehe Myers/ Majluf 1984, S. 220.
424 »The news conveyed by an issue is bad or at least less good. This affects the price investors are willing to pay for the issue, which in turn affects the issue-invest decision.« (Siehe Myers/ Majluf 1984, S. 188.)
425 Vgl. Dill 2008, S. 81.
426 Vgl. hierzu u. a. Donaldson 1961; Myers 1984, S. 575ff.

enunternehmen Anwendung findet.[427] *Poutziouris* sieht darin eine rein rationale Entscheidung der Familienunternehmer, die auf diese Weise Kontrollverluste vermeiden und gleichzeitig die Gefahr einer feindlichen Übernahme ausschließen wollen.[428] *Achleitner et al.* schlussfolgern, dass Familienunternehmen, die externes Eigenkapital verwenden, anscheinend keine anderen Finanzierungsoptionen mehr haben und als letzte Möglichkeit auf diese Art der Finanzierung zurückgreifen.[429]

2.4.2 Principal-Agent Theorie

Die Principal-Agent Theorie ist Teil der Neuen Institutionenökonomik (NIÖ), die sich mit der »ökonomischen Analyse des institutionellen Umfelds und der institutionellen Arrangements der Wirtschaft«[430] befasst und durch eine Betrachtung der Marktunvollkommenheiten von der Neoklassik abgrenzt. Die Neoklassik geht von rational handelnden Marktteilnehmern und vollkommenen Märkten aus. Sie sieht keine Kosten für die Marktbenutzung vor und unterstellt den Marktteilnehmern vollständige Information bei voll transparenten Märkten.[431] Demgegenüber geht die NIÖ von begrenzter Rationalität aus, das heißt, die Akteure versuchen zwar, rational zu handeln, können aber aufgrund von individuellen Restriktionen bei der Informationsgewinnung nicht vollkommen informiert und rational agieren.[432] Neben der Principal-Agent Theorie bilden der Verfügungsrechteansatz und der Transaktionskostenansatz die wesentlichen Theoriestränge, die den Kern der NIÖ ausmachen.

Ein wesentliches Merkmal der NIÖ – auch in Abgrenzung zur Neoklassik – ist, dass die Gründung und die Benutzung von Institutionen Kosten verursachen. Dieser Grundsatz wird als sog. Transaktionskostenansatz bezeichnet und geht auf *Ronald Coase* zurück.[433] Insbesondere bei Akquisitionen fallen verschiedene und nicht zu vernachlässigende Kosten an. Als erstes sind Anbahnungs-, Informations- und Suchkosten zu nennen, die durch die Auswahl eines geeigneten Zielobjekts entstehen. Als nächstes fallen Vereinbarungskosten in Form von Opportunitätskosten für die Zeit der Verhandlung, Einigung und Vertragsgestaltung an. Weiterhin können Kontrollkosten für die Überwachung der Ein-

---

427 Vgl. hierzu u.a. Dunn/ Hughes 1995; Romano et al. 2000; Cassar/ Holmes 2003; López-Gracia/ Sánchez-Andújar 2007.

428 Vgl. Poutziouris 2001, S. 282.

429 Vgl. Achleitner et al. 2008b, 3ff.

430 Siehe Richter/ Furubotn 1996, S. 42.

431 Vgl. Wirtz 2003, S. 24.

432 Vgl. hierzu u.a. Göbel 2002 sowie Richter/ Furubotn 1996.

433 Vgl. hierzu grundsätzlich Coase 1937, S. 392ff.

haltung der vertraglich zugesicherten Leistungen, Durchsetzungskosten für die Realisierung von vertraglichen Ansprüchen (beispielsweise vor Gericht) und schließlich Anpassungskosten für die nachvertragliche Änderung von Vertragsinhalten entstehen.[434] Der Transaktionskostenansatz berücksichtigt jedoch nicht nur die Kosten, die bei Akquisitionen entstehen, sondern zeigt auch eine mögliche Motivation für Unternehmenszusammenschlüsse auf. So ist ein Ziel von Unternehmen die Reduktion von Transaktionskosten. Dies ist mittelfristig beispielsweise mit einer Fusion möglich, etwa durch die Zusammenlegung der Rechtsabteilungen oder der Einkaufsabteilungen.[435] In diesem Zusammenhang sei auch auf mögliche Synergiegewinne hingewiesen, die insbesondere aus Skaleneffekten resultieren, wie z. B. Preisnachlässe bei erhöhtem Einkaufsvolumen nach Bündelung der Einkaufsabteilungen.

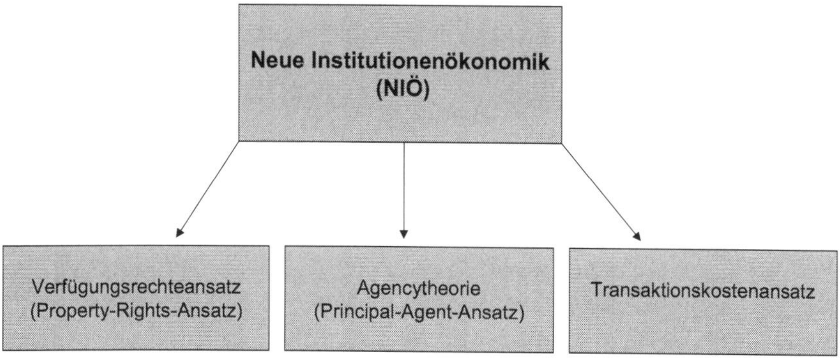

Abbildung 21: Die wesentlichen Theoriestränge der NIO[436]

Ein weiterer wesentlicher Bestandteil der NIÖ ist der Verfügungsrechteansatz (Property-Rights-Ansatz). Als Verfügungsrecht gilt jede Art von Berechtigung, über Ressourcen zu verfügen, sei es auf Grund gesetzlicher oder vertraglicher Bestimmungen oder aus Gründen sozialer Verpflichtungen.[437] Die Verfügungsrechte lassen sich dabei in verschiedene Einzelrechte aufgliedern, etwa die Nutzung eines Gutes und das Recht, Gewinne aus dieser Nutzung einzubehalten, das Recht auf Verkauf des Gutes und die Ausschließung anderer von der Nutzung des Selbigen. Die Sicherheit dieser Verfügungsrechte bildet den Grundsatz einer funktionierenden Marktwirtschaft da jegliche Art von Investitionen hiermit zusammenhängen. Nur wenn ein investierender Marktteilnehmer davon aus-

434 Vgl. Picot 1982, S. 270.
435 Vgl. Kräkel 1999, S. 8ff.
436 Eigene Darstellung in Anlehnung an Göbel 2002, S. VII.
437 Vgl. Göbel 2002, S. 67.

gehen kann, dass seine Investition auch zu o. a. Verfügungsrechten führt, wird er eine Investition tätigen.[438]

Kern und gleichzeitig bekanntester Bestandteil der NIÖ ist die Principal-Agent Theorie (Agency-Theory), die auf einen Aufsatz von *Jensen/ Meckling* aus dem Jahr 1976 zurückgeht und mit deren Hilfe ökonomische Beziehungen zwischen verschiedenen Parteien untersucht werden können, die durch Informationsasymmetrien und die Unsicherheit über das Eintreten bestimmter Ereignisse und Verhaltensweisen der jeweils anderen Partei gekennzeichnet sind.[439] Die Partei mit einem Informationsvorsprung wird in der Regel als Agent bezeichnet. Hauptuntersuchungsgegenstand der Principal-Agent-Theorie ist die Entwicklung optimaler Verträge bei bestehenden Informationsasymmetrien.[440] Kernüberlegung ist die Lösung von Informationsasymmetrien vor Vertragsabschluss (»hidden information«) durch die Vorlage verschiedener, anreizkompatibler Verträge. Durch die Selektion eines Vertrags (»self selection«) signalisiert der Agent dem Principal, dass die vertraglich zugesicherten Eigenschaften vorhanden sind, also keine sog. »hidden characteristics« vorliegen.[441] Bezogen auf Unternehmensübernahmen könnte also der Käufer (Principal) dem Verkäufer (Agent) mit dem Wissen, dass der Verkäufer sehr viel besser über das Unternehmen informiert ist als er selbst (Informationsasymmetrie), verschiedene Verträge zur Auswahl vorlegen. Idealerweise würde der Vertragsentwurf mit dem höchsten Kaufpreis zugleich die höchsten Gewährleistungs- bzw. Haftungsansprüche gegenüber dem Verkäufer enthalten, die dann geltend gemacht werden können, wenn sich nach Vertragsschluss herausstellen sollte, dass Merkmale des Unternehmens nicht wie im Vertrag beschrieben, vorhanden sind.[442]

Nach Vertragsschluss ist mit der Principal-Agent Theorie vor allem die Beziehung zwischen Eigentümer (Principal) und Management (Agent) zu erklären, die von einem potentiellen Zielkonflikt zwischen beiden Parteien geprägt ist. Dabei wird unterschieden zwischen »hidden action«, »hidden information« und »hidden intention«. »Hidden action« beschreibt das Problem des Prinzipals, dass er die Aktivitäten und die Arbeitsleistung des Agenten nicht oder nur unzureichend kontrollieren kann. Der Agent könnte dies ausnutzen, indem er versucht, sein sog. Arbeitsleid zu reduzieren (»shirking«) oder Ressourcen des Prinzipals für private Zwecke mißbraucht (»consumption on the job«).[443] »Hidden information« hingegen bedeutet, dass der Prinzipal zwar die Aktivi-

438 Vgl. Homann/ Suchanek 2000, S. 137.
439 Vgl. Jensen/ Meckling 1976, S. 308 ff.
440 Vgl. Richter/ Furubotn 1996, S. 195 ff.
441 Vgl. Göbel 2002, S. 101.
442 Vgl. hierzu auch Lehmann/ Strogusch 2006, S. 48–49.
443 Vgl. hierzu und im Folgenden: Göbel 2002, S. 102 ff.

täten des Agenten beobachten, jedoch auf Grund von Informationsasymmetrien nicht beurteilen kann, wie dies etwa in der Beziehung zwischen Aktionären und Management häufig der Fall ist. Auch dies kann vom Agenten für seine Zwecke und entgegen der Interessen des Prinzipals genutzt werden, etwa um Machtzuwachs, Statusgewinn oder andere »fringe benefits« für sich zu erzielen.[444] Schließlich kann auch die sog. »hidden intention« ein Problem in der nachvertraglichen Beziehung zwischen Prinzipal und Agent darstellen.[445] Hierunter fällt insbesondere das Problem des sog. Raubüberfalls (»Hold up«). Damit ist die Abhängigkeit des Prinzipals von seinem Agenten gemeint, die von diesem ausgenutzt werden kann, um den Prinzipal auszubeuten, sofern der Prinzipal nicht auf andere Vertragspartner ausweichen kann. Im Falle einer Übernahme eines Unternehmens könnte dies beispielsweise auf den langjährigen technischen Leiter zutreffen, wenn nur er über die notwendigen Kenntnisse bestimmter Produktionsanlagen oder -prozesse verfügt.[446] Die Agency-Theorie versucht nun, für die verschiedenen o.a. möglichen Probleme Lösungen zu entwickeln (vgl. Tabelle 1).

	Informations-asymmetrie senken		**Zielkongruenz herstellen**		**Vertrauen bilden**	
	Prinzipal	Agent	Prinzipal	Agent	Prinzipal	Agent
Vor Vertrags-abschluss	Screening	Signalling	Verträge zur Auswahl vorlegen	Self-Selection	Screening mit Blick auf Vertrauens-würdigkeit	Reputation signalisieren
Nach Vertrags-abschluss	Monitoring	Reporting	Anreiz-kompatible Verträge	Commitment Bonding Reputation	Vertrauens-vorschuss	Sozialkapital aufbauen

Tabelle 1: Lösungsmöglichkeiten für Agency-Probleme[447]

Ein ganz wesentliches Instrument hierfür ist die Schaffung einer Zielkongruenz zwischen Prinzipal und Agent, etwa durch anreizkompatible Verträge, die den Manager über Aktien oder Optionen an der Wertentwicklung des Unternehmens partizipieren lassen.[448]

Die NIÖ und hierbei insbesondere die Agency-Theorie bieten hervorragende Erklärungsansätze für das Vorhandensein eines Geschäftsmodells wie von Private Equity Gesellschaften praktiziert. Dabei ist zunächst zwischen den beiden Rollen zu unterscheiden, die Private Equity Gesellschaften einnehmen. Denn

444 Vgl. hierzu exemplarisch Kaden 2000, S. 44.
445 Vgl. hierzu auch Breid 1995, S. 824ff.
446 Vgl. Homann/ Suchanek 2000, S. 113.
447 Eigene, modifizierte Darstellung in Anlehnung an Göbel 2002, S. 110.
448 Vgl. Göbel 2002, S. 113.

während diese gegenüber erworbenen Unternehmen in der Rolle des Prinzipals auftreten, befinden sie sich in ihrer Vertragsbeziehung zu ihren Kunden, d.h. den Investoren, in der Rolle des Agenten.[449] Ihnen bieten sie auf Grund ihrer Spezialisierung und Erfahrung die Möglichkeit der Reduktion von Transaktionskosten. Hier seien Such- und Anbahnungskosten für die Suche und die Akquisition passender Investitionsobjekte genannt, darüber hinaus die Kosten für die Betreuung erworbener Unternehmen bzw. Beteiligungen.[450] Weitere Skaleneffekte, die an die Investoren bzw. an die Portfolio-Unternehmen weitergereicht werden können, werden bei der Unternehmensfinanzierung durch die Nutzung bestehender Kontakte der Private Equity Gesellschaften zu Kreditinstituten und anderen Kapitalmarktteilnehmern erreicht.[451]

Als Prinzipal hingegen nutzen sie bewusst die verschiedenen Lösungsmöglichkeiten für Agency-Probleme, wie sie das Lehrbuch vorsieht. Um eine möglichst hohe Zielkongruenz mit dem Agenten, dem Management des Portfolio-Unternehmens, zu erreichen, wird dieses im Rahmen der Übernahme quasi zum Miteigentümer gemacht und durch Unternehmensanteile beteiligt.[452] Die Beteiligungsquote liegt dabei üblicherweise bei mindestens 10 %.[453] Beide streben daher eine Maximierung des Unternehmenswertes an, um den Wert der eigenen Anteile zu steigern.[454] Hierdurch werden auch die oben beschriebenen Agency-Probleme wie »hidden action« und »hidden information« deutlich reduziert. Aus gleichem Grund ändern Private Equity Gesellschaften üblicherweise auch die Vergütungsstrukturen im Unternehmen hin zu einer deutlich stärker variablen Bezahlung des Managements.[455]

Tatsächlich ist die Beteiligung des Managements am Unternehmen einer der Hauptwertschöpfungstreiber von Private Equity Gesellschaften.[456] So ermittelten *Cuny* und *Talmor* die nicht leistungsgerechte bzw. leistungsfördernde Bezahlung des Managements als eine der Hauptursachen für die Underperformance eines Unternehmens, soweit das Geschäftsmodell an sich konsistent ist und das Unternehmen sich in einem strukturell gesunden Markt befindet.[457]

Der Übernahme des bestehenden Managements kommt auch im Rahmen der Due Dilligence vor Vertragsabschluss eine entscheidende Bedeutung zu. Gerade bei mittelständischen Unternehmen ist die Quantität und Qualität der verfüg-

449 Vgl. Schefczyk 2000, S. 130.
450 Vgl. Fenn et al. 1995, S. 35.
451 Vgl. Dill 2008, S. 87.
452 Vgl. Talmor/ Vasvari 2011, S. 271; Hirsch 2004, S. 94.
453 Vgl. Schefczyk/ Pankotsch 2008, S. 8.
454 Vgl. hierzu auch Koller et al. 2005.
455 Vgl. Hirsch 2004, S. 95.
456 Vgl. Mehran 1995, S. 163ff.; McConnel/ Servaes 1990; McConnel et al. 2005; sowie Morck et al. 1988, S. 293ff.
457 Vgl. Cuny/ Talmor 2007, S. 631.

baren Informationen oftmals eingeschränkt,[458] so dass die Gefahr einer »Adverse Selection« besteht, d.h. die PEG eine Fehlentscheidung mit Blick auf das Unternehmen bzw. den Kaufpreis treffen könnte.[459] Bei Einbeziehung des bestehenden Managements in den Übernahmeprozess können diese Informationsasymmetrien wirksam reduziert werden, zum einen, da auf das bereits vorhandene Wissen des Managements (»Insider Knowledge«) zurückgegriffen werden kann,[460] zum anderen durch die Bereitschaft des Managements, sich mit eigenem Kapital an dem Unternehmen zu beteiligen (»Signaling«).[461] Daneben erleichtert es Familienunternehmern den Verkauf ihres Unternehmens, wenn sie es weiterhin in der Hand der etablierten Geschäftsführung wissen.[462] Außerdem ist es üblich, dass Private Equity Gesellschaften beim Kauf Verträge zur Auswahl vorlegen, die unterschiedliche Arten von Garantien beinhalten; je weitreichender die Garantien sind, die der Verkäufer beim Abschluss eingeht, desto höher ist üblicherweise der Verkaufspreis. Die Auswahl eines entsprechend gestalteten Vertrags durch den Verkäufer kann als weiteres Signal gewertet werden.[463]

Trotz der Beteiligung des Managements und der vermeintlichen Herstellung einer Zielkongruenz können die spezifischen Agency-Probleme – wenn auch in reduziertem Umfang – weiterhin bestehen. Fusionen und Übernahmen sind hierbei ein in der Literatur häufig verwendetes Beispiel für finanzielle oder persönliche Interessen des Managements, die auf Kosten der (Mit-)Eigentümer durchgesetzt werden.[464] Auch sog. »ex ante«-Effekte können auftreten. So weisen *Jensen* und *Meckling* nach, dass die Erwartung einer zukünftigen Akquisition bereits Auswirkungen auf die aktuellen Tätigkeiten und Entscheidungen des Managements hat.[465] So könnte das Management ein Interesse an schlechten Nachrichten haben oder gute Investitionsmöglichkeiten auslassen oder verzögern, wenn dadurch die Möglichkeit besteht, Aktien zu einem günstigeren Preis zu erwerben oder den eigenen Anteil am Unternehmen zu erhöhen.[466] Dies trifft insbesondere im Fall eines MBO zu. Nicht nur der Zeitpunkt der Verkündigung ist hierbei ein wichtiger Faktor, den das Management zur Steuerung des eigenen finanziellen Vorteils nutzen kann, auch der Ausblick auf einen möglichen Buy Out kann das Management dazu verleiten, für das Unternehmen negative Ent-

458 Vgl. Dill 2008, S. 81.
459 Vgl. Hirsch 2004, S. 70ff.
460 Vgl. Talmor/ Vasvari 2011, S. 271.
461 Vgl. Hirsch 2004, S. 94; Zemke 1995, S. 248ff.
462 Vgl. Richard 2007, S. 72.
463 Vgl. Hirsch 2004, S. 75.
464 Vgl. Kaden 2000, S. 44.
465 Vgl. Jensen/ Meckling 1976, S. 305ff.
466 Vgl. Cornelli/ Li 2008, S. 2ff.

scheidungen zu treffen. Die resultierende Reduktion des Unternehmenswerts kann dann genutzt werden, um Anteile selbst günstiger zu erwerben.[467]

2.4.3 Socioemotional-Wealth

Der Socioemotional-Wealth (SEW) Ansatz geht auf Studien von *Gomez-Mejia et al.* zurück, die 2007 im Rahmen einer Untersuchung von 1.237 Olivenöl-Mühlen in Spanien zu dem Ergebnis kamen, dass Familien für ihre Unternehmen zum Teil Entscheidungen treffen, die nicht betriebswirtschaftlich rational sind.[468] Statt eine Maximierung der Ertragssituation ihres Unternehmens anzustreben, wie sie etwa die Principal-Agent Theorie dem Prinzipal unterstellen würde, sind sie insbesondere am Erhalt ihres sog. Socioemotional-Wealth, d. h. ihres nicht-ökonomischen Nutzens aus ihrer Rolle als Familienunternehmer, interessiert.[469] Zur Vermeidung des Verlusts von SEW sind sie sogar bereit, signifikante Risiken im Hinblick auf Performance und Erlössituation des Unternehmens einzugehen. Gleichzeitig sind sie risikoavers bei Entscheidungen, die eine Reduktion des SEW zur Folge haben könnten.[470] In der angesprochenen Studie entschieden sich die Familienunternehmen – im Gegensatz zu Olivenöl-Mühlen, die nicht in der Hand von Familiennunternehmen waren, mehrheitlich gegen den Eintritt in eine Genossenschaft, der – vereinfacht dargestellt – die Abgabe von Entscheidungshoheit und Kontrolle im Unternehmen bedeutet, jedoch ein deutlich geringeres Geschäftsrisiko für das Unternehmen zur Folge gehabt hätte. Die Familienunternehmen präferierten den Erhalt von Kontrolle und zogen diesen dem geringeren Risiko für das Unternehmen vor. *Gomez-Mejia et al.* schlussfolgern, dass Familienunternehmen bereit sind, ein signifikantes Risiko mit Blick auf die Ertragssituation des Unternehmens einzugehen, wenn dadurch die Aussicht besteht, den Socioemotional-Wealth – hier manifestiert durch die Kontroll- und Einflussmöglichkeiten der Familie – zu erhalten (»[...] family firms are willing to risk financial losses and bear a greater probability of failure in order to maintain control of the firm«).[471]

Das SEW Modell ist eine Weiterentwicklung der Behavioral-Agency Theorie,

467 Vgl. Cornelli/ Li 2008, S. 6.
468 Vgl. Gomez-Mejia et al. 2007, S. 106ff.
469 Vgl. Leiterstorff/ Rau 2013, S. 9.
470 »[...] for family firms, the primary reference point is the loss of their socioemotional wealth, and to avoid those losses, family firms are willing to accept a significant risk to their performance;
yet at the same time, they avoid risky business decisions that might aggravate that risk.« (Siehe Gomez-Mejia et al. 2007, S. 106).
471 Siehe Gomez-Mejia et al. 2007, S. 131.

die von *Wiseman/ Gomez-Mejia*[472] und *Gomez-Mejia et al.*[473] Ende der 90er Jahre geprägt wurde. *Berrone et al.* definieren insgesamt fünf Dimensionen des Socioemotional-Wealth, die sie mit der Kurzformel FIBER zusammenfassen:[474]

– Family control and influence
Die erste Dimension bezieht sich auf die Kontrolle des Unternehmens durch eine Familie, die entweder durch Besetzung von Positionen im Management des Unternehmens oder durch die Benennung von im Sinne der Familie handelnden Personen ihren Einfluss auf das Unternehmen geltend macht. Die Kontrollfunktion und die damit einhergehende Einflussmöglichkeit ist ein essentieller Bestandteil des SEW[475] und daher »highly desired by family members«.[476]

– (Family member's) Identification with the Firm
Die zweite Dimension besteht aus der hohen Identifikation der Familienmitglieder mit dem Unternehmen, aus der eine eigene Identität im Familienunternehmen entsteht, die untrennbar von der Familie ist.[477] Aus der starken Identität mit dem Unternehmen ziehen die Familienmitglieder substanziellen nicht-ökonomischen Nutzen,[478] d. h. es entsteht für sie durch die Zugehörigkeit zum Familienunternehmen ein Socioemotional-Wealth.[479] Gleichzeitig wird die Untrennbarkeit der Identitäten auch von außen wahrgenommen, wie *Berrone et al.* konstatieren: »[…] This causes the firm to be seen both by internal and external stakeholders as an extension of the family itself.«[480] Verstärkt wird dies dadurch, dass die Unternehmen in vielen Fällen den Namen der Familie tragen. Entsprechend ist die Familie bedacht auf ein positives Image des Unternehmens. Als Folge wird die Familie ein größeres Interesse an qualitativ hochwertigen Produkten und der Einhaltung gesetzlicher Bestimmungen haben. Verschiedene Studien u. a. von *Berrone et al.* (2010), *Westhead et al.* (2001) und *Craig/ Dibrell* (2006) belegen empirisch, dass Familienunternehmen eine höhere Corporate Social Responsibility aufweisen, als dies in Nicht-Familienunternehmen der Fall ist und besonders auf ein positives Image bedacht sind.[481]

472 Vgl. Wiseman/ Gomez-Mejia 1998, S. 133ff.
473 Vgl. Gomez-Mejia et al. 2000, S. 492ff.
474 Vgl. hierzu und im Folgenden Berrone et al. 2012, S. 5ff.
475 Vgl. hierzu auch Zellweger et al. 2011.
476 Siehe Berrone et al. 2012, S. 5.
477 Vgl. hierzu auch Dyer/ Whetten 2006, S. 785ff.
478 Vgl. Ashforth/ Mael 1989, S. 20ff.
479 Vgl. Gomez-Mejia et al. 2007, S. 108.
480 Siehe Berrone et al. 2012, S. 5.
481 Vgl. hierzu u. a. Berrone et al. 2010, S. 82; Westhead et al. 2001, S. 369ff.; Craig/ Dibrell 2006, S. 275ff.

- Binding social ties

Als dritte Dimension führen *Berrone et al.* die sozialen Beziehungen in Familienunternehmen auf.[482] Der SEW für die Familie besteht in dem Gefühl von Verbundenheit, interpersoneller Solidarität, Vertrauen und Gemeinschaft. Diese Verbundenheit muss sich nicht nur auf die Familie erstrecken, sondern kann auch Externe wie langjährige Kunden, Lieferanten und Angestellte miteinschließen.[483]

- Emotional Attachment

Die vierte Dimension beinhaltet die Emotionalität in Familienunternehmen. Durch die Beziehungen der Familienmitglieder untereinander entsteht zugleich eine Emotionalität im Unternehmen, die nicht nur direkte Auswirkungen auf die Entscheidungsprozesse hat,[484] sondern aus der die Familienmitglieder auch einen Gewinn ideeller Art ziehen.[485] Studien u. a. von *Björnberg/ Nicholson* zeigen, dass eine ausgeprägte Emotional Ownership sich zudem positiv auf das gesamte Unternehmen auswirkt.[486]

- Renewal of family bonds to the firm through dynastic succession

Die fünfte Dimension bezieht sich auf die Übergabe des Unternehmens an die Nachfolgegeneration innerhalb der Familie. Der Wille zum Erhalt des Unternehmens und der Wunsch einer Weitergabe an die nächste Generation hat nicht nur wesentliche Auswirkungen auf Finanzierung und Strategie des Unternehmens, die entsprechend langfristig ausgelegt sind.[487] Vielmehr bedeutet es für den Familienunternehmer einen Socioemotional-Wealth, wenn er das von ihm aufgebaute oder geführte Unternehmen, d. h. sein Lebenswerk, an die nächste Generation, in der Regel die eigenen Kinder, weitergeben kann und es von diesen fortgeführt weiß. Der hieraus resultierende Nachhaltigkeitsgedanke, der Erhalt des SEW für die Familie auf Generationen, ist nach *Zellweger et al.* einer der zentralen Aspekte des SEW-Ansatzes.[488]

In der Summe sehen *Berrone et al.* im Socioemotional-Wealth Modell[489] »the most important differentiator of the family firm as a unique entity.«[490]

482 Vgl. Berrone et. al 2012, S. 6.
483 Vgl. Uhlaner 2006, S. 125.
484 Vgl. Baron 2008, S. 328ff.
485 Vgl. Rüsen/ von Schlippe/ Groth 2009, S. 183.
486 Vgl. Björnberg/ Nicholson 2012, S. 386.
487 Vgl. Berrone et. al 2012, S. 7.
488 Vgl. Zellweger et al. 2011; siehe auch Gomez-Mejia et al. 2007, S. 108: »preserving the family's socioemotional wealth […] represents a key goal in and of itself.«
489 Vgl. für eine kritische Auseinandersetzung mit dem SEW-Ansatz insbesondere auch Kellermanns et al. 2012, S.ff.
490 Siehe Berrone et al. 2012, S. 1.

Das SEW-Modell liefert gleich mehrere Erklärungsansätze für die Ablehnung von Private Equity durch Familienunternehmen. Zunächst steht aus Sicht der Familie die Bewahrung des SEW in einem diametralen Gegensatz zum Einstieg einer Private Equity Gesellschaft. Nur durch Bewahrung der Anteile innerhalb der Familie kann sichergestellt werden, dass die vollständige Kontrolle und Möglichkeiten zur Einflussnahme innerhalb der Familie verbleiben (Dimension 1). Mit Blick auf das negative Image der Private Equity Branche in der Öffentlichkeit[491] könnten in der Familie zudem Bedenken bestehen, dass im Falle des Einstiegs einer PEG als Minderheitseigner die Reputation der Familie und des Unternehmens in der Öffentlichkeit leiden (Dimension 2) und die Weitergabe an die nächste Generation gefährdet sein könnte (Dimension 5).

Ein vollständiger Verkauf des Unternehmens etwa an eine PEG scheidet gemäß SEW-Ansatz ohnehin aus, da ein Verkauf des Unternehmens den Verlust des vollständigen Socioemotional-Wealth für die Familie zur Folge hätte und die Familie nach *Berrone et al.* alles dafür tun wird, den Verlust von SEW zu verhindern: »[...] any threat to SEW means that the family is in a »loss mode« and, therefore, will make strategic choices that will avoid these potential SEW losses even if achieving this objective might come at the expense of other principals (e.g. institutional investors) who do not share in these SEW utilities.[492]

491 Vgl. hierzu auch Kap. 4.2.5.
492 Siehe Berrone et al. 2012, S. 3.

3 Besonderheiten von Familienunternehmen und ihre Auswirkungen auf Private Equity

»Das Familienunternehmen [...] ist eine Veranstaltung wider den Zeitgeist.«
(H. Kormann)[493]

3.1 Die spezielle Form des Familienunternehmens

Familienunternehmen unterscheiden sich in vielerlei Hinsicht von Publikumsgesellschaften. Hauptunterschied ist die Kopplung einer Familie an ein Unternehmen durch ihre Eigentümerschaft und die daraus folgenden Implikationen für Familie und Unternehmen.[494]

Zur Veranschaulichung der verschiedenen Dimensionen in Familienunternehmen wird oftmals das 1982 von *Tagiuri/ Davis* entwickelte Drei-Kreise-Modell herangezogen, welches eine Unterteilung in die Dimensionen Unternehmen, Familie und Eigentum beinhaltet.[495] Eine Weiterentwicklung dessen stellt das nummerierte Drei-Kreise Modell nach *Gersick et al.* dar (vgl. Abbildung 22).[496]

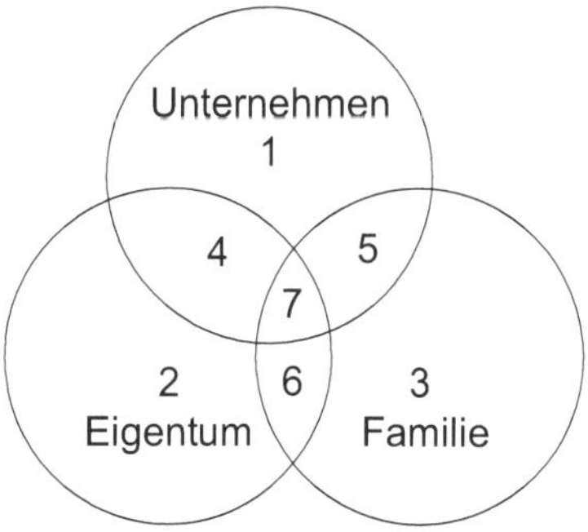

Abbildung 22: Das Drei-Kreise Modell nach Gersick et al.[497]

493 Siehe Kormann 2011, S. 2.
494 Vgl. Rüsen/ von Schlippe/ Groth 2009, S. 181.
495 Vgl. Tagiuri/ Davis 1982, S. 199ff.
496 Vgl. Gersick et al. 1997, S. 6.
497 Eigene Darstellung in Anlehnung an Gersick et al. 1997, S. 6.

Die Zahlen in den einzelnen Sektoren belegen die Verschiedenartigkeit der Rollen in den Subsystemen. Eine Person kann maximal drei Rollen einnehmen (Sektor 7). Ein Beispiel hierfür ist ein Familienmitglied, das im Unternehmen als Geschäftsführender Gesellschafter tätig ist. Gleichzeitig können Personen auch nur zwei Rollen einnehmen, wie ein Familienmitglied, das lediglich passiver Gesellschafter ist (Sektor 6) oder ein familienfremder Mitarbeiter, der Anteile am Unternehmen hält (Sektor 4). Auch die Begrenzung auf eine Rolle ist möglich (z. B. der familienfremde Mitarbeiter ohne Gesellschaftsanteile (Sektor 1) oder das Familienmitglied ohne Funktion im Unternehmen und Gesellschaftsanteile (Sektor 3). Andere Autoren führen weitere Dimensionen auf. So fügt *Klein* mit »Führung« eine vierte Dimension hinzu, um die Bedeutung und Komplexität von Führung in Familienunternehmen hervorzuheben.[498] Die verschiedenen Dimensionen führen zu einem Spannungsfeld[499] und verdeutlichen gleichzeitig die große Stärke und die große Schwäche von Familienunternehmen, die dadurch alles andere als durchschnittlich sind. Sie sind entweder sehr erfolgreich oder aber sehr krisenreich, was von *Simon*, *Wimmer* und *Groth* mit Janusköpfigkeit umschrieben wird.[500]

Habig und *Berninghaus* konstatieren, dass die Einheit von Entscheidungskompetenz und Eigentum in einer Person oder Familie der entscheidende Unterschied und zugleich die wesentliche Stärke von Familienunternehmen sei.[501] Insbesondere wenn der Familienunternehmer in der Geschäftsführung aktiv ist, können die durch die Principal-Agent-Theorie benannten Probleme bezüglich unterschiedlicher Zielpräferenzen wirkungsvoll gelöst werden, da in diesen Fällen Interessensgegensätze und Informationsasymmetrien zwischen Unternehmensführung und -eignern ausgeschlossen sind.[502] *Lamsfuß* und *Wallau* ermitteln in diesem Zusammenhang, dass bei 85 % der Familienunternehmen in Deutschland mit einem Jahresumsatz von über 50 Mio. EUR mindestens ein Mitglied der Eigentümerfamilie in der Geschäftsleitung aktiv ist.[503] Dies führt zu kurzen Entscheidungswegen bei personeller Kontinuität und hoher Identifikation mit dem Unternehmen.[504] *Baus* führt als weitere Vorteile ein ausgeprägtes Kosten-Nutzen-Denken, ein Gespür für Marktchancen, Verlässlichkeit gegenüber Kunden und Geschäftspartnern und das besondere Gefühl der Verantwortung gegenüber Belegschaft und Region an,[505] letzteres wird von *May/*

498 Vgl. Klein 2010, S. 55.
499 Vgl. Simon 2012, S. 24.
500 Vgl. Simon/ Wimmer/ Groth 2005, S. 22.
501 Vgl. Habig/ Berninghaus 2004, S. 9.
502 Vgl. Kellersmann 2007, S. 406 ff.
503 Vgl. Lamsfuß/ Wallau 2012, S. 16.
504 Vgl. Baus 2003, S. 5.
505 Ebd., S. 11.

Weissman auch als »starke Werte-Orientierung« von Familienunternehmen beschrieben, die innerfamiliäre Solidarität miteinschließt und aus einer »Verpflichtung gegenüber einem religiösen oder ethischen Ideal« entspringt.[506] *Christensen* konstatiert schon 1953, dass in mittelständischen Familienunternehmen häufig ein Gefühl tiefer Verantwortung für die Mitarbeiter herrsche, welches in einem Bedürfnis der Unternehmer resultiere, das Unternehmen nicht ausschließlich zum Wohle der Familie, sondern auch zum Wohle der Mitarbeiter und der Allgemeinheit zu führen.[507] Eine aktuelle *PWC*-Studie bestätigt, dass dies auch im Jahr 2012 noch gilt: Von den weltweit 1965 befragten Familienunternehmen stimmen 78 % der Aussage zu, dass Kultur und Werte in Familienunternehmen stärker als in anderen Unternehmen sind. Gleichzeitig fühlen sich 70 % verantwortlich gegenüber der Gesellschaft und 81 % versuchen alles, um Kündigungen zu vermeiden.[508]

Weitere Unterschiede bestehen für *Groth* in der »langfristigen Orientierung der Unternehmensstrategie und damit in der Fokussierung auf den langfristigen Erhalt der Firma,« was zu einer nachhaltigen Unternehmensentwicklung führe.[509] Familienunternehmen sind auf Langlebigkeit programmiert. Immerhin möchten 77 % der Familienunternehmen in D/A/CH, dass das Unternehmen im Familienbesitz bleibt[510] und bei jedem zehnten Unternehmen wird dieses Ziel sogar bis mindestens in die vierte Generation erreicht.[511]

Dieser Vererbungswillen hat auch einen nachhaltigen Einfluss auf die Unternehmensplanung.[512] So ist der Planungshorizont bei Familienunternehmen mit fünf bis zwanzig Jahren sehr viel langfristiger angelegt als bei Publikumsgesellschaften, die meist für drei bis fünf Jahre planen.[513] Die auf Langfristigkeit ausgelegte Grundstrategie hat auch Auswirkungen auf Investitionsplanungen bzw. -entscheidungen, denn Familien sind von Investitionen direkt betroffen, vermindert doch jede Investition ihre Gewinnausschüttung. Bei Publikumsgesellschaften hingegen zahlt letztlich der Aktionär durch Dividendenverzicht die Investition. Die Entscheidung über die Investition wird jedoch vom Management getroffen, dessen Vergütung nur unwesentlich von dieser Entscheidung beeinflusst wird. Familienunternehmen verzichten also auf heutigen Gewinn, um damit ihre Wettbewerbsposition zu verbessern und einen höheren Gewinn in der Zukunft erzielen zu können. Die Langfristigkeit des »Business Modells«

506 Siehe May/ Weissman 2005, S. 26.
507 Vgl. Christensen 1953.
508 Vgl. PWC 2012b, S. 23.
509 Siehe Groth 2005, S. 39ff.
510 Vgl. PWC 2012b, S. 28.
511 Vgl. Simon/ Wimmer/ Groth 2005, S. 13.
512 Vgl. hierzu auch Sharma et al. 1997, S. 1ff.; sowie Berrone et. al 2012, S. 7.
513 Vgl. Carlock/ Ward 2001, S. 192.

Familienunternehmen wirkt sich hierbei positiv aus. So ist sich der Familienunternehmer bewusst, dass er auch in späteren Jahren noch im Unternehmen sein wird und somit von späteren Renditen profitieren kann (alternativ profitieren seine Nachfolger, aber auf jeden Fall die Familie).[514]

Positiv wirkt sich diese konservative Grundhaltung auch in Krisenzeiten aus, die Familienunternehmen – nicht zuletzt durch die überwiegend interne Finanzierung und damit geringere Abhängigkeit von externen Kapitalgebern – besser überstehen können.[515] Allerdings kann die Tatsache, dass das Unternehmen den Großteil des Vermögens darstellt, zu einer tendenziellen Risikoaversion führen,[516] die für die Entwicklung des Unternehmens negative Folgen haben kann.[517] *Gomez-Mejia et al.* heben hervor, dass Familienunternehmen bewusst Risiken vermeiden, die sich negativ auf ihren Socioemotional Wealth auswirken könnten; dafür nehmen sie sogar ein geringeres Wachstum und eine schwächere Performance des Unternehmens in Kauf, gehen damit jedoch gleichzeitig ebenfalls ein Risiko für den Fortbestand des Unternehmens ein.[518]

Strategisch betrachtet, konzentrieren sich Familienunternehmen sehr häufig auf lukrative Nischenmärkte, in denen sie durch sehr spezialisierte Technologien und Dienstleistungen oftmals ein Alleinstellungsmerkmal haben.[519] *Carlock* und *Ward* sind der Ansicht, dass dies eine ideale Strategie für Familienunternehmen ist: »Niche markets often provide greater opportunities than larger mass markets [...]. The family business is eminently suited to take advantage of such market opportunities.«[520] *May/ Weissman* sehen den Hauptgrund für die Nischenstrategien vieler Familienunternehmen in der begrenzten Verfügbarkeit von Kapital und dem gleichzeitigen Wunsch nach Rentabilität, Stabilität und Langfristigkeit, die breite Diversifikation, Expansionen in neue Märkte und Wachstum durch Akquisitionen oftmals nicht zulassen; gleichzeitig seien Familienunternehmen mit ihrer hohen Kundenorientierung, die häufig in einer langfristigen – durch den Unternehmer persönlich geprägten – Partnerschaft zu Kunden resultiert, und ihrer Beharrlichkeit und Stetigkeit, die sich unter anderem durch ein ständiges Streben nach Verbesserung ausdrückt, perfekt für das Modell der Nische geeignet.[521] Tatsächlich gibt es in Deutschland 1300 Welt-

514 Vgl. hierzu auch Sirmon/ Hitt 2003, S. 339 ff.
515 Vgl. May/ Weissman 2005, S. 27; Gomez-Mejia et al. 2007, S. 131.
516 Vgl. Sharma et al. 1997; PWC 2011, S. 27.
517 Vgl. Zahra 2005, S. 23.
518 Vgl. Gomez-Mejia et al. 2007, S. 107.
519 Vgl. Hartmann 2007, S. 36.
520 Siehe Carlock/ Ward 2001, S. 195
521 Vgl. May/ Weissman 2005, S. 27ff.

marktführer, von denen ca. 90 % Nischen belegen. Von diesen 1300 Unternehmen sind 800 in Familienbesitz.[522]

Die Familienunternehmen scheinen sich dabei ihrer eigenen Stärken durchaus bewusst zu sein. So gaben in einer *PWC*-Studie 81 % aller befragten Familienunternehmen in Deutschland, Österreich und der Schweiz an, dass ihr Status als Familienunternehmen sich während der Wirtschaftskrise 2008/2009 positiv ausgewirkt habe; nur 7 % konnten dieser Aussage nicht zustimmen.[523]

Während in der Literatur häufig vom Familienunternehmen als Erfolgsmodell gesprochen wird, spricht *Diez*[524] von einer »Unternehmensform, die den Charakter eines Auslaufmodells hat.«[525]

Er bescheinigt Familienunternehmen zu wenig Offenheit und Professionalität; externes Wissen werde meist zurückgewiesen und es werde nicht über die Grenzen des Betriebs hinaus gedacht und gehandelt. Insbesondere fehle es an definierten Unternehmenszielen. Auf Grund schlechter Bonität und Liquidität würden Investitionen nicht oder zu spät getätigt. Schließlich ist er der Ansicht, dass Familienmitglieder »wider besseres Wissen mit Managementaufgaben betraut werden, für die sie nicht geeignet sind«,[526] so dass Gefahrensituationen, zum Beispiel eine rückläufige Marktentwicklung, zu spät erkannt würden. Ein weiteres Problem sei, dass die Unternehmer zu oft die Zeit zum Ausstieg verpassten, wie auch gegenüber Neuerungen eine zu große Skepsis herrsche, so dass an einer einmal bewährten Aktion festgehalten werde, auch wenn diese sich überlebt habe.[527]

Auch *Poutziouris* bescheinigt Familienunternehmen eine Anfälligkeit für Unprofessionalismus und zum Teil Schwierigkeiten, sich auf neue Herausforderungen einzustellen und betont die Gefährdung von Familienunternehmen durch Nepotismus[528] und interne Familienkonflikte.[529] Dieses durchaus weit verbreitete negative Image erschwert Familienunternehmen das Rekrutieren qualifizierter Mitarbeiter, was insbesondere für kleinere Unternehmen ein

522 Vgl. Wirtschaftswoche 19/2007, S. 57 (o. A.).

523 Weitere 11 % waren unentschieden (n=181). Zudem: Die Wettbewerbsfähigkeit ihres Unternehmens stuften 66 % als sehr gut ein, 29 % als einigermaßen und nur 3 % als nicht besonders oder gar nicht (vgl. PWC 2010, S. 9 ff.).

524 Willi Diez ist Professor im Studienschwerpunkt »Automobilwirtschaft« an der Fachhochschule Nürtingen.

525 Siehe Diez, zitiert nach Zimmermann 2005, S. 8.

526 Ebd.

527 Vgl. Zimmermann 2005, S. 8; vgl. hierzu auch Wimmer 2007, B4.

528 Neben Nepotismus, d. h. die Bevorzugung von Familienmitgliedern, obwohl ihre Qualifikation nicht ausreichend ist, wird häufig auch Primogenitur, d. h. die Übergabe an den Erstgeborenen, obwohl jüngere Geschwister geeigneter wären, als Problem genannt (vgl. Mühlebach 2004, S. 26).

529 Vgl. Poutziouris 2001, S. 277.

Wettbewerbsnachteil ist.[530] Zudem wird häufig auch die Abhängigkeit von wenigen Mitarbeitern, insbesondere auch vom Eigentümer, als Nachteil aufgeführt.[531]

Nichtsdestotrotz zeigen verschiedene empirische Studien, dass Familienunternehmen sehr häufig erfolgreicher als Publikumsgesellschaften sind. Für Deutschland sei beispielsweise die Studie von *Ehrhardt, Nowak* und *Weber* aus dem Jahr 2005 genannt. In ihrer Untersuchung vergleichen sie die Geschäftsentwicklung von Familienunternehmen mit der von Nicht-Familienunternehmen in einer Zeitspanne von 90 Jahren (1913 bis 2003) und weisen eine signifikant bessere Entwicklung der Familienunternehmen nach.[532]

Kormann ermittelt, dass das Umsatzwachstum bei börsennotierten deutschen Familienunternehmen von 1991 bis 2001 mit 9–10 % pro Jahr um ein Drittel größer war als bei nicht familienbeherrschten Publikumsgesellschaften, die lediglich ein Wachstum von 6 % erzielen konnten.[533]

Zu ähnlichen Ergebnissen kommen auch Studien, die den US-amerikanischen Markt zur Grundlage haben. So weisen etwa *Anderson* und *Reeb* nach, dass die im S&P 500 Index gelisteten Familienunternehmen in der Vergangenheit gemessen an der Gesamtkapitalrendite sowie dem Marktwert-Buchwert-Verhältnis eine bessere Performance als Nicht-Familienunternehmen erzielen konnten. Interessanterweise verstärkt sich dieser Effekt, wenn ein Familienmitglied in der Geschäftsführung engagiert ist.[534] Demgegenüber zeigen *Villalonga* und *Amit* bei ihrer Untersuchung der Fortune 500 Unternehmen für den Zeitraum von 1994 bis 2000, dass Familienunternehmen nur dann eine überdurchschnittliche Wertentwicklung nehmen, wenn der Gründer persönlich die Leitung des Unternehmens als Vorstandsvorsitzender bzw. Geschäftsführer oder als Aufsichtsratsvorsitzender (bei externem Management) übernimmt. Dieser Effekt lässt deutlich nach und entwickelt sich teilweise gegenläufig, wenn das Unternehmen durch die Nachfolgegeneration geführt wird.[535] Zu einem ähnlichen Ergebnis kommen auch *Molly, Laveren* und *Deloof* (2010). In Ihrer Studie, in der sie 152 belgische Unternehmen analysieren, kommen sie zu dem Ergebnis, dass die Wachstumsraten von Familienunternehmen signifikant zurückgehen, wenn das Unternehmen von der ersten auf die zweite Generation übertragen wurde. Im Übergang auf die nachfolgenden Generationen lässt sich dieser Sachverhalt dann jedoch nicht mehr nachweisen. Gleichzeitig zeigt ihre Studie

530 Vgl. European Commission 2009, S. 17.
531 Vgl. PWC 2011, S. 27.
532 Vgl. Ehrhardt/ Nowak/ Weber 2005.
533 Vgl. Kormann 2005, S. 9.
534 Vgl. Anderson/ Reeb 2003, S. 1301 ff.
535 Vgl. Villalonga/ Amit 2006, S. 385 ff.

allerdings auch, dass die Nachfolge keinen Einfluss auf die Profitabilität des Unternehmens hat.[536]

3.2 Die Familie

Anders als Publikumsgesellschaften, die sich in der Hand vieler, oftmals anonymer Aktionäre befinden, die nicht selten reine Renditeinteressen verfolgen, steht hinter einem Familienunternehmen eine Familie. Oder wie *Dreux* es ausdrückt: »[...] the business is a member of the family and the family a component of the business.«[537] Dies führt zu vielschichtigen Organisationen, die geprägt sind von einem komplexen und oftmals konfliktträchtigen Verhältnis zwischen Familie und Unternehmen.[538] Denn Familien bestehen aus einzelnen Charakteren, die nicht selten eigene Interessen verfolgen. Unternehmerfamilien müssen sich daher der Herausforderung stellen, die teils divergierenden Interessen der einzelnen Familienmitglieder im Sinne des Unternehmens zu bündeln. Problematisch ist dabei jedoch die enge strukturelle Kopplung der beteiligten Systeme, denn Familie, Gesellschafter und Unternehmen sind in ihrer Eigenlogik autonom und dennoch gleichzeitig stark voneinander abhängig.[539]

Insbesondere die Strategiefestlegung sowie die Leistung und Beschäftigung von Familienmitgliedern sorgen für Konflikte, während hingegen die Vergütung von Familienmitgliedern nur ein untergeordnetes Konfliktpotential darstellt (vgl. Abbildung 23).[540]

Obwohl diese Konflikte existenzielle Probleme auslösen können, haben nur 36 % der Familienunternehmen ein institutionalisiertes Konfliktmanagement.[541] Eine Institutionalisierung kann z. B. durch die Einrichtung und Etablierung eines Familienrats, einer Satzung oder eines Aufsichts- oder Verwaltungsrats erfolgen. Die Mehrheit der befragten Unternehmen in Deutschland, Österreich und der Schweiz setzen jedoch auf eine gütliche Einigung der Anteilseigner (46 %); ein Viertel (25 %) setzt auf einen externen Mediator, während

536 Vgl. Molly/ Laveren/ Deloof 2010, S. 143; zu ähnlichen Ergebnissen kommen auch Barontini/ Caprio 2005.

537 Siehe Dreux 1990, S. 238.

538 Vgl. Baus 2003, S. 5.

539 Vgl. Simon/ Wimmer/ Groth 2005, S. 21.

540 Vgl. PWC 2010, S. 23. Zum Thema Konflikte in Familienunternehmen vgl. auch u. a.Klett/ Wiechers 2006, S. 20ff. oder Scherer et al. 2005, S. 182ff.

541 An der Befragung beteiligten sich weltweit 1.606 Unternehmen, darunter 108 aus Deutschland, 52 aus der Schweiz und 21 aus Österreich (vgl. PWC 2010, S. 28ff.).

Familienrat (18 %), Satzung/ Familienstatut (17 %) und Aufsichts- bzw. Verwaltungsrat (9 %) nur eine untergeordnete Rolle spielen.[542]

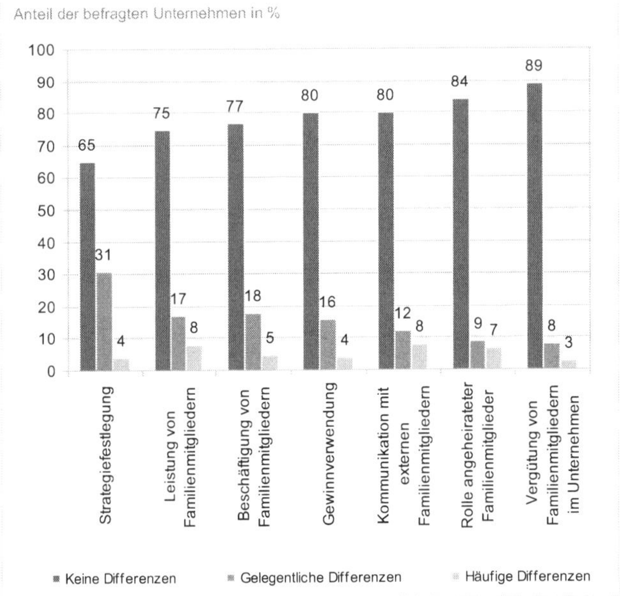

Abbildung 23: Konfliktpotential in Familienunternehmen (D/ AT/ CH)[543]

Während in der Literatur der 60er und 70er Jahre ein starker Familienkern und ausgeprägter Familiensinn oftmals als Störfaktoren betrachtet werden, die eine Weiterentwicklung zu fortschrittlicheren Organisationsstrukturen behindern,[544] setzt in den 80er Jahren ein Umdenken ein, und das Potential von Familienunternehmen wird sehr viel stärker gewürdigt.[545] Für *Wimmer* verfügen die Unternehmen durch ihre Familie mit ihrer sozialen Kraft über eine Ressource, die ein absolutes Alleinstellungsmerkmal darstellt.[546] So würden beispielsweise die Unternehmerkinder mit dem Betrieb aufwachsen und auf diese Weise einen extrem hohen Identifikationsgrad mit dem Unternehmen entwickeln, so dass sie später auch bereit seien, eigene Interessen im Sinne des Unternehmens zurückzustellen.[547] Ebenfalls sind die in Familien herrschende Loyalität, Bindung und das

542 Vgl. PWC 2010, S. 22; vgl. zum Thema Umgang mit Konflikten auch Kormann 2011, S. 391 ff.
543 Eigene Darstellung in Anlehnung an PWC 2010, S. 23.
544 Vgl. Donheley 1964, S. 93–105; sowie Levinson 1971, S. 90–98.
545 Vgl. Alcorn 1982.
546 Siehe Wimmer, zitiert nach Zimmermann 2005, S. 8.
547 Ebd.

gegenseitige Vertrauen ein großer Wettbewerbsvorteil, der von Mitarbeitern, Kunden und Lieferanten hoch geschätzt wird.[548] Die Nutzung der Familie als Ressource entscheidet wesentlich über die Zukunftsfähigkeit des Unternehmens.[549] Für *von Schlippe et al.* ist eine Familie daher Chance und Risiko zugleich.[550] Auch, da es sich bei Familie und Unternehmen letztlich um zwei Subsysteme mit Eigenlogiken und Eigendynamiken handelt, die im Familienunternehmen aufeinander treffen[551] und für die es keine übergeordnete Rationalität gibt. Sie stellen damit ein latentes Konfliktpotential für Familie und Unternehmen gleichermaßen dar, welches im Alltäglichen gilt und verstärkt bei Themen auftritt, die einen nachhaltigen Einfluss auf das Unternehmen haben, wie etwa ein Verkauf oder die Nachfolgeregelung.[552] Dieses Spannungsfeld und die daraus resultierenden Konflikte werden auch als Paradoxien bezeichnet, der Umgang mit ihnen als Management von Paradoxien.[553] Eine Paradoxie (auch Paradoxon) verweist dabei auf ein Spannungsfeld, einen scheinbar oder tatsächlich unauflösbaren Widerspruch, der bei Familienunternehmen durch die Bindung einer Familie an ein Unternehmen bzw. eines Unternehmens an die Eigentümerfamilie entsteht, denn damit »hört die Familie auf, nur eine Familie zu sein, und das Unternehmen, nur ein Unternehmen.«[554] Die Paradoxie resultiert aus der Unterschiedlichkeit zwischen den Organisationsformen Familie und Unternehmen, die auf komplexe Weise verschiedenartig sind und sich dennoch in einem Familienunternehmen vereinen. Während der psychologische Familienbegriff unter anderem physische, emotionale und geistige Nähe, Privatheit und Dauerhaftigkeit voraussetzt,[555] die Familienmitglieder auf Grund ihrer Beziehungsgeschichte und interpersonellen Involviertheit in einem »intimen Beziehungssystem« zueinanderstehen,[556] sind Unternehmen geradezu gegensätzlich definiert als Organisationsformen, die als offenes System konzipiert sind mit dem Ziel, eine produktive Funktion wahrzunehmen.[557] Während in Familien das physische und psychische Wohlbefinden jedes einzelnen Familienmitglied vorrangig ist und jedes Familienmitglied als »einzigartiges Individuum mit all seinen Stärken und Schwächen« gesehen wird, dessen Zugehörigkeit zur Familie durch Geburt, Hochzeit oder Adoption »schicksalhaft« erfolgt,[558] ist ein Unternehmen ein soziotechnisches System,

548 Vgl. von Schlippe et al. 2007b, S. 6ff.
549 Vgl. von Schlippe/ Groth 2006, S. 114.
550 Vgl. von Schlippe et al. 2007b, S. 6ff.
551 Vgl. Wimmer/ Groth/ Simon 2004, S. 9.
552 Vgl. von Schlippe/ Nischak/ El Hachimi 2008, S. 23.
553 Vgl. Simon/ Wimmer/ Groth 2005, S. 150ff.
554 Siehe Rüsen/ von Schlippe/ Groth 2009, S. 181.
555 Vgl. Schneewind 1999, S. 29.
556 Siehe Kramlinger, S. 11.
557 Vgl. Klein 2010, S. 18.
558 Siehe Rüsen/ von Schlippe/ Groth 2009, S. 183. Nach *Kramlinger* kann zu einer Familie

welches zweckorientiert durch Wertschöpfung im Rahmen arbeitsteiliger Prozesse einen Nutzen für Dritte und nicht primär für sich selbst generiert;[559] zu diesem Zweck beschäftigt es die am Markt verfügbaren Mitarbeiter mit den bestmöglichsten Qualifikationen, die gleichzeitig – und im Gegensatz zu Familienmitgliedern[560] – kündbar und austauschbar sind, und versucht auf diese Weise in einem ökonomischen Wettbewerb zu bestehen.[561] Während in Familien das Geben und Nehmen zumeist asymmetrisch verteilt ist und nicht in Zusammenhang mit direkter (materieller) Entlohnung steht und der Gewinn vielmehr rein emotionaler und ideeller Art ist,[562] bestehen an die Mitarbeiter in Unternehmen klare Anforderungen hinsichtlich ihrer Leistungen,[563] für die diese eine entsprechende und unmittelbare Vergütung basierend auf ihrer Produktivität in Form eines Lohns erhalten. Während die Kommunikation in Familien[564] zumeist mündlich und informell erfolgt,[565] findet sie in Unternehmen in deutlich formalisierterer und häufig auch schriftlicher Form statt.[566] In der Summe sind Unternehmen sachorientiert und Familien personenorientiert.[567]

All diese Unterschiede erzeugen ein Spannungsfeld, das von den Beteiligten auszuhalten ist.[568] Aus system-konstruktivistischer Sicht erfolgt durch »die Überlagerung und das gegenseitige Durchdringen der beiden Sozialsysteme eine gegenseitige Beeinflussung.«[569] Entscheidungen, die aus Sicht der Familie richtig sind, können für das Unternehmen falsch sein – und umgekehrt.[570] Auch besteht stets die Gefahr, dass Konflikte innerhalb der Familie auf das Unternehmen übertragen werden oder Probleme im Unternehmen zu Streitigkeiten in der Familie führen, insbesondere wenn Familienmitglieder im Unternehmen aktiv sind, keine klare Abgrenzung zwischen Unternehmen und Familie vorgenommen wurde[571] und kein institutionalisiertes Konfliktmanagement vorhanden ist. Mögliche Konflikte in Familien resultieren zumeist aus belastenden

---

allerdings auch dazugehören, wer sich emotionell als dazugehörig erlebt und von den anderen Familienmitgliedern emotionell als dazugehörig betrachtet wird (vgl. Kramlinger, S. 15).

559 Vgl. Simon 2002, S. 13.

560 Vgl. Kühl 2012, S. 11.

561 Vgl. Halter 2009, S. 78.

562 Vgl. Rüsen/ von Schlippe/ Groth 2009, S. 183.

563 Vgl. Wimmer/ Gebauer 2004, S. 247.

564 Vgl. zum Thema Kommunikation in Familien insbesondere auch Luhmann 2005a, S. 210 ff.

565 Luhmann spricht in diesem Zusammenhang auch von »Intimkommunikation« (vgl. Luhmann 2005b, S. 193; sowie Luhmann 2005a, S. 213.)

566 Vgl. Rüsen/ von Schlippe/ Groth 2009, S. 183.

567 Vgl. Simon 2012, S. 20.

568 Vgl. Simon/ Wimmer/ Groth 2005, S. 34.

569 Siehe Halter 2009, S. 83.

570 Vgl. Simon 2012, S. 30.

571 Vgl. Carlock/ Ward 2001, S. 197.

Lebensereignissen[572] und Stress[573] und können so einen direkten Einfluss auf das Unternehmen und die Unternehmensführung haben. Möglich ist zudem, dass sie sich gegenseitig verstärken. So wird beispielsweise der Tod des im Unternehmen als Geschäftsführer tätigen Sohns eine große, sich verstärkende Belastung für Unternehmen und Familie darstellen: zur Trauer um den Sohn kommt evtl. eine existentielle Bedrohungssituation für das Unternehmen, die die Sorge der Familie steigert. Gleichzeitig kann durch die Trauer in der Familie eine Lähmungssituation auftreten, die das Führungsproblem im Unternehmen noch verstärkt.

Wimmer, Groth und Simon identifizieren insgesamt sieben Paradoxien, die den systemkonstituierenden Widerspruch von Familie und Unternehmen charakterisieren:

Paradoxie I	Familieneinflüsse als Ressource und Gefährdung des Unternehmens
Paradoxie II	Loyal sein gegenüber der Kernfamilie und dem größeren Familienverband
Paradoxie III	Kurzfristige (Einzel-)Investoreninteressen berücksichtigen und langfristig die Zukunft des Unternehmens sichern
Paradoxie IV	Gleichheitserwartungen der Familie erfüllen und den Ungleichheitsanforderungen des Unternehmens nachkommen
Paradoxie V	Wachsen unter Wahrung der unternehmerischen Autonomie
Paradoxie VI	Unternehmerische Wandlungsfähigkeit erhalten und (Familien-) Traditionen bewahren
Paradoxie VII	Schutzerwartungen der Familie befriedigen und Leistungsfähigkeit des Unternehmens und seiner Führung sichern

Tabelle 2: Sieben Paradoxien in Familienunternehmen nach Wimmer/ Groth/ Simon[574]

Der Umgang mit den Paradoxien wird schwieriger, je stärker der Familieneinfluss auf das Unternehmen[575] und je größer die Familie ist, unter anderem da in Großfamilien der Verlust von in Kleinfamilien typischen Umgangsformen wie Vertrauen, Vertrautheit, Nachsicht und Zuneigung zu beobachten ist.[576] Generell lassen sich Paradoxien nicht auflösen, aber ein bewusster Umgang mit ihnen kann helfen, sie besser beherrschbar zu machen[577] und für *Simon, Wimmer* und *Groth* ist eines der zentralen Erfolgsrezepte von Mehrgenerationenunternehmen, dass sie es geschafft haben, die Paradoxien aufrechtzuerhalten und aus den

572 Vgl. Drabek, S. 46.
573 Vgl. zum Thema Familienstresstheorie insbesondere auch Petzold 1999 sowie Schneewind 1999.
574 Siehe Wimmer/ Groth/ Simon 2004, S. 18.
575 Vgl. Simon 2012, S. 24; Halter 2009, S. 85.
576 Vgl. Klett/ Wiechers 2006, S. 20; gleichzeitig steigt in Großfamilien jedoch die Wahrscheinlichkeit, dass ein qualifizierter Nachfolger vorhanden ist.
577 Vgl. von Schlippe/ Nischak/ El Hachimi 2008, S. 23.

daraus resultierenden Herausforderungen eine »innovations- und kreativitätsfördernde Triebkraft« zu gewinnen.[578]

3.3 Nachfolgeproblematik

Anders als Publikumsgesellschaften, die durch angestellte Manager geführt werden, stehen Familienunternehmen regelmäßig vor der Herausforderung der Lösung einer Nachfolgesituation.[579] Dabei hat für die Familienunternehmer die Beibehaltung der Unabhängigkeit des Unternehmens die höchste Priorität[580] und die deutliche Mehrheit (77 %) wünscht sich eine Weitergabe innerhalb der Familie.[581] Da in vielen Fällen jedoch keine Nachfolger gefunden werden können, werden mehr als die Hälfte der betroffenen Unternehmen verkauft oder liquidiert, mit – auch aus demographischen Gründen – steigender Tendenz.[582]

Das *IfM Bonn* ermittelte, dass im Zeitraum 2010–2014 bei etwa 110.000 Unternehmen mit ca. 1,4 Mio. Arbeitnehmern eine Nachfolge ansteht.[583] Die Unternehmen verteilen sich relativ gleichmäßig auf die Sektoren Handel, Produzierendes Gewerbe und Dienstleistungen. Mit Abstand die meisten Übergaben (24.100) stehen in Nordrhein-Westfalen an, gefolgt von Bayern (19.000) und Baden-Württemberg (15.300). Einschränkend muss jedoch betont werden, dass es sich bei den meisten dieser Unternehmen (72.000, 66 %) um kleine Unternehmen mit einem Umsatz von unter 1 Mio. EUR handelt. Nur 7 % (7.700 Unternehmen) erwirtschaften einen Umsatz von mehr als 5 Mio. EUR; darunter fallen 500 Unternehmen mit einem Umsatz von über 50 Mio. EUR. Das *IfM* schätzt, dass bei 86 % der Übergaben das Alter des Inhabers der Übergabegrund ist, in 10 % der Fälle dessen Tod und in 4 % eine Krankheit.[584]

Hierbei handelt es sich jedoch um zukunftsgerichtete Schätzungen. Interessant ist daher auch ein Blick auf die vergangenen Jahre. So ermittelte das *IfM* für das Jahr 2005, dass von exakt 70.900 Unternehmen nur 43,8 % (31.000) in der Familie verblieben sind. 47,8 % der Unternehmen wurden verkauft, davon 21,1 % (15.000) an externe Käufer, 16,5 % (11.700) im Rahmen eines Management Buy In an externes Management und 10,2 % an Mitarbeiter, zumeist Ma-

578 Vgl. Simon/ Wimmer/ Groth 2005, S. 34.

579 Vgl. hierzu grundsätzlich u. a. Howorth et al. 2008.

580 In der Studie gaben 64 % der befragten Unternehmer (n=83) die Sicherung der Unabhängigkeit ihres Unternehmens im Rahmen der Nachfolge als höchste Priorität an, gefolgt von der Zukunftssicherung der Angestellten und der Beibehaltung der Familienkontrolle mit jeweils 48 % (Vgl. Imap 2008, S. 8).

581 Vgl. PWC 2012b, S. 28.

582 Vgl. IfM in Linnemann 2007, S. 16; Müller et al. 2011, S. 146ff.

583 Vgl. hierzu und im Folgenden Hauser et al. 2010, S. 22ff.

584 Vgl. Hauser et al. 2010, S. 32.

nager des eigenen Unternehmens im Rahmen eines Management Buy Outs. Schließlich wurden 8,4 % (5.900) der Unternehmen liquidiert (vgl. Abbildung 24).[585]

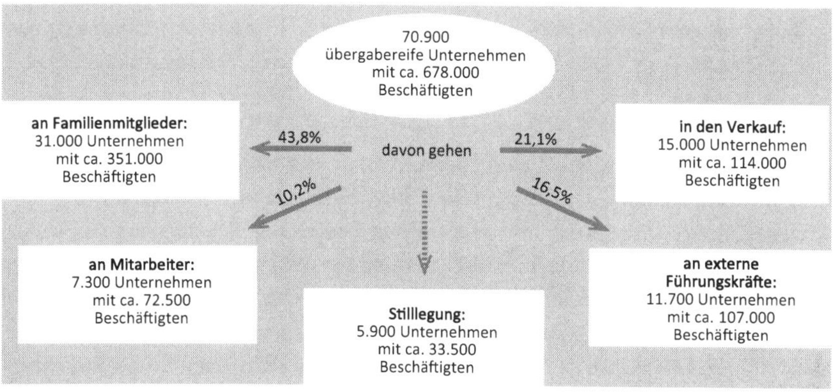

Abbildung 24: Nachfolgelösungen in deutschen Familienunternehmen im Jahr 2005[586]

Hiervon sind in erster Linie mittelständische Familienunternehmen betroffen, die zumeist familienintern geführt werden und die über keine geeigneten Nachfolger in der Familie verfügen. Zum einen muss nicht nur ein Erbe vorhanden sein, der die Qualifikation (oder zumindest das Potential) besitzt, ein Unternehmen leiten zu können, auch muss dieser ein Interesse an der Fortführung der Geschäfte haben, was oftmals nicht der Fall ist. Die familieninterne Nachfolge entwickelt sich daher immer mehr von der Regel zur Ausnahme.[587] Problematisch ist diesbezüglich auch, dass viele Familienunternehmen keine klaren Nachfolgeregeln haben, die insbesondere beim plötzlichen Ableben oder schwerer Krankheit des Unternehmers greifen könnten. In einer *PWC*-Studie gaben 27 % der befragten Familienunternehmen in Deutschland an, dass sie keine Nachfolge- bzw. Übergangsregelung haben, sollten zentrale Entscheidungsträger im Unternehmen durch Tod oder längere Krankheit ausfallen.[588] Dabei ist Nachfolge kein singuläres Ereignis, sondern eher als eine Reihe von Veränderungsprozessen zu verstehen, die sich wie ein Change Management Prozess über einen längeren Zeitraum zwischen Nachfolger, Familie und Unternehmen darstellen.[589] Dieser Prozess sollte langfristig und bewusst geplant werden, um die Erfolgschancen des Übergangs zu erhöhen.[590] Denn für den

585 Vgl. IfM in Linnemann 2007, S. 16.
586 Siehe IfM in Linnemann 2007, S. 16.
587 Vgl. u. a. IfM 2004, S. 31.
588 Vgl. PWC 2010, S. 19.
589 Vgl. Björnberg/ Nicholson 2012, S. 375.
590 Vgl. Mazzola et al. 2006, S. 403.

Nachfolgeprozess von entscheidender Bedeutung ist nicht nur die Frage nach einem geeigneten Kandidaten innerhalb der Familie, sondern insbesondere auch der Zeitpunkt der Übergabe. Dabei wird der richtige Zeitpunkt nicht selten verpasst.[591] Zwar liegt laut einer Studie von *Lang-von Wins* das angestrebte Rückzugsalter durchschnittlich bei etwa 65 Jahren,[592] jedoch sind bereits heute in ca. 243.000 Unternehmen in Deutschland die Inhaber 65 Jahre alt oder älter.[593] Damit erreicht Deutschland den Spitzenplatz im Vergleich mit den anderen Ländern der Europäischen Union.[594] Die Übergabe an sich und damit das Ausscheiden aus dem eigenen Unternehmen ist Resultat eines langen Entscheidungsprozesses, auf den unterschiedliche Faktoren und Variablen Einfluss haben und der einhergeht mit einer hohen emotionalen Belastung des Unternehmers, die insbesondere auch von Verlustängsten geprägt ist, etwa der Angst vor Verlust von Reputation, finanziellen Mitteln und mit der Arbeit verbundener sozialer Interaktion.[595] Je höher die Identifikation mit dem Unternehmen (etwa durch eigene Gründung oder wesentliche Prägung/ Umgestaltung eines übernommenen Unternehmens), desto schwerwiegender werden die mit dem Rückzug verbundenen Verluste empfunden.[596]

Der ehemalige Familienunternehmer *Hans Knürr*, vormals Vorstand der Knürr AG, der sein Unternehmen im Jahr 2000 an eine Private Equity Gesellschaft verkauft hatte, berichtet in einem Erfahrungsbericht eindrucksvoll von dem Dilemma, den richtigen Zeitpunkt für den Rückzug zu finden und der Angst des Verlusts, die damit verbunden ist. Noch größer war für ihn jedoch die Angst, den richtigen Zeitpunkt zu verpassen:

> »[...] weil ich so viele Unternehmerkollegen gesehen habe, die ab einem bestimmten Zeitpunkt begonnen haben, ihr eigenes Unternehmen zu zerstören, also nicht merkten, dass sie jetzt reif sind für ein schöneres Leben, bzw. dass jetzt jüngere Mitarbeiter mit modernerem Wissen, mit mehr Kraft an die Spitze gehören. [...] Ich habe mit so einem Schrecken gesehen, wie hervorragende Leute übersehen, wann sie die Grenze überschreiten. Und das wollte ich dem Unternehmen, den Mitarbeitern und mir selbst ersparen.«[597]

Verständlicherweise erleichtert das Vorhandensein eines Nachfolgers dem Unternehmer den Rückzug. Neben gesundheitlichen Gründen ist dies der wichtigste Faktor für die Übergabeentscheidung.[598] Entsprechend wird der Rückzug

591 Vgl. Schröer/ Freund 1999.
592 Vgl. Lang-von Wins 2004, S. 169.
593 Vgl. Rabsch 2010, S. 16.
594 Vgl. Brors 1998, S. 12.
595 Vgl. Lang-von Wins 2004, S. 171ff.
596 Vgl. Ergebnisse der IFUNA-Studie in Lang-von Wins 2004, S. 172ff.
597 Siehe Knürr, zitiert nach Lang-von Wins 2004, S. 207.
598 Vgl. Ergebnisse der IFUNA-Studie in Lang-von Wins 2004, S. 175.

aus dem eigenen Unternehmen aufgeschoben, sofern kein geeigneter Nachfolger zur Verfügung steht.[599]

Das wichtigste Kriterium eines idealen Nachfolgers ist dabei aus Sicht der Familienunternehmer Unternehmergeist, mit einigem Abstand gefolgt von Führungserfahrung und einem qualifizierenden Abschluss. Die Zugehörigkeit zur Familie wird wesentlich unkritischer eingeschätzt (vgl. Abbildung 25).[600] Hingegen spielt auch die Ähnlichkeit zur eigenen Person eine große Rolle,[601] während das Geschlecht für die Nachfolge weniger relevant ist. So ermitteln *Schweinsberg/ Thorborg* in einer Studie aus dem Jahr 2010, dass für 79 % der befragten 253 Unternehmen andere Kriterien als das Geschlecht für die Übergabe wesentlich sind; nur 14 % der Befragten präferieren explizit eine Übergabe an Söhne und 7 % an Töchter.[602] Dennoch werden bundesweit nur ca. 20 % der Unternehmen an Töchter übergeben[603] und nur in etwa 25 % der mittelständischen Familienunternehmen ist eine Frau in der Geschäftsleitung aktiv; zudem sinkt diese Zahl mit steigender Unternehmensgröße.[604]

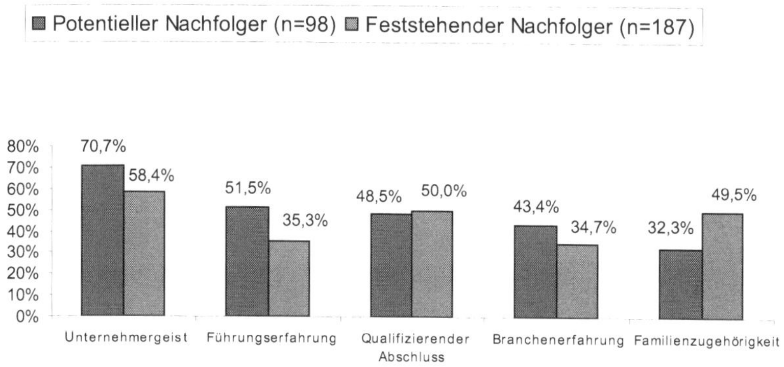

Abbildung 25: Erwünschte Eigenschaften potentieller bzw. Bewertung vorhandener Eigenschaften bereits feststehender Nachfolger (Mehrfachnennungen möglich)[605]

Nachfolgesituationen bergen ein erhebliches Konfliktpotential, beispielsweise durch geringes Vertrauen, existierende ungleiche Machtverhältnisse oder

599 Vgl. Kück 1996.

600 Vgl. Studie des IfM aus dem Jahr 2012 bei der 408 Familienunternehmen mit mind. 50 Mio. EUR Umsatz u. a. zu ihren Nachfolgeplänen befragt wurden (vgl. Lamsfuß/ Wallau 2012, S. 28).

601 Vgl. Lang-von Wins 2004, S. 175.

602 Vgl. Schweinsberg/ Thorborg 2010, S. 16.

603 Vgl. Bundesweite Gründerinnen Agentur 2010; Kerkhoff 2004.

604 Vgl. Schweinsberg/ Thorborg 2010, S. 1.; vgl. zum Thema Frauen in der Nachfolge u. a. auch Isfan 2002; Erdmann 2011; Otten 2011; Schlömer-Laufen/ Kay 2013.

605 Eigene Darstellung in Anlehnung an Lamsfuß/ Wallau 2012, S. 28.

schwelende Konflikte in der Familie.[606] Diese Probleme verstärken sich, je größer die Unternehmen werden und finanzielle Aspekte treten in den Vordergrund.[607] *Groth* vergleicht dies mit einer Zentrifuge, die sich von Generation zu Generation schneller dreht und bei der sich jede Generation weiter vom Gründer und dessen ursprünglichen Unternehmenszielen entfernt.[608] Der starke Gründer, der die Familie und das Unternehmen verbindet und zusammenhält, fällt weg und stattdessen müssen nun »Cousins und Cousinen, die sich kaum noch kennen, gemeinsam unternehmerische Weichenstellungen vornehmen.«[609] Insbesondere wenn es um die Zukunft des Unternehmens oder um Kapitalerhalt durch einen möglichen Verkauf geht, kann an dieser Stelle sehr schnell Streit zwischen den Generationen oder unter den Gesellschaftern aufkommen. Für *Groth* können auf diese Weise »tragische Nachfolgeverläufe« entstehen, »in denen am Ende Familien und Unternehmen zerbrochen sind« und die »letztlich zum Verkauf des Unternehmens führen.«[610] Besonders erfolgreiche Familienunternehmen versuchen dem vorzubeugen, beispielsweise durch ein frühes Heranführen von Familienmitgliedern an das Unternehmen in eigenen Familienakademien, die nicht nur dazu dienen, die Familienmitglieder zu schulen und weiterzubilden und das Werte- und Zielsystem des Unternehmens zu vermitteln, sondern insbesondere auch das Gefühl von Gemeinschaft und Zusammenhalt unter den Familienmitgliedern stärken sollen.[611] Studien zeigen, dass die Bindung, Verbundenheit und Identifikation mit dem Unternehmen für die Nachfolge von besonderer Bedeutung sind.[612] In der Literatur oftmals auch als Emotional Ownership bezeichnet, ist sie eine notwendige - wenn auch allein nicht ausreichende - Vorbedingung für eine erfolgreiche Übernahme.[613] Dabei ist Emotional Ownership auch möglich, ohne eigene Anteile am Unternehmen zu halten, beispielsweise bei Familienmitgliedern, die keine Gesellschafter sind oder auch bei langjährigen Mitarbeitern. Gleichzeitig ist das Gegenteil ebenfalls möglich, als Inhaber keine emotionale Verbundenheit zum Unternehmen zu verspüren. Ausgeprägte Emotional Ownership wirkt sich jedoch positiv auf den Nachfolgeprozess und das Unternehmen aus.[614]

Die Nachfolgeregelung ist europa- und weltweit von Bedeutung,[615] insbe-

606 Vgl. Handler 1990, S. 38.
607 Vgl. Gomez-Mejia et al. 2007, S. 109.
608 Vgl. Groth 2007, B4.
609 Siehe Groth 2007, B4.
610 Ebd.; vgl. hierzu auch Gemar 2007, B4.
611 Vgl. May 2005, S. 226
612 Vgl. Berrone et al. 2012, S. 7.
613 Vgl. u. a. Björnberg/ Nicholson 2012, S. 385.
614 Vgl. Björnberg/ Nicholson 2012, S. 386.
615 Beispielsweise auch im boomenden und bevölkerungsstarken China: Schätzungen zufolge gibt es in China insgesamt drei Millionen Privatunternehmen, die 20–25 Jahre alt sind und

sondere da eine unzureichend geregelte Nachfolge zu einem existentiellen Problem für das Unternehmen werden kann. So sind nach Angaben der EU-Kommission 10 % der Insolvenzanträge im Mittelstand innerhalb der EU auf eine schlecht vorbereitete Nachfolge zurückzuführen.[616] Entsprechend sieht die Kommission in der Übergabe von Familienunternehmen an die nächste Generation oder an Dritte eine der größten Herausforderungen für das künftige Wachstum der europäischen Wirtschaft.[617] Sie schätzt, dass in den nächsten zehn Jahren EU-weit bei 690.000 Unternehmen eine Nachfolge ansteht.[618]

Familienunternehmen, die innerhalb der Familie keinen geeigneten Nachfolger finden, stehen letztlich vor vier Alternativen: Fremdmanagement, Verkauf, Stiftung oder Liquidation.[619] Teilweise wird dezidiert auch ein IPO, also ein Börsengang, als Alternative bzw. Lösung für ein Nachfolgeproblem angeführt.[620] Letztlich ist ein IPO jedoch ebenfalls nur eine besondere Form des Verkaufs, der zwar eine Skalierung der in der Familie zu behaltenen Anteile erleichtert, aber für die Mehrzahl der mittelständischen Familienunternehmen auf Grund der hohen Transaktionskosten bei gleichzeitig unzureichenden Umsatzgrößen keine wirklich realistische Option darstellt. Abbildung 26 verdeutlicht die verschiedenen Handlungsalternativen zur Nachfolge, vor denen Familienunternehmer stehen.

Nachfolgeprobleme bieten daher oftmals ideale Gelegenheiten für strategische wie renditeorientierte Investoren, Familienunternehmen überhaupt erst erwerben zu können.[621] Auf Grund der Vererbungspräferenzen der meisten Familienunternehmen werden Verkäufe in der Regel von existentiell bedeutsamen Themen wie Unternehmenskrisen oder Nachfolgeproblemen begleitet. Diese Anlässe bieten für potentielle Käufer zugleich die Möglichkeit, das Unternehmen ggf. sogar unterhalb des Fair Values zu übernehmen. Verstärkt wird dies, wenn kein Nachfolger vorhanden, der Unternehmer bereits verstorben, das Unternehmen somit geschwächt ist und ein großer Verkaufsdruck besteht. Diesen Vorteil versuchen insbesondere auch Private Equity Gesellschaften zu nutzen. Der Verkauf an eine Private Equity Gesellschaft ist eine mögliche

von denen sich zahlreiche Unternehmen derzeit im Prozess des Generationswechsels befinden. Die chinesische Ein-Kind-Politik hat dazu geführt, dass vielfach kein Nachfolger in der Familie vorhanden ist, insbesondere auch, da Töchtern diese Aufgabe aus kulturellen Gründen nicht zugetraut wird. Da zudem Fremdmanager in Familienunternehmen traditionell unerwünscht sind, wird es in China zu zahlreichen Unternehmensverkäufen und Insolvenzen kommen (vgl. Fröndhoff 2007, S. 19.)

616 Vgl. EG 1994, Nr. C 204/1,3.

617 Ebd.

618 Vgl. European Commission 2006.

619 Vgl. Habig/ Berninghaus 2004, S. 109.

620 Vgl. Rödl/ Zinser 1999, S. 87.

621 Vgl. von Schlippe/ Sabel 2010, S. 42.

Handlungsalternative, die jedoch von der weit überwiegenden Mehrheit der Familienunternehmen abgelehnt wird.[622]

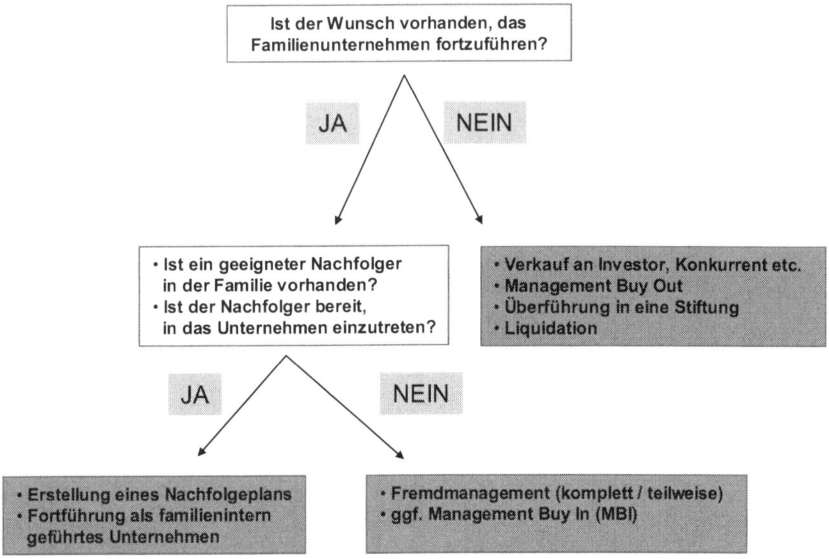

Abbildung 26: Handlungsalternativen zur Nachfolge (eigene Darstellung)

Gleichwohl kann dies unter Umständen die einzige Lösung für den Fortbestand des Unternehmens sein. Beleghaft kann die Studie des *Centre for Management Buy Out Research* der *Nottingham University Business School* angeführt werden, wenngleich einschränkend zu erwähnen ist, dass diese auf Betreiben des europäischen Private Equity Branchenverbands (*EVCA*) entstanden ist.[623] Im Rahmen der Studie wurden 117 Übernahmen europäischer Unternehmen zwischen 1994 und 2003 analysiert. Hauptursache für die Unternehmensverkäufe waren ungeklärte Nachfolgefragen. Hierbei gaben nur 33 % der befragten Unternehmen an, ihren Generationswechsel mit einer Vorlaufzeit von mehr als einem Jahr geplant zu haben, während 45,3 % der Unternehmen erst im Jahr vor dem Wechsel damit begannen und 21,7 % über gar keine organisierte Nachfolgeplanung verfügten. Da jedoch die Nachfolgefrage bei all diesen Unternehmen nicht zufriedenstellend geklärt werden konnte, konnten Private Equity Gesellschaften als Käufer auftreten. Dabei gaben 31 % der Unternehmen an, dass

622 Vgl. PWC 2010, S. 17; IMAP 2008, S. 8.
623 Vgl. Noel 2005, S. 16ff.

lediglich der Einsatz von Private Equity den Fortbestand des Unternehmens ermöglicht habe.[624]

3.4 Tradition, Werte und Geschichte(n)

Viele Familienunternehmen werden von einer Generation an die nächste vererbt. Dies ist nach *Simon, Wimmer und Groth* Ziel und »zentrale Wunschvorstellung der allermeisten Familienunternehmer.«[625] Manche bestehen auf diese Weise seit mehreren Jahrhunderten. In der wissenschaftlichen Literatur werden solche Unternehmen, bei denen die Eigentümerfamilie einen bestimmenden Einfluss hat und die seit mindestens drei Generationen bestehen, als »Mehr-Generationen-Familienunternehmen«[626] bezeichnet. Sie kommen häufig in langlebigen Branchen wie Handel, Bankgeschäft und Weinbau vor, da diese Produkte und Dienstleistungen über Jahrhunderte nachgefragt werden, im Gegensatz zu kurzfristigen, zyklischen Branchen wie etwa EDV. *May/ Weissmann* sehen dabei in der Fokussierung auf langlebige Märkte eine bewusste Entscheidung vieler Familienunternehmen.[627] Beispiele für besonders erfolgreiche Familienunternehmen (bezogen auf den Fortbestand) sind etwa das japanische Hotelunternehmen Hoshi (gegründet 718), welches als das älteste Unternehmen der Welt gilt,[628] sowie in Europa das französische Weingut Chateau de Goulaine und der italienische Glockenbauer Fonderia Pontificia Marinelli, die beide etwa im Jahr 1000 gegründet wurden.[629] Als eines der ältesten Familienunternehmen Deutschlands gilt die William Prym GmbH & Co. KG, die seit ihrer Gründung im Jahr 1530 durch den Goldschmied Wilhelm Prym in Aachen von einer Generation an die nächste weiter vererbt wurde und bis 2005 durchgehend familiengeführt war.[630]

Allerdings sind diese langlebigen Familienunternehmen die Ausnahme; im Durchschnitt bestehen Unternehmen nur 30 Jahre[631] und deutlich weniger als

624 Ebd.

625 Siehe Simon/ Wimmer/ Groth 2005, S. 13.

626 Vgl. Simon/ Wimmer/ Groth 2005, S. 13.

627 Vgl. May/ Weissman 2005, S. 28.

628 Lange galt der japanische Tempelbauer Kongo Gumi mit über 1400 Jahren als das älteste Unternehmen der Welt. Es musste jedoch 2006 Insolvenz anmelden. Das Unternehmen hatte in der ganzen Zeit nie expandiert, keine anderen Unternehmen übernommen oder das Geschäftsfeld geändert. Auch nach 1400 Jahren war die Kernkompetenz der Bau von Buddha-Tempeln. Was über Jahrhunderte Erfolgsgarant war, wurde schließlich zum Grund des Scheiterns. Die Nachfrage nach Tempeln hatte in Japan in den letzten Jahren immer weiter abgenommen (vgl. Hutcheson 2007).

629 Vgl. Schäufele 2006, S. 12.; sowie Vougioukas/ Göttsche/ Schönwitz 2004, S. 60.

630 Vgl. Prym-Bruck 2006, S. 26–27.

631 Vgl. Vougioukas et al. 2004, S. 60.

10 % aller Unternehmen schaffen es bis in die vierte Generation.[632] Jene, die es dennoch schaffen, sind nicht nur »ziemlich robust«,[633] sondern verfügen auch über eine langjährige Unternehmensgeschichte.[634] Eine Geschichte, die für sie sehr bedeutsam ist, mit der sehr bewusst umgegangen wird und die einhergeht mit spezifischen Traditionen und Werten, die von einer Generation an die nächste mitgegeben werden. Dabei gilt die Werteorientierung von Familienunternehmen nicht nur in der Literatur als ein wesentliches Unterscheidungsmerkmal gegenüber Nicht-Familienunternehmen,[635] sie wird auch von den Familienunternehmen selbst hervorgehoben. So sind in einer *PWC*-Studie 78 % der weltweit befragten Familienunternehmen (n=1965) der Ansicht, dass Kultur und Werte in Familienunternehmen stärker als in anderen Unternehmen sind.[636] Auch die *Europäische Kommission* hebt in einem Expertenpapier explizit die Werteorientierung von Familienunternehmen hervor: »Family firms are important, [...] because of the long-term stability they bring, the specific commitment they show to local communities, the responsibility they feel as owners and the values they stand for.«[637]

Allerdings sind diese Werte nicht statisch, sie unterliegen vielmehr einer gewissen Dynamik, bei der dennoch die innere Bindung bestehen bleibt.[638] Denn sehr häufig fühlen die Nachfolger sich den Werten des Gründers verpflichtet,[639] dessen Prinzipien oftmals in Form eines Mythos weiterleben,[640] so wie auch seine Person in Erzählungen weiterlebt und auf diese Weise zum Teil eine stärkere Präsenz als noch zu Lebzeiten erlangt.[641] *Luhmann* betont in diesem Zusammenhang, dass die Rolle und Funktion von Personen in Organisationen nicht von physischer Anwesenheit abhängig ist,[642] vielmehr leben sie in den Geschichten, die über sie erzählt werden weiter und bleiben dem Unternehmen damit auch als Entscheidungsprämisse erhalten.[643] Unternehmensgeschichte und Geschichten in und über Unternehmen sind dabei nicht zu trennen. Sie bieten, insbesondere in Kombination mit einer langjährigen und wechselhaften Geschichte des Unternehmens, ein hohes Identifikationspotential für Familie und Mitarbeiter, dienen der Stabilisierung von Mustern, schaffen Vertrauen und

632 Vgl. Simon/ Wimmer/ Groth 2005, S. 13.
633 Vgl. Simon/ Wimmer/ Groth 2005, S. 13.
634 Vgl. hierzu auch Jeske 2006.
635 Vgl. von Schlippe 2012, S. 367.
636 Vgl. PWC 2012b, S. 23.
637 Siehe European Commission 2009, S. 4.
638 Vgl. von Schlippe 2012, S. 375.
639 Vgl. hierzu auch Garcia-Alvarez/ Lopez-Sintas 2001.
640 Vgl. Simon/ Wimmer/ Groth 2005, S. 201.
641 Vgl. Zwack 2012, S. 55.
642 Vgl. hierzu Luhmann 2000.
643 Vgl. Zwack 2012, S. 56; Ferrari 2004, S. 294ff.

Identität, können Ansehen und Motivation erhöhen und Entscheidungen rechtfertigen.[644] Sie erlauben eine Besinnung auf die Herkunft und die Vermittlung von Prinzipien,[645] stellen die Basis für eine gemeinsame (Unternehmens-)Kultur dar,[646] verbinden die Familienmitglieder untereinander[647] und binden sie zugleich an das Unternehmen.[648] Sie sind damit ein wesentlicher Teil des Socioemotional Wealth der Familie.[649]

Die Lebendigkeit dieser Geschichten resultiert aus dem menschlichen Bedürfnis nach Konversation und Interaktion. Für *Efran et al.* sind alle Menschen »unverbesserliche und geschickte Geschichtenerzähler«, die die Angewohnheit haben, »zu den Geschichten zu werden, die sie erzählen.« Durch stetige Wiederholung »verfestigen sich die Geschichten zu Wirklichkeiten, und manchmal halten sie die Geschichtenerzähler innerhalb der Grenzen gefangen, die sie selbst erzeugen halfen.«[650] Oder, wie *Molitor* schon 1827 in seinem Postulat ›Philosophie der Geschichte oder über die Tradition‹ konstatierte: »[…] die historische Tradition ist zwar im Ganzen mit sich selber einstimmig, doch trifft man auch hin und wieder auf manche Varianten, wie solches wohl bei einer mündlichen Überlieferung nicht anders sein kann.«[651] Entsprechend findet unser Leben »in einer Welt von gemeinsam geteilten und mit-geteilten Bedeutungen statt«, geprägt von ständiger Konversation mit dem Ziel, unsere »Wirklichkeit stabil zu halten und unsere Identitäten wechselseitig zu bestätigen.«[652]

Insbesondere in traditionsreichen Familienunternehmen sind die Unternehmensgeschichte und die daraus folgenden Geschichten, Werte und Traditionen nicht nur integraler Bestandteil, sondern eine Besonderheit, die sie von anderen Unternehmen abgrenzen und die oftmals sehr aktiv gepflegt werden. Das seit 1530 bestehende Familienunternehmen William Prym beispielsweise unterhält ein eigenes Archiv von nach eigener Aussage »musealer Qualität.«[653] Über ein solches Museum verfügt auch das 1756 gegründete Familienunternehmen Haniel,[654] das in einer Pressemitteilung, die das neue Unternehmensmagazin »enkelfähig« vorstellt, zudem die Bedeutung von Geschichte, Tradition

644 Vgl. von Schlippe/ Groth 2007d, S. 26 ff; sowie Linnemann 2007, S. 5.
645 Vgl. hierzu auch Baecker 2003.
646 Vgl. Schein 2004, S. 7ff.
647 »[…] in organizations where family relationships dominate, there is a longer history and knowledge of shared experiences and past events that converge to influence and shape current activities, events, and relationships« (siehe Berrone et al. 2012, S. 6).
648 Vgl. Kormann 2011, S. 357.
649 Vgl. Berrone et al. 2012, S. 5; Gomez-Mejia et al. 2007, S. 108.
650 Siehe Efran et al. 1992, S. 115.
651 Siehe Molitor 1827, S. 40.
652 Siehe von Schlippe/ Schweitzer 2010, S. 11.
653 Vgl. Prym-Bruck 2006, S. 26ff.
654 Vgl. hierzu auch Simon/ Wimmer/ Groth 2005, S. 103ff.

und Werten für das Unternehmen betont und die Vermittlung von Werten zur expliziten Aufgabe der neuen Unternehmenszeitschrift erklärt: »Ziel ist es, die starken Werte des Familienunternehmens Haniel und ihre zentrale Rolle für die langfristige Wertentwicklung nachhaltig zu positionieren.«[655]

Potentielle Käufer von Familienunternehmen sollten sich daher bewusst sein, dass es nicht nur um die Übernahme der faktischen Stimmenmehrheit an einem Unternehmen geht, sondern auch darum, wie mit diesen Geschichten, Werten und Traditionen umgegangen wird. Gleichzeitig bieten Wertekompatibilität und ähnliche überlieferte Geschichten Anknüpfungspunkte für erfolgreiche Transaktionen.

3.5 Finanzierung und Kapitalstruktur

Im Rahmen eines Forschungsprojekts, welches Private Equity und mittelständische Familienunternehmen zum Thema hat, ist es unerlässlich, auf die Finanzierungsmöglichkeiten und die Kapitalstruktur mittelständischer Unternehmen einzugehen. Grundsätzlich stehen Familienunternehmen dabei alle gängigen Eigen- und Fremdfinanzierungsvarianten offen. Diese können in Außen- und Innenfinanzierung unterschieden werden.[656] Die Außenfinanzierung bedeutet, dass Kapital von außen in das Unternehmen eingebracht wird, entweder auf der Eigenkapitalseite durch die Erhöhung der Einlagen seitens der Familie oder durch die Aufnahme externen Eigenkapitals beispielsweise in Form von Private Equity. Auf der Fremdkapitalseite erfolgt die Außenfinanzierung zumeist durch den klassischen Bankkredit, vermehrt aber auch durch emittierte Unternehmensanleihen, Schuldscheindarlehen oder Namensschuldver-schreibungen, die an externe Kapitalgeber (i. d. R. institutionelle Anleger) weitergereicht werden.

Die Innenfinanzierung bedeutet, dass sich das Unternehmen aus sich selbst heraus finanziert (sog. Selbstfinanzierung) und ist für *Klein* daher auch der »am wenigsten in die Abhängigkeit weisende Weg der Eigenfinanzierung.«[657] Die Selbstfinanzierung ist entweder in Form einer offenen Selbstfinanzierung durch die Thesaurierung von Gewinnen oder durch die stille Selbstfinanzierung mittels Bildung stiller Reserven möglich.

Insbesondere auch, da vielen mittelständischen Unternehmen der Weg über den Kapitalmarkt auf Grund ihrer Größe und der hohen Transaktionskosten

655 Siehe Haniel 2011; vgl. hierzu auch kritischer: Knop/ Koch 2011.
656 Vgl. hierzu und im Folgenden: Klein 2010, S. 117ff.
657 Siehe Klein 2010, S. 119.

verschlossen bleibt,[658] ist für sie die Selbstfinanzierung die primäre Form des Eigenkapitalaufbaus. Entsprechend hielt *Bloemker* schon im Jahr 1964 fest: »[...] bleibt für den Klein- und Mittelbetrieb das Primat der Selbstfinanzierung unangetastet, da sie für ihn den fast ausschließlichen Weg der Eigenkapitalerweiterung bildet.«[659] Die Selbstfinanzierung erfolgt üblicherweise durch die Thesaurierung von Gewinnen im Unternehmen, die nur in sehr begrenztem Umfang ausgeschüttet werden[660] bzw. auf deren Ausschüttung in kritischen Situationen oder bei Wachstumsvorhaben gänzlich verzichtet wird.[661]

Die Familie stellt dem Unternehmen auf diese Weise langfristig-orientiertes geduldiges Kapital (patient capital) zur Verfügung[662] bzw. hilft in Krisensituationen durch Kapitalerhöhungen oder die Bereitstellung von Krediten.[663] Entsprechend betont die Europäische Kommission in einem Expertenpapier: »Owner-managers of privately held family firms [..] finance their capital needs, primarily using internally available funds or family funds, followed by debt, and consider using external equity as a last resort.«[664] Eine *IfM*-Studie zu Familienunternehmen bestätigt diese Einschätzung. Die größte Bedeutung für die befragten 402 Unternehmen hat die Finanzierung aus dem Cash Flow (hohe bis sehr hohe Bedeutung für 87,6 % der befragten Unternehmen), gefolgt von Bankkrediten (45,3 %). Beteiligungskapital hingegen hat nur für 8,2 % der Unternehmen eine hohe bis sehr hohe Bedeutung, jedoch für 81,1 % der Unternehmen nur geringe bis sehr geringe Bedeutung; Kapitalmarktinstrumente und Mezzanine-Kapital kommen auf ähnlich geringe Werte.[665]

Die durchschnittliche Eigenkapitalquote mittelständischer Unternehmen lag im Jahr 2010 bei 26,6 %.[666] Allerdings variiert diese Zahl – gerade im Mittelstand – erheblich und ist stark von der Größe der Unternehmung sowie der Branche abhängig.[667] Generell gilt, dass die Eigenkapitalquoten im Mittelstand mit der Größe des Unternehmens steigen. So lag die durchschnittliche EK-Quote bei mittelständischen Unternehmen mit mehr als 50 Mitarbeitern im Jahr 2010 bei 28,6 % und ist damit seit 2008 leicht rückläufig. Dennoch ist zu konstatieren, dass die EK-Quoten in allen Größenkategorien im letzten Jahrzehnt insgesamt

658 Vgl. Habig/ Berninghaus 2004, S. 11.
659 Siehe Bloemker 1964, S. 11
660 Vgl. May 2009, S. 121.
661 Vgl. Wimmer/ Groth/ Simon 2004, S. 13.
662 Vgl. Sirmon/ Hitt 2003, S. 339.
663 Vgl. Gomez-Mejia et al. 2007, S. 131.
664 Siehe European Commission 2009, S. 14.
665 Vgl. Lamsfuß/ Wallau 2012, S. 14ff.
666 Vgl. KfW 2011a, S. 37.
667 In einigen Branchen liegen die EK-Quoten sogar im einstelligen Prozentbereich, z. B. im Einzelhandel mit durchschnittlichen 6,5 % und im Baugewerbe mit nur 4,5 % (Linnemann 2007, S. 13).

deutlich gestiegen sind (vgl. Abbildung 27)[668] und im historischen Verlauf immer wieder massiven Schwankungen unterlegen waren. So lag die EK-Quote im Jahr 1967 noch bei durchschnittlichen 31,4 % und sank dann kontinuierlich ab auf 18,7 % im Jahr 1981.[669] Erst ab 2002 setzte eine deutliche Gegenentwicklung ein und die EK-Quoten stabilisierten sich oberhalb der 20 %-Marke, was seitens *KfW* auf eine Stabilisierung der Umsatzrentabilität bei ca. 5 % zurückzuführen ist.[670]

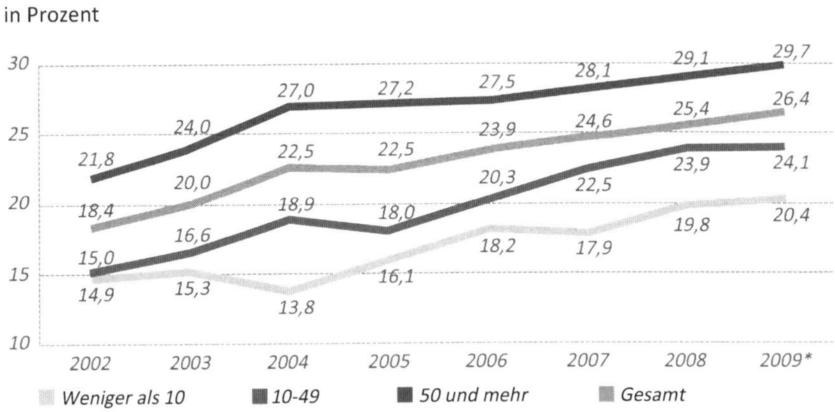

Abbildung 27: Eigenkapitalquote im Mittelstand (2002–2009) nach Beschäftigten[671]

Eine hohe bzw. zumindest ausreichende Eigenkapitalquote[672] ist dabei für das Unternehmen von großer Bedeutung. Denn als Haftungskapital und Langzeitfinanzierungsmittel ermöglicht Eigenkapital Investitionsvorhaben aus eigener Kraft, reduziert die Abhängigkeit von Fremdkapitalgebern, senkt die Zins- und Tilgungsaufwendungen und führt gleichzeitig zu einer besseren Bonität, die wiederum günstigere Finanzierungskonditionen zur Folge hat.[673] Zudem stellt Eigenkapital einen Puffer dar, der gerade auch in Krisenzeiten Verluste aus dem operativen Geschäft kompensieren kann, es reduziert damit die Insolvenzgefahr und wirkt somit stark vertrauensfördernd.[674]

668 Vgl. KfW 2011a, S. 37.

669 Vgl. Kayser 2003, S. 100; in Kombination mit Deutsche Bundesbank 1983, S. 14ff.

670 Vgl. KfW 2011a, S. 1.

671 Siehe KfW 2010, S. 2.

672 Vgl. zu diesem Themengebiet auch: »Empirische Ergebnisse zur optimalen Eigenkapitalquote« in KfW 2011a, S. 44ff.

673 Demgegenüber sinkt jedoch die Eigenkapitalrentabilität mit einer höheren EK-Quote und zudem sind Fremdfinanzierungskosten – im Gegenteil zur Eigenfinanzierung – steuerlich absetzbar, so dass eine »richtige« Kapitalstruktur nicht pauschal angegeben werden kann (vgl. Wehrheim/ Schmitz 2009, S. 162).

674 Vgl. Trautvetter 2011, S. 6.

Trotz der positiven Entwicklung der EK-Quote in Deutschland in den vergangenen zehn Jahren liegt die Quote in anderen wie den angelsächsischen Ländern oder auch in Österreich, Frankreich und den Niederlande immer noch - zum Teil deutlich - höher: In den USA beispielsweise liegt sie im Durchschnitt bei 45 %, im europäischen Durchschnitt bei 35 %.[675] Ein Grund dafür könnte das deutsche Steuerrecht sein, welches die Fremdfinanzierung gegenüber der Eigenkapitalfinanzierung besser stellt, indem Fremdkapital - im Gegensatz zu Eigenkapital - als Aufwand gebucht werden kann und somit die Zinsen steuerlich abzugsfähig sind. Folglich sind die haftenden Gesellschafter incentiviert, Gewinne zu entnehmen, die sie dem Unternehmen dann wieder in Darlehensform als Fremdkapital zur Verfügung stellen (sog. Gesellschafterdarlehen). Sie nutzen damit nicht nur die steuerlichen Vorteile, sondern reduzieren gleichzeitig ihr persönliches Risiko, da das Haftungsrisiko verringert wird.[676] Üblich ist auch, die Steuerbelastung durch (teilweise auch versteckte) Gewinnausschüttungen zu reduzieren. Üblich sind vor allem höhere Geschäftsleitungsgehälter, Tantiemen, Pensionszusagen, Firmenwagen, die Beschäftigung von Familienmitgliedern und hohe Mietzahlungen des Unternehmens an den Eigentümer für genutzte Gebäude.[677]

Trautvetter nennt als weiteren Grund das in Deutschland bestehende »Hausbank-Prinzip«. Durch die langfristigen Beziehungen des Unternehmens zu oftmals nur ein bis zwei Banken ist es den finanzierenden Banken möglich, das Risiko sehr gut bei geringen Informationskosten zu beurteilen und damit einhergehend günstigere Kreditkonditionen zu gewähren.[678] Entsprechend war und ist der Bankkredit das wichtigste Fremdfinanzierungsinstrument im Mittelstand.[679]

Durch den Vorzug von Fremdkapital als Finanzierungsmittel[680] kann es jedoch speziell in Familienunternehmen zu problematischen Liquiditätsengpässen in Folge besonderer Ereignisse kommen. Dies können beispielsweise zu zahlende Erbschaftssteuern im Rahmen der Nachfolge sein, aber auch Entnahmen in gewinnlosen Jahren zum Lebensunterhalt der Familie, Ausbezahlung weichender Gesellschafter oder Zahlungsverpflichtungen an geschiedene Ehepartner.[681] In diesen Fällen ist die Gefahr groß, dass notwendige Investitionsvorhaben und Ausgaben für Forschung und Entwicklung (Innovationen) unterbleiben bzw. nicht mehr geleistet werden können, da diese mehrheitlich aus

675 Vgl. Trautvetter 2011, S. 10; Ackermann 2007, S. 50; sowie KfW 2011a, S. 38.
676 Vgl. Linnemann 2007, S. 13.
677 Vgl. hierzu auch: Thiele 2000, S. 456.
678 Vgl. Trautvetter 2011, S. 10.
679 Vgl. Kayser 2003, S. 110; vgl. hierzu auch Zengerling 2003, S. 42ff.
680 Vgl. Zengerling 2003, S. 42ff.
681 Vgl. Habig/ Berninghaus 2004, S. 11.

internen Quellen (zumeist Gewinne und Cash Flow) bereitgestellt werden (müssen).[682] Laut einer *KfW*-Studie werden nur 12 % der Innovationsausgaben durch Bankkredite und sogar nur 2 % durch externes Beteiligungskapital finanziert. Die Studie kritisiert, dass Beteiligungskapital in nicht ausreichendem Maße zur Verfügung stehe und dieser Mangel an externen Finanzierungsmöglichkeiten negative Auswirkungen auf die Innovationstätigkeit mittelständischer Unternehmen habe.[683] Tatsächlich liegen die Ausgaben für Forschung und Entwicklung im Mittelstand deutlich unter denen von Großunternehmen. Während letztere im Durchschnitt 5 % ihres Umsatzes für Innovationen ausgeben, beträgt diese Quote im Mittelstand nur noch 3 %.[684] *Trautvetter* sieht einen Hauptgrund hierfür in der zu geringen Eigenkapitalausstattung gerade kleinerer und mittlerer Unternehmen; insbesondere in Ostdeutschland ist die Umsatzrentabilität zum Teil so gering, dass eine Finanzierung aus dem Cash Flow gänzlich ausscheidet.[685]

Die Fokussierung auf Fremdkapital und die in vielen Fällen geringe Eigenkapitalausstattung könnte in naher Zukunft jedoch noch sehr viel problematischer werden. Durch die zunehmende Globalisierung stehen die deutschen Unternehmen noch stärker im Wettbewerb mit Unternehmen aus anderen Ländern, die über eine bessere EK-Ausstattung verfügen und somit Vorteile bei der Erschließung ausländischer Märkte zu Vertriebs- und Produktionszwecken haben.[686] Gleichzeitig haben die Finanzmarktkrise und die daraus resultierende Regulierungswelle massive Auswirkungen auf Banken und damit auf die Fremdfinanzierung von Unternehmen;[687] die KfW sieht in diesem Zusammenhang »erhebliche Risiken« für die zukünftige Finanzierung mittelständischer Unternehmen.[688]

Exkurs: Basel III und die Auswirkungen auf die Finanzierung mittelständischer Unternehmen

Infolge der Finanzmarktkrise 2007/2008 und der daraus folgenden Wirtschaftskrise vereinbarten die führenden Wirtschaftsnationen (G20) eine schärfere Regulierung der Finanzmärkte.[689] Teil des Maßnahmenpakets war die

682 Vgl. Hartmann 2007, S. 36.
683 Vgl. Zimmermann 2010, S. 145ff.
684 Siehe ZEW in Wirtschaftswoche, 04.06.2007, Nr. 23.
685 Vgl. Trautvetter 2011, S. 12.
686 Vgl. Güllmann 2008, S. VI.
687 Vgl. Hartmann 2007, S. 36.
688 Siehe KfW 2011a, S. 2.
689 Vgl. hierzu auch Zähres 2011, S. 3ff.

Weiterentwicklung der bereits bestehenden sog. Basel-Richtlinien hin zu Basel III. Die aus Basel III resultierenden Vorschriften sollen zwar hauptsächlich für größere Stabilität an den Finanzmärkten sorgen, werden jedoch damit auch erhebliche Auswirkungen auf die Realwirtschaft und insbesondere die Unternehmensfinanzierung haben.[690]

Basel III sieht zwei wesentliche Änderungen vor: Zum einen steigen die Anforderungen an Kreditinstitute in Bezug auf zu hinterlegendes Eigenkapital bei Risikopositionen, zum anderen werden international verbindliche Liquiditätsregeln und Verschuldungsobergrenzen für Banken eingeführt.

Diese Maßnahmen sollen insbesondere die Anfälligkeit des Finanzsektors für weitere Krisen reduzieren und auf europäischer Ebene mit verschiedenen Übergangsfristen bis zum Jahr 2018 eingeführt werden.

Kreditinstitute müssen dann gewichtete Risikoaktiva mit 10,5 % statt wie bisher 8 % Eigenkapital hinterlegen. Risikoaktiva sind u. a. Kredite an Unternehmen, die abhängig von der Bonität und der Eigenkapitalquote des Unternehmens, welches den Kredit aufnimmt, eine niedrigere oder höhere Risikogewichtung bekommen.[691] Zudem gelten veränderte Anforderungen an die Art des Eigenkapitals, welches qualitativ hochwertiger sein muss, d. h. mehr hartes Kernkapital (Core Tier 1) ist erforderlich, während weniger zusätzliches Kernkapital (Tier 1) und Ergänzungskapital (Tier 2) für die Hinterlegung erlaubt ist (vgl. Abbildung 28).

Dies bedeutet, dass Banken zukünftig etwa 1/3 mehr und gleichzeitig qualitativ hochwertigeres (und damit teureres) Eigenkapital für die gleichen Transaktionen aufwenden müssen. Bei angestrebten Eigenkapitalrenditen von 15–20 % führt dies zwangsläufig zu einer Verteuerung von Krediten. Weiteren Einfluss auf die Kreditkonditionen werden voraussichtlich die Vorgaben bezüglich Liquidität und die sog. Verschuldungsobergrenze haben. Die Liquiditätsvorschriften sehen vor, dass Banken zukünftig über ausreichend liquide Assets verfügen müssen, um ein Stress-Szenario von 30 Tagen ohne externe Refinanzierung überstehen zu können. Gleichzeitig sind illiquide Assets der Bank (wie u. a. auch Firmenkredite) mindestens für die nächsten zwölf Monate durch stabile Finanzierungsquellen zu refinanzieren.

Beide Vorgaben führen dazu, dass Banken mehr liquide Assets vorhalten müssen und sich daher die Refinanzierung der Banken ändern wird; Fristentransformation wird nur noch in deutlich geringerem Ausmaß möglich sein, mit entsprechenden Auswirkungen auf die Erlössituationen von Banken.[692]

690 Vgl. BdB/ DIHK 2011, S. 2 ff.
691 Vgl. BdB/ DIHK 2011, S. 7.
692 Vgl. BdB/ DIHK 2011, S. 10.

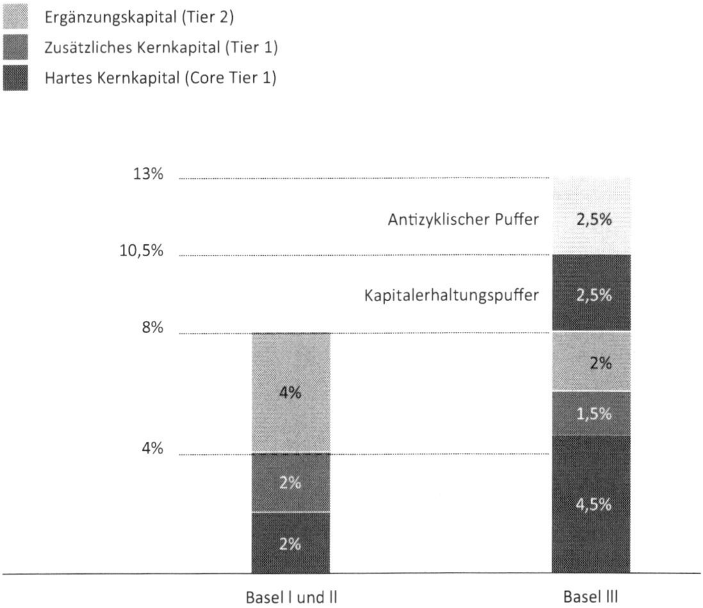

Abbildung 28: Eigenkapitalanforderungen nach Basel I/II und Basel III im Vergleich[693]

All dies hat Folgen für die Vergabe von Krediten und die gewährten Kreditkonditionen, insbesondere in Deutschland, da hier der Anteil von Bankkrediten am Fremdkapital von Unternehmen besonders hoch ist.[694]

Zwar weist der Bankenverband in einer Veröffentlichung darauf hin, dass die Eigenkapitalkosten nur einen Teil der gesamten Kreditkosten einer Bank ausmachen und die Kosten für Kredite daher keineswegs um 1/3 steigen würden,[695] er empfiehlt jedoch in gleicher Publikation den Unternehmen verschiedene Maßnahmen, die eingesetzt werden können, um die erwartet steigenden Kreditkosten zu senken. Neben langfristigen Förderkrediten, Unternehmensanleihen und Schuldscheinen wird vor allem auch eine Optimierung der Eigenfinanzierung vorgeschlagen, um auf diese Weise (u. a. durch eine bessere Bonität / besseres Rating) günstigere Konditionen zu erhalten. Explizit wird dabei empfohlen, die »Hereinnahme von Beteiligungskapital in Betracht zu ziehen«, insbesondere bereitgestellt durch Mittelständische Beteiligungsgesellschaften.[696] *Leiterstorff/ Rau* sehen einen Börsengang als weitere Möglichkeit der EK-Stärkung im Zuge der Basel III Veränderungen[697] und *KPMG* geht in einem Gut-

693 Siehe BdB/ DIHK 2011, S. 16.
694 Vgl. Lamsfuß/ Wallau 2012, S. 14ff.
695 Vgl. BdB/ DIHK 2011, S. 18.
696 Siehe BdB/ DIHK 2011, S. 13.
697 Vgl. Leiterstorff/ Rau 2013, S. 5.

achten davon aus, dass die verschärften Kapital- und Liquiditätsanforderungen zu einer reduzierten Kreditvergabekapazität und zu einem deutlichen Anstieg der Kreditkosten führen werden. Gleichzeitig könnte die Profitabilität von Geschäftsbereichen wie dem klassischen Firmenkundengeschäft sinken und es zu einer Schwächung und Reduktion ganzer Geschäftsmodelle einschließlich potentiell geringerem Wettbewerb auf Grund von Marktaustritten kommen.[698] *Berg/ Uzik* kommen entsprechend in einer Studie aus dem Jahr 2011 zu dem Ergebnis, dass durchschnittliche Mittelstandskredite um etwa 0,54 Prozentpunkte teurer werden und zeitgleich das Kreditvolumen um 2,5 % zurückgehen wird.[699] Die Autoren konstatieren zudem, dass in Bezug auf Kredite an den Mittelstand die aus Basel III resultierenden Eigenkapital-Anforderungen an Banken zu hoch sind und empfehlen eine Reduktion der Risikogewichte für mittelständische Kredite. Sollte dies jedoch nicht erfolgen, so ist davon auszugehen, dass die bisherige Form der Fremdfinanzierung, die überwiegend durch Bankkredite geprägt ist, Änderungen unterworfen sein wird und Beteiligungskapital eine größere Bedeutung zukommt. Hierbei ist jedoch gleichermaßen zu berücksichtigen, dass Private Equity Gesellschaften ihre Investitionen ebenfalls zu einem Teil mit Fremdkapital durchführen und damit - ähnlich wie Unternehmen - Restriktionen erfahren werden, Bankkredite für Übernahmen und Beteiligungen zu erhalten. Diese Befürchtungen sind in der Branche schon jetzt stark ausgeprägt. In einer *PWC*-Studie aus dem Jahr 2012 gaben nur 10 % der befragten deutschen PE Gesellschaften an, dass sie mit einer besseren Verfügbarkeit von Fremdkapital rechnen, jedoch gehen 59 % von schlechteren Finanzierungsmöglichkeiten aus.[700]

698 Vgl. KPMG 2011a, S. 14.
699 Vgl. Berg/ Uzik 2011, S. 5.
700 Vgl. PWC 2012a, S. 25.

4 Mittelständische Familienunternehmen und Private Equity

»Familienunternehmen mögen keine Finanzinvestoren«
(Überschrift des Leitartikels in der Tageszeitung *Die Welt* vom 19. Juli 2007)[701]

4.1 Status Quo

Der Kauf und spätere Verkauf von Unternehmen und Unternehmensbeteiligungen ist das zugrundeliegende Geschäftsmodell von Private Equity Gesellschaften, die daher ständig auf der Suche nach interessanten und finanzierbaren Anlageobjekten sind. War in den Boomjahren zwischen 2003 und 2007 das Hauptaugenmerk vieler PE-Gesellschaften auf große Unternehmen und damit prestigeträchtige und lukrative Deals gerichtet, so haben die Verwerfungen an den Kapitalmärkten im Rahmen der Finanzmarktkrise für eine deutliche Veränderung der Branche gesorgt. Insbesondere die Reduktion der von Banken zur Verfügung gestellten Kreditvolumina an Private Equity Gesellschaften ließen Transaktionen mit starkem Leverage, also einem besonders hohen Anteil an Fremdkapital (i. d. R. >50 %), fast nicht mehr zu.[702] Da gleichzeitig auch die Zuflüsse von Kapital in die Private Equity Fonds abnahmen, war eine Fokussierung der Branche auf weniger Transaktionen mit kleineren und damit besser finanzierbaren Objekten die logische Folge.[703] Entsprechend stieg seit 2009 kontinuierlich das Transaktionsvolumen im Mittelstand (sog. Mid-Caps).[704] In einer *Roland Berger* Studie aus dem Jahr 2009 wurden 56 europäische Private Equity Gesellschaften nach ihrem Investmentschwerpunkt befragt.[705] Dieser lag nur zu 23 % auf großen Unternehmen,[706] jedoch zu 55 % im Bereich der Mid-Caps.[707] Eine weitere *Berger*-Studie aus dem Jahr 2012 zeigt eine Verschärfung

701 Siehe Dierig 2007.
702 In 2011 wiesen nur 13 % der PE-Neuinvestments einen Fremdkapitalanteil von 51 % oder mehr auf (vgl. PWC 2012a, S. 21).
703 Vgl. Jost/ Seibel 2008, S. 17.
704 Vgl. Candover 2010.
705 Vgl. Roland Berger Research 2009, S. 4.
706 Hier definiert als Unternehmen mit einer Marktkapitalisierung > 1 Mrd. USD.
707 Hier definiert als Unternehmen mit Marktkapitalisierung zwischen 200 Mio. USD und 1 Mrd. USD.

dieses Trends: Mit 41 % geht die Mehrheit der befragten PE Gesellschaften davon aus, dass die meisten Transaktionen im Jahr 2012 im Bereich der kleineren Unternehmen (Enterprise Value 50–100 Mio EUR) stattfinden werden. Nur 6 % der Befragten gehen davon aus, dass die Mehrzahl der Transaktionen im Segment der Unternehmen mit einem Enterprise Value von über 250 Mio. EUR erfolgen wird.[708] Zugleich erfolgt eine klare Fokussierung auf Deutschland, nicht zuletzt auf Grund der anhaltend guten wirtschaftlichen Entwicklung des Landes. Gemäß einer aktuellen *PWC*-Studie gilt Deutschland in Westeuropa mit 17 % als der attraktivste Investitionsstandort, nur gefolgt von den skandinavischen Ländern (Schweden und Norwegen mit je 15 %, dann Dänemark und Finnland mit 14 % bzw. 11 %), jedoch deutlich vor anderen europäischen Kernländern wie Großbritannien (6 %) oder Italien (5 %).[709] 58 % der befragten PE Gesellschaften sehen die relative Attraktivität Deutschlands für Private Equity in den nächsten fünf Jahren als sehr gut oder ziemlich gut an, nur 9 % als ziemlich oder sehr schlecht.[710] Und nahezu alle PE Gesellschaften (94 %), die bereits in Deutschland investiert sind, planen ihre Investments in Deutschland fortzuführen und die Mehrheit davon plant sogar eine Ausweitung der Investitionsquote in Deutschland.[711]

Auch aus ökonomischen Gründen erscheint eine Fokussierung auf den Mittelstand sinnvoll. Er stellt nicht nur anteilsmäßig das Gros der deutschen Unternehmen,[712] sondern in vielen Fällen überdurchschnittlich erfolgreiche Unternehmen. In den meisten Fällen international aufgestellt, bieten sie dennoch sehr häufig Potential für weiteres internationales Wachstum.[713] Die erfolgreiche Positionierung vieler dieser Unternehmen in der Nische[714] erlaubt zudem höhere Margen und konstante Erträge auch in einem rezessionären Marktumfeld.[715] Kriterien, die für die Investitionsentscheidung von Private Equity Gesellschaften

708 Vgl. Roland Berger Research 2012, S. 12.
709 Vgl. PWC 2012a, S. 33.
710 Ebd., S. 35.
711 Ebd., S. 36.
712 Vgl. Kapitel 2.1.3.
713 23,7 % der deutschen Mittelständler exportieren Waren oder Dienstleistungen ins Ausland. Damit liegt die Exportquote deutlich über dem Durchschnitt der 15 »alten« EU-Länder, der bei 12 % liegt. Insgesamt trägt das Auslandsgeschäft durchschnittlich 17 % zum Gesamtumsatz der Mittelständler bei (vgl. Brenken/ KfW 2006, S. 3). Daraus folgt jedoch auch, dass immerhin 76,3 % aller Mittelständler keine Waren oder Dienstleistungen exportieren. Davon betroffen sind jedoch überwiegend kleinere sowie Dienstleistungsunternehmen. Industrielle Familienunternehmen mit einem Umsatz von über 50 Mio. EUR weisen eine überproportionale Exportquote von 42,5 % aus (vgl. Lamsfuß/ Wallau 2012, S. 5).
714 In Deutschland gibt es ca. 1.300 Weltmarktführer, von denen ca. 90 % Nischen belegen. Von diesen 1300 Unternehmen sind etwa 800 in Familienbesitz (vgl. Wirtschaftswoche 19/2007, S. 57).
715 Vgl. Hartmann 2007, S. 36; sowie Carlock/ Ward 2001, S. 195.

von besonderer Bedeutung sind.[716] Daneben sind auch die in Kapitel 3.3 dargestellten Probleme bezüglich Nachfolgeregelungen von Familienunternehmen[717] ein starker Anreiz für die Private Equity Branche, bieten sie doch oftmals die Gelegenheit, erfolgreiche Unternehmen überhaupt erst erwerben zu können. Je nach der Situation in der sich die Familie und das Unternehmen befinden, sind dabei sogar Übernahmen zu Preisen unterhalb des Fair Values des Unternehmens möglich. Entsprechend sehen 90 % der deutschen PE Gesellschaften den Kauf von Familienunternehmen in Form von Mehrheitsbeteiligungen als ihre primäre Deal Quelle an.[718]

Die Mittelstandsorientierung der Branche verdeutlichen auch die Zahlen: Im Jahr 2012 investierten Private Equity Gesellschaften insgesamt 5,3 Mrd. EUR in insgesamt 479 Unternehmen in Deutschland (exklusive Venture Capital).[719] Das durchschnittliche Investitionsvolumen lag entsprechend bei 11 Mio. EUR. Der Großteil (4,5 Mrd. EUR) entfiel dabei auf insgesamt 104 Unternehmenskäufe in Form von Buy Outs mit einem durchschnittlichen Kaufpreis von 43 Mio. EUR. Beim Rest handelte es sich größtenteils um Wachstumskapital (708 Mio. EUR aufgeteilt auf 358 Unternehmen), zumeist in Form von Minderheitsbeteiligungen. Die Zahl von 104 durch Beteiligungsgesellschaften übernommene Unternehmen in Deutschland verdeutlicht jedoch auch, dass es sich eher um eine Randerscheinung als um die Regel handelt, dass Familienunternehmen an Private Equity Gesellschaften verkauft werden, insbesondere in Relation zu den etwa 20.000–25.000 Unternehmen in Deutschland, die jedes Jahr vor einer Nachfolgelösung stehen.[720] Noch deutlicher wird dies bei einer Betrachtung der Gesamtzahlen: Obwohl es in Deutschland etwa 3,6 Mio. Unternehmen gibt,[721] gehören nur 6.593 dieser Unternehmen zu den Portfolios verschiedener nationaler wie internationaler Private Equity Häuser.[722] Selbst bei Herausrechnung aller Kleinst- und Kleinunternehmen mit bis zu 9 Beschäftigten, verbleiben ca. 312.000 Unternehmen mit mindestens 10 Mitarbeitern.[723] Der Anteil von Unternehmen im Besitz von Private Equity Gesellschaften beträgt entsprechend in Deutschland gerade einmal 2,1 % (bezogen auf Unternehmen ab 10 Mitarbeitern);[724] *PWC* ermittelt in einer Studie bei einer Stichprobengröße von 533 befragten mittelständischen Unternehmen sogar nur einen Anteil von 1 % mit

716 Vgl. u.a. Weise 2003, S. 367.
717 Vgl. u.a. Creditreform 2009, S. 45ff.; Ackermann 2007, S. 50.
718 Vgl. PWC 2012a, S. 27.
719 Vgl. hierzu und im Folgenden BVK 2013, S. 12ff.
720 Vgl. Hauser et al. 2010, S. 22.
721 Vgl. hierzu und im Folgenden: Statistisches Bundesamt 2011.
722 Vgl. Die Bank 05/2010, S. 6; der BVK spricht von 5.810 Beteiligungen bezogen auf das Jahr 2012, allerdings nur bei den eigenen Mitgliedern (vgl. BVK 2013, S. 2).
723 Vgl. Statistisches Bundesamt 2011.
724 Eigene Berechnung.

einem Private Equity Engagement.[725] Andere Autoren kommen hingegen in ihren Studien auf leicht höhere Prozentzahlen, so etwa *Achleitner et al.*, die bei einer Stichprobengröße von 237 Unternehmen einen Anteil von 7 % ermitteln,[726] ebenso wie *Espel* (7 % bei einer Stichprobengröße von 281).[727] *Espel* ermittelt zudem, dass nur in 20 % dieser Fälle auch eine Mehrheitsbeteiligung vorliegt, während ca. 40 % der Unternehmen eine Beteiligungsquote von 20–50 % und weitere 40 % einen Anteil von unter 20 % aufweisen.[728]

Neben den absoluten Zahlen zeigt auch ein Vergleich mit den anderen europäischen Ländern, dass Private Equity in Deutschland bislang unterrepräsentiert ist. Von 41,1 Mrd. EUR, die von Private Equity Gesellschaften in Europa im Jahr 2010 investiert wurden, entfielen nur 4,7 Mrd. EUR auf Deutschland.[729] Dies entspricht einem Anteil von 11,4 %. Hingegen betrug der Anteil Deutschlands als größte Volkswirtschaft Europas am europäischen Bruttoinlandsprodukt 18,2 %. Während PE Investments insgesamt 0,31 % des europäischen BIP ausmachten, waren es in Deutschland nur 0,19 % (Anteil am deutschen BIP). Damit liegt Deutschland auf dem Niveau von Ländern wie Polen (0,19 %) oder Bulgarien (0,23 %), aber deutlich hinter anderen großen Volkswirtschaften wie Großbritannien (0,75 %), Frankreich (0,33 %) und Spanien (0,28 %). Auch kleinere Länder wie Irland (0,50 %), die Niederlande (0,33 %), Norwegen (0,61 %), Schweden (0,78 %) oder die Schweiz (0,32 %) weisen deutlich höhere Anteile auf. Dies trifft im Übrigen auch auf Österreich zu, auf welches Investitionen i. H. v. 698 Mio. EUR (0,25 % des BIP) entfielen (vgl. Abbildung 29).[730]

Interessant ist insbesondere der Vergleich mit den anderen beiden großen Volkswirtschaften Europas. Während in Deutschland wie o. a. 4,7 Mrd. EUR durch PE Gesellschaften investiert wurden, waren es in Frankreich im gleichen Zeitraum 6,5 Mrd. EUR und in Großbritannien sogar 12,7 Mrd. EUR.[731] Hervorzuheben ist, dass die Venture Capital Investitionen in allen drei Ländern mit 700–750 Mio. EUR ungefähr gleich hoch waren und der deutliche Unterschied aus Buy Out Transaktionen resultierte: 2,8 Mrd. EUR in Deutschland stehen 4,8 Mrd. EUR in Frankreich und sogar 9,6 Mrd. EUR in Großbritannien gegenüber.[732] Von den 2,8 Mrd. EUR in Deutschland entfielen 1,9 Mrd. EUR auf Investitionen im Mittelstand (sog. Small- und MidCaps), in Frankreich hingegen wurden 2,8 Mrd. EUR und in Großbritannien 3,7 Mrd. EUR im Mittelstand in-

725 Vgl. PWC 2011, S. 24.
726 Vgl. Achleitner et al. 2008a, S. 27.
727 Vgl. Espel 2008, S. 139.
728 Ebd.
729 Vgl. EVCA 2011, S. 194 ff.
730 Vgl. EVCA 2011, S. 38.
731 Vgl. EVCA 2011, S. 50 ff.
732 Vgl. EVCA 2011, S. 50 ff.

vestiert.[733] Während in Deutschland nur 102 Unternehmen im Rahmen eines Buy Outs von PE Gesellschaften übernommen wurden, waren es in Frankreich 184 und in Großbritannien 167, d. h. deutlich mehr Verkäufe an Private Equity Gesellschaften, obwohl es in beiden Ländern absolut gesehen sogar weniger Unternehmen gibt.[734]

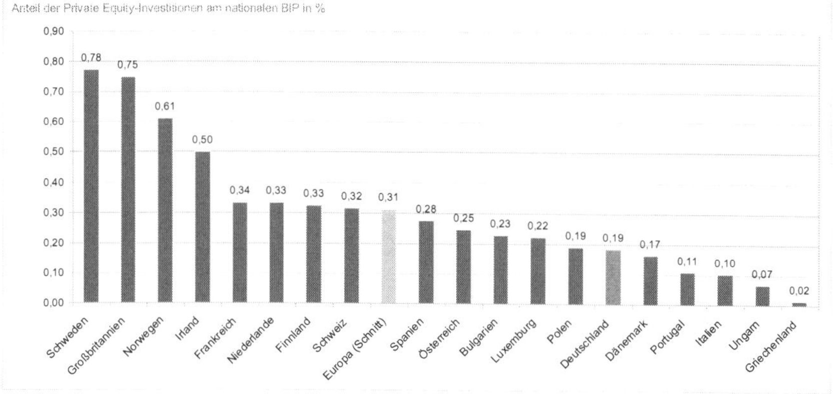

Abbildung 29: Anteil von Private Equity Investments in % des BIP ausgewählter europäischer Länder im Jahr 2010 (Marktstatistik)[735]

4.2 Private Equity und Familienunternehmen – ein Paradoxon?

Eine reine Betrachtung der Zahlen insbesondere im europäischen Kontext legt den Schluss nahe, dass sich Private Equity in Deutschland bislang nicht durchgesetzt hat, obwohl Deutschland im Fokus der Branche steht und als hoch attraktiv für Investments angesehen wird.[736] *Reimers* konstatiert, dass es bereits Mitte der 90er Jahre Hoffnung gegeben habe, den gehobenen Mittelstand in Deutschland als Zielsegment für Buy Out Fonds zu entwickeln, um »ähnlich wie in Großbritannien von der Nachfolgeproblematik, sich internationalisierenden Industrien und den geringen Multiples zu profitieren. Die Investition in Familienunternehmen schien ein neuer Hype zu werden«, allerdings habe sich diese Hoffnung nicht erfüllt.[737]

Die Gründe hierfür scheinen überwiegend bei den mittelständischen (Fa-

733 Vgl. EVCA 2011, S. 53.
734 Vgl. EVCA 2011, S. 54 ff.
735 Eigene Darstellung in Anlehnung an EVCA 2011, S. 38.
736 Vgl. PWC 2012a, S. 33 ff.
737 Siehe Reimers 2004, S. 1.

milien-) Unternehmen und einer nur gering ausgeprägten Akzeptanz gegenüber externem Beteiligungskapital zu liegen. Dies wird durch eine Vielzahl von Studien und Befragungen im Mittelstand untermauert, die eine Ablehnung von PE seitens Familienunternehmen verdeutlichen. So gaben etwa in einer *PWC-Studie* aus dem Jahr 2010 nur 15 % der befragten Familienunternehmer an, dass sie sich den Verkauf ihres Unternehmens an einen Finanzinvestor vorstellen könnten (vgl. Abbildung 30).[738]

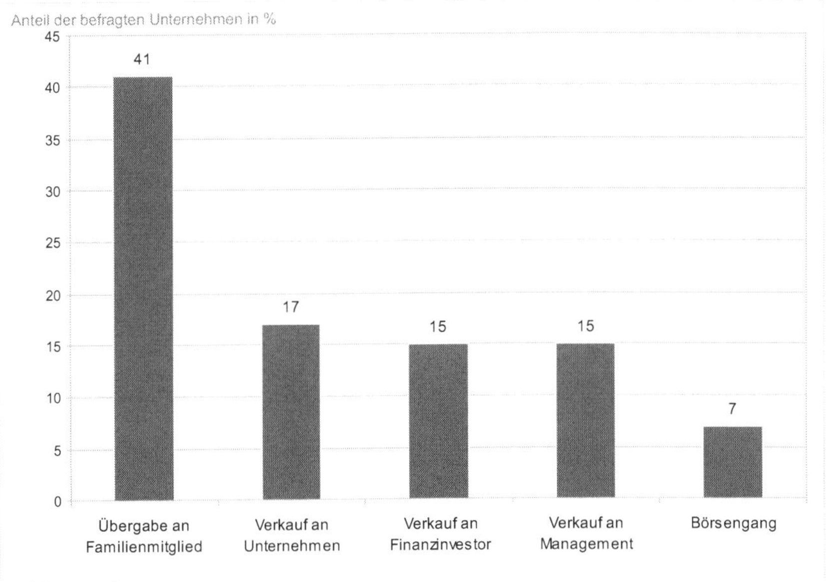

Abbildung 30: Nachfolge-/ Verkaufspräferenzen von Familienunternehmern[739]

Auch mit Blick auf die Möglichkeit der Aufnahme von Private Equity als reines Finanzierungs- und Wachstumsinstrument in Form von Minderheitsbeteiligungen besteht kein ausgeprägtes Interesse auf Seiten der Familienunternehmen. Schon 1971 gaben in einer empirischen Untersuchung im Mittelstand 71 % der befragten 479 Unternehmen an, dass sie eine Beteiligungsfinanzierung ablehnen.[740] In einer Umfrage der Unternehmensberatung *Weissmann & Cie* aus dem Jahr 2007 lehnten sogar 82 % der 500 befragten Familienunternehmen den Einstieg von Private Equity Gesellschaften ab.[741] Zu nahezu identischen Ergebnissen kommt eine *PWC*- Studie aus dem Jahr 2011:

738 Vgl. PWC 2010, S. 17.
739 Eigene Darstellung in Anlehnung an PWC 2010, S. 17.
740 Vgl. Kayser 2003, S. 100; in dieser Befragung wurde auch ein Zusammenhang zwischen Finanzierungsverhalten und Qualifikation des Unternehmers ermittelt.
741 Vgl. Dierig 2007.

von den befragten 533 mittelständischen Unternehmen konnten sich 81 % ein Engagement von Private Equity Gesellschaften in ihrem Unternehmen nicht vorstellen.[742]

In einer empirischen Studie des IfM Bonn aus dem Jahr 2003 wurden über 1.000 mittelständische Unternehmen gebeten, eine Bewertung der verschiedenen Finanzierungsalternativen vorzunehmen.[743] Während der Selbstfinanzierung aktuell und zukünftig die mit Abstand höchste Bedeutung zugemessen wurde, erhielt die Aufnahme neuer Gesellschafter mit einem Wert von 4,5 nur das Prädikat geringe bis keine Bedeutung (vgl. Abbildung 31).

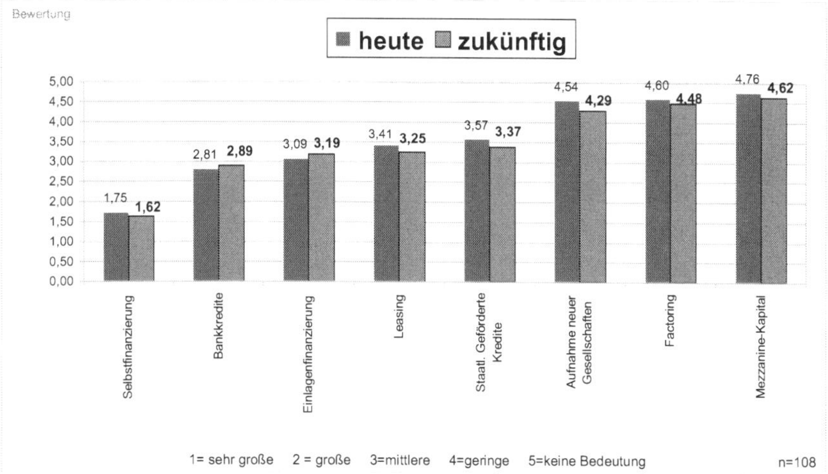

Abbildung 31: Bewertung verschiedener Finanzierungsinstrumente im Mittelstand[744]

In einer Studie von *Ahrweiler et al.* aus demselben Jahr wurde noch konkreter nach der Bedeutung von Private Equity für die Unternehmensfinanzierung gefragt.[745] Dabei bewerteten 68 % der befragten mittelständischen Unternehmen Private Equity als aktuell irrelevant für ihre Unternehmensfinanzierung. Gleichzeitig lag jedoch der prozentuale Anteil der Unternehmen, die Private Equity auch für ihre zukünftige Finanzierung als irrelevant einschätzten, lediglich bei 43 %, d. h. im Jahr 2003 wollte die Mehrheit einer solchen Aussage nicht zustimmen, was darauf hindeutet, dass die Unternehmen von einer generell zunehmenden Bedeutung von Private Equity für ihr Unternehmen ausgingen. Interessant sind daher die Ergebnisse einer *IfM*-Studie knapp 10 Jahre später im Jahr 2012, bei der 408 Familienunternehmen mit mindestens 50 Mio.

742 Vgl. PWC 2011, S. 24.
743 Vgl. Kayser/ Wallau 2003, S. 96.
744 Eigene Darstellung in Anlehnung an Kayser/ Wallau 2003, S. 96.
745 Vgl. Ahrweiler et al. 2003, S. 385–387.

EUR Jahresumsatz befragt wurden.[746] Demnach hat die Finanzierung aus dem Cash Flow die größte Bedeutung für die Unternehmen (hohe bis sehr hohe Bedeutung für 87,6 % der befragten Unternehmen), gefolgt von Bankkrediten (45,3 %). Beteiligungskapital hingegen hat nur für 8,2 % der Unternehmen eine hohe bis sehr hohe Bedeutung, jedoch für 81,1 % der Unternehmen nur geringe bis sehr geringe Bedeutung. Dabei ist insbesondere auch die Einschätzung der Bedeutungsentwicklung interessant. Nur 4,8 % der befragten Unternehmen gehen davon aus, dass die Bedeutung von Beteiligungskapital für sie steigen wird, hingegen sehen 15,3 % der Befragten eine sinkende Bedeutung und 79,9 % der Unternehmen sehen keine Änderung der ohnehin schon geringen Bedeutung. Es kann also konstatiert werden, dass die im Jahr 2003 geäußerte Erwartung zunehmender Bedeutung von Private Equity aus Sicht der Unternehmen nicht eingetreten ist, sondern diese vielmehr abgenommen hat. Die geringe Bedeutung scheint mit einer generellen Ablehnung von Private Equity durch Familienunternehmen einherzugehen. So weist etwa *Espel* in einer empirischen Studie nach, dass alle sog. sozialen Normträger eines Familienunternehmens, mit denen beispielsweise die Familie, die Belegschaft, die Hausbank, der Steuerberater und die Finanzabteilung des Unternehmens gemeint sind, einer Beteiligungsfinanzierung ablehnend gegenüberstehen; am stärksten ist die Ablehnung dabei innerhalb der Familie und der Belegschaft ausgeprägt.[747]

In diesem Zusammenhang sei auch auf eine *Imap* Studie aus dem Jahr 2008 hingewiesen. Die Studie zeigt, dass eine klare Vererbungspräferenz vorhanden ist. Wenn jedoch ein Verkauf in Erwägung gezogen wird, dann mit klarer Präferenz für strategische Investoren aus dem In- und Ausland (69 %). Nur 11 % der Befragten würden den Verkauf an einen Finanzinvestor in Betracht ziehen.[748]

Interessant ist, dass die Ablehnung so groß ist, obwohl die Vorteile von Private Equity vielen mittelständischen Unternehmen durchaus bekannt sind. Befragt nach den Vorteilen gaben 75 % der befragten 533 Mittelständler die Verbesserung der Kapitalstruktur an; auch die erwartete Professionalisierung des Controllings (27 %), die externe Expertise (33 %) und der Austausch mit neutralen Gesellschaftern (14 %) wurden als mögliche Vorteile genannt.[749]

Die Frage ist demnach, warum Private Equity dennoch von den meisten Familienunternehmen weder als Finanzierungsalternative z. B. in Form von Minderheitsbeteiligungen, noch als wirkliche Alternative im Rahmen eines Verkaufs in Betracht gezogen wird und oftmals sogar eine regelrechte Private-Equity Vermeidungsstrategie verfolgt wird, wie dies etwa *Poutziouris* in einer

746 Vgl. hierzu und im Folgenden: Lamsfuß/ Wallau 2012, S. 14ff.
747 Vgl. Espel 2008, S. 143.
748 Vgl. Imap 2008, S. 8.
749 Vgl. PWC 2011, S. 24.

Studie aus dem Jahr 2001 feststellt: »It is evident that there is an aversion to institutional finance and, in particular, external equity [...] particularly strong in family companies.«[750] PWC bezeichnet das Streben nach Unabhängigkeit und Verschwiegenheit und die »Zurückhaltung gegenüber der Beteiligung von externen (Eigen-) Kapitalgebern« sogar als »Besonderheiten« von Familienunternehmen.[751] In der Literatur werden hierzu verschiedene Gründe diskutiert, die im Folgenden ausgeführt werden sollen und das Paradoxon Familienunternehmen und Private Equity verdeutlichen, welches von *Achleitner* und *Poech* auch als »Zwei-Welten-Problem« bezeichnet wird.[752]

4.2.1 Werte- und Zielsystem

Achleitner und *Poech* beziehen den Begriff »Zwei-Welten-Problem« auf grundsätzlich konträre Wert- und Zielsysteme.[753] *Becker et al.* konstatieren, dass auf Grund der unterschiedlichen Interessen und Handlungsgrundsätze »eine Private Equity Beteiligung in mittelständischen Unternehmen prinzipiell ungeeignet bzw. mit erheblichen Einschränkungen verbunden zu sein scheint.«[754]

Generell kann das Verhältnis von Familienunternehmen zu Private Equity durchaus als Paradoxon, d. h. als ein scheinbar oder tatsächlich unauflösbarer Widerspruch, beschrieben werden.[755] Auf der einen Seite steht das Familienunternehmen mit ausgeprägtem Vererbungswillen,[756] auf der anderen Seite ein Finanzinvestor, der das Familienunternehmen aus finanziellen Gründen in Familie und Unternehmen trennen möchte und nicht selten tiefgreifende Änderungen durchführen wird, um den Unternehmenswert zu steigern.[757] Letztlich dient die Unternehmenswertsteigerung der Erzielung eines höheren Verkaufspreises für die Beteiligungsgesellschaft und damit der Ausschüttung von Gewinnanteilen an die Investoren. Die Unternehmenswertsteigerung ist jedoch nicht im primären Interesse der Familie, da bei ihr der Wunsch nach Fortführung des Unternehmens als Familienunternehmen gegeben ist, was einer Veräußerung und Hebung des Capital Gains widerspricht.[758] Während die Familie in Generationen denkt und eine Weitergabe an die Nachfolgegeneration anstrebt,

750 Siehe Poutziouris 2001, S. 283; vgl. hierzu auch Upton/ Petty 2000.
751 Siehe PWC 2011, S. 27.
752 Vgl. Achleitner/ Poech 2005, S. 4.
753 Ebd.
754 Siehe Becker et al. 2011, S. 13.
755 Zum Paradoxie-Begriff in Familienunternehmen vgl. auch Rüsen/ von Schlippe/ Groth 2009, S. 181.
756 Vgl. Simon/ Wimmer/ Groth 2005, S. 13; PWC 2010, S. 17; PWC 2012b, S. 28.
757 Vgl. Grote 2007, S. 14; vgl. auch Koller et al. 2005.
758 Vgl. Zellweger/ Mühlebach 2008, S. 36ff.

ist das Geschäftsmodell von Private Equity auf einen viel kürzen Zeitraum und letztlich den Verkauf des Unternehmens bzw. der Unternehmensanteile innerhalb einer Zeitspanne von drei bis sieben Jahren ausgelegt.[759] Während sich die Familie sehr stark mit dem Unternehmen identifiziert und verbunden fühlt und viele Entscheidungen daher Emotionen folgen, agiert Private Equity aus rein rationalen und ökonomischen Gründen unter renditemaximierenden Gesichtspunkten.

Beide Geschäftsmodelle stehen somit an sich in einem diametralen Gegensatz zueinander und es darf nicht verwundern, dass Familienunternehmen Private Equity und hier insbesondere der Exit-Orientierung ablehnend gegenüber stehen.[760] Entsprechend sind aus Sicht von mittelständischen Unternehmen die »unterschiedlichen Unternehmenskulturen«, die »mangelnde soziale Kompetenz« sowie die »Gefährdung der Unabhängigkeit« des Unternehmens wesentliche Gründe, die gegen einen Einstieg einer PEG sprechen.[761]

Zudem gilt, dass – auch auf Grund der hohen Transaktionskosten – Private Equity Gesellschaften insbesondere an größeren Unternehmen interessiert sind. Je größer jedoch das Unternehmen ist, desto wahrscheinlicher ist ein Verleib in der Familie. *Lamsfuß* und *Wallau* ermitteln, dass von den größten Familienunternehmen in Deutschland mit Umsätzen von mindestens 50 Mio. EUR über die Hälfte im Besitz der mindestens dritten Generation sind[762] und der Vererbungswunsch in diesen Unternehmen besonders hoch ist.[763]

Trotz vieler Argumente für Private Equity besteht bei mittelständischen Familienunternehmen oftmals eine große Skepsis gegenüber dieser Finanzierungsform.[764] Es sind die Besonderheiten und spezifischen Charakteristika, die Familienunternehmen auf der einen Seite so erfolgreich machen und die auf der anderen Seite ihre Übernahme insbesondere durch Finanzinvestoren massiv erschweren, vor allem die Einheit von Entscheidungskompetenz und Eigentum.[765] An der Spitze steht zumeist ein selbstbewusster Unternehmer, für den das Unternehmen sein Lebenswerk darstellt.[766] Ein Verkauf erfolgt fast nie aus reinem Gewinninteresse, sondern meist notgedrungen – sei es auf Grund fehlender Nachfolger, auf Grund unlösbarer Familienkonflikte oder aus wirtschaftlicher Notwendigkeit.[767] Hinter dem Unternehmer steht die Familie mit ihrem gene-

759 Vgl. Kaserer et al. 2007, S. 14; Bygrave/ Timmons 1992, S. 14.
760 Vgl. Achleitner et al. 2008a, S. 19.
761 Vgl. PWC 2011, S. 25; Achleitner et al. 2008c, S. 26.
762 Vgl. Lamsfuß/ Wallau 2012, S. 25.
763 Vgl. Lamsfuß/ Wallau 2012, S. 17.
764 Vgl. hierzu u.a. Achleitner/ Poech/ Burger-Calderon 2005a, S. 61.
765 Vgl. Habig/ Berninghaus 2004, S. 9.
766 Vgl. Klein 2010, S. 325ff.
767 Vgl. Prym 2010, S. 2.

rationenübergreifenden Wertesystem, was meist mit hoher Identifikation mit dem Unternehmen und mit einer erhöhten Verbundenheit zu Standort und Mitarbeitern einhergeht.[768] Entsprechend ist für die meisten Unternehmer der Fortbestand des Unternehmens einschließlich Unternehmensphilosophie und -strategie auch nach ihrem Rückzug ein wesentliches Kriterium,[769] der Verkauf des Unternehmens daher ein Tabuthema, selbst wenn es hierfür gute (strategische oder finanzielle) Gründe geben sollte und ggf. sogar Angebote vorliegen. Ein Verkauf des Unternehmens wird vielmehr als persönliche Niederlage oder als Misserfolg gewertet;[770] ein eklatanter Unterschied zu einer Publikumsgesellschaft mit wechselnden Vorständen und einer breiten Masse anonymer Aktionäre, die von diesem Phänomen unberührt bleiben.[771] *Hatlapa* fordert daher, dass Familienunternehmer akzeptieren müssten, dass »die Unternehmensweitergabe in der Familie heute nicht mehr der Normalfall ist.«[772] Denn eine Verkaufstransaktion kann nur funktionieren, wenn der Unternehmer die Übernahme nicht als Kapitulation betrachtet.[773] Für einen Familienunternehmer, der zumeist als selbstbewusster und zielstrebiger Macher beschrieben werden kann, ist dies jedoch nicht leicht.[774]

Gleichzeitig unterscheidet sich die Akquisition von mittelständischen Familienunternehmen bzw. die Beteiligung an diesen von vergleichbaren Transaktionen in Publikumsgesellschaften. Sie sind zumeist deutlich emotionaler, komplexer, langwieriger und von fehlender Erfahrung bezüglich Unternehmensverkauf oder externer Beteiligung auf Seiten der Familienunternehmer geprägt.[775] Daher ist es notwendig, dass die Käufer-Seite einen »Draht zum Verkäufer aufbaut« und zwar »unmittelbar und nicht nur abgeschirmt durch die Berater.«[776] Schließlich scheitert ein Großteil der Vertragsverhandlungen mit Private Equity Investoren trotz günstiger Ausgangslage, was sehr häufig nicht an ökonomischen Gründen, sondern am Beziehungsverhältnis der verhandelnden Personen liegt.[777] So kommen *Achleitner et al.* in ihrer Studie zu dem Ergebnis, dass die zwischenmenschliche Ebene das Hauptkriterium für Familienunternehmen mit Blick auf eine mögliche PE-Minderheitsbeteiligung darstellt.[778] Danach folgen die Investitionsstrategie und die nationale Identität bzw. regio-

768 Vgl. von Schlippe/ Sabel 2010, S. 42.
769 Vgl. Lang-von Wins 2004, S. 175.
770 Vgl. Simon/ Wimmer/ Groth 2005, S. 13.
771 Vgl. Hatlapa 2005, S. 44.
772 Siehe Hatlapa 2005, S. 44.
773 Vgl. von Boehm-Bezing 2005, S. 51.
774 Vgl. Weigel 2005, S. 54.
775 Vgl. Gemar 2007, B4.; Achleitner et al. 2008c, S. 32ff.; sowie Hatlapa 2005, S. 45.
776 Siehe Pappalardo/ Bruckner 2006, S. 21.
777 Vgl. Poech/ Achleitner/ Burger-Calderon 2005b, S. 289.
778 Vgl. Achleitner et al. 2008c, S. 34ff.

nale Nähe, ebenfalls »für viele Eigentümer eine sehr wichtige Voraussetzung für den Aufbau des Vertrauens zum Investor«;[779] erst danach folgen u. a. die finanziellen Konditionen und die rechtliche Ausgestaltung (vgl. Abbildung 32).

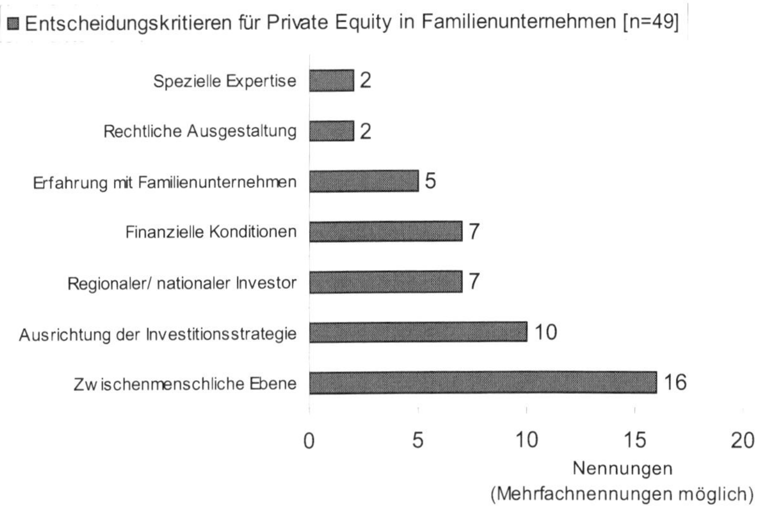

Abbildung 32: Entscheidungskriterien bei PE-Minderheitsbeteiligungen aus Sicht von Familienunternehmen[780]

Auch *Schefczyk/ Pankotsch* ermitteln im Rahmen einer Fallstudienuntersuchung, dass in den untersuchten Fällen die Initiative immer von den Unternehmen ausging und eine Veräußerung des Unternehmens bzw. von Unternehmensanteilen nur möglich war, wenn die bisherigen Eigentümer ihre Ziele und Visionen durch die Beteiligungsgesellschaft bestätigt sahen.[781]

4.2.2 Angst vor Kontrollverlust

Ein weiterer – vielleicht der wichtigste – Grund für die Ablehnung von Private Equity ist die Angst vor Kontrollverlust.[782] Die *Europäische Kommission* hält hierzu in einem Expertenpapier fest:

779 Siehe Achleitner et al. 2008c, S. 35.

780 Eigene Darstellung nach Achleitner et al. 2008c, S. 35.

781 Vgl. Schefczyk/ Pankotsch 2008, S. XI.

782 Vgl. u. a. Dreux 1990, S. 229: »Control, currently and in the future, is perhaps the most important and sensitive issue foy any business.«

> »Owner-managers of privately held family firms tend to be reluctant to take in external investors. They have a preference for financial instruments that do not erode their control [..] and consider using external equity as a last resort.«[783]

Bestätigt wird dies u. a. in den Studien von *Achleitner et al.* (»The loss of control and ownership were the major drawbacks perceived by family firm owners«)[784] und *Poutziouris* (»The most problematic issues [...] relate to dilution/ loss of control and loss of management freedom of action«).[785]

Zu ähnlichen Ergebnissen kommt eine *PWC*-Studie aus dem Jahr 2011. Die Abgabe von Entscheidungshoheit wird als der wesentliche Grund gesehen, weshalb der Einstieg einer PEG abgelehnt wird (vgl. Abbildung 33).

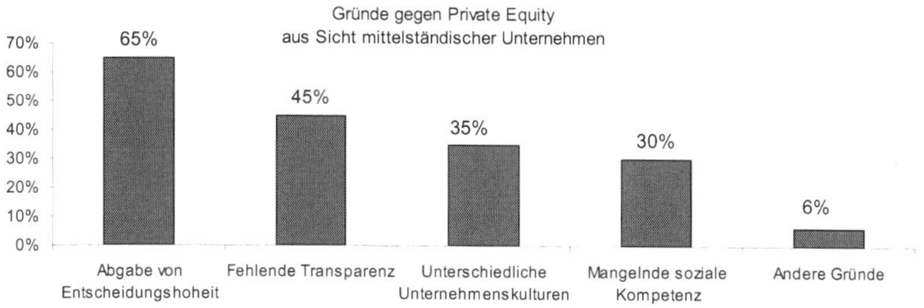

Abbildung 33: Gründe, die gegen eine Private Equity Beteiligung sprechen (n=533 mittelständische Unternehmen, Mehrfachnennungen möglich)[786]

Reid et al. stellen besonders bei Mehr-Generationen-Unternehmen (»family-oriented firms«)[787] eine deutlich größere Ablehnung gegenüber externen Kapitalgebern fest, da diese den Verlust von Kontrolle fürchten[788] und *Gomez-Mejia et al.* zeigen in einer Studie aus dem Jahr 2011, dass Familienunternehmen aus Hochtechnologie-Branchen Diversifizierung eher vermeiden, obwohl diese das Risiko für das Unternehmen tendenziell reduzieren würde. Der Grund ist, dass diese Unternehmen die Befürchtung haben, externe Kapitalgeber wie Venture Capital Gesellschaften aufnehmen zu müssen, um die hohen Kosten für die technische Diversifizierung erbringen zu können. Da dies zu einem Verlust an Kontrolle und damit ihres Socioemotional-Wealth führen würde, sehen diese

783 Siehe European Commission 2009, S. 14.
784 Siehe Achleitner/ Schraml/ Tappeiner 2008b, S. 15.
785 Siehe Poutziouris 2001, S. 287.
786 Eigene Darstellung nach PWC 2011, S. 25.
787 Der Begriff »Family-oriented firm« wurde ursprünglich von *Ward* geprägt, der zwischen »Family Orientation« (Unternehmen dient der Familie) und »Business Orientation« (Familie dient dem Unternehmen) unterschied. Die »Family Orientation« verstärkt sich dabei, je länger das Unternehmen besteht und je häufiger es an die nächste Generation übergeben wurde (vgl. Ward 1997; sowie Reid et al. 1999, S. 55ff.).
788 Vgl. Reid et al. 1999, S. 55ff.

Unternehmen von Diversifizierung ab.[789] Dies entspricht dem Socioemotional-Wealth Ansatz,[790] wonach Familienunternehmen auch bereit sind, auf Wachstum und Rendite zu verzichten, wenn dadurch ein Kontrollverlust vermieden werden kann.[791]

Eine Betrachtung der Gegensätzlichkeit beider Seiten erleichtert das Verständnis für diese Einstellung: Auf der einen Seite steht der Familienunternehmer, der nicht nur gewöhnt ist, die Kontrolle über sein Unternehmen zu haben, sondern diese Kontrolle auch als selbstverständlich ansieht, entweder weil er selbst Gründer des Unternehmens ist, oder er dieses geerbt hat und somit die Kontrolle innerhalb der Familie auf ihn übergegangen ist;[792] auf der anderen Seite der Finanzinvestor, der eine Kontrolle über das Unternehmen anstrebt, um eben jene Änderungen durchführen zu können, in denen er die größtmöglichen Wertsteigerungshebel sieht.[793] Entsprechend bevorzugen es Familienunternehmen, keine Externen an ihrem Unternehmen zu beteiligen und sofern dies dennoch nötig werden sollte, so präferieren sie Minderheitsgesellschafter mit ex-ante festgelegten und eingegrenzten Mitspracherechten und ohne Sperrminorität.[794] Gleiches gilt auch im Rahmen einer Übergabe des Unternehmens: So gaben in einer *Imap* Studie aus dem Jahr 2008 64 % der befragten mittelständischen Unternehmer an, dass für sie bei ihrer Nachfolgeregelung die Unabhängigkeit des Unternehmens die höchste Priorität habe, gefolgt von der Beibehaltung der Familienkontrolle und der Zukunftssicherung der Angestellten (jeweils 48 %).[795]

Demgegenüber steht das vorrangige Interesse der Private Equity Gesellschaften, Unternehmen mehrheitlich zu übernehmen, denn nur so ist sichergestellt, dass sie höchstmöglichen Einfluss und Kontrolle haben und das Unternehmen zum (für sie) idealen Zeitpunkt weiter verkaufen können (sog. »Driver Seat«).[796] Für die Beziehung zwischen PE Gesellschaften und Familienunternehmen ist das ein grundlegendes Problem: Während die Investoren in die Entscheidungen im investierten Unternehmen eingebunden werden und

789 Vgl. Gomez-Mejia et al. 2011.

790 »To achieve the goal of preserving SEW, the family members require continued control of the firm« (siehe Berrone et. al 2012, S. 5).

791 »[...] Family firms are likely to place a high priority on maintaining family control even if this means accepting an increased risk of poor firm performance« (siehe Gomez-Mejia et al. 2007, S. 106).

792 Vgl. hierzu auch die sehr gute Beschreibung des »Alleinherrschers« nach Klein 2010, S. 325 ff.

793 Vgl. Grote 2007, S. 14.

794 Vgl. Klein 2010, S. 110.

795 Vgl. Imap 2008, S. 8.

796 Vgl. Köhler 06/2007, S. b2.

hierauf Einfluss nehmen wollen,[797] sind die Unternehmer in der Regel nicht bereit, ihre Entscheidungshoheit aufzugeben.[798] Das führt dazu, dass Private Equity hauptsächlich dann für Familienunternehmen interessant wird, wenn eine Nachfolge ansteht, die nicht familienintern gelöst werden kann[799] oder das Unternehmen in einer absoluten Notlage steckt.

4.2.3 Renditeanforderungen

Ein weiterer Grund, der aus Sicht der Familienunternehmen gegen Private Equity spricht, sind die Renditeanforderungen. Private Equity gilt als eine der teuersten Finanzierungsformen und wird daher sehr häufig von Unternehmen gewählt, die keinen Zugang zu Eigenkapital über den Kapitalmarkt haben und denen zudem weitere Fremdfinanzierungsquellen nicht zur Verfügung stehen.[800] Dies entspricht den Erkenntnissen der Pecking-Order Theorie.[801] Die Renditeerwartungen an PE Investments bewegen sich in der Regel im zweistelligen Bereich und liegen durchschnittlich bei 12 %.[802] Auf Grund dieser als (zu) hoch empfundenen Renditeanforderungen wird Private Equity nicht nur von vielen Familienunternehmen abgelehnt, sondern geradezu als schädlich für das Unternehmen angesehen.[803] Die Unternehmen neigen daher dazu, Fremdkapital den Vorzug vor (Private) Equity zu geben.[804] *Achleitner et al.* kommen in ihrer Studie zu dem Ergebnis, dass die Renditeerwartungen der zweitwichtigste

797 Vgl. Scholes et al. 2009, S. 7ff.

798 Vgl. Hofelich 2005, S. 89.

799 Die Zurückhaltung beim Thema Private Equity könnte auch Ausdruck genereller Skepsis gegenüber Externen sein. Jedoch kommt u. a. *Brink* in ihrer Studie, in der sie 315 Familien- und Nicht-Familienunternehmen befragt hat, zu dem Ergebnis, dass FU häufiger externe Unternehmensberater beauftragen als Nicht-Familienunternehmen. Während 45 % aller befragten Familienunternehmen Unternehmensberatungen in Anspruch nehmen, liegt der Anteil bei den Nicht-Familienunternehmen nur bei 40 %. Dabei fallen zwei wesentliche Unterschiede auf, die diese unterschiedliche Inanspruchnahme begründen. Zum einen ist es Familienunternehmen anscheinend ein stärkeres Anliegen, Anregungen durch Dritte in Form von Beratung zu erhalten (38 % Zustimmung ggü. 21 % bei Nicht-Familienunternehmen); zum anderen ist die Lösung von Nachfolgefragen ein Thema, bei dem Familienunternehmen – im Gegensatz zu Nicht-Familienunternehmen – zum Teil externe Berater involvieren (20 % Zustimmung). Das bedeutet also, dass Familienunternehmen durchaus an externem Rat interessiert sind, die Entscheidung jedoch am Ende selbst treffen wollen und daher keine Mitspracherechte abgeben wollen. (vgl. Brink 2010, S. 8ff.).

800 Vgl. Fenn et al. 1995, S. 3.

801 Vgl. Kapitel 2.4.1.

802 Vgl. Adveq 2012, S. 19 (bezogen auf den Zeitraum 2002–2011); vgl. auch JPMorgan 2007, S. 27.

803 Vgl. Achleitner et al. 2008a, S. 19.

804 Vgl. Zengerling 2003, S. 42ff.

Vorbehalt der Befragten gegenüber einer PE-Minderheitsbeteiligung war.[805] Zu ähnlichen Ergebnissen kommt auch *Poutziouris*, der feststellt, dass für Familienunternehmen nach Kontrollverlust und Verlust unternehmerischer Freiheit der Druck durch Externe, gewisse Ziele zu erreichen und die hohen Kosten die wichtigsten Gründe gegen eine PE Beteiligung sind.[806]

Generell besteht bei Familienunternehmen eine Präferenz für unabhängige und langfristige Finanzierungen, die im besten Fall intern, also durch die Familie zur Verfügung gestellt werden,[807] sei es durch Verzicht auf Gewinnausschüttungen oder Eigenkapitaleinlagen. Allerdings ist das Potential dafür durch die Ertragssituation des Unternehmens bzw. die Vermögenssituation der Familie begrenzt. *Prym* konstatiert, dass Private Equity nur dann erwünscht sei, wenn es einen »konkreten Finanzierungs- und Beteiligungsanlass, wie z. B. das Ausscheiden eines Familienmitglieds aus dem Kreis der Eigentümer, gibt.«[808] Die Studien von *Achleitner et al.* bei Minderheitsbeteiligungen aus dem Jahr 2008 sowie *Poutziouris* aus dem Jahr 2001 bestätigen dies und schließen explizit auch Wachstumsfinanzierung und Akquisitionsfinanzierung als wichtige Gründe mit ein.[809]

4.2.4 Unsicherheit und Unwissenheit

Die Skepsis gegenüber Private Equity geht auch einher mit einer generellen Unsicherheit bzw. Unwissenheit über das Geschäftsmodell und die Funktionsweise von Private Equity auf Seiten der Familienunternehmen, bedingt durch die mangelnde eigene Erfahrung und auch durch fehlende Markttransparenz. *Achleitner et al.* stellen hierzu fest: »[...] market transparency is low [...] as a consequence, family firm owners often face high information opaqueness which amplifies their aversion towards private equity investments.«[810] Deutlich wird dies unter anderem in einer *Apax-Studie*, die in Kooperation mit der *TU München* durchgeführt wurde.[811] Die Autoren der Studie finden, dass Private Equity gegenüber »bestehende Vorurteile durch falsche oder unzureichende Informationen genährt werden« und mittelständische Unternehmen aus diesem Grund

805 Vgl. Achleitner et al. 2008c, S. 25–26.
806 Vgl. Poutziouris 2001, S. 287.
807 Vgl. Achleitner et al. 2008a, S. 19.
808 Siehe Prym 2010, S. 2.
809 Vgl. Achleitner et al. 2008a, S. 19ff.; Achleitner et al. 2008c, S. 19ff.; Poutziouris 2001, S. 286.
810 Siehe Achleitner/ Schraml/ Tappeiner 2008b, S. 1.
811 Vgl. Achleitner/ Poech 2005 (Forschungsprojekt »Private Equity in eigentümergeführten Unternehmen« in dessen Rahmen 22 Tiefeninterviews geführt wurden).

»der Finanzierung mit externem Eigenkapital häufig äußerst kritisch gegenüber stehen.«[812] *Espel* bestätigt dies in einer weiteren Studie und konstatiert, dass insbesondere die Bedingungen, Konditionen und Instrumente unklar sind und nicht ausreichend Informationen erhältlich sind.[813] Auch *PWC* ermittelt in einer Studie aus dem Jahr 2011, dass nur 9 % der befragten 533 mittelständischen Unternehmer genau wissen, was Private Equity bedeutet, während 56 % offen zugeben, dass sie den Begriff noch nicht gehört haben oder zumindest nicht wissen, was Private Equity bedeutet (vgl. Abbildung 34).[814]

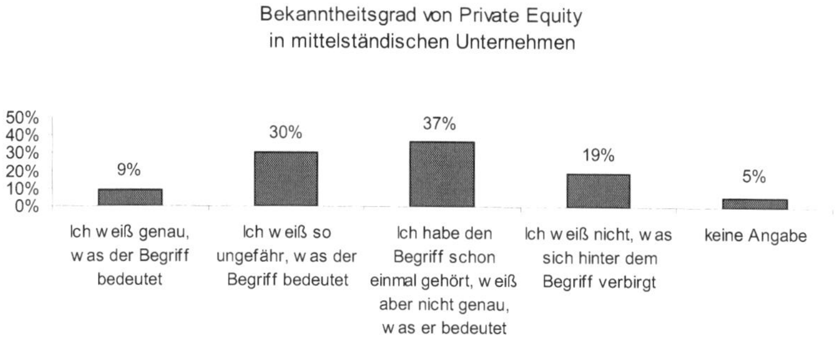

Abbildung 34: Bekanntheitsgrad von Private Equity in mittelständischen Unternehmen (n=533)[815]

Zugleich geben 45 % der Befragten in der gleichen Studie an, dass die fehlende Transparenz von Private Equity ein wesentlicher Grund für die Ablehnung eines Einstiegs sei.[816] Auch die Instrumente von Private Equity Gesellschaften sind der breiten Mehrheit der mittelständischen Unternehmen nicht bekannt. Selbst die gängigsten Formen wie Direkte Beteiligung oder Stille Beteiligung sind weniger als 30 % der befragten Unternehmer bekannt (n=281).[817]

4.2.5 Imageprobleme von Private Equity

Ein weiterer wesentlicher Grund für die starke Ablehnung ist das schlechte Image von Private Equity in der Öffentlichkeit. So attestieren etwa *Brettel et al.* der Branche »in der Öffentlichkeit persistierende Imageprobleme« und zwar

812 Siehe Achleitner/ Poech/ Burger-Calderon 2005b, S. 289.
813 Vgl. Espel 2008, S. 143–144.
814 Vgl. PWC 2011, S. 23 ff.
815 Eigene Darstellung nach PWC 2011, S. 23.
816 Vgl. PWC 2011, S. 25.
817 Vgl. Espel 2008, S. 139.

trotz einer »überaus erfolgreichen Entwicklung«[818] und *Achleitner* konstatiert, dass es noch Jahre dauern wird, bis es »in der Breite zu einem nicht durch Vorurteile aufgeladenen Umgang [...] kommt.«[819] Auch die Private Equity Branche selbst beklagt das negative Image, unter dem sie insbesondere im Mittelstand leidet. In einer Umfrage unter den deutschen Private Equity Gesellschaften[820] befinden diese, dass die »von der Politik initiierte ›Heuschrecken‹-Diskussion, gerade auch im mittelständischen Umfeld, noch deutlich zu spüren« sei; 61 % der antwortenden Gesellschaften konnten diesbezüglich keine Verbesserung in den vergangen Jahren feststellen.[821] Tatsächlich scheint ein nicht unwesentlicher Grund für die Imageprobleme der Private Equity Branche das Bild zu sein, welches durch die Darstellung in den Medien und die politische Diskussion geformt wurde. So ist das seiner Zeit von *Franz Müntefering* geprägte Wort der »Heuschrecken« im Zusammenhang mit Private Equity Gesellschaften zum Inbegriff für eine ganze Branche geworden. Auslöser war ein Interview im Jahr 2005 mit *Franz Müntefering*, dem damaligen Parteivorsitzenden der SPD, in dem er sich wie folgt äußerte:

> »Manche Finanzinvestoren verschwenden keinen Gedanken an die Menschen, deren Arbeitsplätze sie vernichten – sie bleiben anonym, haben kein Gesicht, fallen wie Heuschreckenschwärme über Unternehmen her, grasen sie ab und ziehen weiter [...].«[822]

In einer aktuellen Stunde des Bundestags und einem Hintergrundpapier der Planungsgruppe der SPD-Bundestagsfraktion konkretisierte *Müntefering* seine Anschuldigungen einige Tage später und nannte dabei einige bekannte amerikanische Private Equity Gesellschaften (u. a. KKR, Apax, Permira, BC Partners, Carlyle) und deren seines Erachtens verwerfliches Verhalten in verschiedenen Transaktionen (u. a. die Übernahmen von Siemens-Nixdorf und Tenovis) als konkrete Beispiele.[823] Dabei verwendete er nicht nur den Begriff der Heuschrecken als abwertende Tiermetapher, sondern weckte mit der Formulierung der einfallenden »Heuschreckenschwärme« die Assoziation zur achten biblischen Plage, die als Strafe über das Volk Ägyptens kam (2. Buch Mose, Altes Testament). Letztlich schuf er damit (in Deutschland) ein Sinnbild für Private Equity Gesellschaften.

Dies lag auch am breiten medialen Echo. Zahlreiche Zeitungen nahmen den Begriff auf und verwendeten ihn von da an wie selbstverständlich als Oberbegriff

818 Siehe Brettel et al. 2008, S. 8.
819 Siehe Achleitner 2012, S. 11
820 Befragt wurden die Mitglieder des dt. Branchenverbands BVK.
821 Siehe Rödl & Partner 2010, S. 26.
822 Siehe BAMS 2005: Interview mit Franz Müntefering vom 17.04.2005.
823 Vgl. Manager Magazin 2005.

für Private Equity und Finanzinvestoren, teilweise auch für Hedgefonds. So titelte etwa das Manager Magazin im Jahr 2005 »Müntefering benennt die räuberischen Heuschrecken«, das Handelsblatt präsentierte im Jahr 2009 unter der Überschrift »Private Equity – Das sind die größten Heuschrecken« eine Top 10 Liste der größten weltweiten Private Equity Gesellschaften[824] und auch die Financial Times Deutschland bedient sich regelmäßig dieser plakativen Bezeichnung.[825]

Auch knapp acht Jahre später im Jahr 2012 titelte die Financial Times Deutschland noch »Heuschrecken fressen Rendite auf« und illustrierte diesen Artikel mit einer vor Kraft strotzenden Heuschrecke und einer Cocktail trinkenden Heuschrecke, die Dollarzeichen in den Augen hat (vgl. Abbildung 35).

Abbildung 35: Beispielhafte Darstellungen von Private Equity Gesellschaften in den Medien, hier Illustrationen aus der Financial Times vom 25. Januar 2012 in einem Artikel über Private Equity[826]

4.2.6 Zwischenfazit

Private Equity ist in Deutschland eine Randerscheinung. Sowohl gemessen an der absoluten Verbreitung mit einer Penetrationsrate von ca. 1–2 % als auch im Vergleich zu anderen europäischen Ländern (insb. Großbritannien, Frankreich, Spanien) ist Private Equity in Deutschland stark unterrepräsentiert.[827] Die geringe Verbreitung von Private Equity im deutschen Mittelstand geht jedoch nicht auf ein mangelndes Interesse der Private Equity Gesellschaften an deutschen Unternehmen zurück; vielmehr ist Deutschland als Investitionsstandort aus Sicht der Branche hoch attraktiv.[828] Hauptgrund der spärlichen Verbreitung ist die nur sehr gering ausgeprägte Akzeptanz von Private Equity seitens der

824 Vgl. Handelsblatt 04/2009.
825 Vgl. hierzu exemplarisch: Financial Times Deutschland 05/2011.
826 Siehe Financial Times Deutschland 01/2012.
827 Vgl. Kapitel 4.1.
828 Vgl. PWC 2012a, S. 33.

mittelständischen (Familien-)Unternehmen in Deutschland. Dies gilt sowohl für Private Equity als Nachfolgeinstrument als auch als Finanzierungsmöglichkeit im Rahmen einer Minderheitsbeteiligung. Einige der Vorbehalte und Gründe gegen Private Equity bestehen dabei auch in anderen Ländern, so etwa der Wunsch, die vollständige Kontrolle über das Unternehmen in der Familie zu behalten und die Bedenken mit Blick auf die hohen Renditeanforderungen.[829] Daneben gibt es jedoch auch emotionale Gründe, die in Deutschland auf Grund des negativen Images der Branche infolge der Heuschrecken-Debatte deutlich stärker ausgeprägt zu sein scheinen als in anderen Ländern: die Angst vor Kontrollverlust und vor einer Gefährdung der Unabhängigkeit des Unternehmens und insbesondere auch vor der Reaktion der eigenen Belegschaft, des persönlichen Umfelds und der Kunden im Falle eines Einstiegs oder gar im Rahmen eines Komplettverkaufs des eigenen Unternehmens an eine Private Equity Gesellschaft. Die folgende Studie soll an diesem Punkt ansetzen und die Sichtweise auf Private Equity von Familienunternehmen ohne und mit eigener PE-Erfahrung evaluieren und die Gründe für die geringe Akzeptanz näher untersuchen. Durch verschiedene Erfahrungsberichte sollen zudem Anhaltspunkte geliefert werden, ob die o.a. Vorbehalte begründet oder zu revidieren sind.

829 Vgl. Reid et al. 1999, S. 55ff.; Poutziouris 2001, S. 287ff.

5 Empirische Studie

5.1 Einleitung und Fragestellung

Nach *Friedrichs* sind zu Beginn eines jeden Forschungsprojekts drei Zusammenhangsbereiche zu unterscheiden:[830]
- Entdeckungszusammenhang
- Begründungszusammenhang
- Verwertungszusammenhang

Dabei lässt sich zu jedem dieser Bereiche eine spezifische Frage stellen anhand derer das vorliegende Forschungsprojekt skizziert werden soll.

Was soll erforscht werden? (Entdeckungszusammenhang)
In der vorliegenden Arbeit sollen die Erfahrungen mittelständischer Familienunternehmen mit Private Equity, ihre Einstellung, Wahrnehmung und Akzeptanz zu bzw. von Private Equity als Finanzierungs- und Nachfolgeinstrument und den hierfür als Intermediär fungierenden Private Equity Gesellschaften erforscht werden. Hierzu werden auch die seitens verschiedener Familienunternehmen gemachten Erfahrungen mit Private Equity untersucht. Das Thema resultiert aus der eher geringen Verbreitung von Private Equity bei mittelständischen Familienunternehmen in Deutschland[831] und der bereits in anderen Studien ermittelten (tendenziell stark) ablehnenden Grundhaltung bei gleichzeitig steigender Bedeutung von Private Equity als Finanzierungsinstrument beispielsweise auf Grund von zunehmenden Nachfolgeproblemen[832] oder als Finanzierungsalternative in Zeiten von Basel III zu klassischen (Fremdkapital-)

830 Vgl. hierzu und im Folgenden: Friedrichs 1990, S. 50 ff.
831 Insbesondere im internationalen Vergleich, vgl. Kapitel 2.3.5.
832 Vgl. Müller et al. 2011, S. 146 ff.

Finanzierungen.[833] Es ist zugleich ein relativ unerforschtes Themengebiet wie etwa *Achleitner et al.* bestätigen.[834]

Wie soll dieses Thema erforscht werden? (Begründungszusammenhang)
Im Rahmen dieser Arbeit wurden insgesamt 40 Interviews mit Familienunternehmen und ehemaligen Familienunternehmen bzw. deren Inhabern deutschlandweit durchgeführt. Im Rahmen der Interviews wurde die Repertory Grid Methode (RGM) als Interviewtechnik eingesetzt, ergänzt durch einen semistrukturierten Fragebogen zum weiteren Erkenntnisgewinn. Bei der Repertory Grid Methode handelt es sich um eine spezielle Interviewtechnik, die auf der Grundlage der Personal Construct Theory von *George A. Kelly*[835] entwickelt wurde.[836] Dieser Teil der Interviews wurde mit der Interviewsoftware Sci:vesco der Firma elements and constructs GmbH & Co. KG erfasst und ausgewertet. Die Ergebnisse des semi-strukturierten Fragebogens werden zum einen anhand der Verteilung der Antworten graphisch durch Charts und Diagramme dargestellt und darüber hinaus mittels anonymisierter Zitate der Befragten näher erklärt. Ergänzend und zur besseren Veranschaulichung werden zudem – entwickelt aus einzelnen Interviews und in der Form von Erfahrungsberichten – sechs Verkaufstransaktionen und zwei Minderheitsbeteiligungen im Verlauf der Arbeit näher vorgestellt.

Was geschieht mit den Ergebnissen? (Verwertungszusammenhang)
Diese Arbeit versucht eine Aussage darüber zu treffen, warum Private Equity eine so hohe Ablehnung insbesondere bei deutschen mittelständischen Unternehmen erfährt. Sie ermöglicht somit eine wissenschaftliche Auseinandersetzung mit diesem ökonomisch wie gesellschaftlich-relevanten Thema auf der Basis der Personal Construct Theory und damit eines in diesem Zusammenhang noch nicht verwendeten Forschungsansatzes. Sie kann zugleich Leitfaden für Private Equity Gesellschaften sein, z. B. bei der Ansprache von oder in Vertragsverhandlungen mit mittelständischen Familienunternehmen und ebenso Familienunternehmen und deren Inhabern als Reflexionsgrundlage dienen, um ihre eigene Einstellung gegenüber Private Equity zu reflektieren, zu vergleichen und ggf. zu verändern.

833 Vgl. u. a. Espel 2008, S. 143.; PWC 2010, S. 17.; PWC 2011, S. 24; Kayser 2003, S. 100; Kayser/ Wallau 2003, S. 96; Ahrweiler et al. 2003, S. 385–387; Upton/ Petty 2000; Poutziouris 2001; BdB/ DIHK 2011, S. 2ff.
834 Vgl. Achleitner et al. 2008c, S. 17.
835 George Alexander Kelly war ein US-amerikanischer Psychologe (1905–1967).
836 Vgl. Kelly 1991; sowie Scheer/ Catina 1993, S. 8.

5.2 Datenerhebung

Insgesamt fanden im Zeitraum von März 2012 bis Januar 2013 deutschlandweit 42 Interviews mit Familienunternehmen und ehemaligen Familenunternehmen bzw. deren Inhabern oder Geschäftsführern statt. Zwei Interviews fanden davon keine Berücksichtigung, da sich im Rahmen der Befragung herausstellte, dass es sich bei beiden Unternehmen nicht um Familienunternehmen handelte, so dass im Folgenden ausschließlich auf die 40 Interviews mit Familienunternehmen Bezug genommen wird.

Insgesamt wurden 104 Personen angesprochen und um eine Teilnahme gebeten. Die Ansprache erfolgte telefonisch oder via personalisierter E-Mail. Die Teilnahmequote lag somit bei 40,4 %.

Kriterium für eine Ansprache war eine hinreichende Größe, um für Private Equity Gesellschaften als Anlageobjekte interessant zu sein. Als Untergrenze wurde dabei ein Jahresumsatz von 5 Mio. EUR festgelegt.[837] Zudem mussten die Unternehmen marktwirtschaftlich geführt sein, d.h. einen grundsätzlichen Bedarf an Kapital haben und nicht etwa dem öffentlichen Sektor (Verwaltung, Versorgungswerke etc.) angehören. In Abgrenzung zu möglichen Venture Capital Transaktionen mussten die Unternehmen darüber hinaus die Früh- und Expansionsphase bereits verlassen haben,[838] d.h. mindestens fünf Jahre am Markt aktiv und etabliert sein.

Weiteres Kriterium war die »Entscheidungsrelevanz« der befragten Personen. Dies wurde über die Position definiert. Als entscheidungsrelevant wurden dabei Personen betrachtet, die der Geschäftsleitung und/oder dem Gesellschafterkreis des Unternehmens angehören, unabhängig ob sie Familienmitglieder oder familienfremd sind. Daneben wurden als entscheidungsrelevant alle Familienmitglieder angesehen, die einem nicht operativen Gremium wie Beirat, Aufsichts- oder Verwaltungsrat angehören. Die Einbeziehung auch familienfremder Geschäftsführer erfolgte bewusst und diente im Rahmen des Forschungsvorhabens als eigenes Untersuchungsobjekt. Dabei galt es zu prüfen, ob die Sichtweise von Familienmitgliedern auf Private Equity eine andere ist als die von familienfremden Entscheidungsträgern.

Bewusst wurden sowohl Unternehmen mit, als auch ohne direkte Private

837 Unternehmen unterhalb dieser Umsatzgröße sind i.d.R. für Private Equity Gesellschaften mit Blick auf die Kosten bei Unternehmensübernahmen weniger interessant. Zum Teil wird in der Literatur die Untergrenze daher auch bei 20 Mio. EUR Umsatz gesehen (vgl. z.B. Achleitner/ Schraml/ Tappeiner 2008b), auf Grund jedoch einiger durch den Verfasser identifizierter Private Equity Transaktionen im Segment 5–20 Mio. EUR Umsatz und der dezidierten Betrachtung auch von Minderheitsbeteiligungen wird bei dieser Arbeit bewusst die Schwelle niedriger angesetzt.

838 Vgl. Lebenszyklusmodell nach Schefczyk/ Pankotsch 2008, S. 8.

Equity Erfahrung befragt. Diese Vorgehensweise der Befragung unterschiedlicher Interviewgruppen folgt dem Prinzip der Daten-Triangulation[839] und bietet nicht nur die Gelegenheit, ein breit diversifiziertes Meinungsspektrum zu erhalten, sondern insbesondere auch die Möglichkeit, die Sichtweise der Unternehmen mit direkter Private Equity Erfahrung mit der von Unternehmen ohne Private Equity Erfahrung vergleichen zu können und damit unterschiedliche Perspektiven zu gewinnen.

Schließlich wurden auch Interviews mit ehemaligen Familienunternehmern geführt, die ihr Unternehmen vollständig an eine Private Equity Gesellschaft verkauft hatten. Insbesondere auch diese Gespräche waren sehr hilfreich, um eine weitere Dimension und Sichtweise zur Untersuchung hinzufügen zu können. Diese Fälle werden daher – analog zu anderen Forschungsarbeiten, die sich mit dieser speziellen Thematik beschäftigen – teilweise im Rahmen von Erfahrungsberichten ausführlicher dargestellt und mit Zitaten der Befragten ergänzt.[840] Auf diese Weise kann der »individuellen Sinn- und Bedeutungserzeugung«[841] des Einzelnen am ehesten Rechnung getragen werden. Gleichzeitig können so auch die Emotionen, die mit dem Verkauf einhergehen, für Außenstehende eher greifbar gemacht werden. Methodisch geht dieser Ansatz auf die Idee der qualitativen Biographieforschung zurück, die gezielt versucht, die Komplexität des Einzelfalls zu erfassen und zu verarbeiten.[842] *Achleitner et al.* betonen darüber hinaus, dass durch »die wissenschaftliche Analyse von Erfahrungsberichten« auch die »Eignung von Minderheitsbeteiligungen« für Familienunternehmen untersucht werden kann.[843]

Zur Ermittlung dieser Unternehmen wurden ältere, zumeist drei bis fünf Jahre zurückliegende Private Equity Transaktionen untersucht und daraufhin die damaligen Inhaber ermittelt und, sofern ihre Kontaktdaten öffentlich beispielsweise in Telefonbüchern, Internetplattformen wie Xing o.ä. zugänglich waren, mit der Bitte um Teilnahme an der Untersuchung angesprochen. Dieses Vorgehen wurde insbesondere auch gewählt, um die bei Studien generell vor-

839 Vgl. Flick 2009b, S. 309ff.

840 In Anlehnung etwa an den Erfahrungsbericht »Verkauf der Knürr AG an eine Private Equity Gesellschaft« (vgl. Lang-von Wins 2004, S. 198ff.). Lang-von Wins portraitiert hierbei den Verkauf der Knürr AG an 3i Private Equity. Im Jahr 2000 hatte der Unternehmer Hans Knürr sein Unternehmen auf Grund mangelnder Nachfolger an 3i verkauft. Er beschreibt den Zwiespalt der Gefühle Knürr's eindrucksvoll. Zwar beschreibt Knürr die Mitarbeiter der PEG als hoch kompetent, menschlich sehr angenehm und einfühlsam, dennoch war der Verkaufsprozess eine große Belastung für ihn: »Wenn sie ein Unternehmen verkaufen, das ist, wie wenn sie ein Haus verkaufen – der Käufer sieht ja nur die nassen Stellen. Und sie sind natürlich stolz darauf, auf das, was sie aufgebaut haben.« (Siehe Knürr, zitiert nach Lang-von Wins 2004, S. 207).

841 Siehe Marotzki 2009, S. 180.

842 Vlg. Marotzki 2009, S. 177ff.

843 Siehe Achleitner et al. 2008c, S. 10.

handene Problematik des sog. Survivorship-Bias zu reduzieren, der daraus resultiert, dass in der Regel nur die Unternehmen an Befragungen teilnehmen (können), die noch am Markt existent sind. Unternehmen, die nicht mehr bestehen, lassen sich durch öffentlich-zugängliche Daten hingegen nur schwer ermitteln und noch schwieriger gestaltet sich die Suche nach relevanten und gesprächsbereiten Interviewpartnern. Insgesamt konnten mit Hilfe historischer Transaktionsdaten, enthalten beispielsweise im Private Equity Year Book 2007,[844] verschiedene Komplettverkäufe mittelständischer Familienunternehmen an eine oder mehrere Private Equity Gesellschaften identifiziert werden. In 16 Fällen war eine Ermittlung der ehemaligen Inhaber samt Kontaktdaten möglich, hiervon lehnten 10 die Teilnahme an der Befragung ab und mit 6 ehemaligen Inhabern konnten Gespräche im Rahmen der Untersuchung geführt werden.

Damit können die 40 befragten Unternehmen in drei Gruppen unterteilt werden:

- 20 Familienunternehmen die bislang über keinerlei eigene Private Equity Erfahrung verfügen, d. h. weder aktuell noch in der Vergangenheit vollständig oder teilweise eine Private Equity Gesellschaft gemäß Definition in Kapitel 2.3.1 als (Mit-) Eigner haben bzw. hatten.
- 6 ehemalige Familienunternehmen, die mehrheitlich (50+x%) an eine Private Equity Gesellschaft verkauft wurden
- 14 Familienunternehmen, die eine Private Equity Gesellschaft als Minderheitseigner (<50 %) am Unternehmen beteiligt haben oder hatten

Als Informationsquelle für die Auswahl geeigneter Unternehmen dienten Datenbanken wie Genios, Hoppenstedt und die Markus-Datenbank sowie eine breite Internetrecherche u. a. auf den Webseiten der Unternehmen, von Private Equity Gesellschaften und deren Dachverband, sowie auf den Seiten der ASU / Bund deutscher Familienunternehmen. Ein größerer Teil von Interviews kam zudem durch Empfehlungen von bereits interviewten Familienunternehmern zustande (hierzu wurde im Anschluss an jedes Gespräch explizit nach Empfehlungen gefragt). Als Aufwandsentschädigung und Anreiz für das Interview wurde den Teilnehmern ein Warengutschein angeboten.

Alle Interviews wurden mit deutschen Unternehmen geführt; der geographische Fokus lag dabei auf Nordrhein-Westfalen, dem Bundesland mit den meisten mittelständischen Familienunternehmen und den meisten anstehenden Unternehmensübergaben in den kommenden fünf Jahren,[845] jedoch fanden auch Interviews mit Unternehmen aus anderen Bundesländern wie Baden-Würt-

844 Vgl. Majunke 2008.
845 Vgl. Hauser et al. 2010, S. 24.

temberg, Niedersachsen, Bayern, Schleswig-Holstein und Thüringen statt. Die Befragungen wurden zumeist am Standort des Unternehmens durchgeführt und dauerten in der Regel zwischen 60 und 90 Minuten.

Allen Interviewpartnern wurde die vertrauliche Behandlung ihrer Aussagen zugesichert, um eine möglichst authentische Beantwortung auch heikler Fragen (wie etwa der nach einem möglichen Unternehmensverkauf) gewährleisten zu können

Das Interview selbst bestand aus zwei Teilen: Zunächst wurden über einen semi-strukturierten Fragebogen grundlegende Daten zum Unternehmen (Gründung, Umsatz, Mitarbeiterzahl, Standort, Branche, Private Equity Erfahrung etc.) und zum Interviewpartner (Name, Position, Alter, Ausbildung, Teil der Unternehmerfamilie etc.) abgefragt. Der weitere Verlauf des Fragebogens basierte auf den Erkenntnissen aus dem geführten Experteninterview, der oben dargestellten grundsätzlichen Theorien zum Thema, d.h. insbesondere der Pecking-Order Theorie und der Principal-Agent Theorie, sowie weiteren Erkenntnissen aus relevanten Forschungsarbeiten.[846] Hieraus wurden Fragen abgeleitet, die darauf zielten, die Einstellung, Akzeptanz und Vorerfahrung gegenüber bzw. mit Private Equity der befragten Familienunternehmen zu eruieren. Dies wurde in einen Gesamtkontext eingebunden. Es wurde beispielsweise nicht nur gefragt, ob der Familienunternehmer sich einen Verkauf an eine Private Equity Gesellschaft vorstellen kann, sondern ob er sich überhaupt einen Verkauf vorstellen kann und falls ja, an welche Käufergruppe und unter welchen Voraussetzungen und mit welchen Einschränkungen. In Abhängigkeit von den Vorbedingungen der Unternehmen, d.h. ob Private Equity Erfahrung oder nicht, wurden zwei leicht veränderte Formen des Fragebogens verwendet (vgl. Anhang).

Für den zweiten Teil des Interviews wurde die Repertory Grid Methode verwendet (siehe Anhang), um so die Wahrnehmung von Private Equity Gesellschaften und Einstellung der Familienunternehmen zu dieser Thematik und eine eventuelle Veränderungen nach Einstieg von oder Verkauf an Private Equity Gesellschaften ermitteln zu können.

846 Hier sei u.a. hervorgehoben: Achleitner et al. 2008b; Achleitner et al. 2005b; Burkhardt 2008; Davidson 2005; Dill 2008; Dreux 1990; Espel 2008; Klöckner 2009; Prym 2010; Reimers 2004; von Schlippe/ Sabel 2010; Upton/ Petty 2000.

5.3 Beschaffenheit der Stichprobe

5.3.1 Merkmale der teilnehmenden Unternehmen

Von den insgesamt 40 befragten Unternehmen handelt es sich bei 34 um Familienunternehmen, die vollständig oder mehrheitlich im Besitz einer oder mehrerer Familien sind. Von diesen Unternehmen verfügen 14 über direkte Private Equity Erfahrung im Rahmen einer Minderheitsbeteiligung, davon in acht Fällen in Form einer offenen Beteiligung in Höhe von 10–49 % und in sechs Fällen in Form einer stillen Beteiligung. Von den 14 Minderheitsbeteiligungen waren 12 zum Zeitpunkt des Interviews noch aktiv, während zwei Beteiligungen vor kurzer Zeit (jeweils 2010) beendet wurden. Weitere 6 Unternehmen sind ehemalige Familienunternehmen, die vor kurzem bzw. maximal innerhalb der letzten 7 Jahre mehrheitlich an eine Private Equity Gesellschaft verkauft worden sind.

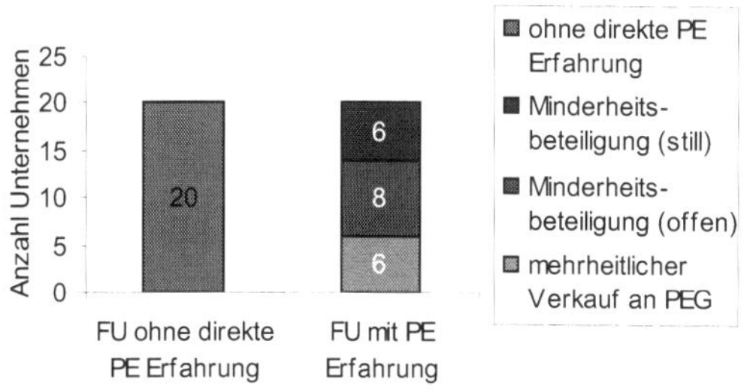

Abbildung 36: Befragte Unternehmen nach Art der Private Equity Erfahrung (eigene Darstellung)

Bei den befragten Familienunternehmen handelt es sich um etablierte, mittelständische Unternehmen verschiedener Branchen, die im Durchschnitt 76,3 Jahre alt sind und in der 2,5.Generation geführt werden. Das älteste Unternehmen ist 179, das jüngste 6 Jahre alt. Mit Blick auf Alter und Generation, in der sie aktuell geführt bzw. gehalten werden, liegt eine relativ gleichmäßige und breite Verteilung vor: die meisten befinden sich in erster (10 Unternehmen) und zweiter Generation (13), acht in dritter und fünf in vierter Generation. Drei Unternehmen wurden bereits bis in die fünfte Generation übergeben und ein Unternehmen befindet sich sogar bereits in siebter Generation (vgl. Abbildung 37).

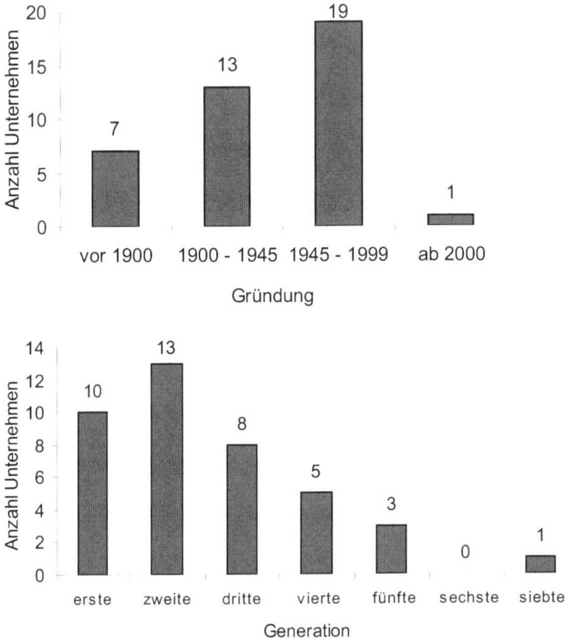

Abbildung 37: Verteilung der Unternehmen nach Gründungszeitpunkt und Generation (eigene Darstellung)

70 % der befragten Unternehmen können dem produzierenden Gewerbe, 20 % dem Handel und 10 % dem Dienstleistungssektor zugeordnet werden.

Die meisten Unternehmen (22 / 55 %) werden in der Rechfsform einer GmbH geführt, weitere 15 (37,5 %) in Form einer GmbH & Co.KG und 3 Unternehmen (7,5 %) haben sich für die Rechtsform einer Aktiengesellschaft (AG) entschieden. 23 der befragten Unternehmen (57,5 %) verfügen über Töchter oder Niederlassungen im Ausland. Bei der ganz überwiegenden Mehrheit der Unternehmen (90 %) gehört mindestens ein Familienmitglied der Geschäftsleitung an.[847] Nur bei vier der befragten Unternehmen (10 %) ist kein Mitglied der Familie mehr in der Geschäftsleitung operativ tätig.

Die durchschnittliche Eigenkapitalquote liegt bei 44,5 %, wenngleich diese Information nur von rund der Hälfte (n=19) der Unternehmen vorliegt. Zusammen erzielen alle 40 Unternehmen einen Umsatz von 4,6 Mrd. EUR und beschäftigen 22.330 Mitarbeiter, im Durchschnitt beschäftigt jedes Unternehmen 558 Mitarbeiter und erwirtschaftet einen Jahresumsatz von 115,5 Mio. EUR.

847 Einschließlich der sechs Unternehmen, die an Private Equity Gesellschaften verkauft wurden, da bei diesen bis zum Verkauf mindestens ein Familienmitglied operativ in der Geschäftsleitung aktiv war.

Der Einteilung in Größenklassen des *IfM* folgend,[848] fallen vier Unternehmen (10 %) in die Klasse der Unternehmen bis unter 10 Mio. EUR Umsatz,[849] zehn der Unternehmen (25 %) weisen Umsätze von 10 Mio. bis unter 25 Mio. EUR auf, weitere 5 (12,5 %) fallen in die dritte Klasse (25 bis unter 50 Mio. EUR Umsatz) und 21 Unternehmen (52,5 %) erzielen über 50 Mio. EUR Umsatz pro Jahr und fallen damit in die vierte Klasse, davon beträgt der Umsatz bei sieben Unternehmen (17,5 %) zwischen 250 und 500 Mio. EUR. Eine ähnlich heterogene Verteilung zeigt sich bei den Mitarbeiterzahlen (vgl. Abbildung 38).

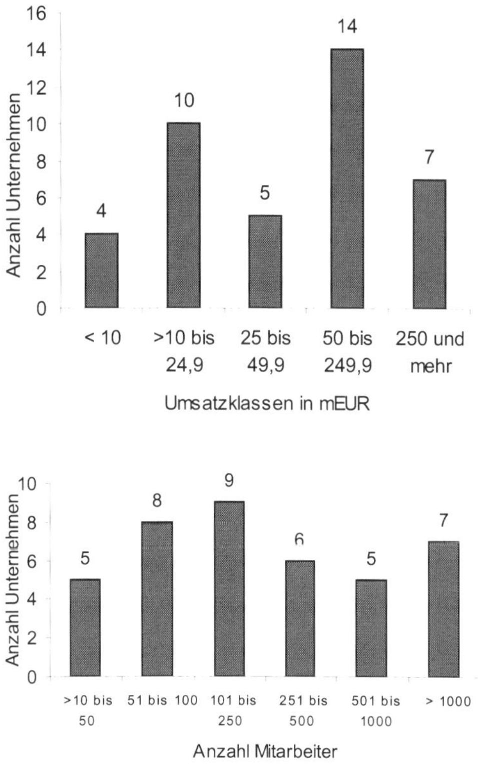

Abbildung 38: Verteilung der Unternehmen nach Umsatzklassen (in Mio. EUR) und absoluten Mitarbeiterzahlen (eigene Darstellung)

Die Stichprobe ist damit sehr breit diversifiziert und bildet das Spektrum mittelständischer Unternehmen in Deutschland gut ab.

848 Vgl. hierzu beispielsweise Brink 2010, S. 6.

849 Mit einer ex-ante definierten Untergrenze von mind. 5 Mio. EUR.

Sektor [n=40]	Anzahl	in %
Produzierendes Gewerbe	28	70,0%
Dienstleistungen	4	10,0%
Handel	8	20,0%

Umsatz in Mio. EUR [n=40]		
< 10	4	10,0%
≥10 bis 24,9	10	25,0%
25 bis 49,9	5	12,5%
50 bis 249,9	14	35,0%
≥ 250	7	17,5%
Umsatz kumuliert:	4.600 Mio. EUR	
Umsatz durchschnittlich:	115,5 Mio. EUR	

Mitarbeiteranzahl [n=40]		
>10 bis 50	5	12,5%
51 bis 100	8	20,0%
101 bis 250	9	22,5%
251 bis 500	6	15,0%
501 bis 1000	5	12,5%
> 1000	7	17,5%
Mitarbeiterzahl kumuliert:	22.330	
Mitarbeiterzahl durchschnittlich:	558,3	

EK Quote [n=19]		
< 30%	3	15,8%
30-39%	5	26,3%
40-49%	5	26,3%
≥50%	6	31,6%
EK durchschnittlich:	44,53%	

Stichprobe n= 40

Rechtsform [n=40]	Anzahl	in %
GmbH	22	55,0%
GmbH & Co. KG	15	37,5%
AG	3	7,5%

Auslandstochter/-niederlassung		
ja	23	57,5%
nein	17	42,5%

Gründung [n=40]		
vor 1900	7	17,5%
1900 - 1945	13	32,5%
1945 - 1999	19	47,5%
ab 2000	1	2,5%

Generation... [n=40]		
erste	10	25,0%
zweite	13	32,5%
dritte	8	20,0%
vierte	5	12,5%
fünfte	3	7,5%
sechste	0	0,0%
siebte	1	2,5%

Abbildung 39: Zusammenfassende Darstellung der Merkmale befragter Unternehmen (eigene Darstellung)

5.3.2 Merkmale der Interviewpartner

Bei den Interviewpartnern handelte es sich in 23 Fällen (57,5 %) um geschäftsführende Gesellschafter (Familienmitglieder) bzw. in zwei Fällen (5 %) auf Grund der Rechtsform um Vorstandsvorsitzende (Familienmitglieder); in sieben Fällen (17,5 %) waren die Gesprächspartner externe (familienfremde) Geschäftsführer und in zwei Fällen im Beirat vertretene Familienmitglieder, die jedoch nicht bzw. nicht mehr in der Geschäftsführung aktiv sind. Darüber hinaus wurden sechs ehemalige Inhaber von Familienunternehmen befragt, die ihr Unternehmen an Private Equity Gesellschaften verkauft hatten und die alle vormals in der operativen Leitung ihres Unternehmens als Geschäftsführer eingebunden waren.

Die Mehrheit der Interviewpartner (32 / 80 %) verfügen über einen Hochschulabschluss, sieben davon sogar über eine Promotion. Lediglich acht Befragte (20 %) weisen eine geringere Qualifikation auf, zumeist eine kaufmännische oder gewerbliche Ausbildung.

Das Alter der Befragten lag zum Zeitpunkt des Interviews im Mittel bei 55 Jahren (Medianwert: 56 Jahre) und reichte in der Spanne von 35 bis 82 Jahren. Dabei waren 6 (15 %) der Interviewpartner im Alter zwischen 30 und 40 Jahren, weitere 6 Befragte waren zwischen 41 und 50 Jahre alt. Die Mehrheit der Befragten war zwischen 51 und 60 Jahre (15 / 37,5 %) bzw. zwischen 61 und 70 Jahre alt (10 / 25 %); drei Befragte waren über 70 Jahre alt.

Die absolute Mehrheit der Interviewpartner war deutscher Nationalität (97,5 %) und männlich (95 %).

Geschlecht	Anzahl	in %
Weiblich	2	5,0%
Männlich	38	95,0%

Stichprobe n= 40

Alter		
< 30 Jahre	0	0,0%
30-40 Jahre	6	15,0%
41-50 Jahre	6	15,0%
51-60 Jahre	15	37,5%
61-70 Jahre	10	25,0%
> 70 Jahre	3	7,5%
Alter durchschnittlich:	55,1 Jahre	

Position	Anzahl	in %
Geschäftsführender Gesellschafter	23	57,5%
Familienfremder Geschäftsführer	7	17,5%
ehem. geschäftsf. Gesellsellschafter	6	15,0%
Vorstandsvorsitzender	2	5,0%
Gesellschafter (Beiratsmitglied)	2	5,0%

Schulbildung		
Promotion	7	17,5%
Hochschulabschluss	25	62,5%
Ausbildung o.ä.	8	20,0%

Nationalität	Anzahl	in %
Deutsch	39	97,5%
Andere	1	2,5%

Abbildung 40: Zusammenfassende Darstellung der befragten Personen (eigene Darstellung)

Im weiteren Verlauf werden die Ergebnisse aller Befragungen – wie den Gesprächspartnern im Interview zugesichert – vollständig anonymisiert dargestellt. Hierfür erhalten die Unternehmen eine laufende, zufällig vergebene Nummer. Zur besseren Einordnung und Vergleichbarkeit erhalten die 20 Unternehmen mit Private Equity Erfahrung eine aus dem griechischen Alphabet entnommene Bezeichnung (Alpha, Beta, Gamma...Ypsilon) und die Unternehmen ohne direkte Private Equity Erfahrung eine arabische Ziffer (FU1, FU2, FU3... FU20). Auf diese Weise ist es auch möglich, Zitate aus den Interviews in diese Arbeit miteinfließen zu lassen und diese durch Hintergrundinformationen zum Unternehmen wie Umsatz, Größe, EK-Quote etc. in einen verständlichen

Kontext zu bringen, ohne dass eine Zuordnung der befragen Personen zu einzelnen Zitaten möglich wird.[850]

5.4 Ergebnisse der empirischen Analyse

5.4.1 Deskriptive Ergebnisse des semi-strukturierten Fragebogens

5.4.1.1 Nachfolge und Vererbungspräferenzen

Wie in anderen Studien,[851] so ist auch in der vorliegenden Stichprobe eine starke Vererbungspräferenz der Familienunternehmen nachweisbar. 85 % der Befragten möchten, dass das Unternehmen in der Familie verbleibt, nur knapp 12 % legen hierauf keinen gesonderten Wert (vgl. Abbildung 41). Bei den meisten Unternehmen liegt der Übergabezeitraum noch recht weit in der Zukunft. Nur bei vier Unternehmen steht die Nachfolge in den nächsten fünf Jahren an, bei weiteren sechs Unternehmen in 10 Jahren und die überwiegende Mehrheit von 24 Unternehmen (71 %) hat noch über zehn Jahre Zeit für die Unternehmensübergabe (vgl. Abbildung 41). Dennoch haben bereits die Hälfte aller betroffenen Unternehmen Maßnahmen für den Übergang eingeleitet oder die Nachfolge bereits geregelt. Bei den Unternehmen, bei denen ein Übergang in den nächsten fünf Jahren ansteht, liegt diese Quote bei 75 %. Entsprechend positiv sind die Befragten auch, dass die Nachfolge für ihr Unternehmen nicht zu einem Problem werden sollte. 26 (76,5 %) der befragten Unternehmen gehen nicht davon aus, dass die Nachfolge zu einem Problem werden wird; sieben Unternehmen (20,6 %) hingegen sehen dies durchaus als Gefahr an.

Die Unternehmen, die in der Nachfolge ein Problem sehen, führen als Hauptgründe an, dass die potentiellen Nachfolger kein Interesse haben oder haben könnten (4x) oder gar keine potentiellen Nachfolger vorhanden sind (3x). Ein Unternehmer (FU7) erklärte dies damit, dass es schwierig für ihn sei, Nachfolger für einen Einstieg zu begeistern, da (seines Erachtens) in seinem Unternehmen das Rendite/ Risikoverhältnis schlechter als im Rahmen eines Angestelltenverhältnisses bei einem großen Konzern sei. Ein weiterer Unternehmer (Omikron) sieht Nachfolgekonflikte in der Familie als potentielles Problem und große Gefahr für das Fortbestehen des Unternehmens und hat sich daher bewusst gegen eine familieninterne Nachfolge entschieden. Stattdessen wird er das Unternehmen in einigen Jahren in eine gemeinnützige Stiftung

850 Vgl hierzu auch die anonymisierte Detailübersicht der befragten Unternehmen einschließlich verschiedener Merkmalsausprägungen im Anhang.

851 Vgl. hierzu u. a. Simon/ Wimmer/ Groth 2005, S. 13; Howorth et al. 2008; sowie die Studien von PWC 2010, S. 17 und PWC 2012b, S. 28.

übertragen. Entgegen dieser insgesamt sehr zuversichtlichen Sichtweise für ihre eigenen Unternehmen, sieht eine deutliche Mehrheit (70 %) der Befragten dennoch ein generelles Nachfolgeproblem in Deutschland. Nur 15 % können einer solchen Aussage nicht zustimmen und weitere 15 % trauen sich eine Beurteilung nicht zu.

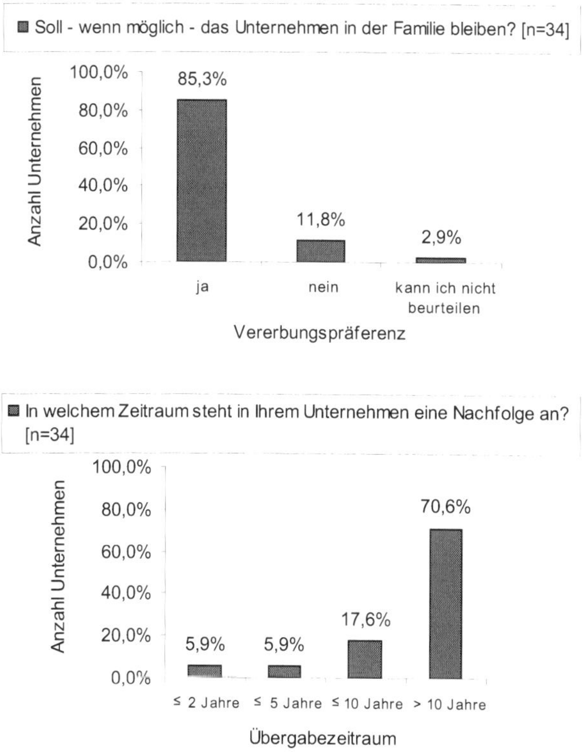

Abbildung 41: Vererbungspräferenzen und die jeweiligen Übergabezeiträume der befragten Unternehmen (eigene Darstellung)

5.4.1.2 Unternehmensverkauf

Wie oben ausgeführt, ist die Vererbungspräferenz bei den Befragten sehr hoch ausgeprägt (vgl. Abbildung 41). Entsprechend kann sich auch nur eine Minderheit von 35 % (12 Unternehmen) vorstellen, ihr Unternehmen zu verkaufen. Für knapp 62 % ist dies überhaupt keine Handlungsoption (vgl. Abbildung 42).

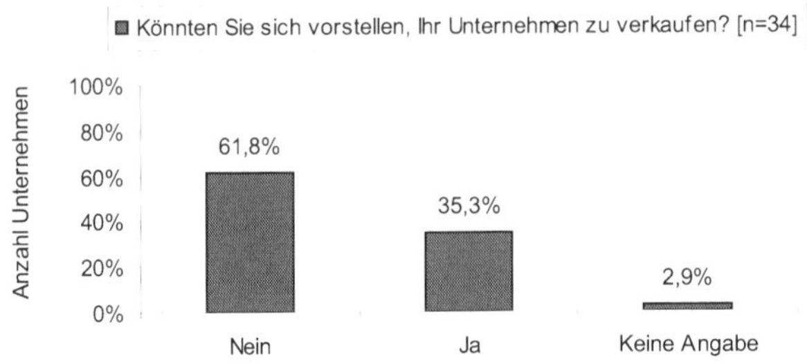

Abbildung 42: Verkaufsbereitschaft der befragten Personen (eigene Darstellung)

Falls ein Verkauf vorstellbar ist, so präferieren die Befragten den Verkauf an ein anderes Familienunternehmen, auch wenn dieses ein aktueller Wettbewerber ist. Von den zwölf Befragten, die einen Verkauf nicht ausschließen, nennen dies sieben als Präferenz.[852] Als Zweites wird der Verkauf an das eigene Management genannt (6 Nennungen). Es folgen ferner der Verkauf an eine PEG (5 Nennungen), einen Konzernwettbewerber (3 Nennungen), ein fremdes Management (3) und ein Börsengang (2) (vgl. Abbildung 43). Mit fünf Nennungen liegt der Anteil der Befragten, die ihr Unternehmen im Falle eines Verkaufs gerne an eine Private Equity Gesellschaften verkaufen würden, damit bei 14,7 %. Die Erhebung kommt somit in diesem Punkt zu vergleichbaren Ergebnissen mit einer (repräsentativ) durchgeführten *PWC*-Studie aus dem Jahr 2010, bei der ebenfalls 15 % der Befragten den Verkauf an einen Finanzinvestor bevorzugten.[853] Erwähnenswert in diesem Zusammenhang ist, dass 20 der 34 befragten Personen (59 %) einen vollständigen Verkauf ihres Unternehmens an eine Private Equity Gesellschaft komplett ausschließen, für 14 Befragte (41 %) wäre es eine vorstellbare Option im Falle eines Verkaufs.

Sehr ähnlich ebenfalls die Präferenzen bezüglich eines möglichen Börsengangs, der von einer breiten Mehrheit abgelehnt wird. Ein Verkauf im Rahmen eines Börsengangs wird in dieser Erhebung von nur 5,9 % der Befragten präferiert (*PWC*-Studie: 7 %) und auch der Verkauf an das eigene Management findet nur bei 17,6 % der Befragten höchste Zustimmung (*PWC*-Studie 15 %).[854] Hingegen ist in dieser Erhebung mit 29,4 % der Anteil der Befragten höher, die einen Verkauf an ein anderes Unternehmen (anderes Familienunternehmen oder Konzern) präferieren würden als dies in der *PWC*-Studie der Fall ist (17 %). Von den zwölf Unternehmen, die einen Verkauf nicht ausschließen, verfügen fünf Unternehmen derzeit über eine Private Equity Minderheitsbeteiligung; von den fünf Unternehmen, die bevorzugt an Private Equity verkaufen würden,

852 Mehrfachnennungen möglich.
853 Vgl. PWC 2010, S. 17.
854 Ebd.

haben zwei Unternehmen aktuell eine Private Equity Gesellschaft als Minderheitseigner im Unternehmen.

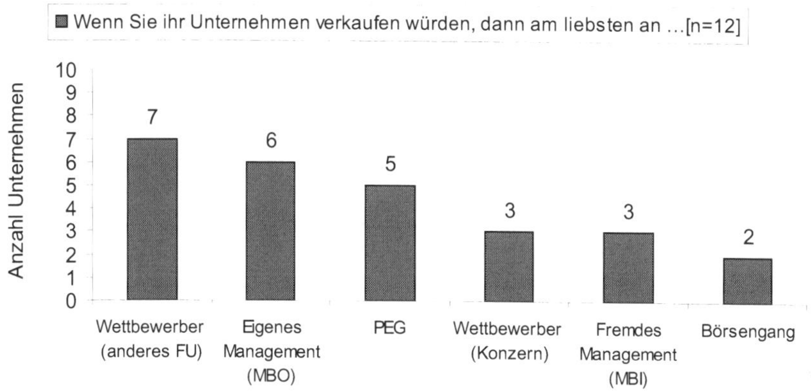

Abbildung 43: Verkaufspräferenzen der befragten Personen (n=12, Mehrfachnennungen möglich, eigene Darstellung)

Befragt nach dem hauptsächlichen Entscheidungskriterium für einen möglichen Verkauf gaben sieben der zwölf Unternehmen (58 %) an, dass die Zusicherung eines generellen Fortbestand des Unternehmens für sie das wichtigste Entscheidungskriterium wäre; vier Befragte nannten den Preis als ausschlaggebendes Kriterium und ein Befragter den Erhalt von Werten und Traditionen im Unternehmen. Ein Befragter fügte hinzu, dass er im Falle eines Verkaufs auch einen geringeren Preis akzeptieren würde, »damit es [Anm.: sein Unternehmen] nicht von den Heuschrecken auseinandergerissen wird.«[855]

5.4.1.3 Wahrnehmung und Kenntnis von Private Equity

Im Rahmen der Erhebung zeigte sich, dass viele Befragte (und inbesondere jene ohne eigene Private Equity Erfahrung) mit dem Thema Private Equity nur wenig vertraut sind. So gaben – gefragt nach ihrem Wissensstand zu Private Equity – nur drei Befragte an, dass dieser ›sehr gut‹ sei. Weitere 12 Befragte bezeichneten ihn immerhin als ›gut‹. Von diesen insgesamt 15 Personen, die ihren Wissensstand mit mindestens ›gut‹ angaben, verfügten jedoch 11 über direkte Private Equity Erfahrung im Rahmen einer Minderheitsbeteiligung in ihrem Unternehmen, weshalb ein gewisser Wissensstand unterstellt werden kann.[856]

16 Befragte bezeichneten ihren Wissensstand als ›mittelmäßig‹ und 9 gaben

855 Lambda 2013.
856 Eine Detailansicht aller Ergebnisse ist im Anhang aufgeführt.

offen zur Antwort, dass dieser ›nicht sehr hoch‹ sei. Insgesamt stufte demnach die Mehrheit der Befragten (62,5 %) ihren Wissensstand nur als ›mittelmäßig‹ oder schlechter ein. Hiervon besonders betroffen waren die insgesamt 20 Familienunternehmen ohne direkte Private Equity Erfahrung, von denen nur vier Befragte ihren Wissensstand mit ›gut‹ angaben, während zehn Befragte ›mittelmäßig‹ und sechs Befragte ›nicht sehr hoch‹ antworteten (vgl. Abbildung 44). Interessanterweise gaben auch drei Befragte mit direkter PE Erfahrung ihren Wissensstand als ›nicht sehr hoch‹ an. Hierbei handelt es sich jedoch in allen drei Fällen um Familienunternehmer, die an eine PEG verkauft hatten (Alpha, Epsilon, Rho) und die Frage war entsprechend bezogen auf die Situation vor dem Verkauf.

Die Ergebnisse ähneln damit einer weiteren *PWC*-Studie aus dem Jahr 2011, bei der 533 Unternehmen repräsentativ befragt worden waren und 56 % der Befragten angaben, dass sie nicht oder nicht genau wüßten, was der Begriff Private Equity bedeutet.[857]

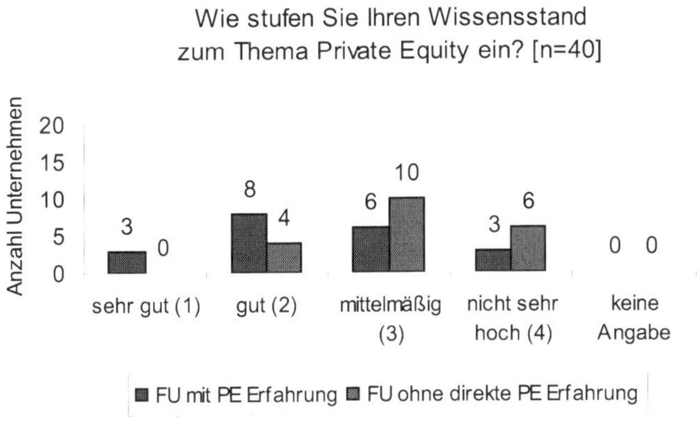

Abbildung 44: Wissensstand der befragten Personen zum Thema Private Equity (eigene Darstellung)

Trotz der medialen Aufmerksamkeit, die Private Equity in den vergangenen Jahren zukam, bestehen also immer noch größere Wissenslücken bei den Familienunternehmen mit Blick auf diese Thematik. Im Rahmen des Interviews wurde daher auch nach der ersten Assoziation beim Gedanken an Private Equity Investoren gefragt. Eine Assoziation kann definiert werden als »das Verknüpfen psychischer Inhalte, das heißt die spontane und ungelenkte (automatische) Verbindung einzelner Gedächtnis- und Gefühlsinhalte.«[858] Die Frage nach be-

857 Vgl. PWC 2011, S. 23.
858 Siehe Salcher 1995, S. 67.

stimmten Assoziationen nach Vorgabe eines Ausgangsreizes ist in der Marktforschung ein häufig genutztes Instrument, um das Erlebnisumfeld, das die befragte Person um den definierten Schlüsselreiz herum aufgebaut hat, zu erforschen.[859] Die Antworten fielen äußerst kontrovers aus und zeigen eine große Bandbreite. Genannt wurde u. a. »Riesenchance« und »Hilfreich für die Zukunft«, aber auch »Heuschrecke« und »Ende der Geschäftsidee«. Abbildung 45 zeigt die verschiedenen Antworten illustrativ in einer durch den Verfasser vorgenommenen und damit subjektiven Einteilung nach ›Positiv‹, ›Negativ‹ und ›Neutral‹, wobei die Kreise verdeutlichen, dass Antworten oftmals nicht eindeutig positiv oder negativ waren (Bsp.: »gefährlich und interessant«). Die Anordnung der Begriffe versucht dies zu verdeutlichen, zudem werden Mehrfach-Nennungen größer und fett dargestellt, die Klammer bezeichnet die Anzahl der Nennungen, die Schriftfarbe, inwiefern die antwortende Person bereits über direkte Private Equity Erfahrung verfügt:

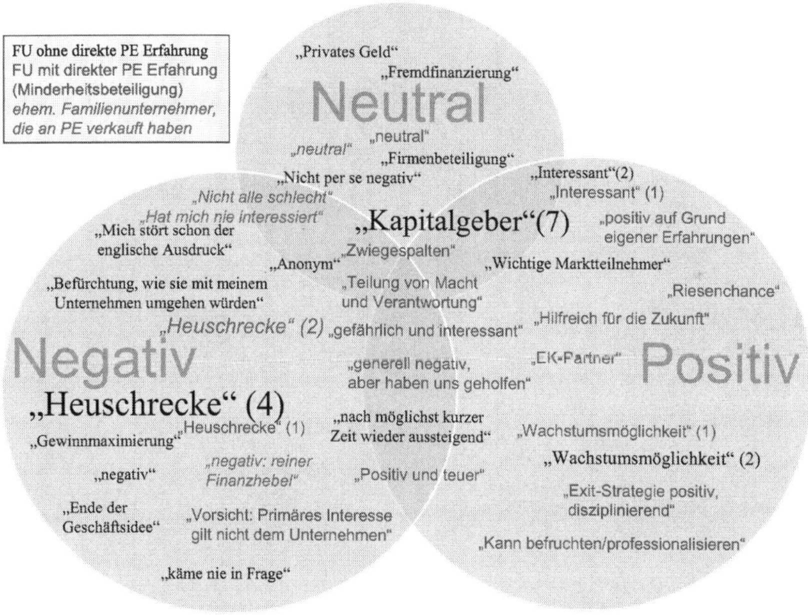

Abbildung 45: Assoziationen der befragten Personen zum Begriff Private Equity (eigene Einteilung/ eigene Darstellung)

Die Illustration zeigt eine interessante Tendenz: Familienunternehmen mit direkter PE-Erfahrung haben anscheinend eine deutlich positivere Assozia-

859 Vgl. Salcher 1995, S. 70.

tion zu Private Equity als dies bei Familienunternehmen ohne direkte PE-Erfahrung und Familienunternehmern, die an eine PEG verkauft haben, der Fall ist.

Abbildung 46 beinhaltet nur Kommentare von Familienunternehmen ohne eigene PE-Erfahrung und die ›Linkslastigkeit‹ verdeutlicht eindrucksvoll, dass diese Unternehmen deutlich negativere oder neutralere Assoziationen zu PE haben. Sehr häufig wurden dabei die Begriffe »Heuschrecke« und »Kapitalgeber« gewählt, geäußert wurde zudem die »Befürchtung, wie sie mit meinem Unternehmen umgehen würden«, das anscheinend mit PE verbundene »Ende der Geschäftsidee« oder die strikte Feststellung »Käme nie in Frage«. Nur zwei der Befragten hatten eine positive Assoziation und sehen in Private Equity eine »Wachstumsmöglichkeit«.

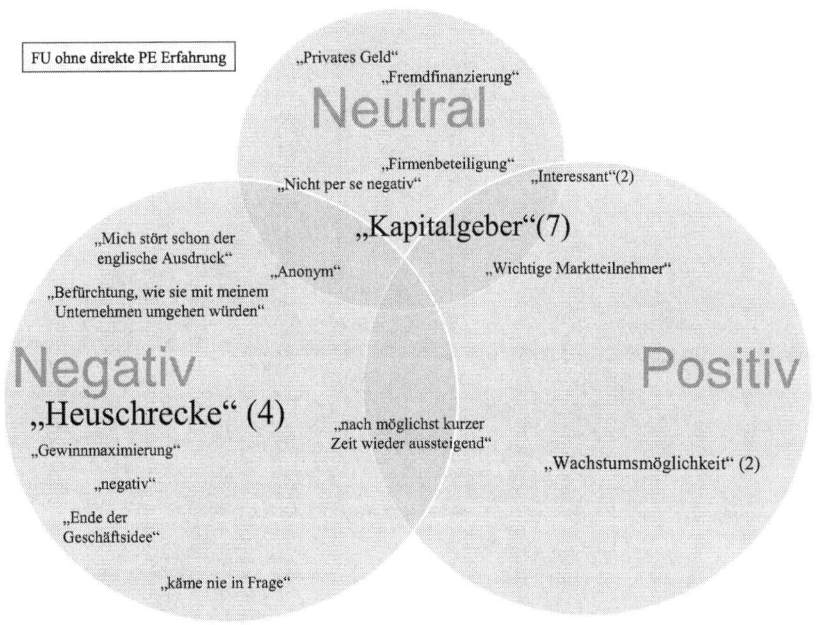

Abbildung 46: Assoziationen der befragten Personen ohne direkte Private Equity Erfahrung zum Begriff Private Equity (eigene Einteilung/ eigene Darstellung)

Ganz anders hingegen die Assoziationen der Unternehmen mit direkter PE-Erfahrung, die überwiegend ›rechtslastig‹ und damit deutlich positiver sind (vgl. Abbildung 47). Dabei basieren viele dieser Kommentare auf eigenen Erfahrungen wie z. B. »Positiv auf Grund eigener Erfahrungen« oder »Exit-Strategie positiv, disziplinierend«; zudem wird häufig eine Differenzierung vorgenommen wie z. B. »generell negativ, aber haben uns geholfen«, »positiv und teuer« oder

»gefährlich und interessant«. Nur ein Befragter aus dieser Gruppe äußerte eine eher negative Assoziation (»Heuschrecke«).

Hervorzuheben ist jedoch nicht nur der Unterschied in den Assoziationen zwischen Unternehmen mit direkter PE-Erfahrung und jenen ohne PE-Erfahrung, sondern auch zwischen Unternehmen mit direkter PE-Erfahrung in Form einer Minderheitsbeteiligung und Familienunternehmern, die ihr Unternehmen an eine PEG verkauft hatten. Letztgenannte Gruppe äußerte deutlich negativere Assoziationen zu Private Equity als dies durch die positiven Assoziationen der Unternehmen mit Minderheitsbeteiligungen zu erwarten gewesen wäre. Tatsächlich hatte keiner dieser sechs Befragten ehemaligen Familienunternehmer eine positive Assoziation (vgl. Abbildung 45).

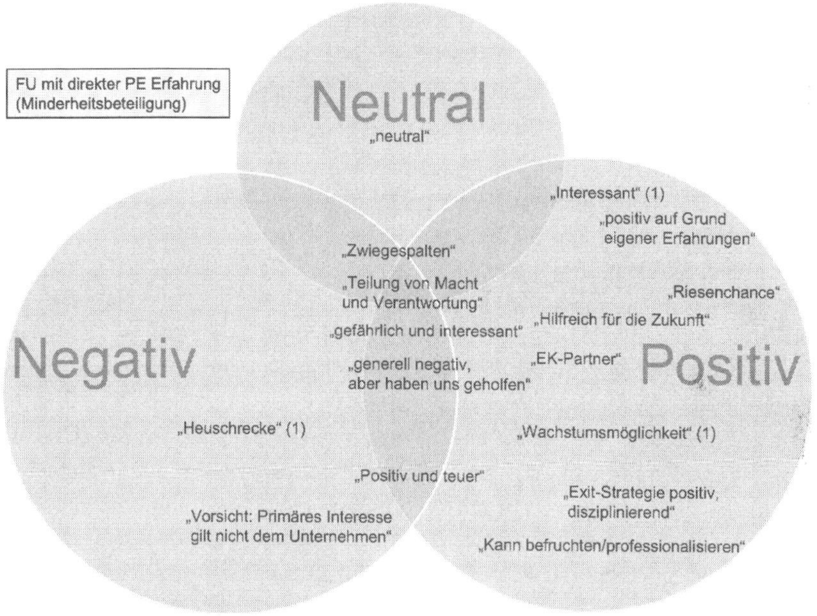

Abbildung 47: Assoziationen der befragten Personen mit direkter Private Equity Erfahrung im Rahmen einer Minderheitsbeteiligung zum Begriff Private Equity (eigene Einteilung/ eigene Darstellung)

5.4.1.4 Erfahrungen mit Private Equity

Im nächsten Schritt wurden die 20 Gesprächspartner mit direkter PE-Erfahrung um eine Einschätzung gebeten, ob sich ihre Einstellung zu Private Equity auf Grund Ihrer eigenen Erfahrungen verändert hat (vgl. Abbildung 48). Wie o.a. verfügen die befragten Unternehmen über verschiedene Arten von Erfahrungen, entweder durch einen Verkaufsprozess an eine PEG, eine offene Minderheitsbeteiligung oder eine stille Beteiligung.

Tabelle 3 verdeutlicht die Art der Beteiligungserfahrung:

Art der Private Equity Erfahrung	Unternehmen
Vollständiger Verkauf eines FU an eine PEG (6)	Alpha, Epsilon, Kappa, Pi, Rho, Tau[860]
Offene Minderheitsbeteiligung (8)	Beta (35 %), Gamma (12 %), Theta (45 %), Iota (49 %), Ypsilon (45 %)[861]
– davon durch eine MBG (3)	Eta (20 %), My (44 %), Zeta (10 %)
Stille Beteiligung (6)	Ny, Sigma, Xi
– davon durch eine MBG (3)	Omikron, Delta, Lambda

Tabelle 3: Art der aktuellen bzw. letzten Private Equity Erfahrung nach Unternehmen

Insgesamt gaben 13 der Befragten an, dass ihre Einstellung besser geworden (7x) oder aber gleich positiv geblieben sei (6x). Sieben Befragte hingegen äußerten, dass ihre Einstellung schlechter geworden (4x) oder gleich negativ (3x) geblieben sei. Unter diesen Sieben waren allerdings vier Befragte, die ihr Unternehmen an eine PEG verkauft hatten. Bezogen auf die Gruppe der 14 Unternehmen mit PE-Erfahrung im Rahmen einer Minderheitsbeteiligung äußerten sich also elf Befragte (79 %) dahingehend, dass ihre Einstellung besser geworden oder gleich positiv geblieben sei, während nur drei angaben, dass sie sich verschlechtert habe. Während zwei dieser Befragten ihre Äußerungen dabei eher generell formulierten (»schlechter geworden durch zwei Gespräche mit [anderen] Private Equity Gesellschaften, die eher arrogant waren«[862] bzw. »ins Negative – gilt für gesamte Finanzbranche, unrealistische Renditeerwartungen, getrieben von Bonifizierung, das Motiv einer ganzen Branche ist nur Gewinnmaximierung, das Verantwortungsbewusstsein ist verloren gegangen«),[863] äußerte sich ein Unternehmer dahingehend, dass er durchaus ein großer Befürworter von Private Equity sei, aber seine Einstellung »geringfügig schlechter« geworden sei »durch z. T. hohe Fluktuation im Personal [bei der PEG] und plötzlichen Austrittswunsch.«[864]

Insgesamt zeigt sich jedoch, dass der im Rahmen der Assoziationen bereits ersichtliche Trend Bestätigung findet. Familienunternehmen mit PE-Minder-

860 Unternehmen Alpha und Pi behielten zunächst eine Minderheitsbeteiligung, die sie später ebenfalls verkauften.

861 Unternehmen Theta und Gamma haben zudem ebenfalls Mezzanine-Kapital aufgenommen.

862 Zeta 2012.

863 Xi 2013.

864 Ypsilon 2012.

heitsbeteiligungen haben überwiegend positive Erfahrungen gemacht. Dieses Ergebnis deckt sich mit einer Studie von *Achleitner et al.* zu PE-Minderheitsbeteiligungen in Familienunternehmen aus dem Jahr 2008.[865]

Hingegen haben vier der sechs ehem. Familienunternehmer, die ihr Unternehmen an eine PE Gesellschaft verkauft haben, deutlich negativere Erfahrungen gemacht.

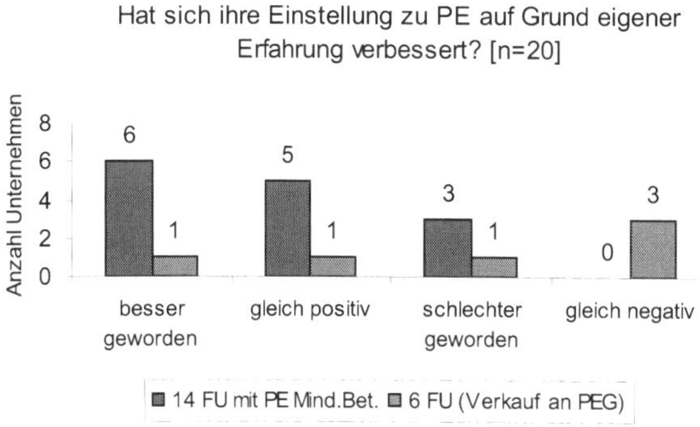

Abbildung 48: Veränderung der Einstellung zu Private Equity auf Grund eigener Erfahrungen (eigene Darstellung)

Die Gesprächspartner wurden sodann befragt, welche Erfahrungen sie mit Private Equity konkret gemacht hätten, d.h. welche Auswirkungen die Minderheitsbeteiligung auf das Unternehmen hatte und inwiefern hiervon profitiert werden konnte.[866] In den meisten Fällen werden die Auswirkungen und die Einflussnahme seitens der PEG im Rahmen der Minderheitsbeteiligung als eher gering beschrieben; zwar haben in fast allen Fällen die Gesellschaften einen Sitz im Beirat oder Aufsichtsrat und auf diese Weise Mitbestimmungsrechte mit Blick auf Investitionen und Budgets erhalten, in das operative Tagesgeschäft mischen sie sich jedoch zumeist nicht ein; dies gilt insbesondere aber nicht nur für die Mittelständischen Beteiligungsgesellschaften. Die Mehrheit der Befragten (Beta, Eta, Gamma, Iota, Lambda, My, Ny, Sigma, Ypsilon) berichten, dass die PEG dabei behilflich gewesen sei, ein professionelleres Controlling aufzubauen, einhergehend mit generell höheren Anforderungen an das Reporting. Darüber hinaus sind die Erfahrungen sehr unterschiedlich. Zwei Befragte (Iota, Lambda) betonen, dass die PEG geholfen habe, die Außendarstellung und Planungskompetenz des Unternehmens zu verbessern; in zwei Fällen (Gamma, Xi)

865 Vgl. Achleitner et al. 2008c, S. 67ff.

866 Vgl. hierzu auch Kap. 5.4.2 (Ausgewählte Erfahrungsberichte zweier Minderheitsbeteiligungen) sowie für eine ausführliche Darstellung der Erfahrungen der Unternehmer, die an eine PEG verkauft hatten, Kap. 5.4.3 (Erfahrungsberichte ehem. Inhaber von Familienunternehmen).

half die PEG, die Exportquote zu steigern, u. a. durch Expertise und Netzwerke. Die meisten Private Equity Gesellschaften bieten hierfür regelmäßige Veranstaltungen für ihre Portfolio-Unternehmen an, mit dem Ziel einer besseren Vernetzung. Während einige (Eta, My) diese als sehr hilfreich einstuften, konnten andere (Iota, Theta) hiervon nicht profitieren, da es »keine Überschneidungen« gebe und man daher nur selten teilnehme.[867] Gleichwohl sei das Verhältnis »insgesamt klasse« und es bestehe daher »kein Wunsch, etwas zu ändern«, es sei »immer sehr partnerschaftlich« gewesen.[868]

Auch mit Blick auf evtl. Vorteile durch die Finanzierungsexpertise der PEG sind die Meinungen unterschiedlich. Während zwei Befragte (Beta, Lambda) die sehr hilfreiche Rolle der PEG bei der Finanzierung hervorheben, konnte ein Unternehmen (Theta) hiervon nicht profitieren, »höchstens vielleicht indirekt, da der Einstieg einer PEG aus Bankensicht positiv wahrgenommen wurde«, ebenso wie »die höhere EK-Quote«.[869] Die positive Wirkung der höheren Eigenkapitalquote wird auch von anderen Befragten unterstrichen (Gamma, Delta) und Xi betont, dass das externe Kapital als Wachstumskapital für die internationale Expansion sowie für die Akquisition zweier kleinerer Unternehmen verwendet werden konnte und daher sehr hilfreich war.

Als weiteren (positiven) Aspekt sieht Omikron, dass Private Equity Gesellschaften »zu einer ganz anderen Governance disziplinieren.«[870]

Weiter wurden die Gesprächspartner gefragt, was aus ihrer Sicht das Negativste in der Zusammenarbeit mit ihrer Private Equity Gesellschaft sei. Während fünf Befragte (Eta, My, Ny, Theta, Zeta) auf Grund hoher Zufriedenheit »Nichts« antworteten, können die Antworten der anderen in verschiedene Kategorien unterteilt werden:[871]

- Personalfluktuation auf Seiten der PEG (*Alpha*, Ypsilon)
- Persönliche Differenzen mit einem Investmentmanager der Gesellschaft (Lambda, Omikron) bzw. Auftreten der Mitarbeiter der Private Equity Gesellschaft (*Kappa*, Pi)
- Begrenzter unternehmerischer/ industrieller Input und/oder Expertise seitens der Gesellschaft (Iota, *Pi*)
- Geringe unternehmerische Orientierung und Verlangsamung von Entscheidungsprozessen (Beta, *Epsilon*)
- Geschäftsmodell teilweise negativ für FU: Renditemaximierung, hohe Kosten, schnelle/ übereilte Exit-Entscheidung, anderer Zeithorizont mit Auswirkungen auf Investitionsentscheidungen (Gamma, *Pi*, Sigma, Xi, Ypsilon)

867 Zeta 2012.
868 Zeta 2012.
869 Theta 2012.
870 Omikron 2012.
871 *In Kursivdruck: Unternehmer, die an eine PEG verkauft haben.*

Erwähnenswert ist dabei sicherlich, dass drei der fünf Unternehmen mit einer Mittelständischen Beteiligungsgesellschaft als Partner (Eta, My, Zeta) überhaupt keine negativen Punkte in der Zusammenarbeit sehen und die beiden anderen (Lambda, Omikron) (zeitweilige) persönliche Differenzen mit einem Investmentmanager der Gesellschaft monieren, alle fünf jedoch mit dem Geschäftsmodell an sich keine negativen Erfahrungen gemacht haben. Folgerichtig würden alle fünf Gesellschaften mit MBG-Erfahrung Private Equity anderen Familienunternehmen weiterempfehlen, auf Grund »guter Erfahrungen«,[872] da es »generell positiv« verlaufen sei[873] bzw. weil die MBG »sehr zuverlässig, seriös und professionell gut aufgestellt« sei.[874] Ein FU (Omikron) würde PE ebenfalls empfehlen, schränkt jedoch ein, dass »man aber sehr gut in die Due Dilligence gehen und den Markt von A-Z ansehen« müsse, da es ganz anders sei, »ob ich eine MBG oder eine ausländische Private Equity Gesellschaft habe.«[875] Auch bei den weiteren Unternehmen, die über direkte PE-Erfahrung im Rahmen einer Minderheitsbeteiligung mit einer klassischen/ moderaten PEG (d. h. keine MBG) verfügen, ist die Weiterempfehlungsquote sehr hoch: Fünf der Unternehmen würden PE anderen Familienunternehmen weiterempfehlen. Ein Befragter (Iota) betont, dass er »gute Erfahrungen gemacht habe, [...] es wurden Dinge besprochen und jeder hat sich daran gehalten«,[876] zwei weitere (Gamma, Ypsilon) haben PE bereits anderen Familienunternehmern empfohlen. Beta rät jedoch, bei »der Auswahl vorsichtig« zu sein, »im Gegensatz zu anderen« sei die PEG in seinem Unternehmen keine »Heuschrecke«.[877] Ein anderer Befragter (Theta) hebt hervor, dass er viel von Private Equity halte, aber »es kommt darauf an, was man daraus macht; sie müssen PEG als Partner sehen.«[878] Auch wenn er Private Equity generell weiterempfehlen kann, wird er selbst nach dem Exit der jetzigen Beteiligung jedoch nicht wieder eine PEG als Minderheitseigner aufnehmen:

> »Wir kommen jetzt in die Phase, wo ein potentieller Exit ansteht. Dass es gut zu Ende gebracht wird, ist in ihrem Interesse, sonst haben sie wieder eine negative Presse. Varianten sind für mich, Anteile zurückzukaufen oder einen privaten Investor aufzunehmen. Ablösung durch neue PEG ist keine wirklich Option, sonst haben Sie das gleiche Spiel nochmal und Sie wissen nie, ob die so gut sind wie die anderen.«[879]

872 Zeta 2012.
873 My 2012.
874 Eta 2012.
875 Omikron 2012.
876 Iota 2013.
877 Beta 2012.
878 Theta 2012.
879 Theta 2012.

Nur zwei Unternehmen (Ny, Xi) können Private Equity nicht weiterempfehlen, da »der Exit ein Problem darstellt«[880] bzw. weil, wie es ein Befragter (Xi) umschreibt, das »primäre Interesse [...] nicht dem Unternehmen« gilt, sondern es damit zum »Objekt einer Finanztransaktion« wird.[881]

Bei den Familienunternehmern, die ihr Unternehmen an eine PEG verkauft haben, ist die Weiterempfehlungsquote deutlich niedriger. Hier würden nur zwei der Befragten Private Equity weiterempfehlen, da »ich generell optimistisch bin und es nicht nur Schlechte gibt«[882] bzw. auf Grund »positiver Erfahrungen«.[883] Drei Befragte (Alpha, Rho, Tau) würden Private Equity auf Grund ihrer Erfahrungen hingegen nicht weiterempfehlen, da es »zu viele schwarze Schafe« gäbe[884] bzw. Familienunternehmen und Private Equity nicht zusammenpassten.[885] Ein ehemaliger Familienunternehmer kann hierzu keine eindeutige Aussage treffen (»Es hängt davon ab, insbesondere von der PEG«).[886]

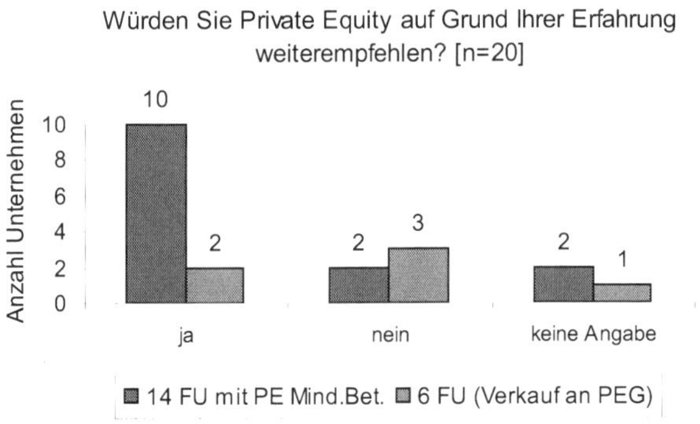

Abbildung 49: Bereitschaft zur Weiterempfehlung von Private Equity auf Grund eigener Erfahrung (eigene Darstellung)

Trotz der insgesamt positiven Erfahrungen, die die meisten Befragten im Rahmen der PE-Minderheitsbeteiligung in ihrem Unternehmen sammeln konnten, kommt ein Komplettverkauf an eine PEG für die Mehrheit dennoch nicht in Frage: 64 % lehnen dies ab, für fünf Befragte (36 %) wäre ein Verkauf an eine PEG – zumeist verbunden mit Garantien über den Fortbestand des Unternehmens und den Erhalt von Arbeitsplätzen im Unternehmen – vorstellbar.

880 Ny 2012.
881 Xi 2013.
882 Epsilon 2013.
883 Kappa 2012.
884 Rho 2012.
885 Alpha 2012.
886 Pi 2012.

Drei der Befragten hatten sogar schon einmal mit einer oder mehreren Private Equity Gesellschaften Verhandlungen über einen Verkauf geführt.

Interessanterweise ist damit der Anteil sogar noch geringer als bei den Familienunternehmen ohne direkte Private Equity Erfahrung, von denen sich immerhin neun Befragte (45 %) einen Komplettverkauf ihres Unternehmens an eine PEG vorstellen könnten, während elf Befragte (55 %) dies für sich ausschließen (vgl. Abbildung 50). Als Hauptgrund wurde von den meisten genannt, dass das Unternehmen im Familienbesitz bleiben solle (13 Nennungen), seltener wurde aufgeführt, dass Private Equity nicht zum Unternehmen passe (3 Nennungen) und dass aus Sorge um die Mitarbeiter und die Zukunftsfähigkeit des Unternehmens ein Verkauf an eine PEG nicht in Frage komme (2 Nennungen).

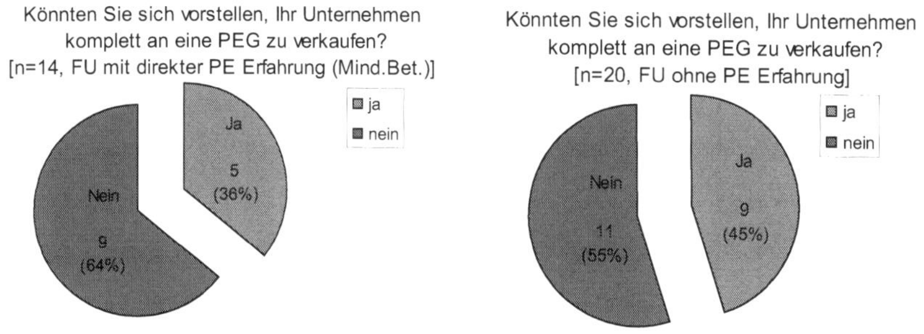

Abbildung 50: Bereitschaft zum vollständigen Verkauf des Unternehmens an eine Private Equity Gesellschaft (eigene Darstellung)

Ähnlich sieht es mit Blick auf eine mögliche Minderheitsbeteiligung aus. Von den 20 Familienunternehmen ohne Private Equity Erfahrung lehnen es 50 % ab, eine PEG als Minderheitseigner mit in das Unternehmen zu holen. Für sechs Befragte (30 %) wäre dies vorstellbar, sofern der Anteil der PEG unterhalb der Sperrminorität von 25 % läge; ein Befragter würde die Grenze für sich bei 40 % ziehen und ein weiterer könnte sich vorstellen, bis zu 49,9 % seines Unternehmens an eine PEG zu verkaufen. Wichtig war allen Befragten jedoch, dass sie auch weiterhin die Mehrheit am Unternehmen besitzen.

Bei den Familienunternehmen, die bereits über Private Equity Erfahrung im Rahmen einer (aktuellen oder früheren) Minderheitsbeteiligung verfügen, ist die Offenheit gegenüber einer erneuten Minderheitsbeteiligung deutlich höher. Nur zwei der Befragten (Delta, Omikron) würden dies nicht wieder in Erwägung ziehen, ein Befragter würde maximal 20 % der Anteile verkaufen, drei weitere bis zu 24,9 %, ein Gesprächspartner bis zu 30 % und sieben Befragte wären bereit, eine PEG mit bis zu 49,9 % an ihrem Unternehmen zu beteiligen (vgl. Abbildung 51).

Private Equity Gesellschaft als Minderheitseigner vorstellbar? [n=34]				
	14 FU mit PE Mind.Bet.		20 FU (ohne PE Erfahrung)	
ja, bis 24,9%	3	21,4%	6	30,0%
ja, bis max. 20%	1	7,1%	-	-
ja, bis max. 30%	1	7,1%	-	-
ja, bis max. 40%	-	-	1	5,0%
ja, bis max. 49,9%	7	50,0%	1	5,0%
Nein	2	14,3%	10	50,0%
keine Angabe	-	-	2	10,0%

Abbildung 51: Akzeptanz einer Private Equity Gesellschaft als Minderheitseigner (eigene Darstellung)

Abhängig von ihrer Antwort wurden die Gesprächspartner danach befragt, weshalb eine Minderheitsbeteiligung für sie nicht in Frage komme bzw. – sofern vorstellbar – was die Beweggründe für eine Beteiligung einer Private Equity Gesellschaft für sie sein könnten bzw. tatsächlich waren.

Hauptsächlich wurde von den Familienunternehmen als Gründe gegen eine PE-Minderheitsbeteiligung aufgeführt, dass kein Bedarf an (externem) Kapital vorhanden sei und Angst vor zu starker Einflussnahme seitens der PEG bestehe. Einige Gesprächspartner betonten ihren Wunsch, das Unternehmen solle (langfristig) im Familienbesitz bleiben und eine PEG-Minderheitsbeteiligung gefährde dieses Ziel eventuell. Zwei Befragte führten aus, dass Private Equity auf Grund der Kurzfristigkeit nicht zum Unternehmen passen würde. Ein Befragter gab offen zu, dass er zu wenig Ahnung von Private Equity habe und ein weiterer nannte die seines Erachtens geringe Marktexpertise von Private Equity Gesellschaften als Hinderungsgrund (vgl. Tabelle 4).

Gründe gegen Minderheitsbeteiligung	Genannt von
Kein Kapitalbedarf	FU1, FU6, FU17, FU9
Angst vor zu starker Einflussnahme durch die PEG	FU19, FU17, FU9, FU12
Nicht nachhaltig, zu kurzfristig, passt nicht zu unserem Unternehmen, würden daher eher Fremdkapital den Vorzug geben	FU2, FU16
Zu wenig Kenntnis von Private Equity	FU4
Zu geringe Marktexpertise	FU13

Tabelle 4: Gründe gegen eine Private Equity Minderheitsbeteiligung aus Sicht der befragten Familienunternehmen (Mehrfachnennungen möglich)

Bei den Unternehmen, die eine Minderheitsbeteiligung nicht ausschlossen, lag der Fokus hingegen auf einer möglichen Wachstumsfinanzierung durch die Hereinnahme externen Beteiligungskapitals (7 Nennungen) und die Behebung von möglichen Liquiditätsengpässen (4 Nennungen). Die Unterstützung bei Internationalisierung und Professionalisierung des Unternehmens durch einen Minderheitsgesellschafter wäre für drei Befragte ein Grund, eine PEG einzubinden und jeweils einmal wurde die Unabhängigkeit von Banken und die Finanzierung der Ablösung von Gesellschaftern genannt (vgl. Tabelle 5).

Mögliche Gründe für Minderheitsbeteiligung	Genannt von
Wachstumsfinanzierung	FU5, FU20, FU7, FU10, FU15, FU8, FU18
Liquiditätsengpässe	FU5, FU8, FU11, FU18
Internationalisierung/ Professionalisierung	FU7, FU5, FU18
Ablösung/ Auskäufe von Gesellschaftern	FU18
Unabhängigkeit von Banken	FU15

Tabelle 5: Mögliche Gründe für eine Private Equity Minderheitsbeteiligung aus Sicht der befragten Familienunternehmen (Mehrfachnennungen möglich)

In ähnlicher Form finden sich diese Gründe auch bei den Unternehmen wieder, die eine PEG als Minderheitsgesellschafter in ihr Unternehmen eingebunden haben. Hauptsächlich erfolgte dies aus finanziellen Gründen, zumeist zur Ablösung/ Auskäufen von Altgesellschaftern, teilweise im Rahmen eines Management Buy Outs, der ohne Private Equity nicht zu bewältigen gewesen wären. Wachstumsfinanzierung und die Stärkung der Eigenkapitalbasis waren weitere wichtige Gründe, die Zuführung von direkter Liquidität nur für ein Unternehmen der Hauptgrund (vgl. Tabelle 6).

Die Unterstützung bei Internationalisierung und Professionalisierung des Unternehmens und die Unabhängigkeit von Banken waren hingegen keine tatsächlichen Gründe für die Hereinnahme von Private Equity Gesellschaften, sondern aus Sicht der Befragten eher positive Randerscheinungen.

Mögliche Gründe für Minderheitsbeteiligung	Genannt von
Finanzbedarf aus familiären Gründen, insb. Ablösung/ Auskäufe von Gesellschaftern	Beta, Eta, Gamma, Lamda, My, Xi, Zeta
Wachstumsfinanzierung	Beta, Delta, Ny, Sigma
Eigenkapitalstärkung	Gamma, Theta
Liquidität	Delta

Tabelle 6: Tatsächliche Gründe, die zur Beteiligung einer PEG geführt haben (Mehrfachnennungen möglich)

Die Ergebnisse sind damit vergleichbar mit den Ergebnissen der Studien von *Achleitner et al.* aus dem Jahr 2008[887] sowie *Poutziouris* aus dem Jahr 2001[888] zu PE-Minderheitsbeteiligungen.

887 Achleitner et al. ermitteln, dass in ihrer Stichprobe (n=27) ebenfalls Gesellschafterwechsel (11 von 27 Nennungen) und Wachstum (9 von 27) die Hauptgründe für die Aufnahme von PE als Minderheitsbeteiligung waren (Vgl. Achleitner et al. 2008c, S. 19.).

888 Poutziouris ermittelt, dass in seiner Stichprobe (n=150) Wachstumsfinanzierung (45,6 %), Akquisitionsfinanzierung (29,2 %) und Gesellschafterwechsel/ Nachfolge (25,5 %) die

Befragt nach den Auswirkungen des Einstiegs der Private Equity Gesellschaft in ihrem Unternehmen sind die Antworten eindeutig positiv. Alle 14 Unternehmen bewerten die Auswirkungen im Nachgang als ›positiv‹ (7 Nennungen) oder ›eher positiv‹ (7 Nennungen). Keiner der Befragten würde sie als ›negativ‹ oder ›eher negativ‹ einstufen (vgl. Abbildung 52). Besonders gute Bewertungen erhalten hierbei die Mittelständischen Beteiligungsgesellschaften, die viermal das Urteil ›positiv‹ und einmal ›eher positiv‹ erhalten.

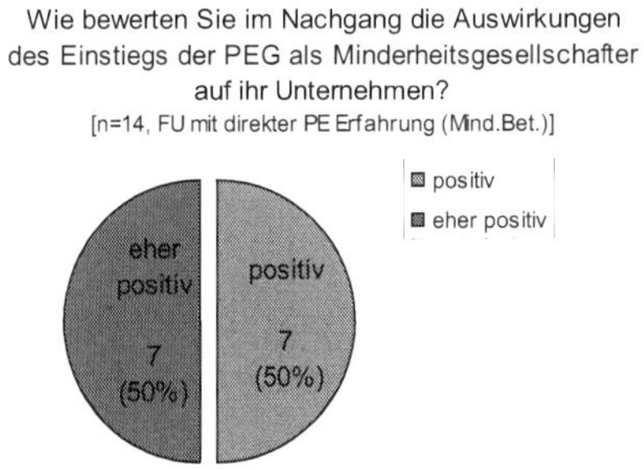

Abbildung 52: Bewertung der Auswirkungen einer PE- Minderheitsbeteiligung auf das Unternehmen (eigene Darstellung)

Konträr hingegen das Meinungsbild der Familienunternehmen ohne Private Equity Erfahrung. Befragt nach den erwarteten Auswirkungen einer eventuellen PE-Minderheitsbeteiligung würden fünf Gesprächspartner (25 %) ›negative‹ (2 Nennungen) oder ›eher negative‹ (3 Nennungen) Auswirkungen auf ihr Unternehmen befürchten. Nur zwei Befragte (10 %) würden ›positive‹ bzw. ›eher positive‹ Auswirkungen erwarten; die restlichen Interviewpartner enthielten sich einer Bewertung dieser rein hypothetischen Fragestellung. Auch hatte von ihnen erst ein Unternehmen (FU7) Verhandlungen mit einer Private Equity Gesellschaft über eine Minderheitsbeteiligung geführt, die auf Grund veränderter familiärer Voraussetzungen jedoch nicht weiter verfolgt wurden.

5.4.1.5 Gründe für Ablehnung und Skepsis gegenüber Private Equity

Generell scheint der Kontakt zur Private Equity Branche sehr schwach ausgeprägt. Als Beleg hierfür kann gelten, dass nur vier der Befragten aus Familienunternehmen ohne Private Equity Erfahrung (20 %) überhaupt schon einmal persönlichen Kontakt zu Mitarbeitern von Private Equity Gesellschaften hatten. Bei den meisten Unternehmen verhält es sich, wie von FU13 geschildert: »Wir erhalten regelmäßig Schreiben von solchen Gesellschaften, die wandern sofort

wesentlichen Gründe für die Aufnahme von Private Equity waren (Vgl. Poutziouris 2001, S. 286).

und ungelesen in den Papierkorb.«[889] Dies ist zugleich auch Ausdruck der großen Skepsis, die bei Familienunternehmen gegenüber Private Equity besteht und die im Rahmen der Befragung bestätigt wird. So stimmen 95 % aller Befragten der Aussage zu, dass Private Equity Gesellschaften bei Familienunternehmen generell skeptisch oder eher skeptisch betrachtet werden. Der Frage, gestellt an die Gesprächspartner ohne eigene PE-Erfahrung, ob sie Private Equity ebenfalls eher skeptisch sehen, stimmen 50 % zu, 20 % antworten mit ›nein‹ oder ›eher nein‹, die Restlichen (30 %) waren neutral oder machten hierzu keine Angabe.

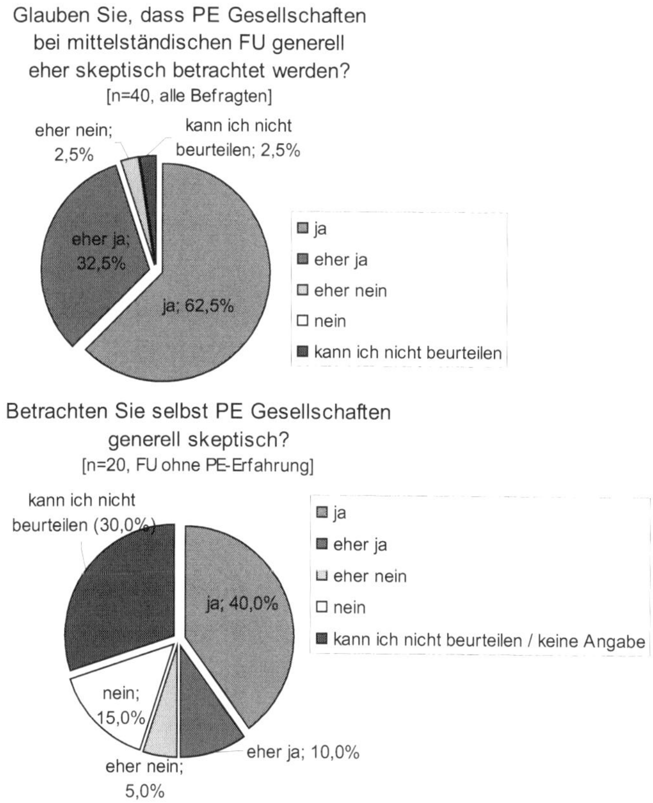

Abbildung 53: Sichtweise auf Private Equity bei mittelständischen Familienunternehmen (eigene Darstellung)

Befragt nach den Gründen für diese recht hohe Skepsis auf Seiten der Familienunternehmen waren die Antworten der Befragten kontrovers, z. T. wird es mit der Angst vor Einflussnahme und Kontrollverlust begründet (»Die haben

889 FU13 2012.

alle Angst, sie könnten einem reinreden. Jedes Familienunternehmen ist total emotional.«),[890] mit generellen Vorbehalten gegenüber Außenstehenden (»alles, was extern ist, ist skeptisch zu betrachten«),[891] den hohen Renditeanforderungen der PE Branche oder aber auch einer möglichen Gefährdung des Fortbestands des Familienunternehmens. Hauptsächlich wird es jedoch mit dem Ruf der Branche erklärt. So sind 82,5 % aller Befragten der Ansicht, dass dies der wichtigste Grund für die große Skepsis in Familienunternehmen gegenüber Private Equity sei (vgl. Abbildung 54).

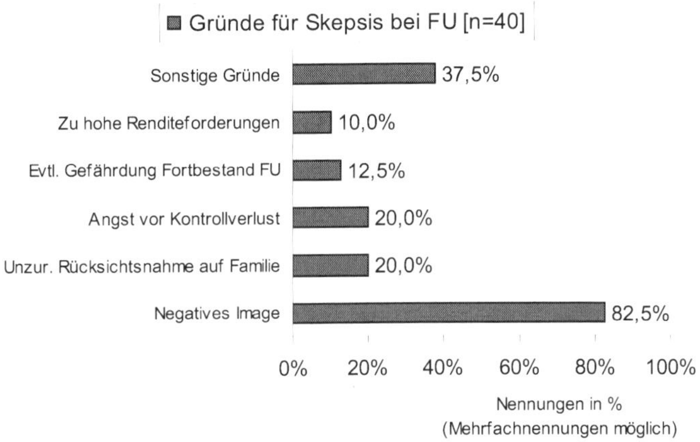

Abbildung 54: Gründe für bestehende Skepsis in Familienunternehmen gegenüber Private Equity (eigene Darstellung)

Ein Unternehmer hält hierzu fest: »Heuschrecken ist zu plakativ, aber es haftet ihnen etwas Unseriöses an.«[892] Nach Ansicht der Befragten ist das negative Image so stark ausgeprägt, dass sie – alleine mit Blick auf ihr Umfeld – gar keine Wahl hätten, Private Equity in Erwägung zu ziehen, selbst wenn es aus ökonomischen Gründen für das Unternehmen sinnvoll wäre. Die aus seiner Sicht befürchteten Folgen eines Einstiegs einer Private Equity Gesellschaft schildert ein Unternehmer (FU14) wie folgt:

> »Die Mitarbeiter würden denken: Die Familie verabschiedet sich, das würde Befürchtung in der Belegschaft schüren. Würde die gefühlte Geborgenheit zerstören. Jetzt sind da die Heuschrecken und die Leute denken, der Alte will Kohle machen. Es geht ihm jetzt nur noch ums Geld. [..] Wettbewerber würden einige unschöne Geschichten daraus machen, nach dem Motto ›es lohnt sich nicht mehr, jetzt brauchen sie Hilfe von außen. Jetzt entscheiden andere Leute ohne Emotionen nach anderen Kriterien‹.«[893]

890 Theta 2012.
891 FU8 2012.
892 FU20 2012.
893 FU5 2012.

Nach den Ursachen dieses Image befragt, ist ein Großteil der Befragten der Ansicht, dass dies insbesondere durch die negative Diskussion in der Öffentlichkeit und den Medien (z. B. Heuschreckendebatte) entstanden sei, aber auch dem Umgang von PEG mit erworbenen Unternehmen und dem Auftreten der Investoren geschuldet sei. Gleichzeitig sehen auch 37,5 % der Befragten eine fehlende persönliche Bekanntschaft mit den Menschen, die hinter den als doch eher anonym wahrgenommenen Private Equity Gesellschaften stehen, als Mitgrund an. Hierzu passend genannt wurden zudem Informationsdefizite und Unwissenheit über das Geschäftsmodell von PE sowie die Intransparenz der Branche (vgl. Abbildung 55).

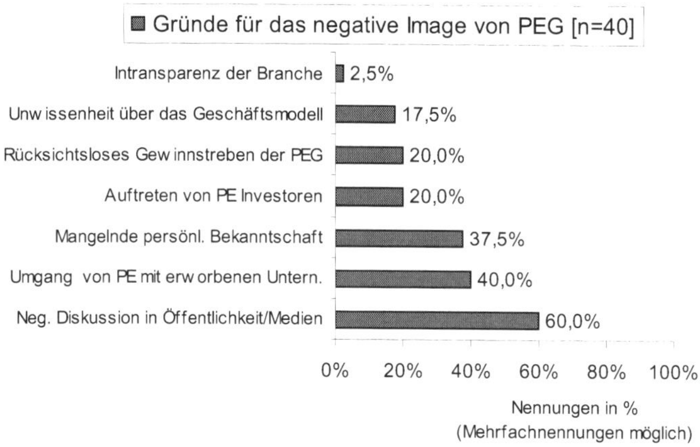

Abbildung 55: Gründe für das negative Image von PEG aus Sicht der befragten Familienunternehmen (eigene Darstellung)

Entsprechend sind jeweils 65 % der Befragten der Ansicht, dass die Akzeptanz von Private Equity steigen würde, wenn die Branche transparenter wäre und wenn die handelnden Personen den Familienunternehmern persönlich bekannt wären. Zudem wurden die Gesprächspartner um ihre Einschätzung gebeten, was Private Equity Gesellschaften daneben noch machen sollten, um die Akzeptanz im Mittelstand zu erhöhen. Die meisten empfehlen den PEG, gezielt ihren Ruf im Mittelstand zu verbessern:[894] »Am Image arbeiten, positive Beispiele vermarkten, um angeknacktes Image aufzupolieren«;[895] u. a. durch eine »positive Berichterstattung in den Medien«[896] und einen »positiven Track-Record.«[897] Ein

894 Ein Unternehmer (FU5) hat hierzu jedoch eine völlig andere Meinung. Gefragt danach, was PEG anders machen müssten, antwortete er: »Nichts, sind ehrlich, offen, professionell, aber herzlos. Haben auch schon viel Gutes getan und viele kranke Unternehmen saniert, weil sie eben so extrem professionell sind, [es sind] gute, erfahrene Leute.«

895 FU20 2012.

896 FU19 2012.

Unternehmer hält hierzu fest: »PEG machen wenig Marketing, also Erklärung des Geschäftsmodells, Benefits. Es erfordert andere Wege der Kontaktaufnahme als plumpe Briefe, um überhaupt Interesse zu wecken.«[898] Überhaupt wird bei den Empfehlungen das Thema Kommunikation häufig genannt, denn anscheinend kommen PEG »auf eine bestimmte Art und Weise rüber«,[899] helfen könnte dabei laut einem Befragten (FU8), andere Unternehmer als sog. Testimonials für sich sprechen zu lassen. Ein weiterer Gesprächspartner empfiehlt eine »verständliche Argumentation, auf einem Level sprechen, mehr Unternehmensnähe, Fachkenntnisse, weniger Überheblichkeit, weniger belehrend und besserwisserisch«[900] aufzutreten. Weitere Vorschläge sind u. a. eine stärkere »persönliche Vernetzung mit Familienunternehmen«[901] und statt »Anonymität [...] zum Partner werden« und dabei »ehrlich sein mit Blick auf den Zeithorizont.«[902] Ein weiterer Unternehmer fordert, dass Private Equity Gesellschaften sich »stärker als Lösungsmöglichkeit für Nachfolge und Finanzierung präsentieren« sollten und rät den Gesellschaften, »Spezialisten für Familienunternehmen/Soft Skills engagieren, um familienspezifische Probleme zu lösen.«[903] Während ein Befragter empfiehlt, PEG sollten ihr »Geschäftsmodell erläutern, erklären, wodurch Werte geschaffen werden«,[904] sind andere der Ansicht, dass diese Geschäftsmodell mit FU nicht vereinbar ist und raten dazu, Veränderungen am Geschäftsmodell vorzunehmen, konkret dieses »auf Langfristigkeit zu ändern«[905] und die »Kondition vernünftig an Leistungsfähigkeit anpassen, [wobei] max. 5 % Rendite im Mittelstand machbar« sei.[906] Ein Befragter umschreibt das wie folgt:

> »Es geht nur über die Bereitschaft, sich anzunähern und mit dem klassischen angelsächsischen Modell geht das nicht. [Gefordert sind] mehr Flexibilität, mehr Minderheitsbeteiligungen, Konditionen, Exit-Orientierung und Langfristigkeit verbessern. Generell der Bedarf nach Brückenbau. Deutsche Private Equity Gesellschaften verstehen das besser.[907]

Dass auch die gut gemeinten Ratschläge keine Garantie für eine höhere Akzeptanz im Mittelstand bedeuten, veranschaulicht das folgende Statement eines

897 Delta 2012.
898 FU3 2012.
899 FU8 2012.
900 FU15 2012.
901 FU2 2012.
902 FU6 2012.
903 FU4 2012.
904 FU7 2012.
905 FU2 2012.
906 FU1 2012.
907 Iota 2013.

Unternehmers: »Engere Begleitung der Unternehmen wäre nötig, Konzept für langfristige Partnerschaft, aber, wenn ich als Familienunternehmen überleben will, kann ich kein PE-Money rannehmen.«[908]

Allerdings sollten – mit Blick auf die steigende Bedeutung externen Beteiligungskapitals in Zeiten von Basel III – auch die Familienunternehmer ihre Position überdenken, wie ein Befragter (Iota) dies sehr reflektiert ausführt:

> »Es ist mental nicht einfach als Familienunternehmer zu akzeptieren, dass plötzlich ein anderer Unternehmer mit am Tisch sitzt, der mitreden will, der rational ist und nur ein Ziel hat: Wertmaximierung. [Es gibt] viele Negativbeispiele, aber Notwendigkeit, dass Unternehmer sich damit beschäftigen. Man darf nicht zu emotional sein. Man kann ihm keinen Vorwurf machen, dass er seinen Job macht, d. h. rational wertmaximierend agiert.«[909]

5.4.2 Ausgewählte Erfahrungsberichte zweier Minderheitsbeteiligungen

Im Folgenden soll anhand zweier ausgewählter Beispiele die Minderheitsbeteiligung durch eine Private Equity Gesellschaft bei zwei völlig verschiedenen Familienunternehmen in Form von Erfahrungsberichten mit ihren Hintergründen und Auswirkungen näher dargestellt werden.

5.4.2.1 Fall 1: Minderheitsbeteiligung auf Grund von Wachstumsplänen bei gleichzeitiger Auszahlung von Gesellschaftern

Beim vorliegenden Fall[910] handelt es sich um ein mittelständisches Familienunternehmen aus dem Bereich der Metallverarbeitung, an welchem eine deutsche Private Equity Gesellschaft eine Minderheitsbeteiligung besitzt.

Hintergrund: Das Unternehmen mit Sitz in Westdeutschland erzielte 2011 mit knapp unter 100 Mitarbeitern einen Jahresumsatz von etwa 30 Mio. EUR. Die Geschäftsführung liegt beim Mehrheitsgesellschafter und Gründer, der aktuell knapp 2/3 der Anteile hält.

Im Jahr 2007 trug sich das Unternehmen mit Expansionsplänen, insbeson-

908 FU13 2012.

909 Iota 2013.

910 Der vorliegende Fall basiert ausschließlich auf den Schilderungen des geschäftsführenden Gesellschafters im Rahmen eines ca. 90-minütigen Interviews, geführt durch den Verfasser mit dem Inhaber am 24.08.2012. Da es in dieser Arbeit um die Wahrnehmung von Private Equity aus Sicht von Familienunternehmen geht, wurde bewusst darauf verzichtet, die Darstellung des Inhabers durch Interviews mit weiteren Personen zu verifizieren oder zu falsifizieren. Vielmehr basiert dieser Fall auf den subjektiven Wahrnehmungen alleine des Inhabers und beschreibt somit, wie dieser den Beteiligungsprozess mit allen Auswirkungen erlebt hat.

dere mit der Eröffnung eines Werkes in den USA, nicht zuletzt um dem Wunsch eines großen Kunden zu entsprechen, der auf Grund des damals hohen Dollar-Kurses von seinen Lieferanten eine Produktion in den USA forderte. Das geschätzte Investitionsvolumen belief sich auf ca. 12 Mio. EUR. Zu diesem Zeitpunkt bestand die Eigentümerstruktur des Unternehmens aus vier Gesellschaftern (natürliche Personen). Da zwei der Gesellschafter jedoch die Wachstumspläne nicht unterstützten und vielmehr um Auszahlung baten, wurde nach Möglichkeiten gesucht, gleichzeitig die Abfindung der beiden Altgesellschafter und die Expansion finanzieren zu können, ohne die Schuldenlast des Unternehmens signifikant zu steigern und ohne die Mehrheit am Unternehmen abgeben zu müssen. Trotz gewisser Vorbehalte gegenüber der Branche war eine Minderheitsbeteiligung durch eine Private Equity Gesellschaft daher eine naheliegende Option.

Der Beteiligungsprozess: Insgesamt führten die Gesellschafter daraufhin Gespräche mit acht Private Equity Gesellschaften, von denen die Mehrheit jedoch keine reine Minderheitsbeteiligung eingehen wollte. Wichtig war den Gesellschaftern zudem, dass das von der PEG eingebrachte Kapital zu nicht mehr als 50 % fremdfinanziert ist, so dass der Schuldendienst für das Unternehmen beherrschbar bleibt. Von den verbliebenen drei Gesellschaften fiel schließlich die Wahl auf eine deutsche PEG, die im Jahr 2007 35 % der Anteile übernahm. Dabei waren nicht zuletzt das Bauchgefühl und die Sympathie für die Gesprächspartner von entscheidender Bedeutung und die Gesellschafter sogar bereit, einen im Vergleich etwas geringeren Preis zu akzeptieren. Die Transaktion fand unter Beteiligung eines M&A-Beraters statt, der auch für die Bewertung des Unternehmens und die damit einhergehende Kaufpreisfindung verantwortlich war. In diesem Zusammenhang erwähnenswert ist sicher die gute konjunkturelle Situation zu diesem Zeitpunkt (Mitte 2007) in Deutschland mit entsprechend positiven Auswirkungen auf die wirtschaftliche Lage des Unternehmens und damit auch auf den Kaufpreis. Die Einbringung des frischen Eigenkapitals erfolgte schließlich im Rahmen einer Kapitalerhöhung, bei der auch die beiden ausscheidenden Gesellschafter ausbezahlt wurden. Die Aufnahme von Private Equity erschien den beiden verbliebenen Gesellschaftern als ein probates Mittel, Wachstum und Auszahlung miteinander zu vereinbaren, ohne gleichzeitig die Fremdkapitalseite des Unternehmens massiv ausbauen zu müssen. Dafür waren sie bereit, Mitspracherechte des neuen Partners zu akzeptieren: »*Wir waren uns bewusst, dass jemand am Tisch sitzt, der Mitspracherechte hat und die Entscheidungsprozesse damit komplexer und langsamer werden.*« Gleichzeitig profitierte das Unternehmen jedoch auch in verschiedenen Bereichen durch die Erfahrung der PEG. So wurde beispielsweise ein sehr gutes Berichtswesen aufgebaut, welches die Professionalisierung des Unternehmens vorantrieb (»*Die haben uns schon dazu gezwungen, aber sinnvoller-*

weise, und auch dabei unterstützt«). Des Weiteren wurde ein Benchmarking mit anderen Portfolio-Unternehmen durchgeführt, um Stärken und Schwächen zu analysieren (*»Empfanden wir als sehr sinnvoll«*) und nicht zuletzt halfen die anderen Portfolio-Unternehmen koordiniert durch die PEG auch beim Erfahrungsaustausch als für das Unternehmen eine Expansion nach China anstand. Schließlich bestand die PEG auch auf der Installation eines Beirats, der ebenfalls durch die Gesellschafter als positiv wahrgenommen wurde, nicht zuletzt auf Grund der mit Hilfe der PEG zusammengestellten Gruppe von Experten, die in den Beirat gewählt wurden.

Trotz dieser sehr positiven Aspekte kann der Unternehmer Private Equity nur eingeschränkt empfehlen, was vor allem an den sehr hohen Transaktionskosten liegt:

> *»Der ganze Prozess war extrem teuer, mit Roland Berger als Unternehmensberatung, KPMG als Wirtschaftsprüfer und den teuren Anwälten. Das würde ich heute nicht mehr machen, würde ich heute von vorne herein anders machen; die Transaktionskosten sind wirklich verrückt. Insgesamt musste das Unternehmen fast drei Millionen EUR dafür zahlen. Vorher waren wir schuldenfrei und mit dieser Summe wäre die Krise überhaupt kein Problem für uns gewesen.«*

So aber traf die ab Ende 2008 einsetzende Wirtschaftskrise das Unternehmen hart. Es zeigte sich, dass der Zeitpunkt für die internationale Expansion auf Grund der weltweiten Finanzmarkt- und Wirtschaftskrise nicht ideal war (*»…mit dem Wissen von heute war das nicht so glücklich wegen der Krise«*). Die jährlichen Zinszahlungen an die Leadbank, die die Finanzierung übernommen hatte, sorgten für weitere Belastungen des Cash Flows. Es dauerte mehrere Jahre, bis sich das Unternehmen erholt hatte. Derzeit ist das Geschäft profitabel und stetig wachsend.

Fazit: Gespräche mit der PEG über einen möglichen Exit gab es noch nicht (Stand August 2012), jedoch geht der Unternehmer von einem Exit in etwa zwei Jahren aus. Zwar bewertet er die Partnerschaft auf Zeit zurückblickend eher positiv (*»Das war schon grundsätzlich alles okay, wir arbeiten harmonisch zusammen, Krisen belasten immer, das ist normal«*), dennoch würde er mit den gemachten Erfahrungen heute, wenn es um den Exit der PEG geht, einen strategischen Partner als Substitut bevorzugen, der *»noch mehr Ahnung von unserem Geschäft hat und der nicht diese hohen Renditeerwartungen hat.«* Auch ein Rückkauf der Anteile ist für ihn daher eine Option, einen vollständigen Verkauf seines Unternehmens schließt er hingegen aus.

5.4.2.2 Fall 2: BÜFA GmbH & Co. KG – Minderheitsbeteiligung zur höheren Kapitalisierung des Unternehmens

Beim vorliegenden Fall[911] handelt es sich um die BÜFA GmbH & Co. KG mit Sitz in Oldenburg. Das Familienunternehmen in fünfter Generation konnte bereits mit zwei verschiedenen Private Equity Gesellschaften im Rahmen von Minderheitsbeteiligungen Erfahrungen sammeln, aktuell hält die Hannover Finanz Gruppe 12 % am Unternehmen.

Hintergrund: Die BÜFA GmbH & Co. KG wurde 1883 in Oldenburg durch Ludwig Büsing und Friedrich Fasch gegründet. Ein Schwerpunkt der Geschäftstätigkeit war und ist seitdem der Handel mit Chemikalien. Im Jahr 2011 erzielte das Unternehmen mit 520 Mitarbeitern einen Umsatz von 175 Mio. EUR. 1923 trat Johann Dietrich Kolwey, Neffe einer der Gründer, in das Unternehmen ein und übernahm später alle Anteile am Unternehmen. Nach seinem Tod (1966) bzw. dem Tod seiner Frau Hertha (1971) ging das Unternehmen auf die Enkel Kerstin Wuppermann (geb. Kolwey-Kahl, 34 % der Anteile) und Thomas Notholt-Kolwey (66 %) über. Letztgenannter schied 1994 auf eigenen Wunsch als Gesellschafter aus dem Unternehmen aus. Daraufhin erhöhte die Familie Wuppermann ihre Anteile auf 54 %, während die verbliebenen 46 % von der Beteiligungsgesellschaft Equita, die zur Quandt-Gruppe gehört, übernommen wurden. Dabei folgte die Familie der Maxime, dass das Unternehmen jederzeit über eine solide Eigenkapitalfinanzierung verfügen sollte (Zielgröße >40 %) und entschied sich daher – obwohl auch die Möglichkeit zur Fremdfinanzierung bestanden hätte – für externes Beteiligungskapital. Entsprechend erreichte das Unternehmen nach dem Einstieg von Equita eine EK-Quote von über 50 %. Wichtig war der Familie zudem, dass Equita langfristig ausgerichtet und somit keine Private Equity Gesellschaft im klassischen Sinne war.

Die aktuelle Minderheitsbeteiligung: Im Jahr 2003, also nach knapp 10 Jahren, entschied sich Equita, ihre Anteile am Unternehmen zu veräußern. Auf Grund der positiven Erfahrungen mit Equita beschloss die Familie, erneut eine Private Equity Gesellschaft als Gesellschafterin in das Unternehmen einzubinden. Das Eigenkapital wurde zudem als Möglichkeit für weiteres Wachstum und

911 Der vorliegende Fall basiert ausschließlich auf den Schilderungen des langjährigen Geschäftsführers Werner zu Jeddeloh im Rahmen eines ca. 90-minütigen Interviews, geführt durch den Verfasser am 05.09.2012. Werner zu Jeddeloh hat explizit einer Nennung seines Namens und des Namens seines Unternehmens zugestimmt, eine Anonymisierung war in diesem Fall entsprechend nicht nötig. Da es in dieser Arbeit um die Wahrnehmung von Private Equity aus Sicht von Familienunternehmen geht, wurde bewusst darauf verzichtet, die Darstellung des Gesprächpartners durch Interviews mit weiteren Personen zu verifizieren oder zu falsifizieren. Vielmehr basiert dieser Fall auf den subjektiven Wahrnehmungen alleine des Gesprächpartners und beschreibt somit, wie dieser den Beteiligungsprozess mit allen Auswirkungen erlebt hat.

Risikopuffer bei eventuellen Krisen gesehen. Die Familie Wuppermann erhöhte dabei ihre eigenen Anteile auf dann 74,9 %, während 25,1 % der Anteile durch die Private Equity Gesellschaft Hannover Finanz übernommen wurden. Der Entscheidung für Hannover Finanz waren Gespräche mit etwa fünf Private Equity Gesellschaften vorausgegangen, die seitens der Hausbank empfohlen worden waren. Der Sympathiefaktor und auch die Tatsache, dass es sich bei der Hannover Finanz um eine deutsche PEG handelte, waren für die Familie wichtige Auswahlkriterien. Um das Unternehmen abzusichern, wurde zudem vereinbart, dass ein Ausstieg von Hannover Finanz bei schlechten Unternehmensergebnissen nicht möglich sei.

Im Jahr 2008 verkaufte BÜFA ein Tochterunternehmen an einen Industriekonzern. Die Familie nutzte den hieraus resultierenden außerordentlichen Ertrag für den Rückkauf von 13 % der Unternehmensanteile von der Hannover Finanz. Hintergrund dieser Transaktion war nicht, dass die Familie mit der PEG als Gesellschafterin unzufrieden war, sondern, dass die Familie, die als oberstes Ziel die Fortführung des Unternehmens als Familienunternehmen hat, bei einem später angestrebten Exit von Hannover Finanz möglicherweise nicht ausreichend Kapital gehabt hätte, um die ausstehenden 25 % zurückkaufen zu können, während diese Gefahr bei 12 % als deutlich geringer angesehen wurde. Insofern kann der Teilrückkauf auch als eine erneute, bewusste Entscheidung der Familie für Private Equity gesehen werden und ist auch Ausdruck der Zufriedenheit mit Hannover Finanz, die mit zwei Sitzen im Beirat vertreten ist, der viermal im Jahr tagt und insbesondere für die strategische Ausrichtung des Unternehmens verantwortlich ist. Dies bestätigt der langjährige Geschäftsführer Werner zu Jeddeloh,[912] der es zugleich sehr schätzt, dass Hannover Finanz keinen Einfluss auf das operative Tagesgeschäft nimmt, allerdings beratend zur Seite stehe, wenn dies gewünscht sei. So gibt er an, häufig mit den Vertretern der PEG zu telefonieren; er empfinde dies als *»sehr angenehme und gute Möglichkeit, ein Meinungsbild zu schaffen.«* Darüber hinaus profitiere das Unternehmen von der höheren Eigenkapitalquote und damit einhergehend geringeren Kreditbeschränkungen seitens der Banken, sowie vom hilfreichen Netzwerk und der Expertise der PEG, die ein *»strategischer Mit- und Gegendenker«* im Beirat sei. Die langfristige Ausrichtung sei zudem ein weiterer Vorteil, da hierdurch eine »langfristig planbare, zuverlässige Geschäftsbeziehung« möglich sei. Gleichwohl ist für ihn – trotz aller Langfristigkeit – das Ausstiegsszenario einer der größten Negativpunkte an Private Equity, insbesondere weil man als Unternehmen nur wenig Einfluss auf Zeitpunkt und Unternehmensbewertung habe. Darüber hinaus sieht das Geschäftsmodell von Hannover Finanz – in Abgrenzung zu

912 Werner zu Jeddeloh trat 1976 in das Unternehmen ein und ist seit 1989 Geschäftsführer des Unternehmens.

vielen anderen PEG – regelmäßige Gewinnausschüttungen des Unternehmens nach Beteiligungsquote vor, was eine Gewinnthesaurierung zur Stärkung des Eigenkapitals zumindest für diesen Teil ausschließt. Dies ist für Werner zu Jeddeloh der zweite gewichtige Nachteil.

Fazit: Insgesamt, so Werner zu Jeddeloh, würden die Vorteile die Nachteile überwiegen und BÜFA sei mit Private Equity als Finanzierungsform und insbesondere dem aktuellen Partner sehr zufrieden. Dies belegt auch die Tatsache, dass die beiden Geschäftsführer von BÜFA, Werner zu Jeddeloh und Jan Wuppermann, auf Bitte der Hannover Finanz im November 2011 eine Präsentation vor anderen Familienunternehmen hielten, in der sie ihre Erfahrungen und die Vor- und Nachteile beschrieben und eine Empfehlung für diese Art der Finanzierung an die versammelten Unternehmer aussprachen.

5.4.3 Erfahrungsberichte ehemaliger Inhaber über ihren Verkauf an Private Equity Gesellschaften

Im Folgenden sollen sechs Fälle vorgestellt werden, bei denen Familienunternehmen durch Private Equity Gesellschaften vollständig übernommen wurden. Sie werden in Form von Erfahrungsberichten mit ihren Hintergründen und Auswirkungen näher dargestellt, basierend auf den Schilderungen der ehemaligen Familienunternehmer im Rahmen jeweils ca. 90–120-minütiger Interviews.[913] Die verfassten Erfahrungsberichte wurden den Gesprächspartnern später noch einmal vorgelegt und explizit von ihnen freigeben. Da es in dieser Arbeit um die Wahrnehmung von Private Equity aus Sicht von Familienunternehmen geht, wurde bewusst darauf verzichtet, die Darstellung des Inhabers durch Interviews mit weiteren Personen (z. B. Investment Managern der betroffenen Gesellschaften) zu verifizieren oder zu falsifizieren. Vielmehr basiert dieser Fall auf den subjektiven Wahrnehmungen alleine des Inhabers und beschreibt somit, wie dieser den gesamten Übernahmeprozess mit allen Auswirkungen erlebt hat und in der Retrospektive beurteilt.

913 Der Verfasser bedankt sich an dieser Stelle noch einmal explizit bei den Gesprächspartnern für ihre Zeit und für die sehr angenehme und offene Gesprächsatmosphäre, die in allen Gesprächen herrschte.

5.4.3.1 Fall 1: Verkauf des Unternehmens an eine Private Equity Gesellschaft auf Grund fehlender Nachfolger

Im vorliegenden Fall[914] handelt es sich um die vollständige Übernahme eines mittelständischen Familienunternehmens durch eine moderate, deutsche Privat Equity Gesellschaft im Jahr 2008 auf Grund fehlender Nachfolger.

Hintergrund: Das Unternehmen aus dem Bereich der Regel- und Messtechnik erzielte zum Verkaufszeitpunkt mit 70 Mitarbeitern ca. 13 Mio. EUR Umsatz. Mangels Nachfolger innerhalb der Familie aber auch innerhalb des eigenen Managements (»*...ich hatte versäumt, einen Nachfolger aufzubauen*«) war der Inhaber, der das Unternehmen in zweiter Generation führte, aus Altersgründen gezwungen, das Unternehmen im Jahr 2008 zu verkaufen. Zuvor (ab 2005) hatte der Inhaber, der das Unternehmen gerne in der Familie fortgeführt gesehen hätte, noch versucht, einen Fremdgeschäftsführer zu finden, was jedoch zumeist an den »*zu hohen Ansprüchen der Kandidaten*« scheiterte.

Der Verkauf: Im Rahmen der Verkaufsüberlegungen war die erste Priorität des Inhabers der Verkauf an ein anderes Familienunternehmen. Von zunächst drei Interessenten blieb zum Schluss ein ernsthaft interessiertes Familienunternehmen, welches deutlich größer als das Verkaufsobjekt war (>500 Mio. EUR Umsatz) und schließlich auch ein Gebot abgab. Zudem trat – nach Vermittlung durch einen Makler – eine Private Equity Gesellschaft als weiterer Interessent auf. Diese Gesellschaft war nicht nur auf Übernahmen im Mittelstand spezialisiert, sondern hatte bereits kurze Zeit zuvor ein ähnliches Objekt übernommen und plante mit der Übernahme des Kaufobjekts die Bildung einer Unternehmensgruppe, um auf diese Weise Synergien heben und die Wettbewerbsfähigkeit steigern zu können.

In den Verkaufsverhandlungen hatte für den Inhaber der Fortbestand des Unternehmens höchste Priorität. Dies beinhaltete aus seiner Sicht den Erhalt von Arbeitsplätzen, den Erhalt des Firmennamens und die Bewahrung von Traditionen und Werten im Unternehmen. Nach seiner Aussage war der Verkaufspreis diesen Kriterien untergeordnet, aber natürlich ebenfalls für die Entscheidung über den Verkauf sehr relevant.

Der Inhaber stufte zum Beginn der Verkaufsüberlegungen seine Kenntnisse über Private Equity als mittelmäßig ein und verband hauptsächlich negative Assoziationen mit dem Begriff, der sich insbesondere auf den hohen Fremdkapital-Anteil bei Übernahmen bezog. Entsprechend ging er mit deutlichen Vorbehalten in die Verhandlungen mit der Private Equity Gesellschaft. In den

914 Der vorliegende Fall, die vollständige Übernahme eines mittelständischen Familienunternehmens durch eine Private Equity Gesellschaft im Jahr 2008, basiert ausschließlich auf den Schilderungen des ehemaligen Inhabers im Rahmen eines ca. zweistündigen Interviews, geführt durch den Verfasser mit dem ehem. Inhaber am 21.05.2012.

Verhandlungen traten die Mitarbeiter der PEG dann jedoch *»ausgesprochen seriös und vertrauenswürdig«* auf. Im Gegensatz zum anderen Bieter hatten sie *»ein Gesamtkonzept, welches zudem auch eine Standortgarantie über 5 Jahre inkl. Firmenname, Belegschaft und Struktur«* beinhaltete; ein in den Verhandlungen entscheidendes Argument, insbesondere auch, da der Inhaber gleichzeitig Zweifel hatte, ob beim Verkauf an das deutlich größere Familienunternehmen, welches hauptsächlich an der Technologie interessiert schien, diese Bestandsgarantien ebenfalls durchzusetzen gewesen wären. Schließlich lag auch der seitens der PEG gebotene Kaufpreis mit ca. 17 Mio. EUR deutlich über dem Angebot des strategischen Investors (15,5 Mio. EUR). Damit entsprach der Kaufpreisfaktor bezogen auf die gemittelten EBIT-Ergebnisse der letzten drei Jahre einem Multiple von 8, was für ein Unternehmen dieser Größenordnung als recht hoch einzustufen ist und das große Interesse des Investors am Unternehmen verdeutlichte. Daneben wurden dem Inhaber 3 % Anteile an der neu gebildeten Unternehmensgruppe sowie ein Sitz in deren Beirat angeboten. In der Summe ein Paket, welches für den Inhaber sehr attraktiv war. Insgesamt beschrieb er die Situation wie folgt: *»Ich hatte ein gutes Bauchgefühl, es waren seriöse Leute und hinter der Private Equity Gesellschaft stand zudem eine renommierte Bank als Gesellschafter.«*

Aus diesen Gründen erteilte er 2008 der PEG den Zuschlag. Die Sorge über das hohe Leveraging schien zunächst unbegründet: »Der Fremdkapital-Anteil lag bei etwa 50 %, d. h. der Zins- und Tilgungsdienst für das Unternehmen war noch relativ moderat und stellte keine substantielle Gefährdung für das Unternehmen dar.«

Nur kurze Zeit nach Vertragsunterzeichnung änderte sich jedoch das Verhalten der Private Equity Gesellschaft. Die Übergabe des Unternehmens fand auf Wunsch der PEG ohne Einbeziehung des ehem. Inhabers gegenüber Kunden und Mitarbeitern statt. Das Angebot des ehem. Inhabers, die größten Kunden gemeinsam im Rahmen eines Übergabegesprächs zu besuchen, wurde ebenso abgelehnt, wie die angebotene Hilfe mit Blick auf gemeinsame Gespräche mit der Belegschaft. Zwar war diese Vorgehensweise das gute Recht des Käufers, die plötzliche und strikte Kappung des Familienunternehmers von seinem ehemaligen Unternehmen empfand dieser dennoch als *»sehr enttäuschend«*: *»Ich begann zu zweifeln, ob ich die richtige Entscheidung getroffen hatte.«* Diese Zweifel verstärkten sich, als die PEG – wohl hauptsächlich getrieben durch die Auswirkungen der Wirtschaftskrise im Jahr 2008 und dem damit einhergehenden Umsatzeinbruch im deutlich zweistelligen Prozentbereich – begann, massiv Mitarbeiter abzubauen. So wurden Anfang 2009 etwa 30 % der gesamten Belegschaft entlassen, trotz Bereitschaft zu Lohnverzicht und Kurzarbeit. Ein Novum für den Mittelständler, der zuvor nie größere Kündigungen gesehen hatte. Die Kündigungen wurden trotz der zuvor abgegebenen Standort- und

Belegschaftsgarantien ausgesprochen, waren jedoch dennoch vertragskonform, da entsprechende Garantiebestimmungen im Vertrag an wirtschaftliche Voraussetzungen gekoppelt waren, die nach den Umsatzeinbrüchen nicht länger gegeben waren. Zudem versuchte die PEG, die Mitarbeiter der ersten und zweiten Führungsebene dazu zu bewegen, sich – gegen Zahlung eines entsprechenden Betrags – mit 1 % am Unternehmen zu beteiligen. Aus Angst vor weiteren Kündigungen kamen die meisten Mitarbeiter dem Drängen der PEG nach, auch wenn sie sich das Geld hierfür zum Teil leihen mussten.

Parallel hierzu verlangte die PEG Teile des gezahlten Kaufpreises vom Verkäufer zurück und führte hierfür steuerliche Gründe und Gewährleistungsansprüche an: »*Ich erhielt Briefe von Anwälten der Private Equity Gesellschaft über fingierte Ansprüche, z. B. die angebliche Gewährleistungshaftung gegenüber einem großen Kunden.*« Zudem wurde »*massiv versucht, mich dazu zu bewegen, meine Anteile in Höhe von 3 % zurückzugeben, mit nahezu wöchentlichen Briefen. Irgendwann habe ich dem Drängen – auch da es eine große emotionale Belastung für mich war – nachgegeben und meine Anteile verkauft und bin zudem aus dem Beirat ausgeschieden.*«

Fazit: Das Unternehmen gehört heute, im Jahr 2012, knapp vier Jahre nach der Übernahme, unverändert zur selben PEG und hat die Krise insgesamt gut überstanden und fast wieder die alten Umsatz- und Belegschaftszahlen erreicht. Dabei wurden auch mehrere seiner Zeit entlassene Mitarbeiter wieder eingestellt. Zurzeit sucht die Beteiligungsgesellschaft einen neuen Käufer für die Firma.

Der ehemalige Inhaber hat keinen Kontakt mehr mit der neuen Geschäftsleitung und den auf den Verkauf folgenden Konflikt mit der Private Equity Gesellschaft als große Belastung empfunden. Entsprechend negativ bewertet er rückblickend den Verkauf seines Unternehmens an eine Private Equity Gesellschaft: »*Insgesamt haben sich meine ursprünglichen Vorbehalte gegenüber Private Equity leider bestätigt. Die ganze Abwicklung war nicht seriös, Zusagen wurden nicht eingehalten und die Identität des Unternehmens nicht gewahrt. Das alles hat mich emotional sehr belasted. Zusammenfassend würde ich das Erlebte eher als ›Private Absurdity‹ bezeichnen.*«

5.4.3.2 Fall 2: Verkauf des Unternehmens an eine Private Equity Gesellschaft auf Grund fehlender Nachfolger

Im vorliegenden Fall[915] handelt es sich um die vollständige Übernahme eines mittelständischen Familienunternehmens durch eine moderate, deutsche Privat

915 Der vorliegende Fall basiert ausschließlich auf den Schilderungen des ehemaligen Vor-

Equity Gesellschaft im Jahr 2008. Die Firma, ein bekanntes deutsches Unternehmen aus der Bekleidungsbranche und vor knapp 100 Jahren gegründet, erzielte zum Verkaufszeitpunkt mit knapp 1.900 Mitarbeitern ca. 100 Mio. EUR Umsatz und war profitabel; der Verkauf erfolgte mangels vorhandener Nachfolger innerhalb der Familie.

Hintergrund: Im Jahr 2005 entschied sich der langjährige Vorstandsvorsitzende im Alter von 66 Jahren aus Alters- und gesundheitlichen Gründen aus dem Unternehmen auszuscheiden. Er war als Schwiegersohn des Gründers bereits in den 70er Jahren in das Unternehmen eingetreten und verantwortete das Geschäft seit dieser Zeit als Geschäftsführer bzw. Alleinvorstand und später Vorstandsvorsitzender. Die Anteile am Unternehmen gehörten jedoch zu 52 % seiner Frau und zu 48 % seinem Schwager. Unter seiner Leitung wuchs das Unternehmen kontinuierlich und expandierte u. a. durch Export und durch Gründung eigener Produktionstochtergesellschaften im kostengünstigeren Ausland.

Obwohl beide Familien jeweils zwei Kinder hatten, fand sich unter diesen kein Nachfolger. Die Familie entschied sich schließlich für einen Verkauf des Unternehmens, obwohl die ursprüngliche Präferenz war, das Unternehmen im Familienbesitz zu halten.

Der Verkauf: Der Verkaufsprozess wurde offiziell im Jahr 2007 initiiert, doch schon vorher war das Unternehmen darauf vorbereitet worden: So wurde u. a. die Rechtsform geändert und das Unternehmen in eine Aktiengesellschaft umgewandelt. Der Vorstand wurde auf insgesamt fünf Vorstände erweitert. Die breitere Aufstellung durch ein größeres Management-Team sollte es potentiellen Käufern leichter machen, das Unternehmen zu übernehmen, die Abhängigkeit von der Person des Vorstandsvorsitzenden reduzieren und gleichzeitig für eine gewisse Kontinuität im Unternehmen sorgen, nachdem sich die Familie von den Anteilen getrennt und aus der Firma zurückgezogen hatte. Mit dem Verkauf wurde schließlich eine deutsche Privatbank mandatiert. Dabei wurden bewusst weder strategische noch Finanzinvestoren ausgeschlossen. Schließlich konnten 20 potentielle Käufer identifiziert werden, die zu Gesprächen mit dem Vorstand eingeladen wurden. Rückblickend erinnert sich der damalige Vorstandsvorsitzende:

> »Die Gespräche mit den Strategen waren schwieriger; es gab eine große Skepsis in Belegschaft und Vorstand gegenüber einem Verkauf an einen Strategen, da der Verlust der Unabhängigkeit des Unternehmens und Kürzungen befürchtet wurden. Hingegen gab es keine Skepsis gegenüber Private Equity. […] Allerdings waren manche der Finanzinvestoren schon sehr arrogant.«

---

standsvorsitzenden im Rahmen eines ca. 90-minütigen Interviews, geführt durch den Verfasser am 15.11.2012.

Zum Schluss blieben drei potentielle Käufer, die in die engste Auswahl kamen, davon zwei Private Equity Gesellschaften und ein strategischer Investor. Letztlich basierte die Entscheidung für eine Private Equity Gesellschaft auch auf der Tatsache, dass seitens des strategischen Investors darauf bestanden wurde, dass die Familie für einen gewissen Zeitraum weiterhin 1/3 der Anteile halten sollte. Auch beide PE Gesellschaften waren daran interessiert, die Familie als Minderheitsgesellschafter im Unternehmen zu halten. Dies kam jedoch für die Familie, die einen sauberen Schnitt wollte, nicht in Frage (hierbei spielte auch die gesundheitliche Situation des Unternehmers zum Verkaufszeitpunkt eine Rolle). Letztlich entschied sich die Familie für die PEG, die nicht auf einer Minderheitsbeteiligung bestand und die der Familie mit Blick auf Risiken aus Gewährleistungshaftung am weitesten entgegen kam; dabei handelte es sich nicht um das höchste Angebot. Ein weiterer Grund für PE und gegen einen strategischen Investor war für den Vorstandsvorsitzenden, dass er das Unternehmen selbstständig und unter gleicher Marke fortgeführt sehen wollte, was seiner Meinung nach bei Private Equity sehr viel eher möglich war, als im Rahmen einer Übernahme durch einen Konzern oder Wettbewerber. Insgesamt beschreibt er den gesamten Übernahmeprozess als relativ effizient und unkompliziert, was er auch mit einer *»etwas geringeren emotionalen Bindung zum Unternehmen«* erklärt, da er *»als Schwiegersohn nicht in das Unternehmen geboren wurde.«* Es gab keine Probleme bei der Vertragsgestaltung und auch die Vertragsgespräche bezeichnet er rückblickend als überaus fair. Als positiv empfand er zudem, dass die PEG allen Vorständen eine Beteiligung am Unternehmen anbot.

Mit Blick auf die Entwicklung des Unternehmens weist er darauf hin, dass der Verkaufszeitpunkt im Nachhinein ideal gewesen sei, denn kurze Zeit später erfasste die Wirtschaftskrise Deutschland und das Unternehmen. Die PEG reagierte entsprechend mit Personalabbau und einer Veränderung des Programms. Dennoch sank der Umsatz und liegt im Jahr 2012 ca. 15 % unter dem Wert zum Verkaufszeitpunkt 2008.

Fazit: Rückblickend bewertet der damalige Vorstandsvorsitzende den Verkauf positiv, wenngleich er zugibt:

> »Ein solcher Verkauf ist schon ein erheblicher Einschnitt und es geht letztlich von einem auf den anderen Tag. Da habe ich vorher nicht so dran gedacht. Aber ich habe es auch nicht bereut und aus Altersgründen musste ich diese Entscheidung treffen. Ich kann auch nicht sagen, dass ich den Verkauf an einen Finanzinvestor bereut habe und war dort am ehesten sicher, das das Unternehmen unverändert bleibt. [...] Und schließlich sind auch keine Versprechungen gemacht worden, die nicht gehalten wurden.«

Auf Grund seiner Erfahrungen kann er Private Equity anderen Familienunternehmen durchaus empfehlen, schränkt jedoch ein, dass »man bei der Auswahl sehr sorgsam vorgehen müsse und es stark auf die Gesellschaft und das Vertrauensverhältnis zu den beteiligten Personen ankomme.« Hier habe er »sehr große Unterschiede in den Gesprächen festgestellt.«

5.4.3.3 Fall 3: Verkauf des Unternehmens an eine Private Equity Gesellschaft als ›Opportunistic Sale‹

Im vorliegenden Fall[916] handelt es sich um den Verkauf eines mittelständischen Familienunternehmens an eine moderate, österreichische Privat Equity Gesellschaft (Lead Investor) im Jahr 2007. Das Unternehmen befand sich zu diesem Zeitpunkt in einer guten wirtschaftlichen Lage, die Nachfolge war bereits geregelt. Der Verkauf erfolgte infolge eines konkreten Kaufangebots, welches nicht aktiv eingeholt wurde und kann somit als ›Opportunistic Sale‹ bezeichnet werden.

Hintergrund: Bei dem Unternehmen handelt es sich um ein mittelständisches Familienunternehmen aus den neuen Bundesländern, welches Konsumgüter produziert und in den 1920er Jahren gegründet wurde; zum Verkaufszeitpunkt erzielte es mit etwa 250 Mitarbeitern knapp 30 Mio. EUR Umsatz.

Das Unternehmen war 1991 durch die Inhaberfamilie von der Treuhand übernommen und zunächst durch den Vater geführt worden. Auf Grund gesundheitlicher Probleme des Vaters trat einer seiner drei Söhne[917] 1995 in das Unternehmen ein; der Vater wechselte, nachdem eine Fremdgeschäftsführung implementiert wurde, kurze Zeit später in den Beirat. Bis zum Verkauf des Unternehmens im Jahr 2007 war der Sohn in verschiedenen Positionen im Unternehmen tätig, zunächst operativ, ab 1998 als Vorsitzender des Beirates. Dabei verblieb das Unternehmen im Eigentum des Vaters und wurde schließlich 2007 an zwei der drei Söhne übertragen.[918] Zu diesem Zeitpunkt gab es den Plan, das Unternehmen langfristig zu entwickeln und den Umsatz zu verdoppeln; sowohl die wirtschaftliche Situation als auch das Wachstumspotential waren hervorragend, allerdings war der Familie bewusst, dass sie für das geplante Wachstum Kapital benötigen würde, um die technologischen Investitionen durchführen zu können und, dass dieses Wachstum unerlässlich wäre, um die aktuelle Position im Markt langfristig halten zu können. Operativ wurde das Unternehmen wei-

916 Der vorliegende Fall basiert ausschließlich auf den Schilderungen des ehemaligen Inhabers im Rahmen eines ca. 120-minütigen Interviews, geführt durch den Verfasser am 28.09.2012.

917 Zugleich Gesprächspartner im Rahmen dieses Interviews.

918 Anm.: Der zweite Sohn ist Arzt und war daher nie für das Unternehmen außerhalb der Gesellschafterfunktion tätig.

terhin durch einen Fremdgeschäftsführer geleitet, während die Familie im Rahmen ihrer Beiratsfunktion die strategische Entwicklung steuerte. Der Übergang des Unternehmens vom Vater an die Söhne war im Markt schnell bekannt und die beiden Brüder wurden in diesem Zusammenhang von verschiedenen Private Equity Gesellschaften kontaktiert und angefragt, ob sie sich nicht einen Teilverkauf mit späterem gemeinsamen Exit oder einen Verkauf des Unternehmens vorstellen könnten.

Der Verkauf: War ein Verkauf ursprünglich undenkbar, so entstand nun angesichts der konkreten Anfragen eine offene Diskussion im Familienkreis. Schließlich entschied sich die Familie für einen Verkauf, sofern ein seriöses Angebot vorliegen sollte. Dies war mehr eine rationale als emotionale Entscheidung und folgte der Erkenntnis, dass für das weitere, notwendige Wachstum erhebliches Kapital notwendig sein würde und sich die Familie damit einem neuen, großen unternehmerischen Risiko aussetzen würde. Ein weiteres Argument war, dass die Familie ihren Lebensmittelpunkt nicht in Ost-Deutschland hatte und mit dem Verkauf auch zurück in die Heimat gehen konnte bzw. die zahlreichen Reisen entfallen würden. Der Familie war zudem klar, dass, wenn sie das Unternehmen schon verkaufen würde, nur ein vollständiger Verkauf in Frage kommen würde. Dabei war der Preis ein entscheidendes Kriterium, eine generelle Präferenz gegenüber einzelnen Käufergruppen bestand nicht, wenngleich eine gewisse Skepsis gegenüber Private Equity Gesellschaften durchaus vorhanden war (*»[...] die meisten Private Equity Gesellschaften versuchten schon, den Unternehmer für blöd zu verkaufen [...]«*). Auf Grund dessen wendete sich die Familie an einen Bekannten, der zugleich selbst Gesellschafter einer kleineren österreichischen Private Equity Gesellschaft war, mit der Bitte um Rat, auch um die ersten eingegangenen indikativen Angebote besser bewerten zu können. Dieser Bekannte war es schließlich, der nicht nur eine überschlagsmäßige Bewertung des Unternehmens durchführte, sondern in der Folge auch selbst ein Angebot abgab und den Zuschlag erhielt. Rückblickend hält der ehemalige Inhaber hierzu fest: *»Ich glaube, mit den anderen Gesellschaften hätten wir es auch nicht gemacht. Entweder war der Preis zu schlecht, oder wir wurden bei scheinbar attraktiven Preisen mit üblichen »Tricks« geködert. Denn, je mehr sie von Vertrauen sprechen, desto weniger kann man denen glauben.«*

Zwar bestand auch Kontakt zu strategischen Investoren, aber der Verkauf an die Private Equity Gesellschaft des Bekannten war für die Familie die ideale Lösung, da sie das Unternehmen hier in guten Händen sah und zugleich ausreichend Investitionskapital für das weitere Wachstum vorhanden war. Dennoch war insbesondere die Unterschrift unter den Kaufvertrag *»eine sehr bewegende-sentimentale Sache.«* Während allerdings der Vater nie ganz loslassen konnte und immer noch Kontakt zum Unternehmen bzw. einzelnen Mitarbeiter hat, war der Sohn seit 2008 ganz bewusst nicht mehr in der Firma, weil *»es mich emo-*

tional mitnimmt und es manchmal leichter ist, los zu lassen, wenn man einen kompletten Cut macht.«

Fazit: Rückblickend ist er heute noch der Meinung, dass *»wir damals das Richtige gemacht haben,«* denn das Unternehmen – aktuell[919] immer noch in der Hand derselben Private Equity Gesellschaft – hat sich gut entwickelt und die angestrebte Verdopplung der Umsätze wurde nahezu erreicht. Zwar erkennt er auch einige Managementfehler der neuen Eigentümer, aber insgesamt sieht er Entwicklung und Zustand des Unternehmens positiv. Dennoch glaubt er, dass das Unternehmen *»mit dem gleichen finanziellen Engagement als Familienunternehmen heute weiter wäre«*, denn es *»[...] wird heute schon etwas nüchtern, etwas kälter geführt und Familienunternehmer können die Leute emotional besser mitnehmen. Aber festgestellt sei auch, dass die aktuellen Eigentümer sicher die beste Wahl waren.«*

Bemerkenswert ist auch die private Entwicklung des Unternehmers, der quasi die Seiten gewechselt hat: *»Irgendwann kam die Frage auf: Was machen wir nun mit dem erlösten Gewinn? Ich hatte die Typen nun kennengelernt, viel gelernt und gesehen, dass viele kleine KMU's Eigenkapitalbedarf haben. Ich habe daraufhin eine eigene kleine Private Equity Gesellschaft gegründet, mit dem Schwerpunkt auf kleineren regionalen Unternehmen. Unser Ziel ist es, diese Unternehmen im Rahmen von mindestens 25 %-Minderheitsbeteiligungen zu entwickeln. Die Tatsache, dass ich selber Familienunternehmer war, sorgt dabei natürlich für eine gewisse Offenheit bei den Unternehmen.«*

5.4.3.4 Fall 4: Verkauf des Unternehmens an eine Private Equity Gesellschaft auf Grund von Liquiditätsproblemen

Im vorliegenden Fall[920] handelt es sich um die Übernahme der Mehrheit eines mittelständischen Familienunternehmens durch eine klassische, ausländische Privat Equity Gesellschaft im Jahr 2008. Hintergrund der Transaktion waren Liquiditätsprobleme des Unternehmens. Die Familie verblieb zunächst als Minderheitsgesellschafter im Unternehmen.

Hintergrund: Bei dem Unternehmen handelt es sich um ein bekanntes deutsches Einzelhandelsunternehmen, welches vor über 100 Jahren gegründet worden ist und zum Verkaufszeitpunkt mit 2.000 Mitarbeitern ca. 250 Mio. EUR Umsatz erzielte.

Der langjährige Unternehmer hatte sich im Jahr 2005 im Alter von 65 Jahren

919 Stand Dezember 2012.

920 Der vorliegende Fall basiert ausschließlich auf den Schilderungen des ehemaligen Inhabers im Rahmen eines ca. 90-minütigen Interviews, geführt durch den Verfasser mit dem ehem. Inhaber am 25.07.2012.

aus dem Unternehmen zurückgezogen und dieses seinen drei Kindern, die alle bereits im Unternehmen tätig waren, übergeben. Die Fortführung des Unternehmens als Familienunternehmen war dabei stets der Wunsch des Unternehmers. Zum Zeitpunkt der Übergabe im Jahr 2005 war das Unternehmen profitabel und wachsend. Rückblickend hält der ehemalige Inhaber zur Übergabe an seine Kinder fest: *»Privat verstehen wir uns super gut, aber geschäftlich hatten wir andere Vorstellungen. Ich habe mein Geschäft immer aus dem Bauch heraus gemacht, mein Sohn immer gerechnet.«* So änderte die neue Generation sehr vieles im Unternehmen, operativ wie strategisch. Unter anderem wurden Unternehmensberatungen engagiert und mit der Erstellung von Konzepten beauftragt; früher undenkbar im Unternehmen. Daraus resultierend wurde beispielsweise das bestehende, gut funktionierende Themenweltenkonzept komplett verändert und hierfür jeweils eigene externe Manager eingestellt. Der Führungsstil im Unternehmen änderte sich, die Einstellungskriterien waren plötzlich andere. Legte der langjährige Unternehmer keinen großen Wert auf Studium und berufsspezifische Erfahrung, so waren dies nun Kriterien für Neueinstellungen und Beförderungen. Die im Unternehmen sehr beliebten (allerdings auch kostspieligen) Teamreisen nach London und New York mit dem Ziel der Entdeckung neuer, interessanter Produkte wurden aufgegeben. Der ehemalige Inhaber konstatiert: *»Alles das, was das Unternehmen aus- und interessant gemacht hat, wurde abgeschafft. Das Unternehmen war zu kompliziert geworden. Zu viele Meetings, zu viel Controlling, zu wenig Kreativität.«*

Der Verkauf: In den folgenden drei Jahren (bis 2008) drehte sich die Profitabilitätssituation des Unternehmens maßgeblich. Das Unternehmen war in relativ kurzer Zeit zu einem Sanierungsfall geworden. Im Jahr 2008 wurde der langjährige Unternehmer von seinen Kindern gebeten, wieder operativ in das Unternehmen einzusteigen. Zeitgleich wurde von Seiten der Hausbank der Einstieg einer Private Equity Gesellschaft samt Kapitalerhöhung empfohlen. Die Bank stellte den Kontakt zu einer großen europäischen Private Equity Gesellschaft her, die im Anschluss an eine sorgfältige Prüfung im Mai 2008 50 % der Anteile am Unternehmen übernahm, diese allerdings nicht von Seiten der Unternehmerfamilie, sondern von einem weiteren Gesellschafter. Um die Mehrheit am Unternehmen zu erlangen, führte die PE Gesellschaft im Anschluss eine Kapitalerhöhung durch, die durch die Unternehmerfamilie nicht mitgetragen wurde und somit zu einer deutlichen Verwässerung der Anteile der Familie führte, die auf diese Weise zum Minderheitseigner wurde.

Rückblickend hält der Unternehmer zum Einstieg der PEG fest:

> *»Wir hatten von ihnen [Anm.: der PEG] jemanden, der für uns zuständig war, der aber von der Sache keine Ahnung hatte. Ein reiner Zahlenmensch. Dennoch, zunächst hatten wir und die Mitarbeiter große Hoffnung; aber einige sind auch gegangen, da sie nicht*

unter Private Equity arbeiten wollten. [...] Insgesamt haben die [Anm.: die PEG] irre Kosten verursacht. Es waren plötzlich jede Menge Berater da, aber keiner hatte Ahnung vom Geschäft und dem Unternehmen;[...] jede Woche gab es zwei Meetings für die PEG, die von den Mitarbeitern vorbereitet werden mussten. Die [Anm.: die Mitarbeiter] hatten keine Zeit mehr für ihre eigentliche Arbeit; Gestaltungsmöglichkeiten der Mitarbeiter waren nur noch gering, die starken Mitarbeiter waren eh weg und die Schwachen hielten nicht dagegen. Es wurde nichts mehr gewagt.«

Über sein eigenes Verhältnis zur PEG befragt, äußert er sich wie folgt:

»Die [Anm.: die Investment Manager der PEG] haben mich nicht verstanden. Alle ganz ausgebildete Doktoren, die haben aber keine Beziehung zur Firma, keinen persönlichen Bezug zu unseren Produkten. Es waren halt immer Männer in dunklen Anzügen und Business-Hemden, die von Mode keine Ahnung haben.«

Es folgten weitere Kapitalerhöhungen, die allesamt durch die Familie nicht mehr mitgetragen wurden. 2010 stieg der Unternehmer dann komplett aus dem Unternehmen aus und übertrug seine Restanteile an die PE Gesellschaft. Durch die ständigen Verwässerungen im Zuge der Kapitalerhöhungen hielt die Familie ohnehin nur noch marginale Anteile am Unternehmen.

Fazit: Zusammenfassend hält der ehemalige Unternehmer fest: *»Es war eigentlich ein über den Tisch ziehen, diese ständigen Kapitalerhöhungen. [...] An sich hat Private Equity keine Ahnung vom Geschäft, die denken nur ans Geld.«* Dennoch blickt er nicht im Groll zurück: *»Die Kapitalerhöhungen haben mich nicht aus der Bahn geworfen, heute hat man halt sehr oft mit Managern zu tun, die kein Herzblut im Unternehmen haben und nur auf die Bilanzen sehen. Und dadurch [Anm.: den Ausstieg] konnte ich andere interessante Dinge in meinem Leben machen.«*

Im Jahr 2011 wurde das Unternehmen im Rahmen eines sog. Secondary Sales an eine andere (US-amerikanische) Private Equity Gesellschaft weiterverkauft und die Geschäftsführung ausgetauscht. Im Rahmen des vorhergehenden Sanierungskurses wurden 430 Mitarbeiter entlassen und zahlreiche Niederlassungen geschlossen. Der Umsatz betrug im Jahr 2011 nur noch 172 Mio. EUR, das Unternehmen war jedoch nach Aussage der abgebenden PEG nach dem »stark negativen, operativen Ergebnis aus 2008«[921] wieder profitabel.

Der ehemalige Unternehmer sieht die Entwicklung jedoch durchaus kritisch: *»Ich sehe im Unternehmen noch die gleichen Ideen wie vor 20 Jahren, aber die sind es einfach nicht mehr. Man muss auch mal einen Schnitt machen. Die Welt verändert sich nicht jedes Jahr, aber in Zyklen so alle 6–7 Jahre, heute ist es [Anm.: das Unternehmen] mir zu altmodisch.«*

921 Pressemitteilung.

5.4.3.5 Fall 5: Verkauf des Unternehmens an eine Private Equity Gesellschaft auf Grund notwendiger Auszahlung von Mitgesellschaftern und fehlender Nachfolger

Im vorliegenden Fall[922] handelt es sich um die Übernahme der Mehrheit eines mittelständischen Familienunternehmens durch eine moderate, deutsche Privat Equity Gesellschaft im Jahr 2006. Ursächlich für den Verkauf waren die notwendig gewordene Auszahlung eines Minderheitsgesellschafters und fehlende Nachfolger innerhalb der Familie. Die Familie verblieb jedoch zunächst mit 10 % als Minderheitsgesellschafter im Unternehmen. Bereits im Jahr 2008 wurde das Unternehmen dann vollständig an eine andere, klassische und ebenfalls deutsche Private Equity Gesellschaft weiterverkauft.

Hintergrund: Bei dem Unternehmen handelt es sich um ein mittelständisches Familienunternehmen aus dem süddeutschen Raum, welches Einzelteile für den Maschinenbau produziert und in den 50er Jahren gegründet wurde; zum Verkaufszeitpunkt erzielte es mit etwa 500 Mitarbeitern knapp 50 Mio. EUR Umsatz.

In den 80er Jahren trat der Sohn des Gründers als geschäftsführender Gesellschafter in das Unternehmen ein und entwickelte dieses erfolgreich weiter zum Marktführer in einzelnen Produktkategorien.

Der Verkauf: Im Jahr 2006 entschied sich der Unternehmer notgedrungen für den Verkauf seiner Firma. Hintergrund war ein Erbvertrag, der eine Barauszahlung der 30 %-Beteiligung der Tochter des Gründers im Falle dessen Todes vorsah. Diese Auszahlung war nur durch Verkauf des Unternehmens oder zumindest eines Teils möglich. Hinzu kam, dass der Unternehmer – zu diesem Zeitpunkt ebenfalls bereits über 50 Jahre alt – auch keine Nachfolger in der Familie hatte, die mittelfristig das Unternehmen hätten übernehmen können.

Er entschied sich daher, die Mehrheit des Unternehmens zu verkaufen und nur eine Minderheitsbeteiligung zu behalten.

Wichtig war ihm eine unkomplizierte und stressfreie Zusammenarbeit mit dem Käufer. Gespräche fanden statt mit strategischen Investoren und Private Equity Gesellschaften, wobei er letzte Käufergruppe bewusst auf deutsche PEG eingrenzte, wenngleich er einschränkt, dass sein Wissenstand über Private Equity zum damaligen Zeitpunkt nur sehr gering war. Letztlich entschied er sich – auf Vermittlung und Empfehlung seiner Hausbank – für eine moderate PE Gesellschaft einer genossenschaftlichen Bankengruppe, die dann im Jahr 2006 90 % der Anteile für etwa 28 Mio. EUR übernahm. Die Tatsache, dass die PEG einer genossenschaftlichen deutschen Bankengruppe angehört und die Emp-

922 Der vorliegende Fall basiert ausschließlich auf den Schilderungen des ehemaligen Inhabers im Rahmen eines ca. 90-minütigen Interviews, geführt durch den Verfasser mit dem Inhaber am 28.09.2012.

fehlung seiner Hausbank waren für ihn in seiner Entscheidungsfindung dabei wesentliche Kriterien.

Die PEG bat ihn zudem, zunächst weiter als Geschäftsführer für das Unternehmen tätig zu sein, auch da das Unternehmen stark auf ihn zugeschnitten war und eine neue Managementstruktur aufgebaut werden sollte. In der Folgezeit verhielt sich die PEG mit Blick auf das operative Geschäft eher zurückhaltend, was der ehemalige Inhaber als sehr positiv empfand: »*Die hatten eigentlich vom Geschäft nichts verstanden, aber da ich weiter alleiniger Geschäftsführer sein sollte, wollte ich, dass sie mir möglichst wenig hineinreden.*« Die Zusammenarbeit beschreibt er rückblickend als angenehm und als ein »*gutes Miteinander*«. Zwar gab es stärkere Anforderungen an das Reporting, diese bewertete er jedoch als positiv.

Bereits zwei Jahre später (2008) verkaufte die Gesellschaft jedoch ihren 90 %-Anteil im Rahmen eines Secondary Buy Outs an eine andere, klassische und ebenfalls deutsche Private Equity Gesellschaft weiter und erzielte damit innerhalb von nur anderthalb Jahren einen Gewinn von ca. 20 Mio. EUR. Dieser Weiterverkauf erfolgte gegen den expliziten Wunsch des Unternehmers und des bestehenden Managements. Er beschloss daher, sich ebenfalls von seiner Minderheitsbeteiligung zu trennen und aus der Geschäftsleitung auszuscheiden. Dennoch stand er in der Folgezeit mit vielen ehemaligen Mitarbeitern und Kollegen im Kontakt und verfolgte die Entwicklung des Unternehmens aufmerksam.

Dabei registrierte er, dass die neue PEG sehr unterschiedlich zur Vorherigen agierte und maßgeblichen Einfluss auf das Unternehmen nahm: »*Ich weiß, dass es heute 150 Seiten wöchentliches Reporting gibt, 3–4 Leute im Controlling nur noch damit beschäftigt sind. Die haben die letzten 6 Jahre nichts mehr investiert und nur von alten Investitionen gelebt.*« Nach seiner Meinung verfolgt die PEG dabei nur das Ziel, den Umsatz in kurzer Zeit deutlich zu steigern, um später einen höheren Verkaufspreis erzielen zu können. Daher sei auch eine andere insolvente Firma mit hohen Umsätzen gekauft worden. Hiermit habe der Umsatz zwar massiv gesteigert werden können, jedoch auf Kosten der Profitabilität denn nach Aussage des ehemaligen Inhabers macht »*das Unternehmen heute signifikant weniger Gewinn.*« Die Probleme sieht er nicht beim Unternehmen oder dem Geschäftsmodell, sondern ausschließlich beim neuen Gesellschafter: »*Diese Leute sind allwissend, lassen sich nichts sagen, völlig beratungsresistent, die schlimmste Spezies*« und sie »*[…] denken nur ans Geld, die Menschen sind ihnen völlig egal, es geht nur um die Rendite, das gilt ganz generell […] das sind alles letztlich nur Manager und keine Unternehmer, die versuchen, ihr Geld zu machen, koste es, was es wolle*«.

<u>Fazit:</u> Die Erfahrungen des ehemaligen Inhabers mit Blick auf Private Equity sind geteilt. Dies ist besonders interessant, da er Erfahrungen mit zwei Gesell-

schaften sammeln konnte, die sehr unterschiedlich agierten. Während die Zusammenarbeit mit der ersten PEG, einer moderaten Gesellschaft, gut und unkompliziert war, diese sich jedoch auch sehr aus dem Tagesgeschäft zurückhielt, nahm die zweite Gesellschaft, eine klassische Private Equity Gesellschaft, starke Veränderungen am Unternehmen vor und verfolgte einen – aus seiner Sicht – weniger nachhaltigen Ansatz, der lediglich auf die Erzielung eines höheren Verkaufspreises zu zielen schien. Vielleicht auch mit Blick auf die negativen Erfahrungen der jüngeren Zeit und die wirtschaftliche Situation, in der sein ehemaliges Unternehmen nun steckt, fällt sein Fazit für die Branche insgesamt drastisch aus: *»Die (Anm. Private Equity Gesellschaften) sind zahlenhörig, haben vom Wirtschaften keine Ahnung; sie wissen, wie Zahlen verdreht werden können, aber nicht wie Unternehmen nachhaltig zu finanzieren sind [...], aber natürlich gibt es solche und solche, ich würde sagen ca. 20 % sind gut, 80 % schlecht.«*

5.4.3.6 Fall 6: Verkauf des Unternehmens aus Altersgründen und fehlender Nachfolger

Im vorliegenden Fall[923] handelt es sich um die vollständige Übernahme eines mittelständischen Familienunternehmens durch eine klassische, deutsche Privat Equity Gesellschaft im Jahr 2011. Die Firma, ein Unternehmen aus der Konsumgüterbranche aus Nordrhein-Westfalen und in den 70er Jahren vom Verkäufer gegründet, erzielte zum Verkaufszeitpunkt knapp 15 Mio. EUR Umsatz, war profitabel und mit einer Eigenkapitalquote von über 50 % sehr solide finanziert; der Verkauf erfolgte mangels vorhandener Nachfolger innerhalb der Familie.

Hintergrund: Im Jahr 2010 entschied sich der langjährige Unternehmer, im Alter von 62 Jahren aus Altersgründen seine Firma zu verkaufen. Er hatte das Unternehmen in den 70er Jahren selbst gegründet und seit dieser Zeit als alleiniger Geschäftsführer den Aufbau und das Wachstum des Unternehmens verantwortet. Ihm gehörten zum Verkaufszeitpunkt 100 % der Anteile. Auf Grund anderer Schwerpunkte seiner Kinder war ihm früh klar, dass sie nicht als Nachfolger zur Verfügung stehen würden und er daher das Unternehmen verkaufen würde. Dabei war ihm wichtig, den richtigen Zeitpunkt nicht zu verpassen (*»Für mich war es wichtig, mein Lebenswerk abzuschließen und positiv zu übergeben, [...] das Schlimmste für mich wäre gewesen, ich wäre krank geworden und meine Frau stünde alleine mit der Firma da«*).

Der Verkauf: Ein Verkauf an die eigenen Mitarbeiter, vom Unternehmer an

923 Der vorliegende Fall basiert ausschließlich auf den Schilderungen des ehemaligen Inhabers im Rahmen eines ca. 120-minütigen Interviews, geführt durch den Verfasser am 22.01.2013.

sich präferiert, schied aus finanziellen Gründen relativ früh aus. Daher engagierte er eine M&A-Beratungsgesellschaft, die auf Transaktionen im Mittelstandssegment spezialisiert ist und die schon früh Private Equity Gesellschaften als potentielle Käufer ins Spiel brachte. Zuvor hatte sich der Verkäufer mit dieser Käufergruppe nicht beschäftigt und stand ihr daher neutral gegenüber. Wichtig war ihm, auch aus finanziellen Gründen, einen kompletten Schlussstrich zu ziehen und das Unternehmen vollständig zu verkaufen. Die M&A-Beratungsgesellschaft identifizierte daraufhin im Rahmen der Suche 17 potentielle Käufer und es kam zu Gesprächen mit elf Interessenten, davon sechs Private Equity Gesellschaften und fünf strategische Käufer. Letztlich entschied sich der Verkäufer für eine klassische, aber deutsche Private Equity Gesellschaft, die ihn in den Gesprächen am meisten überzeugt hatte. Er beschreibt ihr Auftreten als sympathisch, seriös und vertrauenswürdig und – nicht zuletzt – deckten sich die Vorstellungen beider Seiten mit Blick auf die zukünftige Entwicklung des Unternehmens. Denn sehr wichtig war ihm der generelle Fortbestand des Unternehmens, der Erhalt der Arbeitsplätze und insbesondere eine zukunftsorientierte Ausrichtung des Unternehmens, ggf. unter Einbeziehung von Zukäufen, was seitens der Private Equity Gesellschaft explizit bestätigt wurde. Auch der von der PEG geäußerte sehr lange Anlagehorizont von bis zu 15 Jahren wirkte vertrauensfördernd. Imponiert hatte ihm auch, dass die PEG im Rahmen der Due Dilligence die Schwachstellen des Unternehmens, insbesondere die zu geringe Exportquote, identifiziert hatte und diesbezüglich Synergien durch die Zusammenarbeit mit anderen Unternehmen aus ihrem Portfolio heben wollte. Der gesamte Prüfprozess dauerte mit knapp einem Jahr sehr lange und schloss Gespräche mit Mitarbeitern und Kunden (!) ein. Letzteres geschah auf expliziten Wunsch der PEG und wurde vom Verkäufer – trotz Missfallen – akzeptiert. Der Abschluss der Verträge verlief dann problemlos. Der Verkäufer erhielt einen Beratervertrag und ein langjähriger Mitarbeiter übernahm die Geschäftsführung. Aus der ursprünglichen Idee, diesen Mitarbeiter auch am Unternehmen zu beteiligen, wurde zwar nichts, dennoch beschreibt er die Situation in der Firma direkt nach dem Verkauf als zuversichtlich (»*Wir waren alle sehr positiv gestimmt*«).

Im Rahmen seiner Beratertätigkeit (»*Ich habe mich gut in die Rolle des Beraters hineingefunden und diese Aufgabe sehr ernst genommen, damit das funktioniert. Mein Ziel war, meinen Nachfolger fit zu machen*«) war der ehemalige Inhaber immer noch regelmäßig im Unternehmen und sah daher auch eintretende Veränderungen, wie die Vielzahl neuer Reportings und Analysen, die seitens der PEG eingefordert wurden und mit denen das kleine Unternehmen schnell überlastet war (»*Wir haben mehr Reportings gemacht als Zeit investiert, die Schwachstellen des Unternehmens zu schließen*«). Er hatte den Eindruck, dass auf seinem Nachfolger ein sehr großer Druck lastete, insbesondere auch durch die monatlichen Meetings mit den Gesellschaftern. Massiv verschärft wurde dieser Druck, als in der Folgezeit Umsatzeinbrüche bei einigen großen Kunden zu verzeichnen waren, die allerdings nicht mit dem Verkauf in Zusammenhang standen (*»[...] das hätte ich auch nicht verhindern können, aber ich hätte wahrscheinlich im Gegenzug den Vertrieb verstärkt. Aber es wurden nur noch Zahlen gewälzt.«*). Dazu kamen erhebliche Belastungen aus den neuen Eigentumsverhältnissen durch Beraterkosten sowie durch Zins- und Tilgungsleistungen, die durch das Unternehmen zu leisten waren.[924] All dies führte zu massiven Liquiditätsabflüssen. Als dann auch noch erhebliche Mehrbelastungen aus dem Einkauf in Folge deutlich gestiegener US-Dollar Kurse zu verzeichnen waren, bedeutete diese Kombination negativer Faktoren eine schwerwiegende wirtschaftliche Krise für das Unternehmen. In der Folge forderten die Hausbanken die PEG als Gesellschafterin auf, eine EK-Erhöhung durchzuführen und dem Unternehmen Liquidität zuzuführen, was diese jedoch ablehnte. Als Grund wurden die eigenen Statuten genannt, die es nicht erlaubten, Kapital in gekaufte Unternehmen nachzuschießen. Stattdessen meldete sie 2012 die Insolvenz des Unternehmens an. In der Folge wurde der Geschäftsführer entlassen, ein externer Geschäftsführer eingestellt und das Insolvenzverfahren durchlaufen. Heute (Stand Januar 2013) ist das Insolvenz-Verfahren abgeschlossen und das Unternehmen wird weitergeführt. Der Beratervertrag wurde seitens des ehem. Inhabers gekündigt, der durch die Insolvenz viel Geld verlor, da er einen Teil des Kaufpreises als Bedingung in Form eines Darlehens (sog. Vendor Note) an das Unternehmen verliehen hatte.

Fazit: Rückblickend fällt das Urteil des ehemaligen Inhabers zwiespältig aus. Auf der einen Seite ist er enttäuscht, wie sich sein ehemaliges Unternehmen entwickelt hat und dass – seitens der neuen Gesellschafter – nicht alles versucht wurde, eine Insolvenz abzuwenden. Der ehemalige Inhaber hat für diese Haltung der PEG wenig Verständnis und hätte sich eine stärker unternehmerisch geprägte Einstellung gewünscht. Er kritisiert, dass die PEG der Insolvenz einer externen Liquiditätszuführung den Vorzug gegeben habe, was gleichzeitig auch ihn persönlich viel Geld gekostet habe und er glaubt auch, dass die Insolvenz der PEG nicht ungelegen kam, um auf diese Weise die Entschuldung des Unternehmens vorantreiben zu können. Auch ist er enttäuscht, dass das versprochene Wachstum des Unternehmens und die Synergien zu den anderen Portfolio-Unternehmen nie zum Tragen gekommen sind und die Exportquote nicht gesteigert wurde. Gleichzeitig sieht er im Handeln der neuen Gesellschafter nur eine Teilschuld für die wirtschaftliche Fehlentwicklung des Unternehmens, hauptsächlich seien hierfür andere Faktoren ursächlich, die nicht oder nur bedingt durch die PEG hätten beeinflusst werden können. Insofern verwünscht er

924 Anm.: Die Transaktion wies eine Fremdkapitalquote von knapp 60 % auf.

Private Equity als Solches nicht: »*Ich habe nichts gegen Private Equity, aber ich hätte erwartet, dass hier von Seiten der Gesellschafter dem Unternehmen mehr geholfen wird.*« Sorge, dass die PEG Rückforderungen gegen ihn stellen könnte, habe er nicht, da nur begrenzte Garantien vereinbart und keine der Garantiezusagen verletzt worden seien. Obwohl ihn die Entwicklung emotional sehr mitgenommen habe, würde er rückblickend wohl nicht anders handeln: »*Ich habe damals das Beste aus der Verkaufssituation gemacht und eine sehr gute Firma verkauft. Ich wüßte nicht, wie ich es damals hätte anders machen können.*«

5.4.4 Zwischenfazit

Die Erfahrungen der Familienunternehmen mit Private Equity sind unterschiedlich. Insbesondere die befragten Unternehmen mit einer Private Equity Minderheitsbeteiligung blicken überwiegend positiv auf diese; immerhin würden 71 % der betroffenen Unternehmen Private Equity weiterempfehlen und alle 14 sind der Ansicht, dass die Auswirkungen des Einstiegs der PEG auf ihr Unternehmen positiv oder sogar sehr positiv waren. Die Erfahrungsberichte zeigen jedoch auch die Nachteile, die insbesondere in den hohen Transaktionskosten und dem Problem des Exits liegen, der für die Familienunternehmen stets eine große Herausforderung darstellt und zum Teil für diese – trotz positiver Erfahrungen – ein Grund ist, im Rahmen des Exits eine erneute, sich anschließende Private Equity Finanzierung zu vermeiden. Zu berücksichtigen ist dabei, dass in allen untersuchten Fällen die Beteiligungen entweder durch Mittelständische Beteiligungsgesellschaften oder moderate Private Equity Gesellschaften erfolgten, die zumeist ein etwas anderes Geschäftsmodell als klassische Private Equity Gesellschaften verfolgen, d. h. weniger Einfluss auf das Unternehmen nehmen, die Beteiligung länger halten und eine partnerschaftliche Zusammenarbeit anstreben. Klassische Private Equity Gesellschaften sind hingegen vornehmlich an vollständigen Übernahmen interessiert, um das Unternehmen in ihrem Sinne adjustieren zu können und gehen daher nur selten Minderheitsbeteiligungen im Mittelstand ein.[925] Die Erfahrungsberichte der sechs Familienunternehmer über ihren Verkauf vermitteln daher eine sehr interessante zweite Perspektive, indem sie aufzeigen, wie Familienunternehmer den Verkauf und die anschließenden Veränderungen in ihrem ehemaligen Unternehmen erleben, welche Gründe sie hatten, ihr Unternehmen zu verkaufen, warum sie sich für eine Private Equity Gesellschaft als Käufer entschieden und ob sie diese Entscheidung im Rückblick bereuen oder sie wieder so treffen würden. Auch hier fällt das Fazit gemischt – jedoch tendenziell deutlich negativer – aus. In drei

925 Vgl. Grote 2007, S. 14.

Fällen traten klassische Private Equity Gesellschaften als Käufer auf (Fall 4, 5[926] und 6) und jeweils sind die Erfahrungen der Familienunternehmer negativ, zum Teil sogar sehr negativ. In den anderen Fällen wurden die Unternehmen an moderate Private Equity Gesellschaften verkauft (Fall 1, 2, 3 und 5) und die Erfahrungen der Unternehmer waren deutlich positiver (mit Ausnahme von Fall 1). Gleichwohl zeigen alle Berichte die hohe emotionale Belastung, die der Verkauf für die Familienunternehmer darstellt. Der Umgang der Private Equity Gesellschaft mit dem Verkäufer und dem erworbenen Unternehmen kann hierbei eine erhebliche zusätzliche Belastung für den Unternehmer darstellen (Vgl. insbesondere Fall 1, 4 und 6). Die gemachten Erfahrungen der Unternehmer zeigen, dass die Vorbehalte gegenüber Private Equity Gesellschaften als Käufer von Unternehmen nicht unberechtigt sind, jedoch nach Art der Private Equity Gesellschaft differenziert werden müssen und insbesondere die klassischen Private Equity Gesellschaften skeptisch zu betrachten sind, während moderate Private Equity Gesellschaften durchaus im Rahmen eines Verkaufsprozesses als Käufer in Erwägung gezogen werden sollten.

5.4.5 Ergebnisse der Repertory Grid-Analyse

5.4.5.1 Gesamtauswertung

Generell geht es bei der Auswertung von Repertory Grids um die Erfassung von Zusammenhängen sowie der verschiedenen wechselseitigen Beziehungen.[927] Wie in Kap. 7.2 ausgeführt, ermöglicht die Repertory Grid Methode die Erzeugung sowohl qualitativer wie quantitativer, d.h. interpersonell vergleichbarer Daten.[928] Letztere erlauben eine statistische Auswertung der Datensätze,[929] wie etwa die Berechnung eines Korrelationskoeffizienten nach *Pearson* für die einzelnen Elemente. Dieser drückt den linearen Zusammenhang jeweils zweier Elemente zueinander aus und wird in Werten von +1 (perfekte positive Korrelation) bis -1 (perfekte negative Korrelation) angegeben. Ab Werten von 0,7 bzw. -0,7 gilt eine Korrelation in der Regel als hoch, ab 0,9 als sehr hoch, ein Wert von 0 drückt aus, dass die Elemente nicht linear voneinander abhängen (vgl.

926 Fall 5 beinhaltet die Besonderheit, dass zunächst 90 % an eine moderate PEG verkauft wurden und diese ihre Anteile zwei Jahre später an eine klassische PEG weiterverkauft hat und der Familienunternehmer so beide Gesellschaften als Minderheitseigner kennenlernen konnte.

927 Vgl. Meyer/ Freitag 2005, S. 149.

928 Vgl. Vogel 2012, S. 381 ff.; sowie Lohaus 1993, S. 81.

929 Vgl. Bannister/ Fransella 1981, S. 49.

Tabelle 7).[930] Nach *Farrell* gilt eine Korrelation > ± 0,75 in Kelly Grids als signifikant.[931]

Korrelationskoeffizient	Interpretation
bis 0,2	sehr geringe Korrelation
bis 0,5	geringe Korrelation
bis 0,7	mittlere Korrelation
bis 0,9	hohe Korrelation
über 0,9	sehr hohe Korrelation

Tabelle 7: Interpretation von Korrelationskoeffizienten[932]

Weiter ist es im Rahmen quantitativer Analysen und unter Verwendung einer geeigneten Software auch möglich, das arithmetische Mittel, die Standardabweichung (s) und die Varianz (s^2) für einzelne Elemente zu bestimmen.[933] Die Standardabweichung, definiert als die Quadratwurzel der Varianz, ist ein Maß für die Streuung der Werte einer Variablen um ihren Mittelwert.[934] Hierdurch wird es möglich eine Aussage über die Homogenität der Bewertungen zu treffen, d. h. eine hohe Varianz bzw. Standardabweichung lässt darauf schließen, dass ein bestimmtes Element von den einzelnen Befragten sehr unterschiedlich bewertet bzw. wahrgenommen wird.

Zu Beginn der Gesamtauswertung der mittels Repertory Grid Methode erhobenen Daten (n=40) bietet es sich an, im Rahmen der Eigenstrukturanalyse mittels eines sog. semantischen Korridors die von allen Befragten gebildeten Konstrukte zu analysieren, da auf diese Weise die Wahrnehmung der einzelnen Elemente durch die Befragten gut ermittelt und visualisiert werden kann. Hierfür wird durch die Software ein semantischer Korridor gebildet, der alle Elemente und Konstruktpole einfängt, die in einem bestimmten Winkel (hier 30°) um das Element liegen. Dabei gilt der Grundsatz, dass der Winkel zwischen Konstrukt und Element umso enger ist, je eindeutiger ein Konstruktpol ein Element beschreibt.[935]

Ein auf diese Weise gebildeter semantischer Korridor für das Element ›Private Equity Gesellschaft mit öffentlichem Förderauftrag‹ beschreibt die Wahrnehmung von Private Equity Gesellschaften mit öffentlichem Förderauftrag durch alle 40 Befragten und umfasst dabei Konstruktpole wie »regional«, »mittelstandsorientiert«, »langfristiges Denken«, »Zielkongruenz«, »Partner«, »risikobewusst« und »Verantwortungsbewusstsein« (vgl. Abbildung 56).

930 Vgl. Raithel 2008, S. 153ff.; EAC 2011, S. 71.
931 Vgl. Farrell 2010, S. 19.
932 Siehe Raithel 2008, S. 154.
933 Vgl. EAC 2011, S. 58.
934 Vgl. Raithel 2008, S. 135.
935 Vgl. EAC 2011, S. 54.

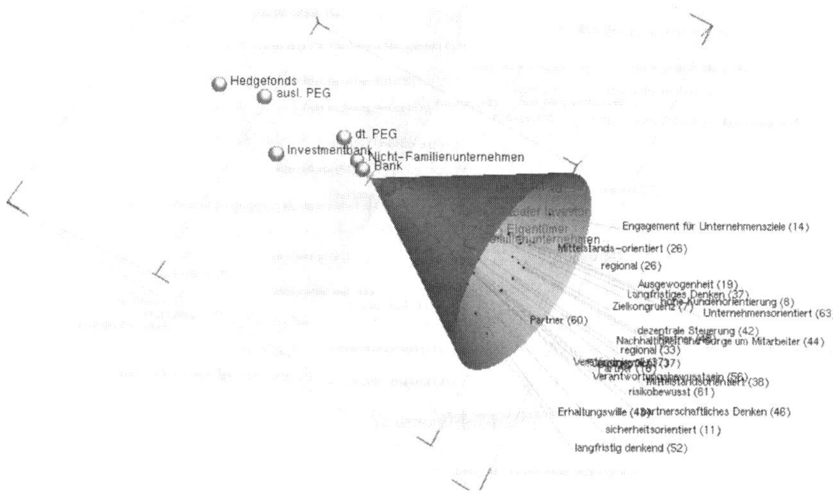

Abbildung 56: Semantischer Korridor mit 30° für das Element ›PEG mit öffentlichem Förderauftrag‹ (eigene Darstellung nach Sci:vesco)

Ein auf die gleiche Weise gebildeter semantischer Korridor für das Element ›Ausländische Private Equity Gesellschaft‹ zeigt, dass dieses Element durch die Befragten völlig anders wahrgenommen wird, obwohl es sich in beiden Fällen um Private Equity Gesellschaften handelt. So beschreiben die Befragten ausländische PEG mit den Konstrukten »Misstrauen«, »Dem Gewinn verpflichtet«, »Ausbeutung«, »Profit«, »Schlechtes Image«, »Verkomplizierung im Unternehmen«, »Bonus-Orientierung« und »kurzfristige Renditeziele« (vgl. Abbildung 57). Gleichzeitig fängt der semantische Korridor auch zwei weitere Elemente mit ein: ›Investmentbank‹ und ›Hedgefonds‹. Dies bedeutet, dass die Befragten einen sehr hohen Übereinstimmungsgrad zwischen diesen drei Elementen sehen, was sich ebenfalls in einer sehr hohen Korrelation dieser Elemente zueinander ausdrückt.

So liegt die Korrelation zwischen ›ausländischer PEG‹ und ›Hedgefonds‹ bei 0,85, zwischen ›ausländischer PEG‹ und ›Investmentbank‹ bei 0,71 und zwischen ›Hedgefonds‹ und ›Investmentbank‹ bei 0,74. Da auch die Varianzen bzw. Standardabweichungen für diese drei Elemente im Vergleich zu den anderen Elementen im unteren Mittelfeld liegen,[936] kann eine relativ homogene Sichtweise der Befragten auf diese Elemente attestiert werden.

936 Die Standardabweichungen lauten wie folgt: Hedgefonds: 8,9; ausl. PEG: 8,48; Investmentbank: 8,51 (vgl. für eine vollständige Darstellung aller Standardabweichungen Abbildung 67).

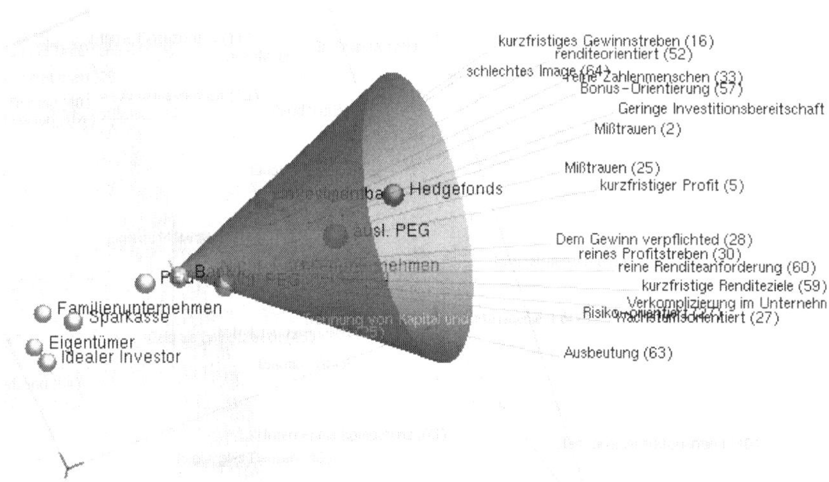

Abbildung 57: Semantischer Korridor mit 30° für das Element ›Ausländische PEG‹ (eigene Darstellung nach Sci:vesco)

Nicht im semantischen Korridor liegt hingegen das Element ›Deutsche Private Equity Gesellschaft‹, obwohl auch zwischen diesem Element und dem Element ›ausl. PEG‹ eine hohe Korrelation von 0,71 vorliegt. Verständlicher wird dies bei einem Blick auf die Korrelationen von ›Deutscher PEG‹ zu ›Hedgefonds‹ (0,53) und zu ›Investmentbank‹ (0,55), die beide nur im mittleren Bereich liegen. Die Anwendung des semantischen Korridors auf das Element ›Deutsche PEG‹ verdeutlicht die Gemeinsamkeiten wie auch die Unterschiede in der Wahrnehmung der Befragten. So wird die deutsche Private Equity Gesellschaft u. a. mit folgenden ähnlichen Konstrukten beschrieben: »profitorientiert«, »kurzfristige Spekulation«, »kurzfristige Ergebnisorientierung«, »monetär getrieben«, »reines Gewinnstreben«, »rücksichtsloses Gewinnstreben« und »Zerschlagungsinteresse«, aber auch mit neutralen Konstrukten wie »Trennung von Kapital und Management« oder positiven wie »Wachstumsorientiert« (vgl. Abbildung 58).

Die ähnliche Sichtweise der Befragten auf die beiden Elemente verdeutlicht auch, dass bereits bei einem Winkel von 33° der semantische Korridor um das Element ›Deutsche PEG‹ das Element ›Ausländische PEG‹ miteinfängt; erst mit einem Winkel von 51° fängt es jedoch auch die Elemente ›Hedgefonds‹, ›Investmentbank‹ sowie darüber hinaus auch ›Bank‹ mit ein.

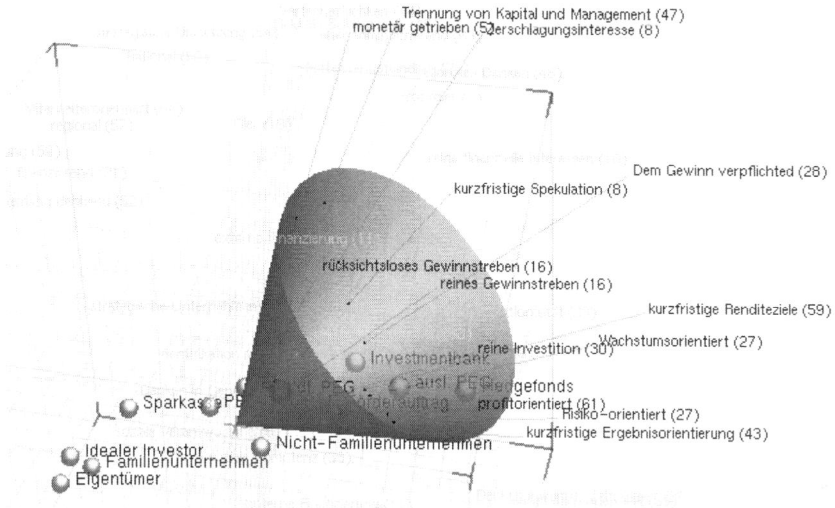

Abbildung 58: Semantischer Korridor mit 30° für das Element ›Deutsche PEG‹ (eigene Darstellung nach Sci:vesco)

An dieser Stelle hervorzuheben ist noch einmal, dass es sich immer um »persönliche Konstrukte« der Befragten handelt, da jeder Mensch Dingen und Ereignissen andere Bedeutungen zuweist, nicht zuletzt auf Grund des sehr individuellen, subjektiven Kontexts, in dem sich der Einzelne befindet.[937] Dies bedeutet, dass Konstrukte nicht richtig oder falsch sind, sondern dass sie ausschließlich die subjektive Sichtweise des Befragten wiedergeben. Aus diesem Grund wurde in der Befragung, wie bei Untersuchungen mittels Repertory-Grid üblich,[938] ein Element (›Idealer Investor‹) als sog. Ideal-Element verwendet. Eine Einordnung gebildeter Konstrukte in beispielsweise negativ oder positiv (aus Sicht der Befragten) wird dadurch möglich, dass das Element ›Idealer Investor‹ als Benchmark-Element verwendet wird. Dies erlaubt einen Vergleich der Wahrnehmung verschiedener Elemente insbesondere durch die Betrachtung von Korrelationen der Elemente untereinander und gegenüber dem Benchmark-Element, denn in der Regel wird der Befragte dem Ideal-Element die aus seiner Sicht idealtypischen Konstrukte zuweisen; eine solche Vorgehensweise wird häufig bei Untersuchungen von Rep-Grids angewandt, sofern eine entsprechende Software für die Auswertung vorhanden ist, die über die Funktionalität verfügt, Korrelationen zu berechnen.[939] Ein Konstruktpol wie beispielsweise »reines Gewinninteresse« für ein bestimmtes Element könnte – je nach Be-

937 Vgl. Kelly 1991, S. 50ff.
938 Vgl. Meyer/ Freitag 2005, S. 145.
939 Vgl. hierzu u. a. Farrell 2010, S. 18ff.

fragtem und sozio-kulturellem Hintergrund – durchaus als positives Attribut gelten, in diesem Fall würde es dann jedoch aus Sicht des Befragten auch einen für ihn ›Idealen Investor‹ beschreiben. Dies ist in der Befragung allerdings nicht der Fall. Im Gegenteil sind die Konstrukte für den ›Idealen Investor‹ völlig unterschiedlich gegenüber etwa dem Element ›Ausländische Private Equity Gesellschaft‹. Für die Befragten ist der ideale Investor u. a. »unternehmensorientiert«, »menschenorientiert«, »generationsübergreifend«, »langfristig am Unternehmenserfolg orientiert« und zeichnet sich zudem durch »Nähe und Individualität«, »Nachhaltigkeit« und »Vertrauen« aus (vgl. Abbildung 59). Gleichzeitig ist die Standardabweichung mit s=11,07 für dieses Element die zweithöchste im Gesamtvergleich aller Elemente; das bedeutet, dass die Befragten keine einheitliche Vorstellung von einem idealen Investor haben, sondern diese stark schwankt. Wird der Winkel des Korridors vergrößert, treten Konstrukte auf, die eine gewisse Widersprüchlichkeit verdeutlichen. Mit einem Winkelmaß zwischen Element und Konstrukt von 38,78 ist beispielsweise das Konstrukt »gemächliche Entwicklung« mit dem Element ›idealer Investor‹ korreliert. Von einem anderen Befragten wurde hingegen das Konstrukt »Wachstumsorientiert« gebildet, welches ebenfalls mit einem Winkelmaß von 52,78 mit dem Element ›Idealer Investor‹ korreliert ist; ein Beleg für die nicht einheitliche Vorstellung von einem idealen Investor und gleichzeitig ein gutes Beispiel für die subjektive Wirklichkeit des Einzelnen und den Vorteil der Verwendung dieser auf *Kelly's* Ursprungsidee zurückgehenden sog. Role Repertories zur Ermittlung unterschiedlicher Vorstellungen und Wahrnehmungen.

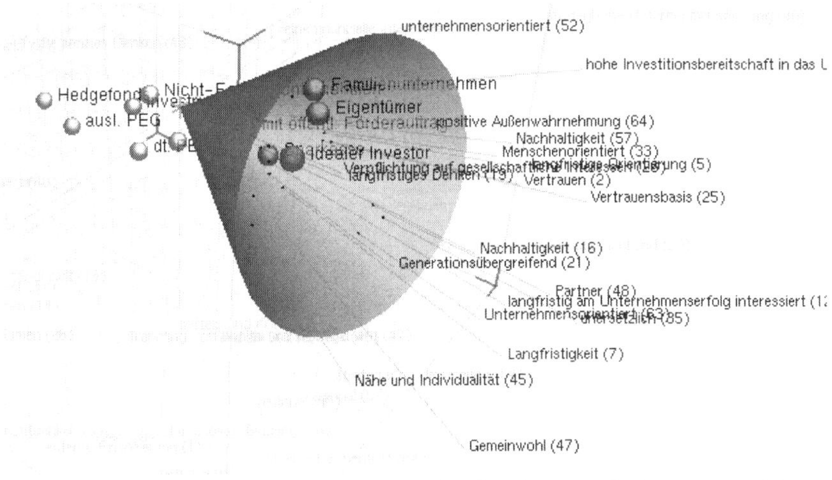

Abbildung 59: Semantischer Korridor mit 30° für das Element ›Idealer Investor‹ (eigene Darstellung nach Sci:vesco)

Eine Betrachtung des semantischen Korridors für das Element ›Idealer Investor‹ zeigt zudem – und das ist durchaus bemerkenswert – dass mit einem relativ engen Winkel von 30° auch die beiden Elemente ›Familienunternehmen‹ und ›Eigentümer‹, die innerhalb des Trichters liegen, eingefangen werden. Das bedeutet, dass die Befragten einen sehr hohen Übereinstimmungsgrad zwischen diesen drei Elementen sehen und letztlich, dass aus ihrer Sicht Eigentümer und Familienunternehmen quasi ideale Investoren sind, da sie die dem idealen Investor zugeschriebenen Attribute ebenfalls – zumindest größtenteils – auf sich vereinigen. Eine Darstellung der Elemente im Raum im Rahmen der Eigenstrukturanalyse verdeutlicht dies. Es gilt: Die Positionen und Entfernung der Objekte verdeutlichen die Bewertungen durch die Interviewpartner, d. h. je ähnlicher die Elemente beurteilt wurden, desto näher liegen sie beieinander. Je größer der Abstand, desto unterschiedlicher wurden sie eingestuft. Gemessen wird dies über Abstand und Winkel vom Nullpunkt.[940] Abbildung 60 zeigt die einzelnen Elemente in der Wahrnehmung der 40 Befragten und verdeutlicht die hohe Ähnlichkeit der Elemente ›Familienunternehmen‹, ›Eigentümer‹ und ›Idealer Investor‹. Diese können auf Grund ihrer gemeinsamen Lage ebenso zu einer Gruppe zusammengefasst werden, wie die beiden Elemente ›Hedgefonds‹ und ›ausländische PEG‹, die am anderen Ende des Raums angesiedelt sind und somit in der Wahrnehmung der Befragten als starker Kontrastpunkt zur erstgenannten Gruppe gesehen werden.

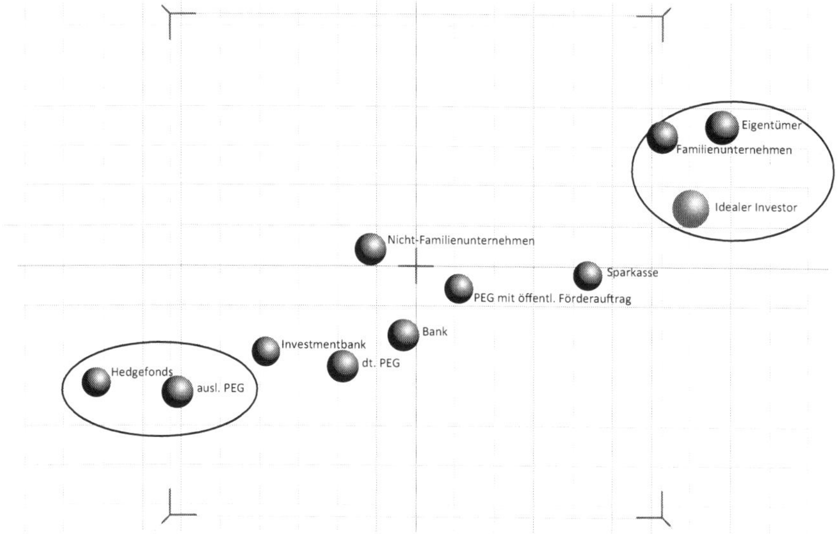

Abbildung 60: Eigenstrukturanalyse – Darstellung der Elemente im Raum (eigene Darstellung nach Sci:vesco)

940 Vgl. EAC 2011, S. 49ff.

Mit bloßem Auge ist bereits zu erkennen, dass die Distanz am größten zwischen den beiden Elementen ›Hedgefonds‹ und ›Eigentümer‹ ist. Die Software ermittelt eine transformierte Luftliniendistanz zwischen diesen beiden Elementen von 0,48. Die Distanz zwischen ›Hedgefonds‹ und ›Familienunternehmen‹ beträgt 0,46 und zwischen ›Hedgefonds‹ und ›Idealer Investor‹ 0,45. Die Befragten sind also der Meinung, dass von allen Elementen zwischen den Genannten die größten Unterschiede bestehen, d. h. sie sich am unähnlichsten sind. Gleichzeitig kann der Schluss gezogen werden, dass für die Befragten ein Hedgefonds alles andere als ein »idealer Investor« ist.

Die transformierten Luftliniendistanzen aller Elemente sind in Abbildung 61 aufgeführt; grün markiert dabei Elemente, die nur eine geringe Entfernung zueinander haben ($\leq 0,1$), rot markiert hingen die Elemente mit einer Distanz von $\geq 0,4$.

Transformierte Luftliniendistanz	Idealer Investor	Hedgefonds	Bank	Nicht-Familienunternehmen	Eigentümer	ausl. PEG	PEG mit öffentl. Förderauftrag	Sparkasse	dt. PEG	Familienunternehmen	Investmentbank
Idealer Investor	0	0,45	0,22	0,22	0,06	0,38	0,17	0,09	0,26	0,07	0,34
Hedgefonds	0,45	0	0,24	0,23	0,48	0,07	0,28	0,38	0,19	0,46	0,13
Bank	0,22	0,24	0	0,07	0,26	0,17	0,05	0,14	0,05	0,24	0,12
Nicht-Familienunternehmen	0,22	0,23	0,07	0	0,25	0,18	0,07	0,16	0,08	0,22	0,14
Eigentümer	0,06	0,48	0,26	0,25	0	0,42	0,21	0,13	0,3	0,04	0,38
ausl. PEG	0,38	0,07	0,17	0,18	0,42	0	0,22	0,31	0,12	0,4	0,08
PEG mit öffentl. Förderauftrag	0,17	0,28	0,05	0,07	0,21	0,22	0	0,09	0,1	0,18	0,17
Sparkasse	0,09	0,38	0,14	0,16	0,13	0,31	0,09	0	0,19	0,11	0,26
dt. PEG	0,26	0,19	0,05	0,08	0,3	0,12	0,1	0,19	0	0,28	0,1
Familienunternehmen	0,07	0,46	0,24	0,22	0,04	0,4	0,18	0,11	0,28	0	0,35
Investmentbank	0,34	0,13	0,12	0,14	0,38	0,08	0,17	0,26	0,1	0,35	0

[Distanz ≤ 0,1] [Distanz ≥ 0,4]

Abbildung 61: Transformierte Luftliniendistanz aller Elemente im Raum (ESA) (n=40; eigene Darstellung, Berechnung via Sci:vesco)[941]

Die geringste Distanz (0,04) liegt zwischen den beiden Elementen ›Eigentümer‹ und ›Familienunternehmen‹. Entsprechend soll im nächsten Schritt die Wahrnehmung dieser beiden Elemente durch die Befragten genauer untersucht werden. Hierfür wird ein weiteres Analyseinstrument der Sci:vesco-Software verwendet, die sog. Konstruktwolke. Denn während der semantische Korridor nur Konstruktpole innerhalb eines festgelegten Winkels erfasst, ermöglicht die Auswertungsmethode Konstruktwolke eine Betrachtung aller zutreffenden Konstrukte pro Element. Dabei basiert die Darstellung auf der Korrelation zwischen Element und Konstrukt in der Eigenstrukturanalyse. Je höher die Korrelation zwischen Konstrukt und Element ist, desto bedeutsamer ist das jeweilige Konstrukt für das Element, in der Konstruktwolke durch eine größere Schriftart visualisiert.[942] Eine Konstruktwolke ist also eine korrelationsbasierte Visualisierung der Wahrnehmung einzelner Elemente durch die Befragten. Im

941 Standardisierung auf die Werte 0–1.
942 Vgl. EAC 2011, S. 70.

Folgenden werden – um die Wahrnehmung der Befragten zu veranschaulichen – die Konstruktwolken für einzelne Elemente vorgestellt, beginnend mit den Elementen ›Eigentümer‹ und ›Familienunternehmen‹. Beide Elemente ähneln sich sehr stark in der Wahrnehmung der Gesprächspartner, was sich auch in einer signifikanten Korrelation von 0,91 widerspiegelt. Der Eigentümer scheint also mit dem Familienunternehmen nahezu gleichgesetzt zu werden. Ein Grund hierfür ist sicherlich, dass die Mehrheit der Gesprächspartner gleichzeitig Eigentümer und Familienunternehmer waren, nur in sieben Fällen (17,5 %) waren die Gesprächspartner externe (familienfremde) Geschäftsführer. Gleichzeitig weisen beide Elemente mit s=8,32 (Eigentümer) bzw. s=7,13 (Familienunternehmen) im Gesamtvergleich die niedrigste Standardabweichung auf.[943] Während der ideale Investor also eher heterogen gesehen wird, sind die Befragten in ihrer Sichtweise auf Familienunternehmen und Eigentümer sehr ähnlich. Für beide Elemente wurden u. a. die Konstrukte »Vertrauen«, »langfristige Orientierung«, »generationsübergreifend«, »Verpflichtung auf gesellschaftliche Interessen« und »unersetzlich« gebildet. Beide unterscheiden sich entsprechend nur in Nuancen. So wird der Eigentümer als »eher regional verbunden« beschrieben, der jedoch auch eine »hohe Investitionsbereitschaft« und »Renditeziele« miteinbringt, während das Familienunternehmen in den Augen der Befragten eher die »Wachstumsorientierung« und die »partnerschaftliche Zusammenarbeit« auszeichnet (vgl. Abbildung 62).

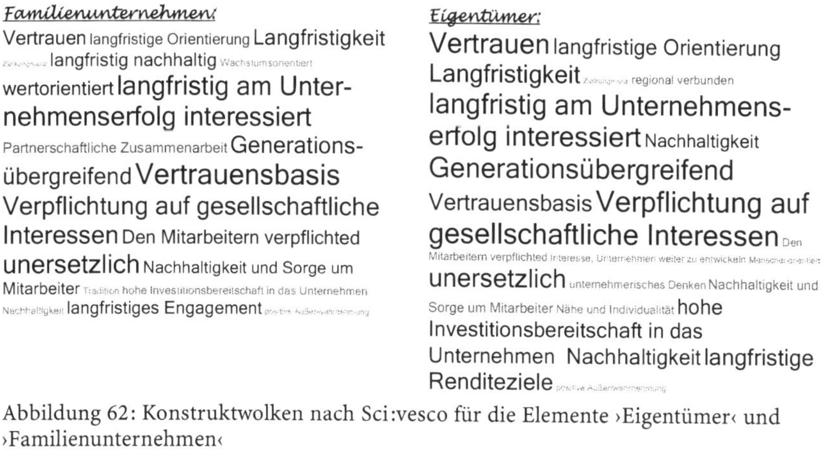

Abbildung 62: Konstruktwolken nach Sci:vesco für die Elemente ›Eigentümer‹ und ›Familienunternehmen‹

943 Vgl. für eine vollständige Darstellung aller Standardabweichungen Abbildung 67.

Beide Elemente ähneln in ihrer Wahrnehmung nicht nur dem Benchmark-Element ›Idealer Investor‹, sie sind sogar signifikant korreliert. So beträgt die Korrelation zwischen ›Eigentümer‹ und ›Idealer Investor‹ 0,83 und zwischen ›Familienunternehmen‹ und ›Idealer Investor‹ 0,79. Die Konstruktwolke verdeutlicht die Gemeinsamkeiten zwischen diesen Elementen aus Sicht der Befragten. So ist für sie der ideale Investor gekennzeichnet durch »Vertrauen«, »Langfristigkeit« (bezogen auf das Engagement), »ein langfristiges Interesse am Unternehmenserfolg« und »Nachhaltigkeit«, aber auch durch »eine positive Außenwahrnehmung«, »Zielkongruenz«, »Nähe und Individualität« und »partnerschaftliches Denken« (vgl. Abbildung 63).

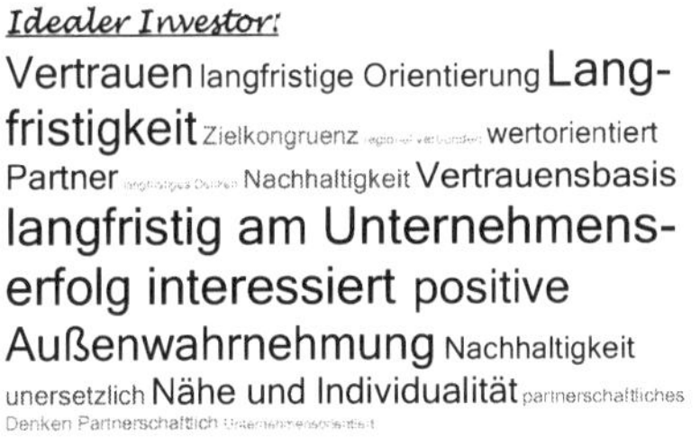

Abbildung 63: Konstruktwolke nach Sci:vesco für das Element ›Idealer Investor‹

Werte, die aus Sicht der Befragten auf Private Equity Gesellschaften nicht zutreffen; im Gegenteil, das Element ›ausländische PEG‹ weist sogar eine geringe negative Korrelation von -0,44 zum Benchmark-Element auf, die ›deutsche PEG‹ weist mit 0,04 keinen linearen Zusammenhang auf und lediglich die ›PEG mit öffentlichem Förderauftrag‹ verfügt mit 0,27 über eine geringe positive Korrelation, die jedoch weit davon entfernt ist, signifikant zu sein. Hervorzuheben ist die unterschiedliche Sichtweise der Befragten auf diese verschiedenen Ausprägungen von Private Equity. In ihren Augen gibt es demnach klare Unterschiede etwa zwischen einer ausländischen und einer deutschen Private Equity Gesellschaft. Abbildung 64 visualisiert dies anhand der Entfernung der einzelnen Elemente zum Benchmark-Element. Mit einer transformierten Luftliniendistanz von 0,38 ist die ausländische PEG am weitesten davon entfernt, ein idealer Investor zu sein. Die deutsche PEG weist mit 0,26 ebenfalls noch einen deutlichen Abstand auf, am geringsten ist der Abstand zwischen der PEG mit öffentlichem Förderauftrag und dem idealen Investor (0,17).

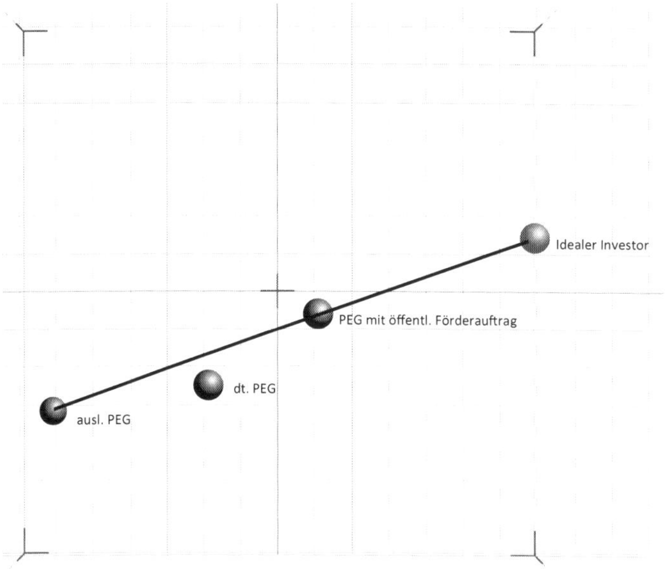

Abbildung 64: Entfernungen der verschiedenen Private Equity Gesellschaften zum idealen Investor (eigene Darstellung nach Sci:vesco)

Während gemäß der Sichtweise der Befragten bei der ausländischen PEG »Mißtrauen«, »Bonus-Orientierung« und »kurzfristige Renditeziele« im Vordergrund stehen, sind es bei der deutschen PEG eher die Konstrukte »Wachstumsorientiert«, »externe Finanzierung« und »reine Investition«, die am stärksten mit diesem Element korreliert sind (vgl. Abbildung 65).

Abbildung 65: Konstruktwolken nach Sci:vesco für die Elemente ›Deutsche PEG‹ und ›Ausländische PEG‹

Die gebildeten Konstrukte verdeutlichen die Unterschiede in der Wahrnehmung der einzelnen Private Equity Arten, insbesondere mit Blick auf die Wahrnehmung der ›Private Equity Gesellschaft mit öffentl. Förderauftrag‹, die immerhin mit 0,27 eine geringe positive Korrelation zum idealen Investor erreicht. Deutlich wird dies bei einer Betrachtung der Konstrukte, die mit diesem Element korreliert sind: »Zielkongruenz«, »hohe Kundenorientierung«, »Partner«, »risikobewusst«, »Mittelstandsfokussierung« und »Unternehmensorientiert« sind die Konstrukte, die aus Sicht der Befragten dieses Element am deutlichsten beschreiben (Vgl. Abbildung 66). Allerdings verfügt das Element mit s=11,56 zugleich über die höchste Standardabweichung aller Elemente, wird also von den Befragten sehr unterschiedlich wahrgenommen (vgl. Abbildung 67).

Abbildung 66: Konstruktwolke nach Sci:vesco für das Element ›PEG mit öffentl. Förderauftrag‹

Bemerkenswert ist in diesem Zusammenhang auch, dass das Element ›Sparkasse‹ mit einer Korrelation von 0,64 zum idealen Investor deutlich besser bewertet wird, als etwa eine Private Equity Gesellschaft mit öffentlichem Förderauftrag, wenngleich die Sparkassen sehr häufig Gesellschafter von solchen Beteiligungsgesellschaften sind. Die Sparkasse ist damit das einzige Element, das – neben Eigentümer und Familienunternehmen – eine zumindest mittlere positive Korrelation zum idealen Investor erreicht. Abbildung 67 verdeutlicht die Korrelationen aller Elemente zum Benchmark-Element ›Idealer Investor‹ sowie die Standardabweichungen der einzelnen Elemente.

Statistisches Ähnlichkeitsmaß nach Pearson (n=40)	Idealer Investor
Eigentümer	0,83
Familienunternehmen	0,79
Sparkasse	0,64
PEG mit öffentl. Förderauftrag	0,27
Bank	0,13
Nicht-Familienunternehmen	0,08
dt. PEG	-0,04
Investmentbank	-0,37
ausl. PEG	-0,44
Hedgefonds	-0,57

Standardabweichung (s)	Alle Befragten
PEG mit öffentl. Förderauftrag	11,56
Idealer Investor	11,07
Sparkasse	10,27
Bank	9,5
Nicht-Familienunternehmen	9,24
Hedgefonds	8,9
dt. PEG	8,6
Investmentbank	8,51
ausl. PEG	8,48
Eigentümer	8,32
Familienunternehmen	7,13

Abbildung 67: Statistisches Ähnlichkeitsmaß nach Pearson für alle Elemente zum Element ›Idealer Investor‹ sowie Standardabweichungen für alle Elemente in der Gesamtbefragung (n=40; eigene Darstellung, Berechnung via Sci:vesco)

Die Sparkassen sind aus Sicht der Befragten nicht nur »unersetzlich«, sie sind zudem auch »sicherheitsorientiert«, »wertorientiert«, »unterstützend« und zeichnen sich durch ihre »langfristige Orientierung«, »Zielkongruenz« und

»Vertrauen« aus und werden damit deutlich besser bewertet als etwa Banken, wenngleich beide Institutionen natürlich ein vergleichbares Geschäftsmodell haben (vgl. Abbildung 68).

Abbildung 68: Konstruktwolken nach Sci:vesco für die Elemente ›Sparkasse‹ und ›Bank‹

Konträr hierzu verfügt das Element ›Hedgefonds‹ über eine mittlere negative Korrelation zum idealen Investor, wird aus Sicht der Befragten in dieser Hinsicht von allen Elementen am negativsten bewertet. In der Konstruktwolke dominieren entsprechend Zuschreibungen wie »kurzfristiger Profit«, »reines Profitstreben« und »Anonymität«. Hedgefonds-Manager werden ähnlich wie Investmentbanker als »reine Zahlenmenschen« beschrieben, die eine starke »Bonus-Orientierung« und (vielleicht deswegen) ein »schlechtes Image« haben. Hedgefonds erhalten zudem noch die Attribute »störend« und »Mißtrauen« (vgl. Abbildung 69).

Abbildung 69: Konstruktwolke nach Sci:vesco für die Elemente ›Hedgefonds‹ und ›Investmentbank‹

Abbildung 70 verdeutlicht zusammenfassend noch einmal die Korrelationen aller Elemente untereinander, farblich gekennzeichnet dabei hohe und mittlere positive wie negative Korrelationen. Auffallend die hohen Korrelationen zwischen Eigentümer, Familienunternehmen und idealem Investor auf der einen Seite und die negativen Korrelationen zwischen Eigentümer bzw. Familienunternehmen und deutscher PEG bzw. ausländischer PEG, die die Unterschiedlichkeit beider Seiten aus der Sicht der Befragten (in den meisten Fällen die Eigentümer) verdeutlichen.

Statistisches Ähnlichkeitsmaß nach Pearson	Idealer Investor	Hedgefonds	Bank	Nicht-Familienunternehmen	Eigentümer	ausl. PEG	PEG mit öffentl. Förderauftrag	Sparkasse	dt. PEG	Familienunternehmen	Investmentbank
Idealer Investor	1	-0,57	0,13	0,08	0,83	-0,44	0,27	0,64	-0,04	0,79	-0,37
Hedgefonds	-0,57	1	0,38	0,28	-0,69	0,85	0	-0,43	0,53	-0,67	0,74
Bank	0,13	0,38	1	0,46	-0,07	0,38	0,43	0,4	0,52	-0,03	0,53
Nicht-Familienunternehmen	0,08	0,28	0,46	1	-0,01	0,37	0,14	0,05	0,41	0,04	0,29
Eigentümer	0,83	-0,69	-0,07	-0,01	1	-0,61	0,11	0,54	-0,22	0,91	-0,47
ausl. PEG	-0,44	0,85	0,38	0,37	-0,61	1	0,21	-0,32	0,72	-0,57	0,71
PEG mit öffentl. Förderauftrag	0,27	0	0,43	0,14	0,11	0,21	1	0,49	0,47	0,17	0,16
Sparkasse	0,64	-0,43	0,4	0,05	0,54	-0,32	0,49	1	0,1	0,56	-0,14
dt. PEG	-0,04	0,53	0,52	0,41	-0,22	0,72	0,47	0,1	1	-0,19	0,55
Familienunternehmen	0,79	-0,67	-0,03	0,04	0,91	-0,57	0,17	0,56	-0,19	1	-0,43
Investmentbank	-0,37	0,74	0,53	0,29	-0,47	0,71	0,16	-0,14	0,55	-0,43	1

Hohe/Sehr hohe positive Korrelation
Mittlere positive Korrelation
Hohe/Sehr hohe negative Korrelation
Mittlere negative Korrelation
Keine Korrelation

Abbildung 70: Statistisches Ähnlichkeitsmaß nach Pearson für alle Elemente (n=40; eigene Darstellung, Berechnung via Sci:vesco)

5.4.5.2 Auswertung nach Gruppen

5.4.5.2.1 Unternehmen mit und ohne PE-Erfahrung im Vergleich

Wie in Kapitel 5.4.5.2 ausgeführt, wurden dem Prinzip der Daten-Triangulation[944] folgend, bewusst sowohl Unternehmen mit, als auch ohne direkte Private Equity Erfahrung befragt. Dies erfolgte unter dem Gesichtspunkt der Prüfung einer möglichen Veränderung der Wahrnehmung von Private Equity Gesellschaften durch die Befragten, sofern sie über eigene Erfahrung mit Private Equity verfügen. Im Rahmen der Auswertung wurden daher entsprechende Gruppen gebildet, einzeln untersucht und miteinander verglichen.

Es zeigt sich hierbei, dass, wie dies auf Grund von Studien von *Achleitner et al.* zu positiven Erfahrungen mit Minderheitsbeteiligungen eventuell zu erwarten gewesen wäre,[945] die Wahrnehmung der Befragten sich tatsächlich verändert, wenn diese über eine eigene direkte Private Erfahrung verfügen. Sie verbessert sich, gemessen über die Nähe zu bzw. Korrelation mit dem Benchmark-Element ›Idealer Investor‹. Abbildung 71 verdeutlicht dies graphisch anhand der Eigenstrukturanalyse. Die Gruppe PE-Minderheitsbeteiligung liegt – gruppiert um die einzelnen Private Equity Elemente – jeweils näher an der Vorstellung eines idealen Investors, als die Gruppe ohne eigene PE-Erfahrung.

944 Vgl. Flick 2009a, S. 309ff.
945 Vgl. Achleitner et al. 2008c, S. 67ff.

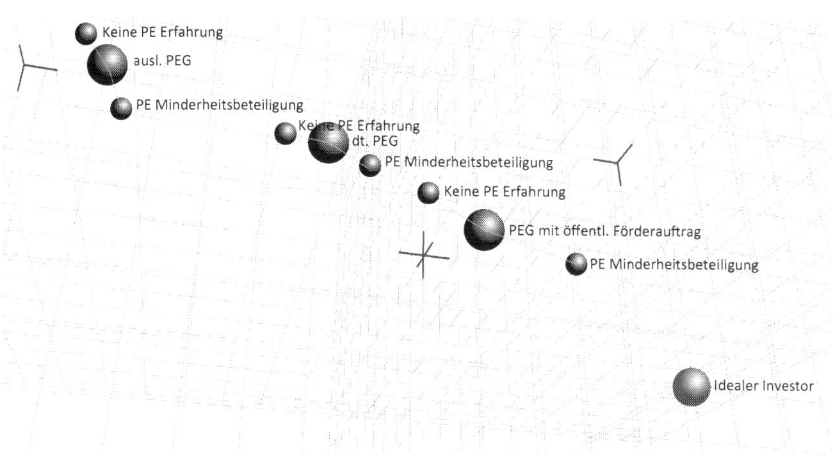

Abbildung 71: Sichtweise von FU mit PE und ohne PE-Erfahrung auf die Elemente ›Ausländische PEG‹, ›Deutsche PEG‹ und ›PEG mit öffentl. Förderauftrag‹ (eigene Darstellung nach Sci:vesco)

Beim Element ›PEG mit öffentlichem Förderauftrag‹ ist die Abweichung besonders groß, was anscheinend auf die gemachten positiven Erfahrungen insbesondere mit solchen Gesellschaften zurückzuführen ist. Eine Betrachtung der Korrelationskoeffizienten bestätigt dies auch rechnerisch. So sind für die Gruppe der Familienunternehmen ohne PE-Erfahrung (n=20) die beiden Elemente ›Ausländische PEG‹ mit -0,53 und ›Deutsche PEG‹ mit -0,19 jeweils negativ mit dem Benchmark-Element ›Idealer Investor‹ korreliert, das Element ›PEG mit öffentlichem Förderauftrag‹ weist mit 0,05 keine deutliche Korrelation auf. Konträr hierzu sehen die Befragten mit PE-Erfahrung in Form einer Minderheitsbeteiligung alle drei Elemente sehr viel positiver. Die ›PEG mit öffentlichem Förderauftrag‹ korreliert bei ihnen mit 0,57 mit dem idealen Investor, die ›Deutsche PEG‹ weist nun eine – wenn auch sehr geringe – positive Korrelation von 0,17 auf und lediglich das Element ›Ausländische PEG‹ weist mit -0,33 weiterhin eine – wenn auch deutlich geringere – negative Korrelation auf.[946]

Abbildung 72 verdeutlicht dies und beinhaltet darüberhinaus auch die Gruppe der ehemaligen Familienunternehmer (n=6), die ihr Unternehmen an eine Private Equity Gesellschaft verkauft haben. Auch in ihrer Wahrnehmung sind – wenn auch schwächer ausgeprägt – die verschiedenen Arten von Private Equity Gesellschaften höher mit dem idealen Investor korreliert, als dies bei der Gruppe ohne PE-Erfahrung der Fall ist. Die Abbildung zeigt darüber hinaus, dass etwa bei den exemplarisch ausgewählten Elementen ›Eigentümer‹, ›Hed-

946 Einschränkend hierzu muss jedoch erwähnt werden, dass nur ein Unternehmer (Theta) Erfahrungen mit einer ausländischen PEG im Rahmen einer Minderheitsbeteiligung gemacht hat.

gefonds‹ und ›Sparkasse‹ sehr viel geringere bis keine Abweichungen in der Wahrnehmung beider Gruppen feststellbar sind. Gleichzeitig weist die Gruppe der Befragten mit PE-Minderheitsbeteiligungserfahrung die höchste Varianz der Antworten auf. So liegt die Standardabweichung in dieser Gruppe für das Element ›Deutsche PEG‹ bei s=9,79 gegenüber s=8,45 der Gruppe ohne PE-Erfahrung und s=6,3 der Gruppe ehem. Familienunternehmer, für das Element ›Ausländische PEG‹ liegt sie sogar noch höher mit s=10,72 gegenüber s=6,59 (FU ohne PE) und s=9,3 (ehem. FU). Lediglich für das Element ›PEG mit öffentlichem Förderauftrag‹ ähneln sich die Werte, befinden sich mit s=11,68 bzw. s=11,55 jedoch auf einem hohen Niveau. Entgegen dessen sehen die ehem. Familienunternehmer dieses Element mit s=5,51 sehr viel homogener.

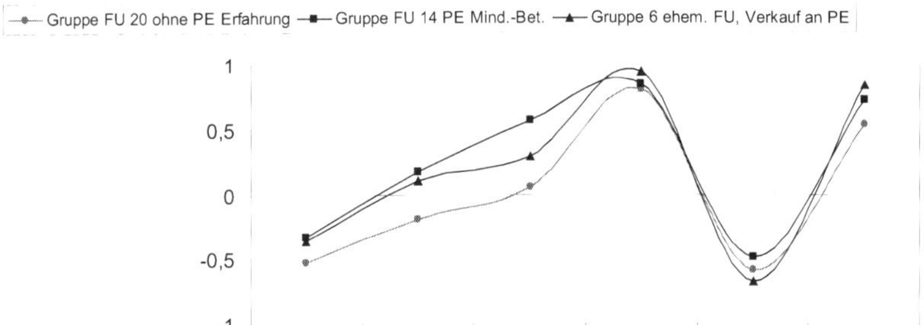

	ausl. PEG	dt. PEG	PEG mit öffentl. Förderauftrag	Eigentümer	Hedgefonds	Sparkasse
Gruppe FU 20 ohne PE Erfahrung	-0,53	-0,19	0,05	0,8	-0,59	0,54
Gruppe FU 14 PE Mind.-Bet.	-0,33	0,17	0,57	0,84	-0,49	0,72
Gruppe 6 ehem. FU, Verkauf an PE	-0,36	0,1	0,29	0,94	-0,67	0,84

Abbildung 72: Korrelationen zum ›Idealen Investor‹ der drei Gruppen ›FU ohne PE-Erfahrung‹ (n=20), ›FU mit PE-Erfahrung durch Mind.-Bet.‹ (n=14) und ›ehem. Familienunternehmer mit Verkauf an PEG‹ (n=6) (eigene Darstellung, Berechnung via Sci:vesco)

Die Unterschiedlichkeit in der Wahrnehmung der Gruppen wird ebenso deutlich bei Verwendung eines semantischen Korridors. So fängt ein solcher mit einem engen Winkel von 30°, angewendet auf die Gruppe der Befragten ohne PE-Erfahrung für das Element ›PEG mit öffentlichem Förderauftrag‹, die Konstrukte »rational«, »Geld als Selbstzweck«, »dominante Kapitalbezogenheit«, »nur eigene Interessen verfolgend«, »Zahlenorientierung«, »reiner Dienstleister« und sogar »mittelstandsfeindlich« ein (vgl. Abbildung 73).

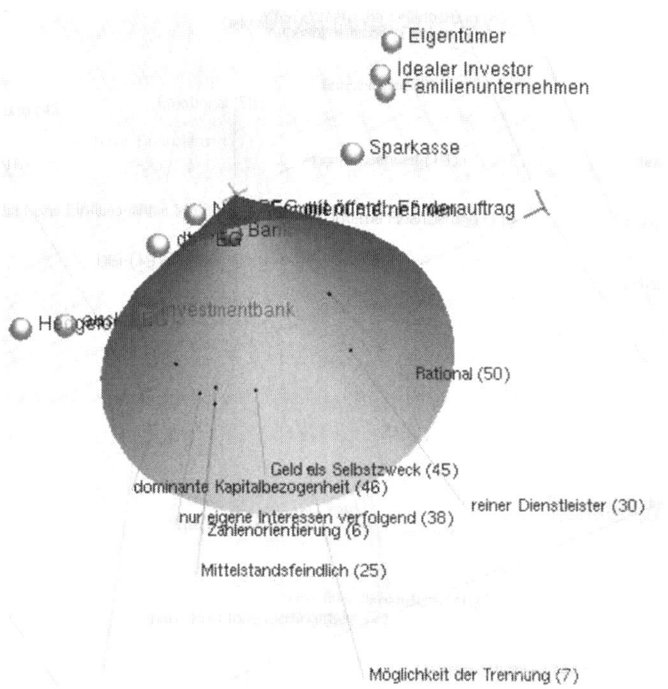

Abbildung 73: Semantischer Korridor mit 30° für das Element ›PEG mit öffentlichem Förderauftrag‹, Wahrnehmung der Gruppe ›FU ohne PE-Erfahrung‹ (n=20) (eigene Darstellung nach Sci:vesco)

Demgegenüber stehen die Konstrukte der Gruppe mit PE-Erfahrung durch Minderheitsbeteiligung, die viel unterschiedlicher nicht sein könnten: »regional«, »hohe Investitionsbereitschaft in das Unternehmen«, »unkomplizierter Partner«, »Wille, Unternehmen nach vorne zu bringen«, »regional verbunden«, »Nachhaltigkeit« und »übermäßige Sicherheit« (vgl. Abbildung 74).

Ähnlich, wenngleich nicht ganz so stark ausgeprägt, auch der Unterschied in der Wahrnehmung des Elements ›Deutsche PEG‹ bei gleichem semantischen Korridor von 30°. Den Konstrukten »reiner Kapitalgeber«, »Moderne« und »monetär getrieben« (Gruppe PE Mind.-Bet.) stehen Konstrukte wie »dem Gewinn verpflichtet«, »kurzfristige Spekulation«, »reines Gewinnstreben«, »reines Profitstreben« und »kurzfristige Ergebnisorientierung« gegenüber (Gruppe FU ohne PE-Erfahrung) (vgl. Abbildung 75).

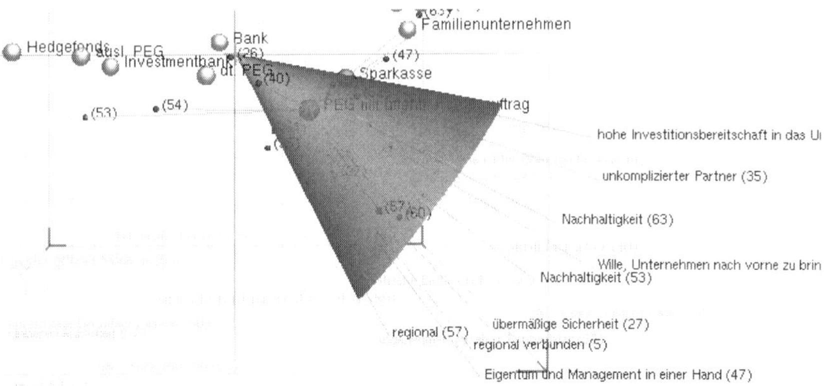

Abbildung 74: Semantischer Korridor mit 30° für das Element ›PEG mit öffentlichem Förderauftrag‹, Wahrnehmung der Gruppe ›FU mit PE-Erfahrung durch Mind.-Bet.‹ (n=14) (eigene Darstellung nach Sci:vesco)

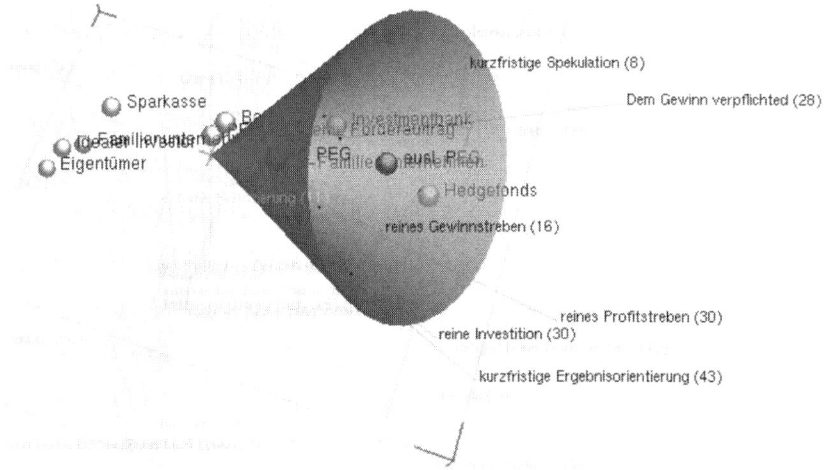

Abbildung 75: Semantischer Korridor mit 30° für das Element ›Deutsche PEG‹, Wahrnehmung der Gruppe ›FU ohne PE-Erfahrung‹ (n=20) (eigene Darstellung nach Sci:vesco)

Zusammenfassend kann konstatiert werden, dass die Sichtweise auf Private Equity der meisten Befragten tendenziell negativ ist. Dies gilt insbesondere mit Blick auf ausländische Private Equity Gesellschaften, die aus Sicht aller drei Befragtengruppen negativ mit einem idealen Investor korreliert sind. In ihrer Sichtweise auf deutsche Private Equity Gesellschaften und Private Equity Gesellschaften mit öffentlichem Förderauftrag unterscheiden sich die Gruppen deutlich stärker und mit einem eindeutigen Trend: Eigene Erfahrung mit Private Equity führt zu einer verbesserten Bewertung. Insbesondere die Befragten mit einer PE-Erfahrung im Rahmen einer Minderheitsbeteiligung bewerten Private Equity deutlich positiver als die Befragten ohne eigene Private Equity Erfahrung. Dies gilt insbesondere, aber nicht nur, für Private Equity Gesellschaften mit öffentlichem Förderauftrag, die mit einer Korrelation von 0,57 zum idealen Investor ein durchaus beachtliches Ergebnis erzielen und somit für die Befragten mit PE-Minderheitsbeteiligungserfahrung schon relativ nah an einen idealen Investor heranreichen. Demgegenüber sehen die Befragten ohne PE-Erfahrung diese Gesellschaften mit einer Korrelation von 0,05 nur neutral. Auch die deutschen Private Equity Gesellschaften werden von den Befragten mit PE-Erfahrung deutlich positiver bewertet und sind aus ihrer Sicht gering positiv mit einem idealen Investor korreliert, während sie hingegen für die Befragten ohne PE-Erfahrung eine geringe negative Korrelation mit dem idealen Investor aufweisen.

5.4.5.2.2 Detailauswertung der Befragten ohne PE-Erfahrung

Ein weiterer Forschungsaspekt liegt auf den Unternehmen ohne bisherige PE-Erfahrung und die Gründe für ihre tendenziell negative Wahrnehmung von Private Equity. Im Folgenden wurden die Eigenschaften der befragten Unternehmen, resultierend aus den Erkenntnissen des semi-struktrurierten Fragebogens, näher betrachtet und auf mögliche Zusammenhänge zu einer positiveren oder negativeren Wahrnehmung von Private Equity hin untersucht.

Ein Aspekt könnte hierbei das Alter des Unternehmens sein. So konstatieren *Simon, Wimmer und Groth*, dass in Mehr-Generationen-Familienunternehmen die Vererbungspräferenz besonders hoch ist[947] und *Reid et al.* stellen mit Blick auf diese Unternehmen eine deutlich größere Ablehnung gegenüber externen Kapitalgebern fest, da der Verlust von Kontrolle befürchtet wird.[948] Hingegen gehen *Gomez-Mejia et al.* davon aus, dass mit fortschreitendem Alter des Unternehmens und der damit einhergehenden Transformation vom Gründerunternehmen zu einem Unternehmen, welches zwar durch die Familie kontrolliert, jedoch nicht (mehr) gemanaged wird, die Bereitschaft zur Abgabe von Kontrolle deutlich höher sein sollte.[949]

Für die folgende Analyse wurden die Unternehmen ohne PE-Erfahrung (n=20) daher in drei Kategorien eingeteilt:

947 Vgl. Simon/ Wimmer/ Groth 2005, S. 13ff.
948 Vgl. Reid et al. 1999, S. 55ff.
949 Vgl. Gomez-Mejia et al. 2007, S. 109.

Gruppen (n=20)	Generation
Gruppe 1 (n= 4) (»Kleinfamilie«)	erste Generation
Gruppe 2 (n= 9) (»Stämme«)	zweite und dritte Generation
Gruppe 3 (n= 7) (»Großfamilie als Organisation«)	$\geq$ vierte Generation

Tabelle 8: Einteilung der Unternehmen in Gruppen nach Generation in Anlehnung an Simon/ Wimmer/ Groth[950]

Die Einteilung folgt der Stufenfolge familiärer Organisationsformen nach *Simon, Wimmer und Groth,* die eine Unterscheidung der Familienform in Abhängigkeit der Generation des Unternehmens vornehmen und dabei das Spektrum möglicher Familienformen differenzieren nach Kleinfamilie (1.Generation), Stämme (2./3. Generation) und Großfamilie als Organisation (ab 4.Generation).[951] Die Einordnung in diese Gruppen ermöglicht gleichzeitig, dass die Stichprobengröße pro Gruppe bei vier bis neun Unternehmen liegt und damit relativ homogen ist, wenngleich einschränkend betont werden muss, dass alle Aussagen nur auf die befragten Unternehmen bezogen sind und selbstverständlich auf Grund der kleinen Größe der Stichprobe nicht als repräsentativ gelten können.

Für die Analyse wurde wieder die Korrelation ausgewählter Elemente zum Benchmark-Element ›Idealer Investor‹ verwendet. Dabei zeigt sich, dass tatsächlich Unternehmen in erster Generation die positivste Sicht auf Private Equity haben, zumindest die beiden Elemente ›Deutsche PEG‹ und ›PEG mit öffentlichem Förderauftrag‹ sind für sie – wenn auch mit 0,14 sehr gering bzw. 0,44 gering – mit dem idealen Investor korreliert. Hingegen weisen die befragten Unternehmen in zweiter/ dritter Generation die mit Abstand negativste Sicht auf Private Equity auf. Bei ihnen sind alle drei Private Equity Elemente negativ mit dem idealen Investor korreliert (z. B. -0,32 für ›Deutsche PEG‹). Auf Grund o. a. Forschung wäre zu erwarten gewesen, dass zudem die Sichtweise auch der Unternehmen in vierter/ fünfter Generation ähnlich oder sogar negativer ist. Dies ist jedoch nicht der Fall. Die Werte der Befragten ähneln stattdessen eher denen der Befragten aus der ersten Generation wie dies Abbildung 76 veranschaulicht. Interessant ist zudem der Unterschied in der Sichtweise auf den Eigentümer. Während Befragte der ersten Generation eine signifikante, fast perfekte Korrelation von 0,92 zum idealen Investor sehen, nimmt dies bereits bei den Befragten der zweiten/ dritten Generation merklich ab (mit 0,765 jedoch immer noch signifikant) und liegt bei den befragten Un-

950 Vgl. Simon/ Wimmer/ Groth 2005, S. 48.
951 Ebd.

ternehmen in vierter/ fünfter Generation sogar nur noch bei 0,67 und damit im Bereich einer mittleren, nicht signifikanten Korrelation.

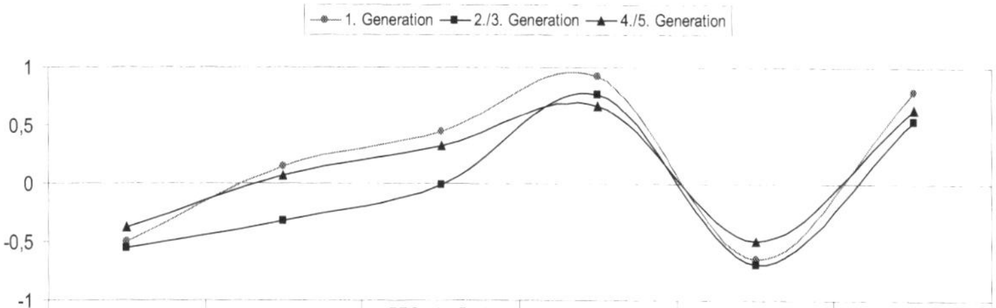

	ausl. PEG	dt. PEG	PEG mit öffentl. Förderauftrag	Eigentümer	Hedgefonds	Sparkasse
1. Generation	-0,5	0,14	0,44	0,92	-0,64	0,79
2./3. Generation	-0,55	-0,32	-0,015	0,765	-0,69	0,535
4./5. Generation	-0,38	0,065	0,32	0,67	-0,485	0,63

Abbildung 76: Korrelationen zum ›Idealen Investor‹ der Gruppe ›FU ohne PE-Erfahrung‹ (n=20), unterteilt nach Generation des Unternehmens (eigene Darstellung, Berechnung via Sci:vesco)

Weiter könnte auch die Größe des Unternehmens, gemessen am Umsatz, einen Einfluss auf die Wahrnehmung und Akzeptanz von Private Equity haben. Immerhin befinden sich von den größten Familienunternehmen in Deutschland über die Hälfte im Besitz der mindestens dritten Generation[952] und bei diesen Unternehmen ist der Vererbungswunsch besonders stark ausgeprägt wie *Lamsfuß/ Wallau* in ihrer Studie belegen.[953] Für die Analyse wurden die Unternehmen daher in drei Größenkategorien nach ihrem Umsatz eingeteilt:

Gruppen (n=20)	Umsatzgröße
Gruppe 1 (n– 9) (kleinere Unternehmen)	≤ 24,9 Mio. EUR
Gruppe 2 (n= 6) (mittlere Unternehmen)	25 bis 249,9 Mio. EUR
Gruppe 3 (n= 5) (größere Unternehmen)	≥ 250 Mio. EUR

Tabelle 9: Einteilung der Unternehmen in Gruppen nach Umsatzgröße

Abbildung 77 verdeutlicht, dass in der Befragung die mittleren Unternehmen mit einem Umsatz von 25 bis 249 Mio. EUR tendenziell Private Equity am negativsten sehen (bezogen auf den Vergleich zum idealen Investor). Die Unterschiede sind jedoch so gering, dass hier keinesfalls von einer Signifikanz gesprochen werden kann. Hingegen ist es durchaus bemerkenswert, dass bei der vorgenommenen Gruppierung sowohl das Element ›Ausländische PEG‹ wie

952 Vgl. Lamsfuß/ Wallau 2012, S. 25.
953 Vgl. Lamsfuß/ Wallau 2012, S. 17.

auch das Element ›Deutsche PEG‹ in allen drei Umsatzgruppen negativ mit dem idealen Investor korreliert ist, lediglich das Element ›PEG mit öffentlichem Förderauftrag‹ ist – wenn auch gering – positiv korreliert. Ein deutlicher Unterschied zur vorangegangen Analyse nach Generationen, in der immerhin zwei der drei Gruppen eine – wenn auch sehr geringe – positive Korrelation für die ›Deutsche PEG‹ aufwiesen. Ein weiterer Unterschied ist die Sichtweise auf den Eigentümer. Mit Korrelationswerten von 0,77–0,82 zum idealen Investor ist sie über alle drei Gruppen hinweg nahezu identisch stark ausgeprägt. Auch dies ein deutlicher Unterschied zur vorangegangen Analyse, bei der signifikante Unterschiede für die verschiedenen Generationen erkennbar waren.

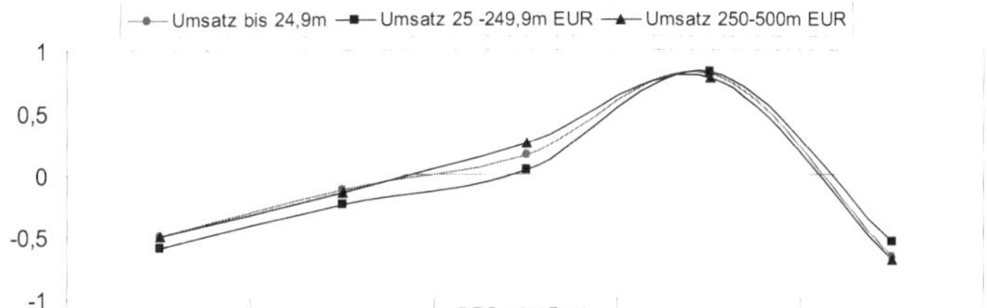

	ausl. PEG	dt. PEG	PEG mit öffentl. Förderauftrag	Eigentümer	Hedgefonds
Umsatz bis 24,9m	-0,5	-0,13	0,15	0,81	-0,66
Umsatz 25 -249,9m EUR	-0,59	-0,25	0,03	0,82	-0,54
Umsatz 250-500m EUR	-0,5	-0,15	0,25	0,77	-0,69

Abbildung 77: Korrelationen zum ›Idealen Investor‹ der Gruppe ›FU ohne PE-Erfahrung‹ (n=20), unterteilt nach Umsatzkategorien (eigene Darstellung, Berechnung via Sci:vesco)

Im nächsten Schritt soll geprüft werden, ob die Sichtweise auf Private Equity mit dem Wissensstand der Befragten zusammenhängt. Frühere Studien u. a. von *Espel*,[954] *PWC*[955] und *Achleitner et al.*[956] ergaben, dass es bei mittelständischen Familienunternehmern Informationsdefizite mit Blick auf Private Equity gibt und diese die Abneigung gegenüber Private Equity verstärken.[957] Basierend auf den Eigenauskünften der Befragten im Interview, erhoben im Rahmen des semistrukturierten Fragebogens, konnten die Befragten in drei Gruppen unterteilt werden:

Gruppen (n=20)	Wissensstand
Gruppe 1 (n= 4)	»gut«
Gruppe 2 (n= 10)	»mittelmäßig«
Gruppe 3 (n= 6)	»nicht sehr hoch«

Tabelle 10: Einteilung der Unternehmen in Gruppen nach Wissensstand gem. Eigenauskunft

954 Vgl. Espel 2008, S. 143–144.
955 Vgl. PWC 2011, S. 23ff.
956 Vgl. Achleitner/ Poech 2005; sowie Achleitner/ Poech/ Burger-Calderon 2005b, S. 289.
957 Vgl. Achleitner/ Schraml/ Tappeiner 2008b, S. 1.

Wie in Kapitel 5.4.1.3 ausgeführt, verfügen die meisten Befragten ohne direkte eigene Private Equity Erfahrung nur über mittelmäßiges (50 %) oder noch geringeres Wissen über Private Equity (»nicht sehr hoch«: 30 %); nur vier Befragte (20 %) gaben an, ihr Wissen sei gut.

Tatsächlich zeigt sich, dass die Befragten, die von sich selbst sagen, ihr Wissen sei nicht sehr hoch (Gruppe 3), die drei verschiedenen Private Equity Elemente deutlich am negativsten sehen. Für alle drei Ausprägungen sehen sie eine z. T. mittlere negative Korrelation zum idealen Investor. Besonders groß – im Vergleich zu den beiden anderen Gruppen – ist der Unterschied für das Element ›Deutsche PEG‹, welches mit einer mittleren negativen Korrelation von -0,52 zum idealen Investor deutlich anders und negativer bewertet wird, als etwa von Gruppe 2, die das Element mit einer positiven Korrelation von 0,1 bewertet. Auch die ›PEG mit öffentlichem Förderauftrag‹ ist für Gruppe 3 (als einzige Gruppe) negativ mit dem idealen Investor korreliert, wenngleich diese Korrelation mit -0,08 extrem schwach ausgeprägt ist.

Mit Blick auf die beiden anderen Gruppen fällt auf, dass sich ihre Sichtweise deutlich weniger stark voneinander unterscheiden, tendenziell die Befragten mit nach eigener Auskunft mittelmäßigen Wissen (Gruppe 2) jedoch Private Equity am wenigsten negativ sehen.

In ihrer Bewertung anderer Elemente ähneln sich die drei Gruppen hingegen erneut stark, insbesondere beim Element ›Eigentümer‹ liegt mit Korrelationen von 0,78–0,83 eine nahezu identische Sichtweise vor (Vgl. Abbildung 78).

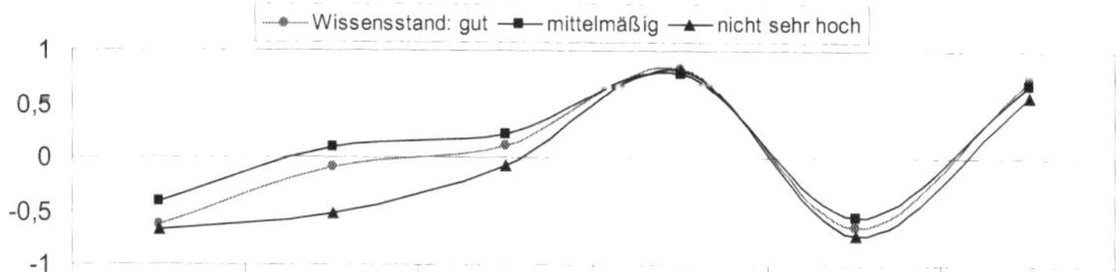

	ausl. PEG	dt. PEG	PEG mit öffentl. Förderauftrag	Eigentümer	Hedgefonds	Sparkasse
Wissensstand: gut	-0,63	-0,09	0,11	0,83	-0,64	0,72
mittelmäßig	-0,41	0,1	0,22	0,78	-0,55	0,67
nicht sehr hoch	-0,67	-0,52	-0,08	0,81	-0,73	0,57

Abbildung 78: Korrelationen zum ›Idealen Investor‹ der Gruppe ›FU ohne PE-Erfahrung‹ (n=20), unterteilt nach Wissensstand gemäß eigener Auskunft (eigene Darstellung, Berechnung via Sci:vesco)

Das Alter der Befragten könnte ein weiterer Aspekt sein, der die Sichtweise auf Private Equity beeinflusst. Verschiedene Gesprächspartner attestierten im Rahmen des Interviews der älteren Generation, dass diese oftmals ein Problem habe, »loszulassen« (u. a. FU13). Ein anderer Befragter (FU4) betonte, dass die »Halbwertzeit von Unternehmern« immer kürzer werde und er sich die Frage stelle, ob er mit 60 Jahren überhaupt noch in der Lage sei, ein mittelständisches Unternehmen zu führen. Darüber hinaus gaben einige der jüngeren Gesprächspartner an, Freunde im Private Equity Umfeld zu haben oder im Rahmen der universitären Ausbildung mit dem Thema in Berührung gekommen zu sein. Insofern könnte das Alter für die Wahrnehmung und Bewertung von Private Equity eine Rolle spielen.

Für die Analyse wurden daher die Befragten in vier Gruppen in Abhängigkeit ihres Alters eingeteilt (vgl. Tabelle 11):

Gruppen (n=20)	Alter
Gruppe 1 (n= 5)	30–40 Jahre
Gruppe 2 (n= 3)	41–50 Jahre
Gruppe 3 (n= 5)	51–60 Jahre
Gruppe 4 (n= 7)	Über 60 Jahre

Tabelle 11: Einteilung der Unternehmen in Gruppen nach dem Alter der befragten Personen

Dabei zeigt sich, dass es in der Tat altersbedingte Unterschiede in der Wahrnehmung von Private Equity gibt, jedoch kein klarer Trend zu erkennen ist. Interessanterweise sind es die jüngsten (Gruppe 1) und die ältesten Befragten (Gruppe 4) in dieser Untersuchung, die Private Equity am negativsten sehen und deren Sichtweisen, was vielleicht nicht zu erwarten gewesen wäre, sich in diesem Punkt am meisten ähneln. Beide Gruppen unterscheiden sich in ihrer Sichtweise erheblich von Gruppe 2, den 41–50 Jährigen. Während für Gruppe 2 alle drei Private Equity Elemente positiv mit dem idealen Investor korreliert sind, zum Teil mit 0,68 (PEG mit öffentl. Förderauftrag) fast schon hoch korreliert, sind für die Gruppen 1 und 4 alle Private Equity Arten negativ mit dem idealen Investor korreliert, ein signifikanter Unterschied. Gleichzeitig sieht Gruppe 2 auch die höchste Korrelation (0,95) zwischen Eigentümer und idealem Investor, ähnlich hoch und signifikant wie die Gruppen 3 (0,84) und 4 (0,82), aber im Unterschied zu Gruppe 1 (0,68), die hier nur eine mittlere, nicht signifikante Korrelation sieht. Abbildung 79 veranschaulicht deutlich die altersbedingten Unterschiede in der Sicht der verschiedenen Elemente insbesondere im Private Equity Bereich.[958]

958 Einschränkend sei darauf hingewiesen, dass die Gruppe 2 mit n=3 nur eine sehr kleine Stichprobe darstellt.

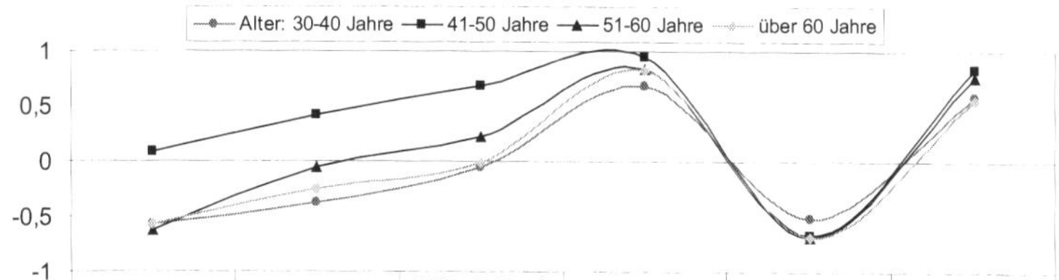

	ausl. PEG	dt. PEG	PEG mit öffentl. Förderauftrag	Eigentümer	Hedgefonds	Sparkasse
Alter: 30-40 Jahre	-0,57	-0,38	-0,06	0,68	-0,52	0,59
41-50 Jahre	0,08	0,42	0,68	0,95	-0,66	0,83
51-60 Jahre	-0,63	-0,06	0,22	0,84	-0,68	0,76
über 60 Jahre	-0,57	-0,25	-0,01	0,82	-0,68	0,56

Abbildung 79: Korrelationen zum ›Idealen Investor‹ der Gruppe ›FU ohne PE-Erfahrung‹ (n=20), unterteilt nach Alter der Befragten (eigene Darstellung, Berechnung via Sci:vesco)

Schließlich könnte auch die Tatsache, ob der Befragte der Inhaber des Unternehmens ist bzw. zur Unternehmerfamilie gehört, oder ob es sich um einen angestellten, familienfremden Geschäftsführer handelt, eine Rolle spielen. Von den 20 Befragten ohne PE-Erfahrung waren vier familienfremde Geschäftsführer.

Gruppen (n=20)	Merkmal
Gruppe 1 (n= 16)	Inhaber/ Familie
Gruppe 2 (n= 4)	Familienfremde Geschäftsführer

Tabelle 12: Einteilung der Unternehmen in Gruppen nach Familienzugehörigkeit

In ihrer Bewertung von Private Equity Gesellschaften unterscheiden sich beide Gruppen nur marginal. Ausländische PEG werden mit einer mittleren negativen Korrelation von -0,58 bzw. -0,51 und PEG mit öffentlichem Förderautrag mit einer sehr geringen positiven Korrelation von 0,12 / 0,13 zum idealen Investor nahezu identisch gesehen, lediglich die deutschen PEG werden - bemerkenswerterweise - durch die externen Geschäftsführer mit einer negativen Korrelation von -0,36 noch negativer gesehen als durch die Inhaber (-0,11). Das Eigentumsmerkmal scheint entsprechend kein Kriterium für Akzeptanz von Private Equity zu sein.

Interessant ist auch die unterschiedliche Bewertung des Eigentümers. Aus Sicht der externen Geschäftsführer ist der Eigentümer mit 0,94 nahezu perfekt mit dem idealen Investor korreliert. Die Eigentümer selber sehen sich mit 0,75 jedoch deutlich geringer mit dem idealen Investor korreliert (vgl. Abbildung 80).

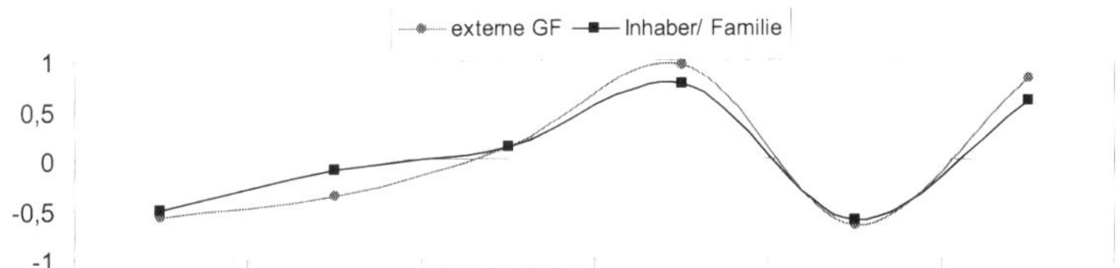

	ausl. PEG	dt. PEG	PEG mit öffentl. Förderauftrag	Eigentümer	Hedgefonds	Sparkasse
externe GF	-0,58	-0,36	0,12	0,94	-0,67	0,82
Inhaber/ Familie	-0,51	-0,11	0,13	0,75	-0,62	0,59

Abbildung 80: Korrelationen zum ›Idealen Investor‹ der Gruppe ›FU ohne PE-Erfahrung‹ (n=20), unterteilt in die Gruppen ›Externe GF‹ und ›Inhaber/ Familie‹ (eigene Darstellung, Berechnung via Sci:vesco)

Zusammenfassend bleibt festzuhalten, dass – zumindest bezogen auf die vorliegende Stichprobe – verschiedene Faktoren die Sichtweise auf Private Equity beeinflussen. Während der Umsatz des Unternehmens und die Tatsache, ob es sich bei dem Befragten um einen externen Geschäftsführer oder den Eigentümer handelte, keinen signifikanten Einfluss auf die Wahrnehmung und Bewertung von Private Equity haben, kommt hingegen dem Wissensstand eine große Bedeutung zu. Die Untersuchung zeigt, dass die Befragten mit geringem Wissen über Private Equity alle drei Arten von Private Equity Gesellschaften deutlich am negativsten sehen. Allerdings gilt im Umkehrschluss nicht, dass die Befragten mit dem größten Wissen über Private Equity dieses auch am positivsten bewerten. Dies obliegt vielmehr der Gruppe mit mittelmäßigem Wissen. Einfluss auf die Wahrnehmung hat zudem das Alter der Befragten und die Generation, in der das Unternehmen geführt wird. Zwar lassen sich hierbei deutliche Unterschiede der Gruppen ermitteln, jedoch kann kein klarer Trend erkannt werden. So sind es die jüngsten (30–40 Jahre) und die ältesten Befragten (über 60 Jahre), die Private Equity am negativsten beurteilen, während die beiden Altersgruppen dazwischen Private Equity deutlich positiver sehen. Und auch mit Blick auf die Generation des Unternehmens gibt es deutliche Unterschiede, aber keinen Trend. Die Befragten, die das Unternehmen in erster Generation führen, bewerten Private Equity zwar am positivsten, jedoch gilt nicht, dass die Sichtweise mit zunehmender Generation negativer wird. Vielmehr sind es die Befragten aus vierter und fünfter Generation, die Private Equity weniger negativ sehen als die Befragten in zweiter und dritter Generation.

6 Zusammenfassung, Empfehlungen an die Praxis und Ausblick

6.1 Zusammenfassung

Die vorliegende empirische Arbeit untersucht die Wahrnehmung, Akzeptanz und Erfahrungen von bzw. mit Private Equity durch mittelständische Familienunternehmen und differenziert dabei zwischen Unternehmen mit direkter eigener Private Equity Erfahrung im Rahmen einer Minderheitsbeteiligung und jenen ohne eigene Private Equity Erfahrung. Darüber hinaus wurden sechs Interviews mit ehemaligen Familienunternehmern geführt, die ihr Unternehmen an eine Private Equity Gesellschaft verkauft hatten, so dass diese Untersuchung auch eine ex-post Sichtweise auf Private Equity beinhaltet. Eine gemeinsame Untersuchung aus diesen drei unterschiedlichen Perspektiven bzw. Erfahrungshintergründen stellte bis dato eine Forschungslücke dar.

Die Untersuchung verdeutlicht die hohe Ablehnung und geringe Akzeptanz, die Private Equity im Segment der mittelständischen Familienunternehmen erfährt. Dies gilt sowohl für eine Minderheitsbeteiligung als auch für einen Komplettverkauf. Trotz externer Faktoren wie Basel III und Solvency II,[959] die die Finanzierungssituation für Unternehmen deutlich erschweren werden, schließt die Hälfte der Befragten ohne bisherige eigene PE-Erfahrung auch für die Zukunft eine Minderheitsbeteiligung einer PE-Gesellschaft in ihrem Unternehmen aus. Weitere 30 % könnten sich eine solche Beteiligung zwar vorstellen, jedoch nur, wenn diese unter der Grenze der Sperrminorität von 24,9 % liegt und sie somit keine Einschränkung ihrer Kontrollrechte befürchten müssen. Aus Sicht der Private Equity Gesellschaften keine besonders attraktive Perspektive. Nur 10 % könnten sich überhaupt eine Minderheitsbeteiligung vorstellen, die über die Sperrminorität hinausgeht. Auch mit Blick auf einen Komplettverkauf werden diese Werte aus Sicht der Private Equity Gesellschaften nicht besser. Nur

959 Vgl. KfW 2011a, S. 2; BdB/ DIHK 2011, S. 2ff.; zum Thema Wechselwirkungen von Solvency II und Basel III insbesondere auch Zähres 2011, S. 3ff.

14,7 % der Befragten würden im Falle eines Verkaufs ihres Unternehmens eine PEG als Käufer präferieren.

Die hohe Ablehnung liegt an der Sichtweise der Befragten auf Private Equity Gesellschaften. Messbar, im Rahmen der Repertory Grid Methode, wird dies durch einen Vergleich der Sicht auf Private Equity Gesellschaften zu einem für die Befragen 'idealen Investor'. Dieser ist für die Befragten u.a. »unternehmensorientiert«, »menschenorientiert«, »generationsübergreifend«, »langfristig am Unternehmenserfolg orientiert« und zeichnet sich durch »Nähe und Individualität«, »Nachhaltigkeit« und »Vertrauen« aus. Eigenschaften, die aus Sicht der Befragten auch eine sehr hohe Übereinstimmung mit dem Eigentümer des Unternehmens[960] und dem Familienunternehmen als solchem haben, die jedoch Private Equity Gesellschaften, insbesondere aus Sicht der Unternehmen ohne PE-Erfahrung, nicht auf sich vereinen. Dies zeigen die gebildeten Konstrukte und die Korrelationen zum idealen Investor: Für Befragte ohne PE-Erfahrung sind sowohl ausländische als auch deutsche Private Equity Gesellschaften negativ mit dem idealen Investor korreliert, d.h. für sie sind solche Gesellschaften das Gegenteil von einem idealen Investor (sic!). Private Equity Gesellschaften mit öffentlichem Förderauftrag werden neutral gesehen.

Verfügen die Befragten hingegen über eigene Erfahrung mit Private Equity, so wird ihre Bewertung und Sichtweise generell positiver. Hierbei ist jedoch ein deutlicher Unterschied zwischen Befragten mit Erfahrung im Rahmen einer Minderheitsbeteiligung und jenen, die ihr Unternehmen an eine PEG verkauft haben, feststellbar. Erstgenannte sehen Private Equity am positivsten bzw. am wenigsten negativ. Wie bei den Befragten ohne PE-Erfahrung gibt es auch bei diesen beiden Gruppen deutliche Abweichungen mit Blick auf die verschiedenen Ausprägungen von Private Equity Gesellschaften, die differenziert betrachtet werden. Während ausländische Private Equity Gesellschaften auch bei diesen beiden Gruppen eine – wenn auch deutlich geringere – negative Korrelation zum idealen Investor aufweisen, gilt dies für die deutsche Private Equity Gesellschaft und die Private Equity Gesellschaft mit öffentlichem Förderauftrag nicht. Vor allem Letztgenannte werden von der Gruppe »Minderheitsbeteiligung« mit einer mittleren Korrelation von 0,57 zum idealen Investor durchaus positiv beurteilt. Auch die deutsche Private Equity Gesellschaft ist positiv hierzu korreliert, wenngleich dieser Wert mit 0,17 (Gruppe »Minderheitsbeteiligung«) bzw. 0,1 (Gruppe »Ehemalige«) immer noch sehr gering ist, jedoch immerhin – im Gegensatz zur Gruppe ohne PE-Erfahrung (-0,19) – nicht negativ.

Die Untersuchung liefert zudem Anhaltspunkte, welche Faktoren Einfluss auf auf die Bewertung von Private Equity haben.

Zuvorderst sind hier Wissensdefizite zu nennen. Trotz der medialen Präsenz

960 In 82,5 % der Fälle waren die Befragten auch die Eigentümer.

von Private Equity in den vergangenen Jahren sind immer noch große Wissensdefizite, insbesondere bei den Befragten ohne eigene PE-Erfahrung, feststellbar. So stuften im Rahmen der Befragung nur 20 % dieser Gesprächspartner ihren Wissensstand zum Thema Private Equity als »gut« ein. Wie zu erwarten war, verbessert sich dieser Wert deutlich, wenn die Befragten über eigene Erfahrung mit Private Equity verfügen. Die Untersuchung zeigt, dass der Wissensstand und die eigene Erfahrung signifikant mit der Wahrnehmung und Sicht von Private Equity korreliert sind. So bewerteten die Befragten, die von sich selbst sagen, ihr Wissen über Private Equity sei nicht sehr hoch, die drei verschiedenen Private Equity Elemente deutlich am negativsten. Für sie sind sowohl die ausländische, die deutsche als auch die Private Equity Gesellschaft mit öffentlichem Förderauftrag negativ mit dem idealen Investor korreliert.

Weitere Faktoren, die in der Stichprobe Einfluss auf die Sichtweise und Bewertung von Private Equity haben, sind das Alter der Befragten und die Generation, in der das Unternehmen geführt wird. Befragte, die das Unternehmen in erster Generation führen, sehen Private Equity tendenziell am positivsten. Auch die Antworten im Rahmen des Leitfadeninterviews zeigen, dass bei diesen Gesprächspartnern eine deutlich größere Aufgeschlossenheit bzgl. externen Beteiligungskapitals in Form von Wachstumskapital vorhanden ist. Gleichzeitig gilt hingegen nicht, dass die Sichtweise mit zunehmender Generation negativer wird. Mit Blick auf das Alter der Gesprächspartner lassen sich ebenfalls Unterschiede in ihrer Sichtweise auf Private Equity feststellen, jedoch kein klarer Trend. Am positivsten wird Private Equity von der »mittleren Generation« (41–60 Jahre) gesehen, während die jüngsten (30–40 Jahre) und ältesten Gesprächspartner (über 60 Jahre) eine deutlich negativere Sicht auf Private Equity haben.

Der Umsatz des Unternehmens und die Tatsache, ob es sich bei dem Befragten um einen externen Geschäftsführer oder den Eigentümer handelte, haben hingegen keinen signifikanten Einfluss auf die Bewertung von Private Equity.

Die Analyse der Antworten im Rahmen des Leitfadeninterviews verdeutlichen die Gründe für die mittels Rep Grid ermittelte deutlich positivere Sichtweise auf Private Equity seitens der Befragten mit PE-Erfahrung im Rahmen einer Minderheitsbeteiligung. Schließlich hat sich die Einstellung zu PE auf Grund ihrer eigenen Erfahrung bei den meisten dieser Unternehmen (78 %) verbessert oder ist zumindest gleich positiv geblieben. Zwar wird die Art und Weise, wie sie durch die Private Equity Gesellschaft profitiert haben, sehr unterschiedlich eingeschätzt, dennoch würde die große Mehrheit (71 %) der Befragten mit PE-Erfahrung im Rahmen einer Minderheitsbeteiligung Private Equity auch anderen Familienunternehmen empfehlen und alle 14 Befragten waren der Ansicht, dass die Auswirkungen des Einstiegs der PEG als Minderheitsgesellschafter auf ihr Unternehmen positiv oder sogar sehr positiv waren (sic!). Auch kann die seitens der Familienunternehmer ohne PE-Erfahrung befürchtete starke Einflussnahme nur bedingt bestätigt werden. In fast allen Fällen halten sich die minderheitsbeteiligten Private Equity Gesellschaften aus dem Tagesgeschäft völlig heraus und nehmen nur durch ihre Mitbestimmungsrechte in Beirat oder Aufsichtsrat teilweise Einfluss auf Investitionen, Gewinnausschüttung und Zielvorgaben.[961]

Dennoch steigt – trotz der positiven Erfahrungen – auch bei den Befragten mit PE-Erfahrung nicht die Bereitschaft zu einem Komplettverkauf ihres Unternehmens an eine PEG. Vielmehr wird sehr stark zwischen einer Minderheitsbeteiligung und einem Komplettverkauf differenziert. Dies hat hauptsächlich zwei Gründe: Zum einen die starke Vererbungspräferenz der Befragten (85 % der Befragten möchten, dass das Unternehmen im Familienbesitz bleibt), die einen Verkauf – unabhängig vom Käufer – generell ausschließt; zum anderen die Unterschiede zwischen Private Equity Gesellschaften und Familienunternehmen, die verstärkt zum Tragen kommen, wenn sich das Unternehmen komplett in der Hand einer Private Equity Gesellschaft befindet. Die Stärken, die Familienunternehmen ausmachen, ihre Langfristigkeit, ihr Denken in Generationen, ihre Investitions- und Aufopferungsbereitschaft in Kombination mit ihrem starken Vererbungswillen, der sich etwa dadurch zeigt, dass Verzicht auf heutige Entnahmen geübt wird, um ein gesundes Unternehmen an die Nachfolger übergeben zu können, all das sind große Unterschiede zum klassischen Geschäftsmodell von Private Equity Gesellschaften. Ihr Geschäftsmodell besteht hingegen darin, gezielt Änderungen in den erworbenen Unternehmen umzusetzen, um auf diese Weise in möglichst kurzer Zeit eine Steigerung des Unternehmenswertes erzielen und durch einen Wiederverkauf heben zu können. Diese Praxis wird von Familienunternehmern erkannt und bewusst für ihr eigenes Unternehmen ausgeschlossen. Sie fühlen sich in der Regel ihrem Unternehmen, ihren Mitarbeitern und der Region zu stark verbunden, um sich einen Verkauf an eine Private Equity Gesellschaft vorstellen zu können. Dafür sind sie sogar bereit, auf eine Maximierung des Kaufpreises zu verzichten, wie ein Befragter unterstreicht: *»Damit es [Anm.: das Unternehmen] nicht von den Heuschrecken auseinandergerissen wird. Dafür würde ich Abstriche beim Preis machen.«*[962]

Diese Haltung der Familienunternehmen unterstreicht bemerkenswert die Erkenntnisse der Socioemotional-Wealth Theorie.[963] Den Familienunternehmern geht es nicht um eine Maximierung ihrer Erlöse oder das Erzielen eines

961 Vgl. hierzu auch Müller (2013, S. 144ff.), der zu ähnlichen Ergebnissen kommt.
962 Lambda 2013.
963 Vgl. Kap. 2.4.3.

möglichst hohen Verkaufspreises, vielmehr ist für sie die Bewahrung des Socioemotional-Wealth (auch für die nächsten Generationen) ein Wert an sich.

Es ist mit Blick auf Private Equity auch Ausdruck großer Skepsis bei den meisten Befragten. Tatsächlich betrachten nur 20 % der Befragten ohne PE-Erfahrung PE-Gesellschaften nicht skeptisch. Die Untersuchung zeigt, dass der Hauptgrund hierfür das negative Image ist, welches Private Equity Gesellschaften gerade in Deutschland haben und welches sich in den Köpfen der Familienunternehmer - insbesondere durch die negative Diskussion in der Öffentlichkeit und den Medien - verankert hat. Dies steht in direktem Zusammenhang mit dem zum Teil rücksichtslosen Umgang mit erworbenen Unternehmen. Zwar gibt es in den Medien und anderen populärwissenschaftlichen Publikationen immer wieder positive Gegenbeispiele,[964] jedoch scheinen diese positiven Botschaften das ursprünglich geprägte Bild gegenwärtig nicht umgestalten zu können. *Schefczyk* und *Pankotsch* stellen hierzu fest, dass das Bild von Private Equity in der Öffentlichkeit geprägt ist durch wenige große Private Equity Transaktionen, die »überproportional viel öffentliche Aufmerksamkeit auf sich ziehen, besonders in den für Arbeitnehmer und Kunden weniger glücklichen Fällen«, wenngleich dies »nicht repräsentativ für das Tagesgeschäft« der Gesellschaften sei.[965] In der Tat wird in den Medien in der Regel nicht zwischen den verschiedenen Formen von Private Equity Gesellschaften differenziert. Pauschal wird hingegen die Bezeichnung »Heuschrecke« für Private Equity Gesellschaften verwendet und damit eine ganze Branche mit einem negativen Image versehen. Die Untersuchung zeigt, dass hierunter insbesondere die Private Equity Gesellschaften mit öffentlichem Förderauftrag leiden. Deutlich wird dies etwa daran, dass die Befragten ohne eigene PE-Erfahrung und mit dem geringsten Wissensstand auch diese Form von Private Equity als (gering) negativ mit dem idealen Investor korreliert ansehen. *Achleitner* hält hierzu fest:

> »Die Heuschrecken-Debatte zielt nur auf einen gewissen Typ von Private Equity-Häusern ab. Dies lenkt leider komplett davon ab, dass gerade die Vielzahl deutscher Beteiligungsunternehmen langfristige Interessen verfolgt und eine existenziell wichtige Aufgabe für Kapital suchende kleine und mittelständische Unternehmen übernimmt.«[966]

In der vorliegenden Arbeit, wie auch in der Studie von *Achleitner et al.* zu Minderheitsbeteiligungen,[967] haben die befragten Familienunternehmen mit PE- Minderheitsbeteiligungen positive Erfahrungen gemacht. Dabei waren je-

964 Vgl. hierzu u. a. Burgmaier 2007, S. 98; Pennekamp 2011, S. 18.
965 Siehe Schefczyk/ Pankotsch 2008, S. XI.
966 Siehe Achleitner 2012, S. 11.
967 Vgl. Achleitner et al. 2008c, S. 67 ff.

doch in allen Fällen moderate Private Equity Gesellschaften[968] oder Mittelständische Beteiligungsgesellschaften die Minderheitseigner, was vor allem daran liegt, dass diese Gesellschaften sehr viel stärker bereit sind, Minderheitsbeteiligungen im Mittelstand einzugehen, als dies bei klassischen bzw. ausländischen Private Equity Gesellschaften der Fall ist. Eine Pauschalisierung der positiven Erfahrungen auf alle Private Equity Gesellschaften darf daher nicht erfolgen. Dies zeigen besonders deutlich auch die Erfahrungsberichte der sechs ehem. Familienunternehmer, die ihr Unternehmen an PE Gesellschaften verkauft und deutlich negativere Erfahrungen gemacht haben. In der Hälfte der Fälle erfolgte der Verkauf an eine klassische Private Equity Gesellschaft und jeweils waren die Erfahrungen negativ; deutlich positivere Erfahrungen machten hingegen nur die Unternehmer, die an moderate Private Equity Gesellschaften verkauft hatten. Entsprechend ist auch die gemittelte Sichtweise der ehemaligen Familienunternehmer – gemessen an der Korrelation zum idealen Investor – zwar positiver als bei den Befragten ohne PE-Erfahrung, jedoch deutlich weniger positiv ausgeprägt als bei den Befragten mit PE-Erfahrung im Rahmen einer Minderheitsbeteiligung.

Die Arbeit zeigt daher, dass Private Equity nicht gleich Private Equity ist, sondern sehr stark zwischen den verschiedenen Arten von Private Equity Gesellschaften differenziert werden muss. Ein Unternehmer (Rho) drückte dies im Gespräch wie folgt aus: *»25 % sind gut, 30 % fast kriminell und der Rest irgendwo in der Mitte.«*[969]

Während Mittelständische Beteiligungsgesellschaften und auch verschiedene moderate deutsche Private Equity Gesellschaften wichtige partnerschaftliche Funktionen in mittelständischen Unternehmen einnehmen und die Unternehmen bei der Erreichung ihrer geschäftspolitischen Ziele wirkungsvoll unterstützen können, ist bei einem Komplettverkauf an eine klassische Private Equity Gesellschaft, und diese sind in der Regel die Käufergruppe bei einer vollständigen Übernahme, eine gewisse Skepsis durchaus nachvollziehbar und angemessen.

6.2 Empfehlung an die Praxis

Grundlage für die folgenden Empfehlungen an die Praxis sind die quantitativen und qualitativen Forschungsergebnisse dieser Arbeit. Sie richten sich sowohl an Familienunternehmen als auch an Private Equity Gesellschaften und können helfen, das gegenseitige Verständnis zu verbessern, die Akzeptanz im Mittel-

968 Vgl. Kapitel 2.3.2.1.
969 Rho 2012.

stand zu erhöhen und daraus folgend den Anteil von Private Equity Investments im deutschen Mittelstand zu steigern.

6.2.1 Für mittelständische Familienunternehmen:

Interessierten Familienunternehmen zeigt die Untersuchung, dass die Unternehmen, die sich auf eine Minderheitsbeteiligung eingelassen haben, hiermit sehr gute Erfahrungen gemacht haben und diese Unterschiedlichkeit durchaus positiv genutzt werden und zum Vorteil des Unternehmens gereichen kann; gerade bei Themen wie Controlling, Finanzreporting, Planung und Außendarstellung z. B. gegenüber Banken können Private Equity Gesellschaften auf Grund ihrer Expertise unterstützen. Zum Teil helfen sie zudem im Rahmen von Internationalisierungsstrategien durch Expertise und Netzwerk. Die von vielen Familienunternehmen befürchtete starke Einflussnahme seitens der Private Equity Gesellschaft, einhergehend mit einem generellen Kontrollverlust für die Familie, lässt sich in den untersuchten Fällen nicht bestätigen. Wichtig ist die Bereitschaft, sich auf einen Externen im Unternehmen einzulassen und dies als Chance und nicht als Gefahr zu sehen.

Externes Beteiligungskapital ist jedoch teuer. Es sollte daher nur in Betracht gezogen werden, wenn konkreter Bedarf für Kapital besteht, etwa im Rahmen einer Wachstumsstrategie oder zwecks Auszahlung von Gesellschaftern. In diesen Fällen kann es sich sehr wohl lohnen, eine Private Equity Gesellschaft als Minderheitseigner in das Unternehmen zu holen. Dabei bieten sich insbesondere Mittelständische Beteiligungsgesellschaften an. Sie beteiligen sich in der Regel in Form von typisch stillen Beteiligungen mit einem Investitionsvolumen von bis zu 1–2 Mio. EUR und mit einem sehr langen Zeithorizont von bis zu zehn bis fünfzehn Jahren und kommen damit einem idealen Investor schon relativ nahe.

Bei größeren Beträgen bieten sich moderate deutsche Private Equity Gesellschaften an, die jedoch sehr sorgfältig evaluiert und ausgewählt werden müssen. Hierbei sollte unbedingt ein Blick auf das aktuelle Portfolio der Gesellschaft geworfen und das Gespräch mit den Inhabern dieser Unternehmen gesucht werden, um sie nach ihren Erfahrungen mit der jeweiligen Gesellschaft zu befragen. Hinweise darauf, ob es sich um eine moderate oder doch eher klassische Private Equity Gesellschaft handelt, geben die Renditeanforderungen, die Höhe der Investitionen und der Anteil von Minderheitsbeteiligungen im Portfolio; oftmals sind sie zudem Teil oder Tochter eines Kreditinstituts, z. B. der Volks- und Raiffeisenbankengruppe.[970]

970 Vgl. hierzu auch Achleitner et al. 2008c, S. 36.

Eine große Bedeutung kommt darüber hinaus dem Exit der Beteiligungsgesellschaft zu, der frühzeitig gemeinschaftlich geplant werden muss und für den ausreichend Mittel vorhanden sein müssen, um die Anteile zurückzukaufen. Für die befragten Unternehmen mit Private Equity Erfahrung einer der kritischsten Punkte im Rahmen ihrer Beteiligungserfahrung.

Mit Blick auf die zukünftige Entwicklung der Unternehmensfinanzierung in Deutschland sollte eine Private Equity Minderheitsbeteiligung als eine vorurteilsfreie Option für das Unternehmen gesehen werden.

Eine gewisse Skepsis ist hingegen gerechtfertigt, wenn es um den Komplettverkauf des Unternehmens an eine klassische Private Equity Gesellschaft geht, wie die Erfahrungsberichte der ehemaligen Familienunternehmer über ihren Verkauf eindrucksvoll belegen. Entscheiden sich Familienunternehmen dennoch für die Verfolgung dieser Option, so sollte hierbei verstärkt auf die sorgfältige Vorbereitung der Transaktion geachtet und ausreichend Zeit (mindestens 6–12 Monate) eingeplant werden. Helfen können zudem ein intensives psychologisches Coaching der Familie und die Einschaltung eines Beraters, der moderiert und zwischen beiden Seiten vermittelt. Während verschiedene Publikationen diese Maßnahmen während des Verkaufsprozesses empfehlen,[971] zeigen die Erfahrungsberichte, dass die emotionale Belastung für den Unternehmer mit der Unterschrift unter dem Kaufvertrag nicht endet und solche Maßnahmen daher auch nach dem Verkauf zunächst fortgeführt werden sollten. Die Berichte zeigen zudem, dass es für die emotionale Bewältigung eines Verkaufs wichtig ist, den Kontakt zum ehemaligen Unternehmen auf ein Minimum zu reduzieren; hierzu gehört auch, vermeintlich attraktive Angebote wie Beraterverträge auszuschlagen.

6.2.2 Für Private Equity Gesellschaften

Interessierten Private Equity Gesellschaften zeigt die Untersuchung, wie ein idealer Investor aus Sicht mittelständischer Familienunternehmen aussehen sollte. Nur wenn Private Equity Gesellschaften ihr Geschäftsmodell stärker diesbezüglich ausrichten, wird die Beteiligungsquote im Mittelstand signifikant wachsen können. Dies umfasst zum einen die Langfristigkeit des Investments, die aus Sicht der Familienunternehmen steigen und eher bei 10–15 Jahren statt bei 4–7 Jahren liegen sollte. Weiter betrifft dies die Renditeanforderungen, die von zahlreichen Befragten als unangemessen und zu hoch kritisiert wurden und darüber hinaus die Beteiligungsquote, die nach den Wünschen der meisten Befragten unterhalb der Sperrminorität liegen sollte. Ob dies dann ein Ge-

971 Vgl. hierzu u. a. von Boehm-Bezing 2005, S. 50; Regehr/ Sessinghaus 2006, S. 51.

schäftsmodell ist, welches aus Sicht der Private Equity Gesellschaft noch eine ausreichend attraktive Risiko-Ertragsrelation bietet, ist diskutabel.

Die Untersuchung unterstreicht zudem, über welches negative Image Private Equity Gesellschaften im Mittelstand verfügen. Die Veränderung dieses Images ist die zweite wesentliche Möglichkeit, den Anteil von Private Equity Investments im Mittelstand substantiell zu erhöhen, da es aus Sicht der Befragten den Hauptgrund für die hohe Ablehnung darstellt. Dabei tragen – wie die vorliegende Arbeit zeigt – Wissensdefizite erheblich zu einer verstärkten negativen Wahrnehmung bei. Insbesondere gilt es für Private Equity Gesellschaften, durch Aufklärung und gezielte Wissensvermittlung eine stärkere Differenzierung der verschiedenen Arten von Private Equity Gesellschaften im Mittelstand zu erreichen. Zu oft werden, insbesondere bei vorhandenen Wissenslücken, alle Private Equity Gesellschaften, d.h. auch mittelständische Beteiligungsgesellschaften und moderate Private Equity Gesellschaften, unter dem Schlagwort »Heuschrecke« subsumiert, was vielen Gesellschaften häufig nicht gerecht wird. Dies folgt der öffentlichen Diskussion insbesondere in den Medien und insofern sollte hier angesetzt und versucht werden, durch gezielte Berichterstattung positiver Fallbeispiele ein Gegengewicht zu schaffen. Versucht werden sollte zudem, die Transparenz der Branche zu erhöhen und eine stärkere Vernetzung in den Mittelstand zu erreichen, da diese beiden Komponenten aus Sicht der Befragten ebenfalls die geringe Akzeptanz erklären. So sind 65 % der Befragten der Ansicht, dass die Akzeptanz von Private Equity steigen würde, wenn die Branche transparenter wäre und wenn die handelnden Personen den Familienunternehmern persönlich bekannt wären. Die befragten Familienunternehmen schlagen zudem vor, noch intensiver das Geschäftsmodell zu erklären und die Kommunikation zu verbessern, beispielsweise durch den regelmäßigen Einsatz anderer Unternehmer als sog. Testimonials, die über ihre Erfahrungen mit Private Equity auf den üblichen Veranstaltungen berichten. Ein solcher Testimonial ist *Hans Knürr* (ehemals Knürr AG), der es so ausdrückt: »Ich werde inzwischen [...] beauftragt, mit Unternehmern zu reden, weil meine grauen Haare und meine positive Erfahrung im Bereich Private Equity psychologische Hilfe leisten.«[972]

Auch die Veränderung der Sprache gehört dazu. Ziel sollte sein, generell weniger Anglizismen zu verwenden. Dies gilt nicht zuletzt für Begriffe wie Private Equity oder Capital, die tendenziell negativ konnotiert sind, und ggf. – etwa in der Firmenbezeichnung – gestrichen oder ersetzt werden sollten. In Gesprächen mit Unternehmen sollte zudem versucht werden, eine höchstmögliche Kompatibilität mit dem Gesprächspartner zu erreichen. Hierbei sollten

972 Siehe Knürr zitiert nach Poech/ Achleitner/ Burger-Calderon 2005, S. 295.

Altersunterschiede, Unterschiede in der Kommunikationsweise und im Bildungsstand berücksichtigt werden.

Neben diesen Maßnahmen sollten sich Private Equity Gesellschaften jedoch, insbesondere wenn es um den Kauf eines Familienunternehmens geht, noch stärker mit den Besonderheiten dieser Unternehmensform, wie etwa dem Socioemotional-Wealth, beschäftigen. Denn wer ein Familienunternehmen kaufen will, muss ein sensibles Gespür für die Probleme entwickeln, die aus dem Spannungsfeld von Unternehmen und Familie entstehen können.[973] Helfen kann Private Equity Gesellschaften dabei eine verstärkte Auseinandersetzung mit den nicht-monetären Zielen von Familienunternehmen wie sie beispielsweise von *Prym* entwickelt wurden:[974]

Nicht-monetäre Ziele von Familienunternehmen	
1) Kontinuität, Tradition, Vermächtnis	10) Verantwortung
2) Autonomie, Unabhängigkeit, Selbstständigkeit	11) Ehrlichkeit, Integrität
3) Macht, Kontrolle	12) Verlässlichkeit
4) Reputation, Image, Anerkennung, Status	13) Berufliche Herausforderung, Ambition
5) Stolz	14) Einsatz, Fleiß, Ausdauer
6) Sinn, Identität	15) Wachstum, Expansion
7) Harmonie	16) Arbeitsplätze für Familienmitglieder und Zukunftschancen
8) Zugehörigkeitsgefühl, Wohlbefinden	17) Gutes Verhältnis zu den Kunden
9) Vertrauen	18) Gutes Verhältnis zu den Mitarbeitern

Tabelle 13: Nicht-monetäre Ziele von Familienunternehmen nach Prym[975]

Dem Verfasser ist durchaus bekannt, dass die meisten dieser Empfehlungen bereits – zumindest in Teilen – durch verschiedene Gesellschaften und auch den Private Equity Verband angewandt werden. Allerdings zeigt die Befragung auch, dass diese Bemühungen bislang bei den meisten mittelständischen Unternehmen nicht ankommen bzw. von ihnen nicht ausreichend wahrgenommen werden.

973 Vgl. hierzu auch Habig/ Berninghaus 2004, S. 134.

974 Vgl. Prym 2010, S. 84ff.; vgl. hierzu auch Carlock/ Ward 2001, S. 51ff.; sowie Zellweger/ Mühlebach 2008, S. 35ff.

975 Siehe Prym 2010, S. 90.

6.3 Ansatzpunkte für eine weitergehende Forschung

Forschungsgebiet der vorliegenden Arbeit sind ausschließlich mittelständische Familienunternehmen in Deutschland. Interessant im Rahmen einer weitergehenden Erforschung des Themengebiets wäre daher eine Ausdehnung des geographischen Untersuchungsumfelds. Hier würde es sich anbieten, den Schwerpunkt auf Länder zu legen, in denen die Verbreitung von Private Equity deutlich stärker ausgeprägt ist, als dies in Deutschland der Fall ist und die zudem über eine ähnliche wirtschaftliche Struktur verfügen und unter Private Equity Gesichtspunkten vergleichbar attraktiv sind. Aufschlussreich wäre eine Gegenüberstellung der Ergebnisse dieser Arbeit etwa mit der Sichtweise und den Erfahrungen bzgl. Private Equity seitens mittelständischer Familienunternehmen in den USA, Großbritannien, Frankreich und den skandinavischen Ländern. Hierbei sollte ein ähnlicher Forschungsansatz (einschließlich der Repertory Grid Methode) gewählt werden, um zu aussagefähigen Vergleichswerten zu kommen.

Darüber hinaus wäre auch eine ebenfalls mittels Repertory Grid Methode durchgeführte Untersuchung der Sichtweise von Investment Managern deutscher und ausländischer Private Equity Gesellschaften auf mittelständische deutsche Familienunternehmer interessant.

Weiterer Forschungsbedarf besteht im Bereich der Minderheitsbeteiligungen. In dieser Untersuchung waren in allen Fällen die Minderheitseigner entweder Mittelständische Beteiligungsgesellschaften oder aber sog. moderate deutsche Private Equity Gesellschaften. Hauptgrund hierfür ist, dass es nur sehr wenige Minderheitsbeteilgungen im Mittelstand gibt, die durch klassische, ggf. sogar ausländische PE Gesellschaften, eingegangen werden. Dennoch oder gerade deshalb wäre unter Forschungsgesichtspunkten aufschlussreich, ob Unternehmen, die über solche Minderheitseigner verfügen, ähnlich positive Erfahrungen machen konnten oder die Verfahrensweise in diesen Unternehmen und die Erfahrungen sich deutlich unterscheiden.

Die vorliegende Arbeit beinhaltet sechs Erfahrungsberichte ehemaliger Inhaber, die ihr Unternehmen an eine Private Equity Gesellschaft verkauft haben. Es bietet sich an, dieses Themengebiet als eigenes Forschungsprojekt noch einmal vertiefend zu untersuchen und hierbei insbesondere die emotionale Belastung der Unternehmer zum Forschungsschwerpunkt zu erheben. Gleichzeitig sollte zur besseren Vergleichbarkeit eine ähnliche Untersuchung mit Unternehmern erfolgen, die ihr Unternehmen an eine andere Käufergruppe (z. B. strategische Investoren) verkauft haben, da die Möglichkeit besteht, dass der Verlust des Unternehmens an sich eine tendenziell negative Sichtweise auf den Verkaufsprozess und die Käufer in der Retrospektive zur Folge hat.

6.4 Ausblick

Die Untersuchung verdeutlicht einmal mehr, wie unterschiedlich Private Equity Gesellschaften und mittelständische Familienunternehmen sind. Jedoch ist davon auszugehen, dass sich zukünftig beide Seiten verstärkt annähern werden und dies auch erforderlich ist. Schließlich benötigen Private Equity Gesellschaften laufend interessante Übernahmeobjekte für ihre Portfolios, die über attraktive Renditen oder zumindest Wachstumspotential verfügen. Der deutsche Mittelstand bietet hierfür zahlreiche Möglichkeiten. Insbesondere auch auf Grund der schwierigen Exit-Märkte steigt aktuell die durchschnittliche Haltedauer von Portfolio-Unternehmen und die operative Performance rückt vermehrt in den Vordergrund, ein Vorteil aus Sicht der Familienunternehmen. Gleichzeitig wird auf Grund der Nachfolgeproblematik, die im Rahmen der demographischen Entwicklung in Deutschland weiter an Brisanz gewinnen wird,[976] die Bedeutung von PE Gesellschaften als potentielle Käufer für Familienunternehmen zunehmen. Private Equity Gesellschaften hilft dabei die Tatsache, dass sie als Käufer das unternehmenseigene Management im Rahmen eines Management Buy Outs (MBO) unterstützen bzw. einbinden können und auf diese Weise eine Konstante im Unternehmen schaffen, die für viele Familienunternehmer die Verkaufsentscheidung deutlich erleichtert.

Zu erwarten ist zudem, dass die Folgen der Finanzmarktkrise und die regulatorischen Eingriffe wie Basel III auch dazu führen werden, dass Beteiligungskapital für die Unternehmensfinanzierung in Form von Minderheitsbeteiligungen an Bedeutung gewinnen wird und gleichzeitig vermehrt Private Equity Gesellschaften dazu bereit sein werden, Minderheitsbeteiligungen einzugehen; nicht zuletzt, da die Finanzierung größerer Transaktionen nach der Finanzmarktkrise oftmals nicht mehr gegeben ist.

Insgesamt ist davon auszugehen, dass sich mittelfristig der Anteil von Private Equity in der deutschen Wirtschaft zumindest dem europäischen Schnitt angleichen wird.

Ein Unternehmer (Sigma), der inzwischen über große Erfahrung im Umgang mit Private Equity Gesellschaften verfügt, beschrieb im Gespräch sehr anschaulich die Ambivalenz bei der Sichtweise auf Private Equity Gesellschaften und die voraussichtliche Entwicklung:

> »Bevor ich mich mit dem Thema Private Equity näher beschäftigt hatte, waren das für mich Heuschrecken, nachdem ich einige Zeitungsartikel gelesen hatte, dachte ich, die sollten verboten werden, das ist purer Raubtierkapitalismus, nur kurzfristig, rücksichtslos gegenüber Befindlichkeiten, Werten und Traditionen, nur persönliche Gewinnmaximierung als oberstes Ziel. [...] Aber man muss natürlich auch sagen, dass es

976 Vgl. Müller et al. 2011, S. 146ff.

auch positive Argumente gibt, sie ja schon eine große volkswirtschaftliche Rolle spielen, denn sie nehmen eine spezielle Funktion ein, besetzen eine Lücke im Wirtschaftssystem, die wichtig ist; nehmen Risiko und haben das Kapital z. B. bei Sanierungen, was Familienunternehmen und Banken nicht machen, haben betriebswirtschaftliche Klarheit, Stringenz, die Familienunternehmen oft nicht haben. Und, die intelligentesten Gesprächspartner in meinem Berufsleben waren Mitarbeiter von Private Equity Gesellschaften. Es war stets ein Vergnügen, diese Gespräche zu führen. Unheimlich viel Kompetenz, aber auch Skrupelosigkeit und reine materielle Zielsetzungen. Wir können die Augen vor Private Equity nicht verschließen. Insgesamt habe ich meine Meinung schon gewandelt.[977]

977 Sigma 2012.

Literaturverzeichnis

Achleitner, A.K. (2002): Handbuch Investment Banking, 3.Aufl., Wiesbaden: Gabler 2002.

Achleitner, A.K. (2006): Der Beitrag von Private Equity und Venture Capital zur Beschäftigung in Europa. In: Finanz Betrieb 03/2006, S. 140–146.

Achleitner, A.K. (2012): »Die deutsche Angst schwindet« – Interview mit A.K. Achleitner. In: Das Investment Thema – Know-How Magazin zur Kapitalanlage, März 2012, S. 10–11.

Achleitner, A.K./ Geidner, A. (2007): Der Wandel der Unternehmensführung in Spin-off-Buy-Outs. In: BVK (Hg.): Zukunft sichern durch Buy-Out, Berlin 2007, S. 18ff.

Achleitner, A.K./ Kaserer, C. (2005): Private Equity Funds and Hedge Funds: A Primer. Version Juni 2005. In: Working Paper No. 2005-03, CEFS. Online einsehbar: http://ssrn.com/abstract=1109100 (Stand 01.03.2013).

Achleitner, A.K./ Klöckner, O. (2005): Employment contibution of Private Equity and Venture Capital in Europe. EVCA Research Paper 2005.

Achleitner, A.K./ Poech, A. (2005): Familienunternehmen und Private-Equity: Die psychologischen Bruchstellen. In: Apax Insight 2005, München, S. 1–13.

Achleitner, A.K./ Poech, A./ Burger-Calderon, M. (2005a): Private Equity und Mittelstand – Wege zu einem konstruktiven Dialog. In: M&A 02/2005, S. 61–65.

Achleitner, A.K./ Poech, A./ Burger-Calderon, M. (2005b): Private Equity in Familiennunternehmen: Eine empirische Untersuchung zu psychologischen Aspekten der Transaktionsentscheidung. In: Finanzbetrieb 05/2005, S. 289–295.

Achleitner, A.K./ Schraml, S./ Klöckner, O. (2008a): Wie professionell ist die Unternehmensfinanzierung tatsächlich? München: Center for Entrepreneurial and Financial Studies, Alphazirkel, Droege & Comp 2008.

Achleitner, A.K./ Schraml, S./ Tappeiner, F. (2008b): Private Equity minority investments in large family firms: What influences the attitude of family firm owners? Working Paper. Online einsehbar: http://ssrn.com/abstract=1299573 (Stand 01.03.2013).

Achleitner, A.K./ Schraml, S./ Tappeiner, F. (2008c): Private Equity in Familienunternehmen – Erfahrungen mit Minderheitsbeteiligungen. Publikation der Stiftung Familienunternehmen (Hg.) in Zusammenarbeit mit dem CEFS der TU München. Norderstedt: Books on Demand GmbH 2008.

Achleitner, A.K./ Thoma, G. (2001): Handbuch Corporate Finance – Konzepte, Strategien und Praxiswissen, Loseblattausgabe, 2. Aufl. Köln 2001.

Ackermann, R. (2007): Besondere Qualität – Ist der Mittelstand in Deutschland vom Aussterben bedroht? In: Wirtschaftswoche Nr. 23 vom 04.06.2007, S. 50.

Adveq (2012): Der Nutzen von Private Equity für die europäische Wirtschaft. Erkenntnisse aus der Makro-, Unternehmens- und Investorenperspektive. Zürich: 2012.

Aggarwal, R. (2007): Executive Compensation and Incentives. In: Handbook of Empirical Corporate Finance 2007, S. 497–538.

Ahrweiler, S./ Börner, C./ Grichnik, D. (2003): Angebot und Nachfrage nach neuen Finanzierungswegen für den Mittelstand. In: Kienbaum, J./ Börner, C. (Hg.): Neue Finanzierungswege für den Mittelstand. Wiesbaden: Gabler 2003, S. 373–412.

Akerlof, G. (1970): The market for ›lemons‹: Quality and the market mechanism, Quarterly Journal of Economics 84, S. 488–500.

Alcorn, P. (1982): Success and Survival in the family owned business, New York, 1982.

Allensbach/ WHU (2007): Studie zu M&A im Mittelstand. In »M & A im Mittelstand ungebrochen: Appetit von Banken für Finanzierungen vorhanden – Wachstumstreiber Nachfolge«, Börsen-Zeitung, 20.09.2007, Nummer 181, S. 10.

Alloway, T./ Wigglesworth, R. (2011): Europe's CLO market in danger of extinction. Financial Times, 13. Dezember 2011.

Altobelli, C. (2007): Marktforschung: Methoden, Anwendungen, Praxisbeispiele. Stuttgart: Uni-Taschenbücher 2007.

Anders, G. (1992): The Barbarians in the Boardroom. In: Harvard Business Review, Vol. 70, Nr. 4–1992, S. 79–87.

Anderson, R./ Reeb, D. (2003): Founding Family Ownership and Firm Performance: Evidence from the S&P 500. In: Journal of Finance 58 (3), 2003, 1301–1328.

Ashforth, B./ Mael, F. (1989): Social identity theory and the organization. In: Academy of Management Review, 14–1989, S. 20–39.

Atteslander, P. (2003): Methoden der empirischen Sozialforschung, de Gruyter Verlag, 10. Aufl., Berlin 2003.

Austria Wirtschaftsservice (2011): Leistungsdaten 2010 – Leistungsbericht der Austria Wirtschaftsservice GmbH. Online einsehbar: http://www.awsg.at/Content.Node/files/sonstige/Leistungsbericht_2010.pdf (Stand 15.08.11).

Axelson, U./ Jenkinson, T./ Strömberg, P./ Weisbach, M. (2007): Leverage and Pricing in Buyouts: An Empirical Analysis. Working Paper, Stockholm, August 24, 2007.

Bader, H. (1996): Private Equity als Anlagekategorie – Theorie, Praxis und Portfoliomanagement für institutionelle Investoren. Dissertation Nr. 1861, Bern/ Stuttgart/ Wien: Haupt Verlag 1996.

Baecker, D. (2003): Organisation und Management, 3. Aufl., Frankfurt am Main: Suhrkamp 2003.

Bain (2012): Global Private Equity Report 2012. Boston: Bain & Company, Inc.

Baker, G./ Montgomery, C. (1994): Conglomerates and LBO Associations: A Comparison of organizational forms. Harvard Business School Working Paper, Nov. 4, S. 1–34. Harvard: MA 1994.

Baker, G./ Smith, G. (1998):The New Financial Capitalists. Kohlberg Kravis Roberts and the Creation of Corporate Value. Cambridge: Cambridge University Press 1998.

Balz, U. (2003): M&A: Marktteilnehmer und Motive. In: Balz/ Arlinghaus (Hg.): Das Praxisbuch Mergers & Acquisitions, München: RedLine2003, S. 11–42.

BAMS (2005): Interview mit Franz Müntefering, Bild am Sonntag, 17.04.2005.

Bannister, D./ Fransella, F. (1971): Inquiring man. 2.Aufl. 1980, Harmondsworth: Penguin Books.

Bannister, D./ Fransella, F. (1981): Der Mensch als Forscher. Die Psychologie der persönlichen Konstrukte. Münster: Aschendorff 1981.

Bannister, D./ Mair, J. (1976): The evaluation of personal constructs. London: Academic Press 1976.

Baron, R. (2008): The role of affect in the entrepreneurial process. In: Academy of Management Review, 33-2008, S. 328-340.

Barontini, R. / Caprio, L. (2005): The Effect of Family Control on Firm Value and Performance. Evidence from Continental Europe, European Corporate Goverance Institute, Finance Working Paper No. 88/2005.

Baus, K. (2003): Die Familienstrategie, Wiesbaden: Gabler 2003

BdB / DIHK (2011): Folgen von Basel III für den Mittelstand. In: Bundesverband deutscher Banken/ DIHK (Hg.): Fokus: Unternehmen, Berlin: Oktober 2011. Online einsehbar (Stand 16.07.2012): www.dihk.de/ressourcen/downloads/broschuere-basel-iii.pdf

Bechtold, R. (2002): GWB, 3.Aufl., München, 2002.

Becker, W./ Schulte-Krumpen, K./ Graneß, S. (2011): Private Equity im Mittelstand - Eine Finanzierungsform mit Wertschöpfungspotenzial. Stuttgart: Verlag Kohlhammer 2011.

Berg, A./ Gottschalg, O. (2005): Understanding Value Generation in Buyouts. Working Paper. Cahier de Recherche du Groupe HEC, Nr. 824/2005.

Berg, T./ Uzik, M. (2011): Auswirkungsstudie Basel III. Die Folgen für den Mittelstand. Wissenschaftliche Studie der HU Berlin und der Berg. Univ. Wuppertal im Auftrag des Bundesverband mittelständische Wirtschaft, August 2011.

Berger, A./Udell, G. (1998): The Economics of Small Business Finance: The Roles of Private Equity and Debt Markets in the Financial Growth Cycle. In: Journal of Banking & Finance, 22 (6-8)/1998, S. 613-673.

Berrone, P./ Cruz, C./ Gomez-Mejia, L. (2012): Socioemotional Wealth in Family Firms: Theoretical Dimensions, Assessment Approaches, and Agenda for Future Research. In: Family Business Review XX(X), S. 1-22.

Berrone, P./ Cruz, C./ Gomez-Mejia, L./ Larraza-Kintana, M. (2010): Socioemotional wealth and corporate responses to institutional pressures: Do family-controlled firms pollute less? In: Administrative Science Quarterly, 55-2010, S. 82-113.

Bird, B./ Welsch, H./ Astrachan, J./ Pistrui, D. (2002): Family business research: The evolution of an academic field. In: Family Business Review 15-2002, S. 337-350.

Bishop, M (2004): The new kings of capitalism. In: The Economist, 25. November 2004.

Björnberg, A./ Nicholson, N. (2012): Emotional Ownership : The Next Generation's Relationship With the Family Firm. In: Family Business Review 25 (4)/2012, S. 374-390.

Bloemker, R. (1964): Probleme der Kreditfinanzierung bei Klein- und Mittelbetrieben. In: Abhandlungen zur Mittelstandsforschung 9, Köln/ Opladen 1964.

Bordo, M./ Eichengreen, B. (1993): A Retrospective on the Bretton Woods System. National Bureau of Economic Research. Chicago: The University of Chicago Press 1993.

Breid, V. (1995): Aussagefähigkeit agencytheoretischer Ansätze im Hinblick auf die Verhaltenssteuerung von Entscheidungsträgern. In: Zeitschrift für betriebswirtschaftliche Forschung, 47. Jahrgang 1995, S. 821-854.

Brenken, A./ KfW (2006): Die Globalisierung des Mittelstands – Chancen und Risiken. Frankfurt: KfW Bankengruppe, Februar 2006.

Brettel, M./ Kauffmann, C./ Kühn, C./ Sobczak, C. (2008): Private Equity Investoren – Eine Einführung. Stuttart: Verlag Kohlhammer 2008.

Brink, S. (2010): Familienunternehmen und Unternehmensberatung – Eine empirische Bestandsaufnahme. Institut für Mittelstandsforschung Bonn, Working Paper 07/10. Bonn: IfM 12/2010.

Brophy, D./ Wadecki, A. (2008): Characteristics of the Private Equity Arena. In: Cendrowski, H./ Martin, J./ Petro, L./ Wadecki, A.: Private Equity – History, Governance and Operations. Hoboken, New Jersey: Wiley & Sons 2008.

Brors, P. (1998): Der Abschied von Einfluss und Macht fällt vielen Unternehmern schwer. In: Handelsblatt Nr. 148 vom 05.08.1998, S. 12.

Brunnermeier, M./ Goodhart,C./ Persaud, A./ Crockett, A./ Shin, H. (2009): The fundamental principles of financial regulation. International Center for Monetary and Banking Studies, Centre for Economic Policy Research (Great Britain), Band 11, Geneva reports on the world economy 2009.

Bundesweite Gründerinnen Agentur (2010): Unternehmensnachfolge durch Frauen – Daten und Fakten II. Stuttgart.

Bureau van Dijk/ Zephyr (2012): Zephyr Annual M&A-Report, Global 2012. Online einsehbar: http://www.bvdinfo.com/getattachment/d9c2f9d7-565d-4dce-8bb7-636a4bda945f/Global-Report-M-A-2012.aspx (Stand 04.03.13).

Burgmaier, S. (2007): Gesunde Mischung im Mittelstand. In: Wirtschaftswoche Nr. 13 vom 26.03.2007, S. 98.

Burkhardt, C. (2008): Private Equity als Nachfolgeinstrument für Schweizer KMU. Bern: Haupt Verlag 2008.

Busse v. Colbe, W. (1974): Beteiligungen. In: Grochla (Hg.): HdB, Band 1, 4. Aufl., Stuttgart 1974, S. 530–541.

Butler, P. (2001): The Alchemy of LBOs. The McKinsey Quartely, Nr. 2, S. 140–152.

BVK (02/2011): Private Equity Brief. Ausgabe 13, Februar/ März 2011.

BVK (03/2011): Finanzierung von Unternehmen durch Kapitalbeteiligungsgesellschaften. In: Frankfurter Allgemeine Zeitung, Nr. 52 vom 03.03.2011, S. 17.

BVK (2009a): BVK Special – Private Equity in Europa 2009. Online einsehbar: http://www.bvkap.de/media/file/327.20100809_Special_Europa_2009_final.pdf (Stand: 12.08.11).

BVK (2009b): Private Equity-Eigenkapital für den Mittelstand – Ein Leitfaden für Unternehmer. Broschüre 233. Online einsehbar: http://www.bvkap.de/media/file/233.BVK_Mittelstandsleitfaden.pdf (Stand: 12.08.11).

BVK (2009c): BVK Statistik – Aktivitäten der Mittelständischen Beteiligungsgesellschaften 2009. Online einsehbar: http://www.bvkap.de/media/file/334.2009_BVK_MBG-Teilstatistik_2009_final.pdf (Stand: 12.08.11).

BVK (2010): BVK Statistiken zum deutschen Private Equity Markt. Online einsehbar: http://www.bvkap.de/privateequity.php/cat/42/title/Aktuelle_Statistiken (Stand 26.04.11).

BVK (2011a): BVK Statistiken zum deutschen Private Equity Markt. Online einsehbar: http://www.bvkap.de/privateequity.php/cat/172/title/Interaktive_Charts (Stand 26.08.11).

BVK (2011b): BVK Statistik: Das Jahr 2010 in Zahlen. Bundesverband Deutscher Kapitalbeteiligungsgesellschaften – German Private Equity and Venture Capital Association c. V. (BVK), Berlin 2011. Online einsehbar: http://www.bvkap.de/media/file/375.2011 0302_BVK_Jahresstatistik_2010.pdf (Stand 26.08.11).

BVK (2011c): Öffentliche Förderangebote für Beteiligungskapital in Deutschland. Online einsehbar: http://www.bvkap.de/privateequity.php/cat/79/aid/131/title/OEffentliche_Foerderangebote_fuer_Beteiligungskapital_in_Deutschland (Stand 26.10.11).

BVK (2013): BVK Statistik: Das Jahr 2012 in Zahlen. Bundesverband Deutscher Kapitalbeteiligungsgesellschaften e. V. (BVK), Berlin Februar 2013. Online einsehbar: http://www.bvkap.de/media/file/454.20120225_BVK-Statistik_Das_Jahr_in_Zahlen2012_final.pdf (Stand 19.03.13).

Bygrave, W./ Timmons, J. (1992): Venture Capital at the Crossroads. Boston: Harvard Business 1992.

Candover (2010): Unquote Private Equity Barometer, Q1 2010. Private Equity Insight, 2010.

Carbaugh, R./ Hedrick, D. (2009): Will the Dollar be Dethroned as the Main Reserve Currency? In: Global Economy Journal, Vol. 9 (2009), Issue 3, Article 1, Berkeley Electronic Press 2009.

Carlock, R./ Ward, J. (2001). Strategic Planning for the Family Business. Parallel Planning to Unify the Family and Business. Palgrave 2001

Cassar, G./ Holmes, S. (2003): Capital structure and financing of SMEs: Australian evidence. Accounting and Finance 43(2), 2003. S. 123–147.

Catina, A./ Schmitt, G. (1993): Die Theorie der persönlichen Konstrukte. In: Scheer, J./ Catina, A.: Einführung in die Repertory Grid-Technik, Band 1: Grundlagen und Methoden, S. 11–23, Bern: Verlag Hans Huber 1993.

Cendrowski, H./ Martin, J./ Petro, L./ Wadecki, A. (2008): Private Equity – History, Governance and Operations. Hoboken, New Jersey: Wiley & Sons 2008.

Cendrowski, H./ Wadecki, A. (2008): The Private Equity Process. In: Cendrowski, H./ Martin, J./ Petro, L./ Wadecki, A.: Private Equity – History, Governance and Operations. Hoboken, New Jersey: Wiley & Sons 2008, S. 3–37.

Christensen, R.C. (1953): Management succession in small and growing enterprises. Boston: Division of Research, Graduate School of Business Administration, Harvard University 1953.

Churchill, G. / Iacobucci, D. (2002): Marketing Research: Methodological Foundations, 8.Ausgabe, South-Western: Mason 2002.

Coase, R. (1937): The Nature of the Firm. In: Economica, November 1937, S. 386–405.

Coenenberg, A./ Haller, A./ Mattner, G./ Schultze, W. (2009): Einführung in das Rechnungswesen. Grundzüge der Buchführung und Bilanzierung. 3. Aufl., Stuttgart: Schäffer-Poeschel Verlag 2009.

Cornelli, F./ Li, D. (2008): Ex ante effects of ex post managerial ownership. In: working paper, London Business School, April 2008.

Craig, J./ Dibrell, C. (2006): The natural environment, innovation, and firm performance: A comparative study. In: Family Business Review, 19–2006, S. 275–288.

Creditreform (2009): Nachfolge bei Familienunternehmen. In: Creditreform 02/2009 S. 45–47.

CreditSuisse (05/2010): Megatrends – Chancen und Riskien für KMU. Studie 2010, CreditSuisse Economic Research, Zürich 05/2010.

Cuny, C./ Talmor, E. (2007): A theory of private equity turnarounds. In: Journal of Corporate Finance 13/2007, S. 629–646.

Dabui, M. (1998): Postmerger Management, Wiesbaden: Gabler 1998.

Daniels, J./ Radebaugh, L./ Sullivan, D. (2007): International Business, 11.Aufl., Upper Saddle River: Pearson – Prentice Hall, 2007.

Davidson, J. (2005): MBO mittels Private Equity – Empirische Analyse der Schweizer Praxis. Bern: Haupt Verlag 2005.

Davila, A./ Foster, G. (2007): Management Control Systems in Early-Stage Startup Companies. In: The Accounting Review, Vol.82/2007, Nr. 4, S. 907–937.

Deutsche Bundesbank (1983): Jahresabschlüsse der Unternehmen in der Bundesrepublik Deutschland von 1965 bis 1981. In: Deutsche Bundesbank (Hg.): Sonderdrucke der Deutschen Bundesbank 5. Frankfurt a.M. 1983.

Dick, M. (2000): Die Anwendung narrativer Gridinterviews in der psychologischen Mobilitätsforschung. In: Forum Qualitative Sozialforschung, Vol. 1, No.2, Art.6, Juni 2000. Online einsehbar: http://www.qualitative-research.net/index.php/fqs/article/view/1075/2337 (Stand 10.01.2012).

Die Bank (05/2010): Private Equity. In: Die Bank 05/2010, S. 6.

Die Bank (07/2010): Leichte Belebung nach der Flaute. In: Die Bank 07/2010.

Dierig, C. (2007): Familienunternehmen mögen keine Finanzinvestoren. In: Die Welt, 19.07.2007.

Dill, M. (2008): Private Equity im Mittelstand. Marburg: Tectum Verlag 2008.

Donaldson, G. (1961): Corporate Debt Capacity: A Study of Corporate Debt Policy and the Determination of Corporate Debt Capacity. Boston 1961.

Donheley, R. (1964): The Family Business. In: Harvard Business Review 42, Nr. 4, 1964, S. 93–105.

Drabek, A. (2000): Familienpsychologische Theorien. In: Werneck, H./ Werneck-Rohrer, S. (Hg.): Psychologie der Familie – Theorien, Konzepte, Anwendungen. Wien: WUV Universitätsverlag 2000, S. 43–48.

Dreux, D. (1990): Financing Family Business: Alternatives to selling out or going public. In: Family Business Review 3 (3), 1990, S. 225–243.

Dunn, B./ Hughes, M. (1995): Family businesses in the United Kingdom. In: Family Business Review, 8 (4) 1995, S. 267–291.

Dyer, W./ Whetten, D. (2006): Family firms and social responsibility: Preliminary evidence from the S&P500. In: Entrepreneurship Theory and Practice, 30–2006, S. 785–802.

EAC (2011): Sci:vesco – Handbuch zur Version 3.0. Leipzig: Elements and constructs GmbH & Co. KG, September 2011.

Ebeling, R. (1988): Beteiligungsfinanzierung personenbezogener Unternehmungen: Aktien und Genussscheine. In: Neue betriebswirtschaftliche Forschung 50, Wiesbaden 1988.

Efran, J./ Lukens, M./ Lukens, R. (1992): Sprache, Struktur und Wandel. Bedeutungsrahmen der Psychotherapie. Dortmund: Verlag modernes lernen 1992.

EG (1994): Amtsblatt der Europäischen Gemeinschaften, 1994, Nr. C 204/1,3.

Ehrhardt, O./ Nowak, E./ Weber, F. (2005): Running in the Family. The Evolution of Ownership, Control and Performance in German Family-owned Firms 1903–2003, Working Paper, 2005.

Embacher, J./ Buttle, F. (1989): A repertory grid analysis of Austria's image as a summer vacation destination. In: Journal of Travel Research, Vol. 31 (4), 1989, S. 3–13.

Engel, D. (2003): Höheres Beschäftigungswachstum durch Venture Capital? In: Jahrbücher für Nationalökonomie und Statistik. Jahrgang 223 / 2003, S. 1–22.

Erdmann, C. (2011): Töchter in der Nachfolge. Ergebnisse einer Befragung von Familienmitgliedern aus Unternehmerfamilien. In: WIFU Working Paper Series Nr. 10, Wittener Institut für Familienunternehmen (WIFU) der Universität Witten/ Herdecke, September 2011.

Ernst & Young (2008): How do private equity investors create value. A global study of 2007 exits. Ernst & Young, 2008.

Espel, P. (2008): Privates Beteiligungskapital im deutschen Mittelstand. Wiesbaden: Gabler Edition Wissenschaft 2008.

Europäische Union (2001): Amtsblatt der Europäischen Gemeinschaft Nr. L 222 vom 14.08.1978, S. 11; zuletzt geändert durch Amtsblatt Nr. L 283 vom 27.10.2001, S. 28.

European Commission (2006): Implementing the Lisbon Community Programme for growth and jobs: Transfer of businesses – Continuity through a new beginning. Brussels: Communication from the Commission to the Council, European Parliament, European Economic and Social Committee and Committee of the Regions 2006.

European Commission (2009): Final Report of the Expert Group to the European Commission: Overview of Family-Business-relevant issues: Research, Networks, Policy Measures and Existing Studies. European Commission, Directorate-General for Enterprise and Industry, Unit E.3, November 2009.

EVCA (2009): Anteil der Private Equity-Investitionen am BIP. In: BVK Special – Private Equity in Europa 2009.

EVCA (2011): Yearbook 2011. The European Private Equity and Venture Capital Association. Online einsehbar: http://www.evca.eu/knowledgecenter/statisticsdetail.aspx?id=6392 (Stand: 28.01.2012).

EVCA (2011b): Yearbook 2011, Attachment: The 2010 Pan-European Private Equity and Venture Capital Activity. EVCA (The European Private Equity and Venture Capital Association) 2011. Online einsehbar: http://www.evca.eu/knowledgecenter/statistics detail.aspx?id=6392 (Stand: 28.01.2012).

Ewing, J. (2012): The Trade-Off That Created Germany's Job Miracle. In: New York Times, 24.09.2012. Online einsehbar: http://www.nytimes.com/2012/09/25/business/global/the-trade-off-that-created-germanys-job-miracle.html?pagewanted=all&_r=0 (Stand 15.03.2013).

Farrell, P. (2010): A Conceptualisation of the work of experienced teaching-principals. In: Personal Construct Theory & Practice, 7, 2010, S. 16–26.

Fenn, G./ Liang, N./ Prowse, S. (1995): The Economics of Private Equity Market, Staff Studies, Nr. 168, Board of Governors of the Federal Reserve System, Washington, DC 20551, 12/1995.

Ferrari, E. (2004): Führen und Folgen – Auswirkung unterschiedlicher Führungsgrundsätze in M&A-Prozessen. In: M&A Review 7/2004, S. 294–298.

Financial Times Deutschland (01/2012): Eigentor amerikanischer Anleger – Heuschrecken fressen Rendite auf, FTD, 25.01.2012. Online einsehbar: http://www.ftd.de/finanzen/maerkte/:eigentor-amerikanischer-anleger-heuschrecken-essen-rente-auf/60158869.html (Stand 26.01.2012).

Financial Times Deutschland (05/2011): Private Equity - Heuschrecken sahnen ab. FTD, 25.05.2011. Online einsehbar: http://www.ftd.de/finanzen/maerkte/:private-equity-heuschrecken-sahnen-ab/60056763.html (Stand 26.01.2012).

Flick, U. (2009a): Design und Prozess qualitativer Forschung. In: Flick, U./ von Kardorff, E./ Steinke, I. (Hg.): Qualitative Forschung: Ein Handbuch, 7. Aufl., Reinbek: Rowohlt Taschenbuch Verlag 2009, S. 252–264.

Flick, U. (2009b): Triangulation in der qualitativen Forschung. In: Flick, U./ von Kardorff, E./ Steinke, I. (Hg.): Qualitative Forschung: Ein Handbuch, 7. Aufl., Reinbek: Rowohlt Taschenbuch Verlag 2009, S. 309–318.

Fransella, F. / Bannister, D. (1967): A validation of repertory grid technique as a measure of political construing. Acta Psychologica, 26, 1967, S. 97–106.

Fransella, F./ Bannister, D. (1977): A Manual for Repertory Grid Technique. London: Academic Press 1977.

Fransella, F./ Bell, R./ Bannister, D. (2004): A Manual for Repertory Grid Technique, 2.Aufl., Chichester: Wiley 2004.

Fraser-Sampson, G. (2010): Private Equity as an Asset Class. Hoboken: Wiley Finance 2010.

Friedrichs, J. (1990): Methoden empirischer Sozialforschung. Opladen: Westdeutscher Verlag 1990.

Fromm, M. (1995): Repertory Grid Methodik: Ein Lehrbuch. Weinheim: Deutscher Studien Verlag 1995.

Fromm, M. (2004): Introduction to The Repertory Grid Interview. Neue, überarbeitete und übersetzte Auflage, Münster: Waxmann Verlag 2004.

Frommann, H./ Neuhaus, G. (2003): Finanzierung durch Private Equity und Venture Capital. In: WPg-Sonderheft 2003, S. 243–250.

Fröndhoff, B. (2007): Chinas Firmen fehlen die Nachfolger. In: Handelsblatt Nr. 119 vom 25.06.07, S. 19.

Froschauer, U./ Lueger, M. (2003): Das qualitative Interview. Wien: WUV-Universitätsverlag 2003.

Garcia-Alvarez, E./ Lopez-Sintas, J. (2001): A taxonomy of founders based values: The root of family business heterogeneity. In: Family Business Review 14–2001, S. 209–230.

Gehwald, M./ Naumann, S. (2011): Investmentfonds - Eine Branche positioniert sich. Wiesbaden: Gabler 2011.

Geidner, A. (2009): Der Wandel der Unternehmensführung in Buyouts. Wiesbaden: Gabler 2009.

Geigenberger, I. (1999): Risikokapital für Unternehmensgründer: Der Weg zum Venture Capital, München: DTV 1999.

Gemar, H. (2007): Wunschdenken führt nicht zum Ziel. In: Handelsblatt Nr. 57 vom 21.03. 2007, B4.

Georgieff, A./ Biagosch, M. (2005): Finanzierungsinstrumente von Finanzinvestoren. In: Berens, W./ Brauner, H./ Frodermann, J. (Hg.): Unternehmensentwicklung mit Finanzinvestoren. Stuttgart: Schäffer-Poeschel 2005, S. 171–210.

Gerpott, T. (1993): Integrationsgestaltung und Erfolg von Unternehmenszusammenschlüssen, Stuttgart 1993.

Gersick, K./ Davis, J./McCollom Hampton, M./ Lansberg, I. (1997): Generation to Generation: Life Cycles of the Family Business, Boston 1997.

Gesco AG (2012): Die Strategie der Gesco AG. Online einsehbar: http://www.gesco.de/home/das-unternehmen/die-strategie/ (Stand 24.07.12).

Gietl, A. (2009): Substanzielle Wertschöpfungsbeiträge durch Private Equity Gesellschaften in europäischen Secondary Buyout Investments: Eine vergleichende Analyse mit europäischen Primary Buyout Investments, Nürnberg: IUP 2009.

Glaser, B./ Strauss, A. (2005): Grounded Theory. Strategien qualitativer Forschung, 2.Aufl., Bern: Huber 2005.

Göbel, E. (2002): Neue Institutionenökonomik, Stuttgart: Lucius & Lucius UTB 2002

Goldman Sachs (2009): Global Hedge Fund Investor Survey 2009.

Gomez-Mejia, L./ Hoskisson, R./ Makri, M./ Sirmon, D./ Campbell, J. (2011): Innovation and the preservation of socioemotional wealth in family controlled high technology firms. Working paper, Texas A&M University, College Station.

Gomez-Mejia, L./ Takacs-Haynes, K./ Nunez-Nickel, M./ Jacobson, K./ Moyano-Fuentes, J. (2007): Socioemotional Wealth and Business Risks in Family-controlled Firms: Evidence from Spanish Olive Oil Mills. In: Administrative Science Quarterly, 52-2007, S. 106–137.

Gomez-Mejia, L./ Welbourne, T./ Wiseman, R. (2000): The role of risk taking and risk sharing under gainsharing. In: Academy of Management Review, 25(3)-2000, S. 492–507.

Gompers, P./ Lerner, J. (1999): The Venture Capital Cycle, Massachusetts: The MIT Press 1999.

Gratz, K. (1997): Der erfolgreiche Familienunternehmer, Stuttgart: Schäffer-Poeschel 1997.

Grimpe, C. (2007): Der ZEW-ZEPHYR M&A-Index: Kontinuierliches Monitoring weltweiter Fusionen und Übernahmen. In: Finanzbetrieb vom 12.03.2007, Heft 3, Seite 149–154.

Gros, D. (2009): Global Imbalances and the Accumulation of Risk. CEPS Policy Briefs No.189/June 2009.

Grote, M. (2007): Private Equity im Mittelstand – Mythos und Realität. Working Paper Series Finance & Accounting, Nr. 183, November 2007, Frankfurt a.M.: Goethe-Universität.

Groth, T. (03/2007): Familienunternehmen verfügen über einzigartige Chancen und Risiken. In: Handelsblatt Nr. 57 vom 21.03.2007, B4.

Groth, T. (2005): Das Erfolgsrezept langlebiger Familienunternehmen. In: Personalwirtschaft 2005, Heft 4, S. 39–41.

Güllmann, P. (2008): Erfolgsfaktor Private Equity. In: Private Equity Forum NRW e.V. (Hg.): Private Equity Studie NRW 2008, S. V–VII.

Günterberg, B./ Wolter, H. (2002): Mittelstand in der Gesamtwirtschaft- Anstelle einer Definition. In: IFM (Hg.): Unternehmensgrößenstatistik 2001/2002, Bonn: IFM 2002.

Gyte, D.M. (1988): Repertory grid analysis of image of destinations: British tourists in Mellorca, Nottingham, UK: Nottingham Trent Polytechnic, Department of Geography.

Habig, H./ Berninghaus, J. (2004): Die Nachfolge im Familienunternehmen ganzheitlich regeln, 2.Aufl., Berlin: Springer 2004.

Hack, A. (2005): Startuperfolg und die Wahl von Risikokapitalgebern. Wiesbaden: DUV-Gabler 2005.

Hagemüller, M. (2005): Investor Relations von Private Equity Partnerships, Bamberg: Verlag Wissenschaft & Praxis 2005.

Halter, F. (2009): Familienunternehmen im Nachfolgeprozess. Die Emotionen des Unternehmers. Band 18, Reihe: Kleinere und mittlere Unternehmen; Meyer, J. (Hg.), Lohmar: Eul Verlag 2009.

Handelsblatt (04/2009): Private Equity – Das sind die größten Heuschrecken. Handelsblatt vom 17.04.2009. Online einsehbar: http://www.handelsblatt.com/unternehmen/banken/private-equity-das-sind-die-groessten-heuschrecken/3158754.html (Stand 25.01.2012).

Handler, W.C. (1990): Succession in family firms: A mutual role adjustment between entrepreneur and next-generation family members. In: Entrepreneurship: Theory and Practice 15–1990, S. 37–51.

Haniel (2011): »enkelfähig« – Haniel überrascht mit neuem Unternehmensmagazin. Pressemitteilung vom 01.12.2011, Duisburg: Haniel 2011.

Hannover Finanz (2013): Die Struktur der HANNOVER Finanz Gruppe. Hannover Finanz Unternehmenswebseite: http://www.hannoverfinanz.de/unternehmen/struktur/index.php (Stand 02.01.2013).

Hartmann, F. (2007): Mehr Chancen als Risiken. In: Creditreform Nr. 03 vom 01.03.2007, S. 36.

Hatlapa, H. (2006): Unternehmenskauf in der Familie – Erworbenes Erbe. In: Unternehmer Magazin 07/08, 2006, S. 44–46.

Hauser, H.-E./ Kay, R./ Boerger, S. (2010): Unternehmensnachfolgen in Deutschland 2010–2014. Institut für Mittelstandsforschung, Bonn (Hg.): IfM-Materialien Nr. 198, Bonn: IfM August 2010.

Hege, U./ Palomino, F./ Schwienbacher, A. (2003): Determinants of Venture Capital Performance: Europe and the United States. LSE Ricafe Working Paper 1, 2003.

Hehn, M. (2011): Auswirkungen der Beteiligung von Private Equity Gesellschaften auf die Governance von Familienunternehmen in Deutschland. In: Klein, S./ Jaskiewicz, P./ May, P./ von Schlippe, A. (Hg.): Family Business Band 4. Lohmar: Eul Verlag 2011.

Hellmann, T./ Puri, M. (2002): Venture capital and the professionalisation of start-up firms: empirical evidence. Journal of Finance 57, S. 169–197.

Henrich, G. (2010): Mittelständische Beteiligungsgesellschaften als verlässliche Wegbegleiter ihrer Partnerunternehmen. Online einsehbar: http://www.bvkap.de/media/file/386.Gastbeitrag_Henrich.pdf (Stand: 12.08.11).

Hinkle, D. (1970): The Game of Personal Constructs. In: Bannister, D. (Hrsg.): Perspectives in Personal Construct Theory. London/New York: Academic Press 1970, S. 91–110.

Hirsch, N. (2004): Agency-theoretische Analyse der Private Equity Beteiligung. Munich Business School, Finance Research Series. Norderstedt: Books on Demand 2004.

Hockmann, H.-J./ Thießen, F. (2007): Investment Banking, 2.Aufl., Stuttgart: Schäffer Poeschel 2007.

Hoerle, P./ Piehl, A. (2004): Beteiligungsfinanzierung – Schwerpunkt Aktiengesellschaft. Norderstedt: Grin Verlag 2004.

Hofelich, M. (2005): Mit Anstand und Verständnis aufeinander zugehen – Interview mit Max Burger-Calderon, Partner, Apax Partners. In: Venture Capital, Sonderausgabe »Mittelstandsfinanzierung 2005«, 2005, S. 89.

Hohmann, D. (2005): Die Finanzierung der Unternehmensnachfolge. Gestaltungsempfehlungen für Private Equity-Beteiligungen im Mittelstand. Berlin: Wissenschaftlicher Verlag Berlin 2005.

Homann, K./ Suchanek, A. (2000): Ökonomik. Tübingen: Mohr Siebeck 2000.

Honert, J./ Bader, K. (2005): Nutzung von Verlustvorträgen bei einer verkauften GmbH oder AG – Erhalt der wirtschaftlichen Identität. In: Unternehmer Magazin, 07/08, 2005, S. 48.

Hopf, C. (1978): Die Pseudo-Exploration. Überlegungen zur Technik qualifizierter Interviews in der Sozialforschung, in: Zeitschrift für Soziologie, Jg. 7, S. 97–115;

Hopf, C. (2009): Qualitative Interviews – ein Überblick. In: Flick, U./ von Kardorff, E./ Steinke, I. (Hg.): Qualitative Forschung: Ein Handbuch, 7. Aufl., Reinbek: Rowohlt Taschenbuch Verlag 2009, S. 349–360..

Howorth, C./ Wright, M./ Westhead, P. (2008): Succession, professionalization, and the staying power of familiness: A longitudinal study of management buyouts of family firms. Working paper, Nottingham University 2008.

HSBC (2012): Hedge Fund Outlook 2012. HSBC Alternative Investments Limited (HAIL), London: HSBC 01/2012.

Hsu, D. (2004): What do entrepreneurs pay for venture capital affiliation? In: Journal of Finance. Band LIX, Nr. 4, 2004, S. 1805–1844.

Hummel, D. (2012): Unabhängigkeit von Banken. In: Unternehmer-Magazin 1–2/2012, S. 16–19.

Hutcheson (2007): The End of a 1,400-Year-Old Business. In: Business Week vom 16.04.2007. Online einsehbar: http://www.businessweek.com/smallbiz/content/apr2007/sb20070416_589621.htm (Stand: 01.10.2010).

IfM (2004): Generationswechsel in mittelständischen Unternehmen, Karlsruhe: Institut für Mittelstandsforschung 2004.

IfM (2006): Nachfolgelösungen in deutschen Familienunternehmen. Bonn: Institut für Mittelstandsforschung 2006.

IfM (2007): Die volkswirtschaftliche Bedeutung der Familienunternehmen. Untersuchung im Auftrag der Stiftung Familienunternehmen. Bonn: Institut für Mittelstandsforschung 2007.

IfM (2011): Schlüsselzahlen der KMU nach Definition des IfM. Online einsehbar: http://www.ifm-bonn.de/index.php?id=889 (Stand 26.04.11).

Imap (2008): Nachfolge im deutschen Mittelstand – Studie 2008. Imap M&A Consultants, Mannheim, 2008. Online einsehbar: http://ma-consultants.de/dateien/studie08.pdf (Stand 10.08.2012).

Isfan, K. (2002): Unternehmensübernahmen durch Frauen – Zur Sicherung des familieninternen Generationenwechsels. Wiesbaden: Gabler Edition Wissenschaft 2002.

Jakoby, S. (2000): Erfolgsfaktoren von Management Buyouts in Deutschland. Lohmar: Josef Eul Verlag 2000.

Jansen, S. (2008): Mergers & Acquisitions: Unternehmensakquisitionen und -kooperationen. Eine strategische, organisatorische und kapitalmarkttheoretische Einführung. Wiesbaden: Gabler 2008, 5.Aufl.

Jegadeesh, N./ Kräussl, R./ Pollet, J. (2009): Risk and Expected Returns of Private Equity Investments: Evidence Based on Market Prices. Working Paper: AFA 2011 Denver Meetings Paper. Online einsehbar: http://ssrn.com/abstract=1364776 (Stand 13.05.2011).

Jensen, M./ Meckling, W. (1976): Theory of the firm: Managerial behavior, agency costs and ownership structure. In: Journal of Financial Economics, 3, 1976. S. 305–360.

Jesch, T. (2003): Private Equity Beteiligungen. Wiesbaden: Gabler 2003.

Jeske, J. (2006): Wie die Unternehmensgeschichte seriös wurde. In: FAZ vom 04.06.2006.

Jost, S./ Seibel, K. (2008): Kaum eine Bank gibt noch Kredit für Unternehmenskäufe. In: Die Welt vom 07.11.2008, S. 17.

Jowett, P./ Jowett, F. (2011): Private Equity – The German Experience. Houndmills: Palgrave MacMillan 2011.

JPMorgan (2007): The Alternative Asset Survey 2007, JP Morgan Asset Management November 2007.

Jung, W. (1993): Praxis des Unternehmenskaufs, 2. Aufl., Stuttgart: Schaeffer-Poeschel 1993.

Kaden, W. (2000): Internationale Zusammenschlüsse: Welche Chancen, welche Gefahren beinhalten sie? In: Picot, A./ Nordmeyer, A./ Pribilla, P. (Hg.) (2000): Management von Akquisitionen, 1.Aufl., Stuttgart: Schäffer-Poeschel 2000, S. 219.

Kaplan, S. (1989a): The Effects of Management Buyouts on Operating Performance and Value. In: Journal of Financial Economics 24(2), 1989, S. 217–254.

Kaplan, S. (1989b): Management Buyouts – Evidence on Taxes as Sources of Value. In: The Journal of Finance, 44–1989, S. 611–632.

Kaplan, S. (1991): The Staying Power of Leveraged Buyouts. In: Journal of Financial Economics 29(2) 1991, S. 287–314.

Kaplan, S./ Schoar, A. (2003): Private Equity Performance: Returns, Persistence and Capital Flows. MIT Sloan Working Paper No. 4446–03; AFA 2004 San Diego Meetings. Online einsehbar: http://papers.ssrn.com/sol3/papers.cfm?abstract_id=473341&rec=1&srcabs=473221 (Stand: 28.01.2011).

Kaplan, S./ Strömberg, P. (2003): Financial contracting theory meets the real world: an empirical analysis of venture capital contracts. Review of Economic Studies 70, S. 281–315.

Kaplan, S./ Strömberg, P. (2008): Leveraged Buyouts and Private Equity. Working Paper, Juni 2008. University of Chicago Graduate School of Business, Chicago, Illinois. Online einsehbar: http://ssrn.com/abstract=1194962 (Stand 02.01.13).

Kappe, K. (2005): Befürchtung von Rechtsverlusten. Anpassung von Gesellschaftsverträgen in Familienunternehmen. In: Unternehmermagazin 7/8.2005, S. 26–27.

Kaserer, C./ Achleitner, A.K./ von Einem, C./ Schiereck, D. (2007): Private Equity in Deutschland – Rahmenbedingungen, ökonomische Bedeutung und Handlungsempfehlungen. Norderstedt: Books on Demand 2007.

Kaserer, C./ Lahr, H./ Liebhart, V./ Mettler, A. (2010): The Time-Varying Risk of Listed Private Equity. In: Journal of Financial Transformation 28, 2010, S. 87–93.

Kayser, G. (2003): Mittelstandsfinanzierung in der Bundesrepublik Deutschland zwischen Bankkredit und öffentlichen Finanzierungshilfen – Eine aktuelle Bestandsaufnahme im Spiegel der Periode 1960 bis 1990. In: Bankhistorisches Archiv 2/2003, Zeitschrift für Bankengeschichte, Frankfurt am Main: Wissenschaftlichen Beirat des Institutes für bankhistorische Forschung 2003.

Kayser, G.; Wallau, F. (IfM) (2003): Der industrielle Mittelstand – ein Erfolgsmodell, Untersuchung im Auftrag des Bundesverbandes der Deutschen Industrie e.V. (BDI) und der Ernst & Young AG Wirtschaftsprüfungsgesellschaft, Berlin.

Keen, T.R. (1977): Target-teaching appraisal by repertory grid techniques. Paper presented at the Second International Congress on Personal Construct Theory. Christchurch College, Oxford.

Kelle, U./ Erzberger, C. (2009): Qualitative und quantitative Methoden: kein Gegensatz. In: Flick, U./ von Kardorff, E./ Steinke, I. (Hg.): Qualitative Forschung: Ein Handbuch, 7. Aufl., Reinbek: Rowohlt Taschenbuch Verlag 2009, S. 299–309..

Kellermanns, F./ Eddleston, K./ Zellweger, T. (2012): Extending the Socioemotional Wealth Perspective: A Look at the Dark Side. Working Paper, University of Tennesse 2012.

Kellersmann, D. (2007): Die Bedeutung von Corporate Governance für den Mittelstand / Familienunternehmen. In: Finanz Betrieb, Heft 7–8 vom 9.7.2007, Seite 406–412.

Kelly, G.A. (1991): Die Psychologie der persönlichen Konstrukte, Bd. I und II, Paderborn: Junfermann 1991 (original von 1955).

Kerkhoff, E. (2004): Generationswechsel in mittelständischen Unternehmen Baden-Württembergs. In: Beiträge zur Mittelstandsforschung Nr. 7. Wiesbaden: Institut für Mittelstandsforschung Bonn 2004.

Kester, K./ Luehrmann , T. (1995): Rehabilitating the Leveraged Buyout. In: Harvard Business Review, Vol.73, Nr. 3 (Mai-Juni), S. 119–130.

KfW (2010): Der Mittelstand in Deutschland. In: Steckbrief Mittelstand, Frankfurt 2010.

KfW (2011a): KfW-Mittelstandspanel 2011 – Mittelstand gut gerüstet gegen zunehmende Finanzierungsrisiken und konjunkturelle Abschwächung. Jahrgang 8, Frankfurt am Main: KfW November 2011.

KfW (2011b): KfW-Mittelstandspanel 2011 – Mittelstand gut gerüstet gegen zunehmende Finanzierungsrisiken und konjunkturelle Abschwächung. Unterlagen zur Pressekonferenz von Dr. Norbert Irsch am 29.11.2011. Frankfurt am Main: KfW 2011.

KfW, Creditreform, IfM, RWI, ZEW (Hg.) (2010b): Konjunkturelle Stabilisierung im Mittelstand – aber viele Belastungsfaktoren bleiben. MittelstandsMonitor 2010 – Jährlicher Bericht zu Konjunktur- und Strukturfragen kleiner und mittlerer Unternehmen, Frankfurt am Main 2010.

Klein, S. (2010): Familienunternehmen. Theoretische und empirische Grundlagen. Band 1, Reihe: Family Business; Klein, S./ Jaskiewicz, P./ May, P./ von Schlippe, A. (Hg.), 3. Aufl., Lohmar: Eul Verlag 2010.

Klett, D./ Wiechers, R. (2006): Wenn es immer mehr Anteilseigner gibt. In: Unternehmer Magazin 07/08–2006, S. 20–23.

Klöckner, O. (2008): Buy-outs in Family Firms – A Statistical Overview. In: Wright, M./ Scholes, L./ Ball, R./ Howorth, C./ Klöckner, O./ Westhead, P./ Burrows, A. (Hg.): Private Equity in Family Firms – A report on private equity investments in family firms across Europe, Nottingham: CMBOR 2008, S. 12–34.

Klöckner, O. (2009): Buy-Outs in Family Businesses. Wiesbaden: Gabler 2009.

Klunzinger, E. (1990): Grundzüge des Gesellschaftsrechts, 6. Aufl., München 1990.

Knop, C./ Koch, B. (2011): Haniel – Fortschritt durch Panik. In: FAZ vom 01.12.2011.

Köhler, P. (06/2007): Finanzinvestoren klopfen an. In: Handelsblatt Nr. 121 vom 27.06.07, S. b02.

Koller, T./ Goedhart, M./ Wessels, D. (2005): Valuation: Measuring and Managing the Value of Companies. New Jersey: Wiley & Sons 2005.

Kormann, H. (2005): Grundfragen des Familienunternehmens. In: Scherer, S./ Blanc, M./

Kormann, H./ Groth, T./ Wimmer, R.: Familienunternehmen - Erfolgsstrategien zur Unternehmenssicherung. Frankfurt a.M.: Verlag für Recht und Wirtschaft, S. 1–89.

Kormann, H. (2011): Zusammenhalt der Unternehmerfamilie: Verträge, Vermögensmanagement, Kommunikation. Berlin/ Heidelberg: Springer Verlag 2011.

KPMG (2007): Deutliche Abkühlung auf dem M&A-Markt. Pressemitteilung vom 19.12. 2007 auf: http://kpmg.de/about/press_office/18332.htm (Stand: 01.01.2010).

KPMG (2011a): Basel III - Handlungsdruck baut sich auf: Implikationen für Finanzinstitute, Frankfurt: KPMG, Januar 2011. Online einsehbar: http://www.kpmg.de/docs/KPMG_Basel_3_FRM_2011web.pdf (Stand 16.07.2012).

KPMG (2011b): A new dawn: good deals in challenging times. KPMG Global Survey, Juni 2011.

Kraft, V. (2001): Private Equity für Turnaround-Investitionen - Erfolgsfaktoren in der Managementpraxis, Frankfurt a.M.: Campus Verlag 2001.

Kräkel, M. (1999): Organisation und Management, Tübingen: Mohr Siebeck, 1999.

Kramlinger, K. (2000): Gegenstands- und Begriffsdefinitionen der Familienpsychologie. In: Werneck, H./ Werneck-Rohrer, S. (Hg.): Psychologie der Familie - Theorien, Konzepte, Anwendungen. Wien: WUV Universitätsverlag 2000, S. 8–16.

Krappe, A./ von Schlippe, A. (2010): Family Business as brand on their own. In: WIFU Working Paper Nr. 5, Wittener Institut für Familienunternehmen, Universität Witten/ Herdecke 2010.

Kreuter, B. (2008): Kriterien für die Private Equity Fondsauswahl. In: Jugel, S. (Hg.): Private Equity Investments - Praxis des Beteiligungsmanagements, 2. Aufl., Wiesbaden: Gabler 2008, S. 69–82.

Kruse, P. (2004): next practice - Erfolgreiches Management von Instabilität - Veränderung durch Vernetzung, Offenbach: Gabal 2004.

Kück, M. (1996): Zur Problematik der externen Unternehmensnachfolge -Zehn Thesen. Internationales Gewerbearchiv, 44, S. 251–263.

Kühl, S. (2012): Gruppen, Organisationen, Familien und Bewegungen. Zur Soziologie sozialer Systeme zwischen Interaktion und Gesellschaft. Universität Bielefeld, Working Paper 01/2012.

Kühl, S./ Strodtholz, P./ Taffertshofer, A. (Hg.): Quantitative Methoden der Organisationsforschung - Ein Handbuch. Wiesbaden: Verlag für Sozialwissenschaften 2005, S. 139–166.

Lahr, H./ Herschke, F. (2009): Organizational Forms and Risk of Listed Private Equity. In: The Journal of Private Equity 13(1), 2009, S. 89–99.

Lamsfuß, C./ Wallau, F. (2012): Ergebnisse der Frühjahrsbefragung 2012. Durchgeführt vom Institut für Mittelstandsforschung Bonn. In: BDI/ Deutsche Bank (Hg.): Die größten Familienunternehmen in Deutschland - Daten, Fakten, Potenziale. Berlin/ Frankfurt, 2012.

Landau, C. (2010): Wertschöpfungsbeiträge durch Private Equity Gesellschaften: Eine empirische Untersuchung europäischer Spin-Off Buyouts. Wiesbaden: Gabler GWV 2010.

Lang-von Wins, T. (2004): Der Unternehmer. Berlin/ Heidelberg: Springer 2004.

Lank, A. (1993): European family enterprises: Endangered species or economic powerhouses? Global perspectives in family business. Chicago: Loyola University Press 1993.

Laucken, U. (1974): Naive Verhaltenstheorie. Stuttgart: Klett 1974.

Leach, C. (2001): Analysis of repertory grids in clinical practice. British Journal of Clinical Psychology, 40 (3) 2001, S. 225–248.

Lehmann, C./ Strogusch, M. (2006): Professionelle Vertragsverhandlungen – Die Prinzipale schonen. In: Unternehmer Magazin 07/08–2006, S. 48–49.

Leiterstorff, M./ Rau, S. (2013): IPO-Underpricing in Familienunternehmen. PricewaterhouseCoopers (Hg.), Juli 2013.

Lerner, J. (1995): Venture capitalists and the oversight of private firms. Journal of Finance 50, S. 301–318.

Levinson, H. (1971): Conflicts that plague family business. In: Harvard Business Review 49, Nr. 6, 1971, S. 90–98.

Lichtenberg, F./ Siegel, D. (1990): The effects of leveraged buyouts on productivity and related aspects of firm behavior. Journal of Financial Economics 27, S. 165–194.

Lienert, G.A. (1969): Testaufbau und Testanalyse. Weinheim: Beltz Verlag 1969.

Liles, P. (1977): Sustaining the Venture Capital Firm. Mimeo: Harvard University Management Analysis Center, 1977.

Lindsey, L. (2002): The Venture Capital Keiretsu Effect: An Empirical Analysis of Strategic Alliances Among Portfolio Firms. In: Stanford Institute for Economics Policy Research (Hg.), SIEPR Discussion Paper Series Nr. 2–17. Online einsehbar: http://www-siepr.stanford.edu/papers/pdf/02-17.pdf (Stand 03.01.2013).

Linnemann, C. (2007): Deutscher Mittelstand vom Aussterben bedroht? – Unternehmensnachfolge im Fokus. In: Deutsche Bank Research – Aktuelle Themen Nr. 387 vom 29.05.2007, Frankfurt: Deutsche Bank 2007.

Lohaus, A. (1993): Testtheoretische Aspekte der Repertory Grid-Technik. In: Scheer, J./ Catina, A.: Einführung in die Repertory Grid-Technik, Band 1: Grundlagen und Methoden, S. 80–91, Bern: Verlag Hans Huber 1993.

Lohaus, A./ Dahlke, F./ Schorsch, S. (1990): Ärztliche Globalurteile über Patienten mit dementiellem Syndrom: Urteilsgrundlagen und Urteilsreliabilitäten. Zeitschrift für Gerontopsychologie- und psychiatrie, 4, S. 265–275.

Loos, N. (2006): Value Creation in Leveraged Buyouts: Analysis of Factors Driving Private Equity Investment Performance. Wiesbaden: Deutscher-Universitäts-Verlag/ Gabler Edition Wissenschaft 2006.

López-Gracia, J./ Sánchez-Andújar, S. (2007): Financial Structure of the Family Business: Evidence From a Group of Small Spanish Firms. Family Business Review 20(4), 2007. S. 269–287.

Lowenstein, L. (1985): Management Buyouts. In: Columbia Law Review, Vol. 85, Nr. 4–1985, S. 730–784.

Luhmann, N. (2000): Organisation und Entscheidung. Opladen/ Wiesbaden: Westdeutscher Verlag 2000.

Luhmann, N. (2005a): Glück und Unglück der Kommunikation in Familien. In: Luhmann, Niklas (Hg.): Soziologische Aufklärung 5. 5. Aufl. Wiesbaden: VS Verlag, S. 210–219.

Luhmann, N. (2005b): Sozialsystem Familie. In: Luhmann, Niklas (Hg.): Soziologische Aufklärung 5. 3. Aufl. Opladen: WDV, S. 189–209.

Mackewitz, D./ Dürndorfer, C./ Giebken, M./ Hopp, F. (2012): Private Equity und Infrastruktur-Studie 2012. Mackewitz & Partner, München 2012.

Magowan, P. (1989): The Case for LBO's: The Safeway Experience. In: California Management Review, Vol. 32, Nr. 1–1989, S. 9–19.

Maier, J./ Walker, D. (1987): The role of venture capital in financing small business. In: Journal of Business Venturing, Vol.2, 1987, No.3, S. 207–214.

Majunke, S. (2008): Private Equity-Yearbook 2007. VC-facts Sven Majunke (Hg.), Gaggenau: VC-facts 2008.

Manager Magazin (2005): Müntefering benennt die räuberischen Heuschrecken. Manager Magazin 04/2005. Online einsehbar: http://www.manager-magazin.de/unternehmen/artikel/0,2828,353997,00.html (Stand 28.01.2012).

Markowitz, H. (2008): Portfolio Selection: Effiziente Diversifikation von Anlagen: Die Grundlagen der optimalen Portfolio-Auswahl. München: Finanzbuchverlag 2008.

Marotzki, W. (2009): Qualitative Biographieforschung. In: Flick, U./ von Kardorff, E./ Steinke, I. (Hg.): Qualitative Forschung: Ein Handbuch, 7. Aufl., Reinbek: Rowohlt Taschenbuch Verlag 2009, S. 175–194..

Maruoka, Y. (1998): The currently employed Laddering Analysis: Research methods, analyses, applications of the results, and issues for future studies. In: Marketing Science, Vol. 7(1.2), 1998, S. 40–61.

Matz, C. (2002): Wettbewerbsentwicklungen auf dem deutschen Private-Equity-Markt. Wiesbaden: Deutscher Universitäts-Verlag 2002.

May, P. (2005): Wenn der Patriarch geht. In: May, P./ Rieder, G. (Hg.): Familienunternehmen heute - Jahrbuch 2006, Bonn: Intes Akademie für Familienunternehmen 2005, S. 225–226.

May, P. (2009): Familienunternehmen erfolgreich führen – Von der Inhaber-Strategie zur Unternehmens-Strategie. In: ZfB Special Issue 2/2009: Management von Familienunter-nehmen, S. 113–125.

May, P./ Rieder, G. (2005): Familienunternehmen heute – Jahrbuch 2006, Bonn: Intes Akademie für Familienunternehmen 2005.

May, P./ Weisman, A. (2005): Lieber ein großer Fisch in einem kleinen Teich – Grundsätze guter Führung im Familienunternehmen. In: May, P./ Rieder, G. (Hg.): Familienunternehmen heute – Jahrbuch 2006, Bonn: Intes Akademie für Familienunternehmen 2005, S. 26–31.

Mayer, H: (2004): Interview und schriftliche Befragung: Entwicklung, Durchführung und Auswertung. München, Wien: Oldenbourg Verlag 2004.

Mayring, P. (2002): Einführung in die qualitative Sozialforschung, 5. Aufl., Weinheim: Beltz Verlag 2002.

Mayring, P. (2003): Qualitative Inhaltsanalyse: Grundlage und Techniken, 8. Aufl. Weinheim: Beltz Verlag 2003.

Mayring, P. (2009): Qualitative Inhaltsanalyse. In: Flick, U./ von Kardorff, E./ Steinke, I. (Hg.): Qualitative Forschung: Ein Handbuch, 7. Aufl., Reinbek: Rowohlt Taschenbuch Verlag 2009, S. 469–475.

Mazzola, P./ Marchisio, G./ Astrachan, J. (2006): Using the strategic planning process as a next-generation training tool in family business. In: Poutziouris, P./ Smyrnios, K./ Klein, S. (Hg.): Handbook of Research on Family Business. Cheltenham Glos: Edward Elgar Publishing 2006, S. 402–421.

McConnell, J./ Servaes, H. (1990): Additional Evidence on Equity Ownership and Corporate Value. In: Journal of Financial Economics 27, 1990, S. 595–612.

McConnell, J./ Servaes, H./ Lins, K. (2005): Changes in Equity Ownership and Changes in the Market Value of the Firm. In: Working paper, London Business School 2005.

Meek, V. (2012): Financial Engineers or Value Creators? In: Private Equity Findings. London: Coller Institute of Private Equity, London Business School 2012, S. 18–22.

Meerkatt, H./ Liechtenstein, H. (2010): Time to engage – or fade away. What all owners should learn from the shakeout in Private Equity. Working Paper, Boston Consulting Group & IESE Business School, Februar 2010.

Mehran, H. (1995): Executive Compensation Structure, Ownership, and Firm Performance. In: Journal of Financial Economics, 38(2), 1995. S. 163–184.

Meier, D. (2006): Post-Investment Value Addition to Buyouts. Wiesbaden: Deutscher Universitätsverlag 2006.

Methfessel, K. (2007): Rückkehr der Tugend. In: WirtschaftsWoche Nr. 27 vom 02.07. 2007, S. 3.

Meuser, M./ Nagel, U. (1991): Experteninterviews – vielfach erprobt, wenig bedacht. Ein Beitrag zur qualitativen Methodendiskussion. In: Garz, D./ Kraimer, K. (Hg): Qualitativ-empirische Sozialforschung. Opladen: Westdeutscher Verlag 1991, S. 441–468.

Meyer, M./ Freitag, M. (2005): Repertory Grid. In: Kühl, S./ Strodtholz, P./ Taffertshofer, A. (Hg.): Quantitative Methoden der Organisationsforschung – Ein Handbuch. Wiesbaden: Verlag für Sozialwissenschaften 2005, S. 139–166.

Meyer, T. (2006a): Venture Capital in Europa. In: Deutsche Bank Research, 11/2006, S. 1–12.

Meyer, T. (2006b): Private Equity – Spice for European Economies. In: Journal of Financial Transformation, Vol. 18, 2006, S. 61–69.

Miller, R. (2007): Wertschöpfung durch Finanzinvestoren – Jagd auf Sahnestücke. In: Unternehmer Magazin 07/08, 2007, S. 42.

Molitor, F.J. (1827): Philosophie der Geschichte oder über die Tradition. Frankfurt: Verlag der Germanischen Buchhandlung 1827.

Molly, V./ Laveren, E./ Deloof, M. (2010): Family Business Succession and Its Impact on Financial Structure and Performance. In: Family Business Review 23 (2)/2010, S. 131–147.

Morck, R./ Shleifer, A./ Vishny, R. (1988): Management Ownership and Market Valuation: an Empirical Analysis. In: Journal of Financial Economics 20, 1988, S. 293–315.

Mühlebach, C. (2004): Familyness als Wettbewerbsvorteil. Bern: Haupt Verlag 2004.

Müller, G. (2013): Private Equity Investments in Family Businesses. Wittener Schriften zu Familienunternehmen, Band 10. Göttingen: V&R Unipress 2013.

Müller, K./ Kay, R./ Felden, B./ Moog, P./ Lehmann, S./ Suprinovic, O./ Meyer, S./ Mirabella, D./ Boerger, S./ Welge, B./ Coritnaia, I. (2011): Der Generationswechsel im Mittelstand im demografischen Wandel, Duderstadt: Mecke Verlag 2011.

Müller-Stewens, G. (2000): Akquisitionen und der Markt für Unternehmenskontrolle. In: Picot, A./ Nordmeyer, A./ Pribilla, P. (Hg.): Management von Akquisitionen, Stuttgart: Schäffer-Poeschel 2000, S. 41–61.

Myers, S. (1984): The Capital Structure Puzzle. In: Journal of Finance 39(3), 1984. S. 575–592.

Myers, S./ Majluf, N. (1978): Stock issues and investment policy when firms have information investors do not have, Working paper, Sloan School of Management, MIT, Cambridge, MA.

Myers, S./ Majluf, N. (1984): Corporate Financing and Investment Decisions when Firms

Have Information that Investors Do Not Have. In: Journal of Financial Economics 13 (2), 1984. S. 187–221.

Naoi, T./ Airey, D./ Iijima, S./ Niininen, O. (2006): Visitors' evaluation of an historical district: Repertory grid analysis and laddering analysis with photographs. In: Tourism Management, 27 (3), 2006, S. 420–436.

Nathusius, K. (2003): Going Private als Investmentalternative für Private Equity Fonds. In: Betriebswirtschaftliche Forschung und Praxis 55 (2), 2003, S. 175–189.

NÖBEG (2011a): Ziele und Zielgruppen. Auf NÖBEG Website: http://www.noebeg.at/index.php?n=205 (Stand: 15.08.11).

Noel, Georges (2005): Europas Mittelstand – Mit Private Equity in die nächste Generation. In: Venture Capital Magazin 03/2005, S. 16–17.

OECD (2008): Financial Market Trends, OECD Journal 2008.

OECD (2011): Financing High-Growth Firms: The Role of Angel Investors, OECD Publishing.

Oelke, T. (2006): Mittelstandsfinanzierung im gesellschafts- und kapitalmarktrechtlichen Wandel. In: Dauner-Lieb, B./ Hopt, K./ Westermann, H. (Hg.): Studien zum Handels-, Arbeits- und Wirtschaftsrecht. Baden-Baden: Nomos Verlag, Band 109, 2006.

Opler, T. (1992): Operating Performance in Leveraged Buyouts: Evidence from 1985–1989. In: Financial Management, Spring 1992, S. 27–34.

Otten, D. (2011): Daughters in Charge – Issues and pathways of female leadership succession in German family businesses. WIFU Working Paper Series Nr. 11, August 2011, Wittener Institut für Familienunternehmen: Witten 2011.

Ottersbach, J. (2003): Praxishandbuch Unternehmensbeteiligung, München: Beck Verlag 2003.

Pankotsch, F. (2005): Kapitalbeteiligungsgesellschaften und ihre Portfoliounternehmen. Gestaltungsmöglichkeiten und Erfolgsfaktoren der Zusammenarbeit. Wiesbaden: Deutscher Universitäts-Verlag 2005.

Pappalardo, F./ Bruckner, V. (2006): Beim Umgang mit Familienunternehmern ist viel Feingefühl gefragt – Interview. In: Venture Capital, Heft 5/2006, S. 20–21.

Pausenberger, E. (1989): Akquisitionsplanung. In: Szyperski (Hg.): HWPlan, Stuttgart, 1989, S. 18–26.

Pennekamp, J. (2011): Zahme Heuschrecken – Besser als ihr Ruf. In: Handelsblatt vom 14. 11.2011, Nr. 220, S. 18.

Penrose, E. (1959): The Theory of the Growth of the Firm, Oxford, 1959.

Petzold, M. (1999): Entwicklung und Erziehung in der Familie. Baltmannsweiler: Schneider Verlag 1999.

Phalippou, L./ Gottschalg, O. (2005): Performance of Private Equity Funds. Working Paper, EFA 2005 Moscow Meetings. Online einsehbar: http://papers.ssrn.com/sol3/papers.cfm?abstract_id=473221 (Stand: 24.01.2011)

Phan, P./ Hill, C. (1995): Organizational Restructuring and Economic Performance in Leveraged Buyouts: An Ex Post Study. In: Academy of Management Executive, Vol. 38, Nr. 3 (Juni), S. 704–739..

Picot, A. (1982): Transaktionskostenansatz in der Organisationstheorie: Stand der Diskussion und Aussagewert. In: Die Betriebswirtschaft, 42.Jg. 1982, S. 267–284.

Picot, G. / Classen, D. (2008): Mergers & Acquisitions als Managementstrategie für Familien- und Mittelstandsunternehmen. In: M&A Review 04/2008, S. 173–178.

Picot, G./ Kamp, S. (2007): Mittelständler im M&A-Markt begehrt – Neue Weltrekorde. In: Unternehmer Magazin 07/08, 2007, S. 38–40.

Pike, S. (2003): The use of repertory grid analysis to elicit salient short-break holiday destination attributes in New Zealand, In: Journal of Travel Research, Nr. 41-2003, S. 315–319.

Platt, H. (2008): The Private Equity Myth. In: Journal of Business Valuation and Economic Loss Analysis, Vol. 4, Nr. 1, Artikel 7, 2008.

Poech, A./ Achleitner, A./ Burger-Calderon, M. (2005): Private Equity in Familienunternehmen. In: Finanz Betrieb 05/2005.

Popov, A./ Roosenboom, P. (2009): On the Real Effects of Private Equity Investment: Evidence from New Business Creation. European Central Bank, Working Paper Series Nr. 1078 / August 2009. Online einsehbar: http://ssrn.com/abstract_id=1436894 (Stand 14.01.13).

Poutziouris, P. (2001): The Views of Family Companies on Venture Capital: Empirical Evidence from the UK Small to Medium-Size Enterprising Economy. In: Family Business Review Vol. XIV, Nr. 3, September 2001, S. 277–291.

Pregin (2009): Private Equity Gesellschaften nach verfügbarem Kapital im Jahr 2009 in Milliarden US-Dollar. In: FTD vom 08.10.2009, S. 17.

Priewe, J. (2009): Von der US Subprime-Krise zur Weltwirtschaftskrise – eine Diskussion unterschiedlicher Erklärungsmuster. Working Paper, Tagung »Keynes 2.0 – Perspektiven einer modernen keynesianischen Wirtschaftstheorie und -politik«, Karlsruhe 9.–11. Oktober 2009. Online einsehbar: https://economics.uni-hohenheim.de/fileadmin/einrichtungen/economics/Keynes/paper_priewe.pdf (Stand 04.01.2011).

Private Equity International (2012): PEI 300 – The Top 50, 2012. London: Private Equity International Alternative Insight, Mai 2012. Online einsehbar: http://www.peimedia.com/resources/PEI%20300/2012/PEI300_Top50_new.pdf (Stand 04.03.13).

Prym, C. (2010): Private Equity in Familienunternehmen – Eine empirische Fallstudienuntersuchung von Unternehmenswertsteigerungen bei Private Equity-Beteiligungen an Familienunternehmen und die Rolle von nicht-monetären Zielen der Unternehmensfamilie im Beteiligungskontext. Unternehmer Medien Verlag 2010.

Prym-Bruck, A. (2006): Eine der ältesten Adressen der Welt. In: Unternehmer Magazin 07/08, 2006, S. 26–27.

Puccinelli,S. (2006): Private Equity-Gesellschaften spielen bei Entflechtung der Deutschland AG zentrale Rolle – Markttrends und Wachstumspotenzial in Deutschland und Europa. In: M&A Review 6/2006, S. 267.

Pümpin, C./ Prange, J. (1991): Management der Unternehmensentwicklung: phasengerechte Führung und der Umgang mit Krisen. In: St. Galler Management-Konzept Band 2, Frankfurt a. M.: Campus Verlag 1991.

Punch, K. F. (2000): Developing Effective Research Proposals. London: SAGE 2000.

PWC (2010): Fels in der Brandung? Studie über Familienunternehmen. PricewaterhouseCoopers AG 2010/2011.

PWC (2011): Transaktionen im Mittelstand – Bestandsaufnahme und Ausblick. Eine Studie zum Transaktionsumfeld von Familienunternehmen und dem Mittelstand in Deutschland. PricewaterhouseCoopers AG, August 2011.

PWC (2012a): Private Equity Trend Report 2012. Learning to live with the new reality. 6th

annual survey on current developments in German and international private equity investment. PricewaterhouseCoopers AG, März 2012.
PWC (2012b): Die Zukunft von Familienunternehmen – der Kern der Wirtschaft. PricewaterhouseCoopers AG, November 2012.
PWC / BVK (2005): Der Einfluss von Private Equity-Gesellschaften auf die Portfoliounternehmen und die deutsche Wirtschaft, München, 2005.
Rabsch, T. (2010): Vorsicht, Erbe! In: Impulse 04/2010, S. 14–26.
Raithel, J. (2008): Quantitative Forschung. 2., durchgesehene Aufl., Wiesbaden: VS Verlag für Sozialwissenschaften 2008.
Regehr, F./ Sessinghaus, K. (2006): 10 Kardinalfehler beim Verkauf – Vorbereitung ist alles. In: Unternehmer Magazin 07/08, 2006, S. 51.
Reid, R./ Dunn, B./ Cromie, S./ Adams, J. (1999): Family Orientation in family firms: A model and some empirical evidence. In: Journal of Small Business and Enterprise Development, 6 (1)/1999, S. 55–66.
Reimers, N. (2004): Private Equity für Familienunternehmen: Nachfolgelösung und Wachstumsfinanzierung im deutschen Mittelstand. Wiesbaden: DUV Verlag 2004.
Ressin, S. (2008): Private Equity – Chancen und Drohungen für mittelständische Unternehmen durch Private Equity, Saarbrücken: VDM Verlag 2008.
Richard, J. (2007): Abzugeben nur in die besten Hände. In: Creditreform Nr. 07 vom 02. 07. 2007, S. 72.
Richter, R./ Furubotn, E. (1996): Neue Institutionenökonomik, Eine Einführung und kritische Würdigung. Tübingen: Mohr-Siebeck Verlag 1996.
Riklin, T. (2010): Markenrepositionierung – zwischen Trading Up und Trading Down. Dissertation, Universität St. Gallen.
Rischanek, U. (2009): Nöbeg – Frisches Kapital auch für Große. In: Wirtschaftsblatt vom 29. 09. 2009, S. 8.
Rödl & Partner (2010): Die deutsche Beteiligungsbranche 2010 – Trends, Schwerpunkte, Innenansichten. Rödl Consulting AG (Hg.), München 2010.
Rödl, B./ Zinser, T. (1999): Going Public, Frankfurt: Frankfurter Allgemeine Buchverlag 1999.
Rogers, P./ Holland, T./ Hass, D. (2002): Private Equity Disciplines for the Corporation. In: The Journal of Private Equity, Vol. 6/2002, Nr. 1, S. 6–8.
Roland Berger Research (2009): Increasing the value of portfolio companies by improving their operational performance. Survey Results. München: Roland Berger 2009.
Roland Berger Research (2011): European Private Equity Outlook 2011. München: Roland Berger 2011.
Roland Berger Research (2012): European Private Equity Outlook 2012. München: Roland Berger Februar 2012.
Romano, C./ Tanewski, G./ Smyrnios, K. (2000): Capital structure decision making: A model for family business. In: Journal of Business Venturing, 16/ 2000, S,285–310.
Rosenbaum, J./ Pearl, J. (2009): Investment Banking: Valuation, Leveraged Buyouts, and Mergers and Acquisitions: Valuation, Leveraged Buyouts, and Mergers & Acquisitions. Hoboken: Wiley Finance 2009.
Rudolph, B. (2000): Zur Entwicklung des Marktes für Private Equity. In: Riekeberg, M. (Hg.): Banking 2000: Perspektiven und Projekte. Wiesbaden: Gabler 2000, S. 143–155.
Rüsen, T./ von Schlippe, A./ Groth, T. (Hg.): Familienunternehmen – Exploration einer

Unternehmensform. Schriften zu Familienunternehmen, Band 2, Wittener Institut für Familienunternehmen (Hg.), Lohmar: Eul Verlag 2009.
Russel, B. (1970): Probleme der Philosophie. Frankfurt a.M.: Suhrkamp 1970.
Russenschuck, V. (2001): Familienunternehmen im Sog von Mergers & Acquisitions. In: M&A Review 11/2001, S. 500.
Sabel, T. (2005): Die Übernahme der Dresdner Bank durch die Allianz AG. München: Grin Verlag für akademische Texte 2005.
Saggau, M. (2007): Die wirtschaftliche Auswirkung von Private Equity als Finanzierungsalternative für mittelständische Unternehmen. Hamburg: Diplomica Verlag 2007.
Sahlman, W. (1990): The structure and governance of venture capital organizations. Journal of Financial Economics 27, S. 473–521.
Saidi, N./ Scacciavillani, F. (2010): The Role of Gold in the New Financial Architecture. Working Paper. Dubai International Financial Centre Economic Note No. 13, 2010. Online einsehbar: http://papers.ssrn.com/sol3/papers.cfm?abstract_id=1737343 (Stand 02.03.2011).
Salcher , E. (1995): Psychologische Marktforschung, 2.bearbeitete Auflage. Berlin/ New York: De Gruyter 1995.
Samdani, S./ Butler, P./ McNish, R. (2001): The Alchemy of Leveraged Buyouts. In: Budde, F./ Farha, G./ Frankemölle, H./ Hoffmeister, D./ Krämer, K. (Hg.): Value Creation: Strategies for the chemical industry. Weinheim: Wiley VCH Verlag 2001, S. 93–107.
Sapienza, H. (1992): When Do Venture Capitalists Add Value? In: Journal of Business Venturing 7, S. 9–27.
Saxton, T. (2004): Acquisitions and intangible resources: reputations as a mobile and transferable asset. In: Advances in Mergers and Acquisitions, Volume 3, Elsevier Ltd. 2004, S. 177–191.
Schaffrath, F./ Sperl, A. (2009): Jahresrückblick 2008 sowie Ausblick für das Jahr 2009 im deutschen Small und Mid Cap Markt. In: M&A Review 03/2009, S. 120–125.
Schaleck, E. (1988): Eigenkapitalbeschaffung mittelständischer Unternehmen über den Kapitalmarkt, Bergisch Gladbach: Eul Verlag 1998.
Scheer, J. (1993): Planung und Durchführung von Repertory Grid-Untersuchungen. In: Scheer, J./ Catina, A.: Einführung in die Repertory Grid-Technik, Band 1: Grundlagen und Methoden, S. 24–40, Bern: Verlag Hans Huber 1993.
Scheer, J. / Catina, A. (1993): Psychologie der Persönlichen Konstrukte und Repertory Grid-Technik. In: Scheer, J./ Catina, A. (Hg.): Einführung in die Repertory Grid-Technik. Grundlagen und Methoden, Bd. 1, S. 8–10. München: Hans Huber 1993.
Scheer, J./ Catina, A. (1993): Einführung in die Repertory Grid-Technik, Band 1: Grundlagen und Methoden, Bern: Verlag Hans Huber 1993.
Schefczyk, M. (1999): Mehr als nur Geld: Notwendigkeiten und Nutzen einer Beratungsunterstützung von Portfoliounternehmen durch Venture-Capital-Gesellschaften. Eine empirische Untersuchung. In: Berrios Amador, M. (Hg.): Beteiligungskapital in der Unternehmensfinanzierung. Wiesbaden: Deutscher Universitätsverlag 1999, S. 131–152.
Schefczyk, M. (2000): Erfolgsstrategien deutscher Venture Capital Gesellschaften, 2.Aufl., Stuttgart: Schäffer-Poeschel 2000.
Schefczyk, M. (2006): Finanzieren mit Venture Capital und Privat Equity. Grundlagen für

Investoren, Finanzintermediäre, Unternehmer und Wissenschaftler. 2. Aufl., Stuttgart: Schäffer-Poeschel Verlag 2006.

Schefczyk, M./ Pankotsch, F. (2008): Private Equity Studie NRW 2008 – Private Equity in NRW: Eine Erfolgsstory. In: Private Equity Forum NRW e.V. (Hg.): Private Equity Studie NRW 2008.

Schein, E. (2004): Organizational Culture and Leadership. Jossey-Bass Business & Management, 3.Aufl., New Jersey: John Wiley & Sons 2004.

Scherer, S./ Blanc, M./ Kormann, H./ Groth, T./ Wimmer, R. (2005): Familienunternehmen – Erfolgsstrategien zur Unternehmenssicherung, Frankfurt: Verlag Recht und Wirtschaft 2005.

Schertler, A. (2006): The Venture Capital Industry in Europe. In: Molyneux, P. (Hg.): Palgrave Macmillan Studies in Banking and Financial Institutions, New York: Palgrave 2006.

Schild, C. (2011): Stärkung des Eigenkapitals. In: Berliner Wirtschaft 02–2011, S. 31.

Schlautmann, C./ Köhler, P. (2008): Der sanfte Weg aufs Parkett. In: Handelsblatt Nr. 125 vom 01.07.2008, S. 21.

Schlömer-Laufen, N./ Kay, R. (2013): Zum Einfluss des Geschlechts des Übergebers auf die Wahl des familieninternen Nachfolgers – Eine theoretische und empirische Analyse in deutschen Familienunternehmen. IfM Working Paper 01/13, Bonn: IfM 2013.

Schmidt, C. (2009): Analyse von Leitfadeninterviews. In: Flick, U./ von Kardorff, E./ Steinke, I. (Hg.): Qualitative Forschung: Ein Handbuch, 7. Aufl., Reinbek: Rowohlt Taschenbuch Verlag 2009, S. 447–456.

Schmusch, M. (1998): Unternehmensakquisitionen und Shareholder-Value, Wiesbaden: Gabler 1998.

Schneewind, K. (1999): Familienpsychologie, 2.überarbeitete Aufl., Stuttgart: Kohlhammer.

Scholes, L./ Wright, M./ Westhead, P./ Bruining, H./ Klöckner, O. (2009): Family-firm buyouts, Private Equity and strategic change. In: Journal of Private Equity, 12–2009, S. 7–18.

Schöning, S./ Gatzka, M. (2006): Private Equity und Venture Capital. In: Das Wirtschaftsstudium, 35 (11), 2006, S. 1399–1404.

Schröder, C. (1992): Strategien und Management von Beteiligungsgesellschaften: ein Einblick in Organisationsstrukturen und Entscheidungsprozesse von institutionellen Eigenkapitalinvestoren. Baden-Baden: Nomos Universitätsschriften, Wirtschaft Band 11.

Schröer, E. / Freund, W. (1999): Neue Entwicklungen auf dem Markt für die Übertragung mittelständischer Unternehmen. IfM-Materialien Nr. 136. Bonn: Institut für Mittelstandsforschung 1999.

Schütz, A. (1974): Der sinnhafte Aufbau der sozialen Welt. Eine Einleitung in die verstehende Soziologie. Frankfurt a.M.: Suhrkamp 1974.

Schweinsberg, K./ Thorborg, H. (2010): Frauen in Führungspositionen von Familienunternehmen. Ergebnisse der Studie. Bonn: Intes 2010.

Seip, S. (2011): Der Nutzen von Investmentsfonds für Anleger, Wirtschaft und Gesellschaft. In: Gehwald, M./ Naumann, S. (Hg.): Investmentfonds – Eine Branche positioniert sich. Wiesbaden: Gabler 2011, S. 13–38.

Selbherr, G./ Steffen, G. (2011): Mittelständische Beteiligungsgesellschaften zuverlässige

Partner auch in Krisenzeiten. Online einsehbar: http://www.bvkap.de/media/file/385.beitraege_1-2010_v01b_SelbherrSteffen.pdf (Stand: 12.08.2011).

Sharma, P./ Chrisman, J./ Chua, J. (1997): Strategic management of the family business: Past research and future challenges. In: Family Business Review 10–1997, S. 1–35.

Simon, F. (2002), Hg.: Die Familie des Familienunternehmens. Heidelberg: Carl-Auer-Verlag, 3.Aufl., 2011.

Simon, F. (2012): Einführung in die Theorie des Familienunternehmens. Heidelberg: Carl-Auer Verlag 2012.

Simon, F./ Wimmer, R./ Groth, T (2005): Mehr-Generationen-Familienunternehmen: Erfolgsgeheimnisse von Oetker, Merck, Haniel u. a., Heidelberg: Carl-Auer Verlag 2005.

Sirmon, D./ Hitt, M. (2003): Managing Resources: Linking Unique Resources, Management and Wealth Creation in Family Firms. In: Entrepreneurship Theory and Practice, 27 (4), S. 339–358.

Slater, P. (1976): The measurement of intrapersonal space by grid technique. Vol. 1. Explorations of intrapersonal space. London: Wiley 1976.

Slater, P. (1977): The measurement of intrapersonal space by grid technique. Vol. 2. Dimensions of intrapersonal space. London: Wiley 1977.

Soja, T./ Reyes, J. (1990): Investment Benchmarks: Venture Capital. In: Needham, MA: Venture Economics, Inc., 1990.

Statistisches Bundesamt (2011): http://www.statistik-portal.de.

Stiftung Familienunternehmen (2007): Die volkswirtschaftliche Bedeutung der Familienunternehmen – Top 500 Listen. Stuttgart: Stiftung Familienunternehmen (Hg.) in Zusammenarbeit mit dem Institut für Mittelstandsforschung Bonn, 2007.

Stiftung Familienunternehmen (2009): Die volkswirtschaftliche Bedeutung der Familienunternehmen. Stuttgart: Stiftung Familienunternehmen (Hg.) in Zusammenarbeit mit dem Institut für Mittelstandsforschung Bonn, 2009.

Stiftung Familienunternehmen (2011): Die volkswirtschaftliche Bedeutung der Familienunternehmen. München: Stiftung Familienunternehmen (Hg.) in Zusammenarbeit mit dem Institut für Mittelstandsforschung Bonn und dem ZEW Mannheim, 2011.

Striebel, C. (2009): Private Equity im deutschen Mittelstand: Erfolgs- und Risikofaktoren von Beteiligungen an KMU. Sternenfels: Verlag Wissenschaft & Praxis 2009.

Tagiuri, R./ Davis, J. (1982): Bivalent Attributes of the Family Firm, Harvard Business School, Nachdruck 1996 in Family Business Review, Vol. 9/1996, Nr. 2, S. 199–208.

Talmor, E./ Vasvari, F. (2011): International Private Equity. Chichester: Wiley, 3.Aufl. 2012.

Thiele, M. (2000): Die Angst vor den Zahlen – oder: Die Berücksichtigung der Besonderheiten des Mittelstands bei Unternehmenstransaktionen. In: M&A Review 12/2000.

Thum, O./ Timmreck, C./ Keul, T. (2008): Private Equity – Leitfaden zur erfolgreichen Unternehmensfinanzierung. München: Vahlen 2008.

Tomczak, T. (1992): Forschungsmethoden in der Marketingwissenschaft – Ein Plädoyer für den qualitativen Forschungsansatz. In: Marketing – Zeitschrift für Forschung und Praxis 2, 1992. S. 77–87.

Trautvetter, A. (2011): Bedeutung der Eigenkapitalausstattung für den Mittelstand. Hamburgisches WeltWirtschaftsInstitut (Hg.), Studie im Auftrag der bm-t beteiligungsmanagement thüringen gmbh, Februar 2011.

Tschöke, K./ Daniel, C. (2007): Der globale M&A-Markt im zweiten Quartal 2007. In: M&A Review, 08–09/2007, S. 382.

Tschöke, K./ Klemen, B. (2010): M&A-Zyklus. In: M&A Review 02/2010, S. 83–89.

Uhlaner, L. (2006): Business family as a team: Underlying force for sustained competitive advantage. In: Poutziouris, P./ Smyrnios, K./ Klein, S. (Hg.): Handbook of Research on Family Business. Cheltenham Glos: Edward Elgar Publishing 2006, S. 125–144.

Upton, N./ Petty, W. (2000): Venture capital investment and US family business. In: Venture Capital - An International Journal of Entrepreneurial Finance 2(1), S. 27–39.

Vermögen & Steuern (2009): Verbesserung der operativen Performance tritt in den Mittelpunkt. In Vermögen & Steuern 04/2009, S. 7.

Villalonga, B./ Amit, R. (2006): How Do Family Ownership, Control, and Management Affect Firm Value? In: Journal of Financial Economics, 80 (2), 2006, 385–417.

Vogel, M. (2012): Das Repertory Grid interview für systemische Forschungsvorhaben. In: Ochs, M./ Schweitzer, J. (Hg.): Handbuch Forschung für Systemiker. Göttingen: Vandenhoeck & Ruprecht 2012, S. 381–394.

Voigt, J. (1990): Familienunternehmen - Im Spannungsfeld zwischen Eigentum und Fremdmanagement, Wiesbaden: Gabler 1990.

von Boehm-Bezing, P. (2005): Überraschungen beim Verkauf von Familienunternehmen - Einseitige Emotionalität. In: Unternehmer Magazin, Heft: 07/08, 2005, S. 50–51.

von Haller, W. (2007): Aufnahme von Private Equity - Mehr Möglichkeiten. In: Unternehmer Magazin, Heft 7/8, 2007, S. 54.

von Schlippe, A. (2012): Werte und Wertwandel in Familienunternehmen am Beispiel der Unternehmensnachfolge. In: Hennerkes, B.-H./ Augustin, G. (Hg.): Wertewandel mitgestalten. Sonderedition für den 15. Kongress für Familienunternehmen an der Universität Witten/ Herdecke. 3. Aufl., Freiburg i.B.: Herder 2012.

von Schlippe, A./ Buberti, C./ Groth, T./ Plate, M. (2007b): Die zehn Wittener Thesen. In: von Schlippe et al. (Hg.): Familienunternehmen: Chancen und Risiken einer besonderen Unternehmensform, Wittener Institut für Familienunternehmen (WIFU), 2007.

von Schlippe, A./ Buberti, C./ Groth, T./ Plate, M. (2007a): Familienunternehmen in Nordrhein-Westfalen - Wettbewerbsvorteil durch Leidenschaft. In: Thoben, C. (Hg.): Konjunkturprognose der NRW-Wirtschaftsministerin Christa Thoben: »Wirtschaft 2007«. Düsseldorf: Ministerium für Wirtschaft, Mittelstand und Energie, S. 12–23.

von Schlippe, A./ Groth, T. (2006): Familienunternehmen und Beratung: Paradoxien und Dilemmata. In: Deissler, K. (Hg.): Familienunternehmen beraten: Positionen und Praxisbeispiele. Bielefeld: Transcript 2006, S. 109–125.

von Schlippe, A./ Groth, T. (2007c): Auf den Punkt gebracht. In: Unternehmer Magazin 07/ 08-2007, S. 16–19.

von Schlippe, A./ Groth, T. (2007d): The Power of stories - zur Funktion von Geschichten in Familienunternehmen. Kontext - Zeitschrift für Systemische Therapie und Familientherapie, 38(1), S. 26–47.

von Schlippe, A./ Nischak, A./ El Hachimi, M. (Hg.) (2008): Familienunternehmen verstehen. Gründer, Gesellschafter und Generationen. Göttingen: Vandenhoeck & Ruprecht, 2.Aufl., 2011.

von Schlippe, A./ Sabel, T. (2010): Erfolgsfaktoren bei der Akquisition mittelständischer Familienunternehmen. In: Unternehmermagazin 05–06/2010, S. 42–43.

von Schlippe, A./ Schweitzer, J. (2010): Systemische Interventionen, 2.Aufl., Göttingen: Vandenhoeck & Ruprecht 2010.

Vougioukas, J./ Göttsche, V. / Schönwitz, D. (2004): Familienunternehmen – In vierzigster Generation. In: BILANZ Nr. 08 vom 28.07.2004, S. 60.

Walter, N. (2000): Ist M&A die richtige Antwort auf Globalisierung? In: Picot, A./ Nordmeyer, A./ Pribilla, P. (Hg.) (2000): Management von Akquisitionen, 1.Aufl., Stuttgart: Schäffer-Poeschel 2000, S. 217.

Ward, J. (1997): Keeping the family business healthy: How to plan for continuing growth, profitability, and family leadership. San Francisco: Jossey-Bass 1997.

Watson, J.P./ Gunn, J.C./ Gristwood, I. (1976): A grid investigation of long-term prisoners. In: Slater, P. (Hg): The measurement of intrapersonal space by grid technique. Vol. 1. Explorations of interpersonal space. London: Wiley 1976, S. 209–217.

Wehrheim, M./ Schmitz, T. (2009): Jahresabschlussanalyse. Instrumente, Bilanzpolitik, Kennzahlen; 3.überarbeitete Auflage, Stuttgart: Kohlhammer 2009.

Weigel, K. (2005): Die Schlacht nicht alleine schlagen. In: Unternehmer Magazin, 07/08, 2005, S. 54.

Weilep, V. (2004): Kapitalausstattung und zukünftiger Eigenkapitalbedarf in großen Mittelstandseinheiten. Braunschweig: Technische Universität Braunschweig, Institut für Wirtschaftswissenschaften 2004.

Weise, S. (2003): Wachstumsfinanzierung durch Private Equity und Mezzanine. In: Kienbaum, J./ Börner, C.: Neue Finanzierungswege für den Mittelstand, Wiesbaden: Gabler 2003, S. 363–370.

Westhead, P./ Cowling, M./ Howorth, C. (2001): The development of family companies: Management and ownership imperatives. In: Family Business Review, 14-2001, S. 369–382.

Wiersema, M./ Liebeskind, J. (1995):The Effects of Leveraged Buyouts on Corporate Growth and Diversification in Large Firms. In: Strategic Management Journal, Vol. 16, Nr. 6 (September), S. 447–460.

Wimmer, R. (03/2007): Wenn Wachstum zum Problem wird. In: Handelsblatt Nr. 57 vom 21.03.2007, B4.

Wimmer, R./ Domayer, E./ Oswald, M./ Vater, G. (2005): Familienunternehmen – Auslaufmodell oder Erfolgstyp? 2.Aufl., Wiesbaden: Gabler 2005.

Wimmer, R./ Gebauer, A. (2004): Die Nachfolge in Familienunternehmen. In: Zeitschrift für Führung und Organisation (zfo), Jg. 72, Nr. 5/2004, S. 244–252.

Wimmer, R./ Groth, T./ Simon, F. (2004): Erfolgsmuster von Mehrgenerationen-Familienunternehmen. Wittener Diskussionspapier, Sonderheft Nr. 2, Witten: Wirtschaftsfakultät Universität Witten/Herdecke Juni 2004.

Wirtz, B. (2003) : Mergers & Acquisitions Management. Wiesbaden: Gabler 2003.

Wiseman, R./ Gomez-Mejia, L. (1998): A behavioral agency model of managerial risk taking. In: Academy of Management Review, 22–1998, S. 133–153.

Wittrock, O. (2010): Die Rückkehr der Heuschrecken. In: Impulse 04/2010, S. 110–115.

Witzel, A. (1982): Verfahren der qualitativen Sozialforschung. Überblick und Alternativen. Frankfurt: Campus Verlag 1982.

Wolter H.J./ Hauser, H.E. (IfM) 2001: Die Bedeutung des Eigentümerunternehmens in Deutschland – Eine Auseinandersetzung mit der qualitativen und quantitativen Definition des Mittelstands. Auszug aus: »Jahrbuch zur Mittelstandsforschung 1/2001« Schriften zur Mittelstandsforschung Nr. 90 NF, Deutscher Universitätsverlag, Wiesbaden 2001.

Wright, M./ Hoskisson, R./ Busenitz, L. (2001): Firm Rebirth: Buyouts as Faciliators of Strategic Growth and Entrepreneurship. In: Academy of Management Executive, Vol. 15, Nr. 1 (Februar), S. 111–125.

Wright, M./ Robbie, K./ Thompson, S./ Starkey, K. (1994): Longevity and the Life-Cycle of Management Buy-Outs. In: Strategic Management Journal, Vol. 15, Nr. 3, S. 215–227.

Wright, M./ Wilson, N./ Robbie, K. (1996): The longer term effects of management-led buyouts. Journal of Entrepreneurial and Small Business Finance 5, S. 213–234.

Young, M. (1995): Evaluative constructions of domestic tourist places, In: Australian Geographical Studies, Vol. 33 (2), 1995, S. 272–286.

Zahra, S. (2005): Entrepreneurial risk taking in family firms. In: Family Business Review 18–2005, S. 23–40.

Zähres, M. (2011): Solvency II und Basel III: Wechselwirkung beachten. In: Deutsche Bank Research – Aktuelle Themen Nr. 524 vom 24.08.2011, Frankfurt: Deutsche Bank 2011.

Zeitel, G. (1979): Mittelstand und Mittelstandspolitik, Bonn.

Zellweger, T./ Kellermanns, F./ Chrisman, J./ Chua, J. (2011): Family control and family firm valuation by family CEOs: The importance of intentions for transgenerational control. In: Organization Science, 1–2011, S. 1–36.

Zellweger, T./ Mühlebach, C. (2008): Strategien zur Wertsteigerung in Familienunternehmen. Bern: Haupt Verlag 2008.

Zemke, I. (1995): Die Unternehmensverfassung von Beteiligungskapitalgesellschaften: Analyse des institutionellen Designs deutscher Venture Capital Gesellschaften. Wiesbaden: Gabler 1995.

Zengerling, K. (2003): Private Equity – Antwort auf die Herausforderungen im Mittelstand. In: Venture Capital Magazin, Sonderausgabe Mittelstandsfinanzierung, 04/2003, S. 42–44.

Zimmermann, G. (2005): Strategie und Lösung – Neue Erfolge im Verkauf. In: Creditreform Nr. 4 vom 01.04.2005, S. 8.

Zimmermann, V. (2010): Die Finanzierung von Innovationen in kleinen und mittleren Unternehmen. In: KfW, Creditreform, IfM, RWI, ZEW (Hg.) (2010): Konjunkturelle Stabilisierung im Mittelstand – aber viele Belastungsfaktoren bleiben. Mittelstands-Monitor 2010 – Jährlicher Bericht zu Konjunktur- und Strukturfragen kleiner und mittlerer Unternehmen, Frankfurt am Main 2010, S. 145–171. Online einsehbar: http://www.kfw.de/kfw/de/I/II/Download_Center/Fachthemen/Research/PDF-Dokumente_MittelstandsMonitor/MiMo_2010_Langfassung_Internet.pdf (Stand 27.0.2012).

Zwack, M. (2012): Was würde Steve tun? Zum narrativen Schatten herausragender Führungspersönlichkeiten. In: OrganisationsEntwicklung – Zeitschrift für Unternehmensentwicklung und Change Management Nr. 2/ 2012, S. 55–58.

Anhang 1: Methodik der empirischen Erhebung

7.1 Wahl der Methodik

Die Wahl der richtigen Methodik ist für ein Forschungsprojekt die wesentliche Grundvoraussetzung, um die gewünschten wissenschaftlichen Erkenntnisse zu erhalten, denn »Wissenschaftlichkeit beruht auf systematischer Zielgerichtetheit und Theorie« wie *Atteslander* hervorhebt.[978] Dabei muss die Methode dem Forschungsgebiet, der Fragestellung und den angestrebten Forschungsergebnissen angemessen sein.[979] Im vorliegenden Fall handelt es sich um ein Forschungsgebiet, welches noch relativ unerforscht ist. Insbesondere das Thema Minderheitsbeteiligungen von Private Equity Gesellschaften in Familienunternehmen stellt nach *Achleitner et al.* »aufgrund fehlender wissenschaftlicher Erkenntnisse und nur vereinzelt existierender Praxisberichte eine Forschungslücke dar.«[980] Entsprechend musste ein eher explorativer Forschungsansatz gewählt werden, dessen Ziel nicht die Repräsentativität der Ergebnisse ist,[981] sondern die möglichst tiefgehende und detaillierte Untersuchung einer kleinen Gruppe von Untersuchungseinheiten.[982] Dies ist immer dann sinnvoll und angemessen, wenn wie im vorliegenden Fall das Themengebiet bislang nur unzureichend erforscht wurde.[983] Die Arbeit geht dabei nach dem Forschungsprinzip des theoriegeleiteten Empirismus vor und nutzt dabei qualitative wie

978 Siehe Atteslander 2003, S. 123.

979 Vgl. Mayring 2009, S. 474.

980 Siehe Achleitner et al. 2008c, S. 17.

981 Dennoch bzw. gerade deswegen wurde bei der Auswahl der Unternehmen besonders auch auf eine breite Diversifikation mit Blick auf Größe, Internationalität, Branche sowie das Alter des Unternehmens bzw. die Generation, in der das Unternehmen geführt wird, geachtet. Gleichwohl erhebt diese Arbeit keinen Anspruch auf Repräsentativität und diese wird entsprechend auch weder durch die Anzahl der Befragungen noch durch die Zusammenstellung der Teilnehmer in Bezug zum Gesamtmarkt erreicht.

982 Vgl. Altobelli 2007, S. 23.

983 Vgl. Churchill/ Iacobucci 2002, S. 93.

quantitative Methodik.[984] Dieser Methodenmix ermöglicht die Betrachtung der Forschungsfragen aus verschiedenen Perspektiven und gestattet so eine holistische Herangehensweise im Sinne eines Erkenntnisgewinns.[985] Eine ausschließlich quantitative Herangehensweise wäre aus Sicht der Verfassers für das Themengebiet nicht angemessen gewesen. Zudem gilt die »rein quantitative Vorgehensweise nicht mehr als alleiniges Ideal« wie *Mayring* feststellt.[986]

Grundlage der vorliegenden Arbeit waren physische Tiefeninterviews.[987] Tiefeninterviews zeichnen sich durch die Interaktion zwischen dem Interviewer und dem Befragten aus und können damit im Rahmen des Erkenntnisgewinns wichtige Informationen über Hintergrundinformationen, Präferenzen und gemachte Erfahrungen liefern.[988] Sie können der qualitativen Forschung hinzugerechnet werden.[989] Dabei waren die Tiefeninterviews in zwei Teile unterteilt. Im ersten Teil des Interviews wurde ein semi-strukturierter Fragebogen verwendet,[990] um grundlegende Daten zum Unternehmen, zum Interviewpartner, dessen Erfahrungen mit Private Equity etc. zu erhalten. Dieser Teil des Interviews entsprach am ehesten einer Mischung aus einem problemzentrierten bzw. fokussierten Leitfaden-Interview[991] und einem Struktur-Interview.[992] Denn neben den in qualitativer Forschung gängigen offenen Fragen,[993] beinhaltete es auch halboffene (sog. Hybridfragen), sowie in sehr geringem Umfang geschlossene Fragen und gleichzeitig war die Abfolge der Fragen ex-ante festgelegt. Insofern weicht die Arbeit an diesem Punkt von der Empfehlung *Mayrings* ab, die Antwortmöglichkeiten im Interview nicht zu begrenzen,[994] und folgt damit gleichzeitig seinem Aufruf, die von ihm vorgestellten Techniken zu modifizieren und an die jeweiligen Bedürfnisse und Bedingungen anzupassen, da dies »ja gerade eine der Stärken qualitativer Forschung« sei, da durch diese »Flexibilität die Ergebnisse gegenstandsadäquater werden können.«[995]

Die Offenheit verschiedener Fragen ermöglicht den Befragten, frei zu antworten und bietet dem Interviewer gleichzeitig den Vorteil, dass er überprüfen kann, ob er vom Befragten korrekt verstanden wurde. Darüber hinaus kann der Befragte selbst Zusammenhänge entwickeln und seine ganze Perspektive of-

984 Vgl. Kelle/ Erzberger 2009, S. 299ff.; Tomczak 1992, S. 77ff.
985 Vgl. Tomczak 1992, S. 77ff.
986 Siehe Mayring 2002, S. 9.
987 Vgl. Salcher 1995, S. 38.
988 Vgl. Achleitner et al. 2008c, S. 14.
989 Vgl. Mayring 2002, S. 67.
990 Vgl. Atteslander 2003, S. 146ff.
991 Vgl. Witzel 1982, S. 72; Mayring 2002, S. 67.
992 Vgl. Hopf 2009, S. 352.
993 Vgl. hierzu auch Flick 2009a, S. 261.
994 Vgl. Mayring 2002, S. 68.
995 Siehe Mayring 2002, S. 65.

fenlegen; zugleich entwickelt er eine stärkere Vertrauensbeziehung zum Interviewer.[996] Allerdings erweisen sich offene Fragen häufig auch als problematisch, da Befragte zum Teil Schwierigkeiten haben, die Fragen zu beantworten oder es ihnen einfach »zu lästig«[997] ist, woraus sich Antwortverweigerungen ergeben können.[998] Regelmäßig wird als weiterer Nachteil auch die unterschiedliche Artikulationsfähigkeit der Befragten angeführt,[999] was mit Blick auf die Gruppe der Probanden im vorliegenden Fall jedoch vernachlässigt werden kann. Die halboffenen Fragen sind ein Kompromiss zwischen offenen und geschlossenen Fragen, indem sie vorgegebene Antwortkategorien wie auch die Möglichkeit zur freien Beantwortung der Frage bieten.[1000] Sie bieten sich vor allem dann an, wenn – wie im vorliegenden Fall – »der Antwortrahmen nicht vollständig bekannt und systematisierbar ist.«[1001] Die geschlossenen Fragen schließlich, die in der Form von Ratingskalen verwendet wurden, dienen dem rationalen Informationsgewinn insbesondere durch die bessere Vergleichbarkeit der Antworten, wenngleich hierbei auch stets die Gefahr der Suggestivwirkung und Eingrenzung des Beantwortungshorizonts des Befragten besteht.[1002]

Die Teilstrukturierung der Interviews und Verwendung eines Leitfadens ermöglicht zudem die thematische Steuerung, so dass im Gespräch auf die Forschungsfrage fokussiert werden kann, jedoch nicht die Gefahr besteht, dass wesentliche Aspekte vergessen werden.[1003] Darüber hinaus erleichtert sie die Auswertung und Vergleichbarkeit der Ergebnisse[1004] und verbessert so die Nachprüfbarkeit der Ergebnisse.[1005]

Zur Vorbereitung auf die Interviews, zum besseren Verständnis der Thematik und zwecks Erstellung des Fragebogens fand ein Experteninterview mit Herrn *Xaver Zimmerer* statt.[1006] Herr *Zimmerer* kann als Experte eingestuft werden, da er über einen »privilegierten Zugang zu Informationen über Personengruppen oder Entscheidungsprozesse verfügt«, ein nach *Meuser/ Nagel* notwendiges Kriterium für einen Experten.[1007] Denn in seiner Funktion als Geschäftsführer und Inhaber der Firma InterFinanz GmbH, Düsseldorf, die selbst in zweiter Generation geführt wird, ist er spezialisiert auf die Beratung bei Kauf und

996 Vgl. Mayring 2002, S. 68ff.
997 Siehe Raithel 2008, S. 68.
998 Vgl. auch Atteslander 2003, S. 164ff.
999 Vgl. Brake 2005, S. 43.
1000 Vgl. Raithel 2008, S. 68.
1001 Siehe Brake 2005, S. 44.
1002 Vgl. Raithel 2008, S. 70.
1003 Vgl. Meuser/ Nagel 1991, S. 488; Salcher 1995, S. 38.
1004 Vgl. hierzu u.a. Schmidt 2009, S. 447ff.
1005 Vgl. Mayring 2002, S. 70.
1006 Vgl. zum Thema Experteninterview u.a. Froschauer/ Lueger 2003, S. 54.
1007 Siehe Meuser/ Nagel 1991, S. 443.

Verkauf insbesondere mittelständischer Unternehmen mit einem Umsatz von 5 bis 500 Mio. EUR. Dabei berät sein Unternehmen – je nach Mandat – entweder die Käufer-Seite (Private Equity Gesellschaften, strategische Investoren) oder die Verkäufer-Seite, hierbei sehr häufig mittelständische Familienunternehmen. Seine Erfahrungen anhand zahlreicher Transaktionen und die Kenntnis beider Seiten lieferte wertvollen Input, insbesondere auch für die Erstellung des semi-strukturierten Fragebogens. Im Rahmen einer Pilotphase wurde zudem – wie von *Mayring* empfohlen – ein sog. Probeinterview mit einem befreundeten Geschäftsführer eines Familienunternehmens durchgeführt,[1008] in dem der semi-strukturierte Fragebogen überprüft und partiell angepasst wurde (vgl. Abbildung 81).

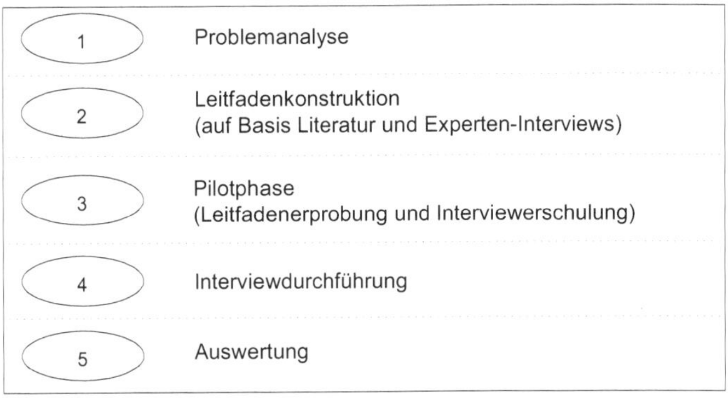

Abbildung 81: Vorgehensweise im Rahmen des problemzentrierten Interviews[1009]

Der zweite Teil des Tiefeninterviews, der sich der Befragung auf Basis des semi-strukturierten Fragebogens direkt anschloss, erfolgte mittels einer speziellen Interviewtechnik, die auf der Grundlage der Personal Construct Theory von George A. Kelly entwickelt wurde, und als Repertory Grid Methode (RGM) bezeichnet wird (auch als Role Construct Repertory Grid Test, Grid-Technik, Rep-Grid oder Kelly-Grid bekannt).[1010]

Das Besondere an ihr ist, dass sie die Vorteile eines qualitativen Interviews mit denen eines strukturierten Fragebogens kombiniert; sie gibt keine Inhalte vor, bietet jedoch eine strukturierte Vorgehensweise zur Erzeugung sowohl qualitativer wie quantitativer Daten.[1011] Damit eignet sie sich sehr gut zur Erfassung von dem Forscher unbekannten, individuellen, subjektiven Einschät-

1008 Vgl. Mayring 2002, S. 69.
1009 Eigene, modifizierte Darstellung in Anlehnung an Mayring 2002, S. 71.
1010 Vgl. Kelly 1991; sowie Scheer/ Catina 1993, S. 8ff.
1011 Vgl. Vogel 2012, S. 381ff.; Lohaus 1993, S. 81; Farrell 2010, S. 17.

zungen[1012] und bietet sich für explorativ-heuristische Fragestellungen an.[1013] Durch das strukturierte Vorgehen können – ähnlich einem standardisierten Interview – interpersonell vergleichbare Daten generiert werden, d.h. das erzeugte Material kann auch statistisch weiterverarbeitet werden (vgl. hierzu auch Kapitel 7.3.2 Testgütekriterien).[1014] Dennoch werden die bedeutenden Vorteile qualitativer Forschung bewahrt: die Möglichkeit, auch theoretisch nur gering erforschte Themenfelder zu durchdringen und die im Vergleich zur quantitativen Forschung größere Offenheit und Flexibilität,[1015] insbesondere mit Blick auf die Erfassung der Ganzheitlichkeit des Menschen.[1016] Das Verfahren kann somit als eine Methodik charakterisiert werden, die es ermöglicht, quantitative Heuristiken in qualitative Arbeiten einfließen zu lassen;[1017] es ermöglicht gleichermaßen »idiographisches Untersuchen als auch die Erforschung von Gesetzmäßigkeiten im Sinne eines nomothetischen Vorgehens.«[1018]

Die Repertory Grid Methode wird heutzutage in verschiedenen Feldern verwendet, von der Städteplanung über Marktforschung bis hin zu medizinischen Diagnosen.[1019] Auch existieren Studien zu Familienunternehmen, die die Repertory Grid Methode verwenden,[1020] jedoch sind dem Verfasser keinerlei Studien zum Themengebiet Private Equity und Familienunternehmen bekannt, die mittels dieser Forschungsmethode entstanden sind.

Bezüglich der Größe der Stichprobe gibt es keine Einschränkungen, da die Repertory Grid Methode sich sowohl für Einzelfall-, als auch für Gruppenanalysen eignet.[1021] Generell sind jedoch auch bei interindividuell vergleichenden Studien die Stichproben tendenziell eher klein, was *Riklin* auch auf die »Nähe zur Methode der Tiefeninterviews und dem damit verbundenen Aufwand« zurückführt.[1022] So schlägt beispielsweise *Maruoka* im Bereich der Marketingforschung eine Stichprobengröße von 8–16 Interviews vor[1023] und *Young*, der für seine Studie im Jahr 1995 50 Teilnehmer befragt hatte, konstatiert, dass »for the purpose of construct elicitation, valid results may be obtained with relatively small sample sizes.«[1024] In der Praxis haben sich daher Stichproben mit 15–30

1012 Vgl. Meyer/ Freitag 2005, S. 139.
1013 Vgl. Meyer/ Freitag 2005, S. 156.
1014 Vgl. Bannister/ Fransella 1981, S. 49.
1015 Vgl. hierzu u.a. auch Punch 2000; Flick 2009a.
1016 Vgl. Mayring 2002, S. 33.
1017 Vgl. Dick 2000, Abs. 14.
1018 Siehe Meyer/ Freitag 2005, S. 139.
1019 Vgl. Fransella et al. 2004, S. 168ff.; sowie Fromm 2004, S. 8.
1020 Vgl. beispielsweise Krappe/ von Schlippe 2010.
1021 Vgl. Vogel 2012, S. 381ff.
1022 Siehe Riklin 2010, S. 76.
1023 Vgl. Maruoka 1998, S. 40ff.
1024 Siehe Young 1995, S. 277.

Probanden durchgesetzt, so etwa bei *Gyte* (1988, 17 TN), *Embacher/ Buttle* (1989, 25 TN), *Pike* (2003, 25 TN), *Naoi et al.* (2006, 20 TN) und *Riklin* (2010, 20 TN), die alle ähnliche Größenordnungen vorschlagen bzw. verwenden.[1025] Da es sich in dieser Arbeit um zwei Probandengruppen handelt (Unternehmen mit und ohne Private Equity Erfahrung), die miteinander verglichen werden sollen, wurden für beide Gruppe jeweils 20 Interviews als sinnvoll angesehen und entsprechend durchgeführt.

7.2 Forschungsmodell: Repertory Grid nach Kelly

7.2.1 Psychologie der persönlichen Konstrukte

Als Begründer der Personal Construct Theory gilt der amerikanische Psychologe *George A. Kelly*, der in seinem Hauptwerk »The Psychology of Personal Constructs« im Jahr 1955 erstmals die Theorie der persönlichen Konstrukte aufstellte und damit eine Antwort auf die Kritik an den bestehenden psychologischen Modellen der 40er und 50er Jahre geben wollte.[1026] Retrospektivisch sagte *Kelly* später einmal, er habe einen Weg ausarbeiten wollen, die Vielschichtigkeit und den Einfallsreichtum der Menschen ernst nehmen zu können, sich dabei aber gleichzeitig noch als ordentlicher Wissenschaftler fühlen zu können.[1027]

Ein Kernpunkt seiner Theorie ist die Grundannahme, dass der Mensch keinen direkten, voraussetzungslosen Zugang zur objektiven Wirklichkeit hat, sondern das, was er meint zu wissen, eine bereits bearbeitete Wirklichkeitsversion und damit eine auf seiner Interpretation basierende Konstruktion ist.[1028] Dabei konstruiert der Mensch auf Grund individueller Erfahrungen und entwirft Muster,[1029] die er versucht, auf die Wirklichkeit zu übertragen.[1030] Zwar ist diese Konstruktionsleistung teilweise durch soziale Einflüsse (z.B. Familie, Kultur) geprägt, jedoch gibt es stets verschiedene alternative Möglichkeiten, Wirklichkeit zu konstruieren: »We take the stand that there are always some alternative constructions available to choose among in dealing with the world.«[1031] Dies wird als »konstruktiver Alternativismus« bezeichnet und hat gleichermaßen

1025 Vgl. Gyte 1988; Embacher/ Buttle 1989; Pike 2003; Naoi et al. 2006; Riklin 2010.
1026 Vgl. Scheer/ Catina 1993, S. 9.
1027 Vgl. Hinkle 1970, S. 91; Fromm 1995, S. 7.
1028 Vgl. Fromm 1995, S. 11.
1029 *Kelly* hält hierzu fest: »Man looks at his world through transparent patterns [...] which he creates and then attempts to fit over the realities [...]. The fit is not always very good. [...] Even a poor fit is more helpful to him than nothing at all.« (Siehe Kelly 1991, S. 8–9).
1030 Vgl. Schütz, 1974, S. 95.; Kelly 1991, S. 9.
1031 Siehe Kelly 1991, S. 15.

Auswirkungen auf unser Handeln, bei dem wir uns ebenfalls nur auf diese subjektive Wirklichkeit und nicht auf die Wirklichkeit selbst beziehen können.[1032] Entsprechend wird der Mensch von *Kelly* auch als Forscher betrachtet,[1033] der sich fortwährend mit seiner Umwelt auseinandersetzt, diese erkundet und Realitäten für sich selbst konstruiert, Hypothesen entwirft und diese auf Grund seiner Erfahrungen verifiziert oder auch wieder verwirft bzw. anpasst.[1034] Der Mensch versucht so, sein Realitätskonstrukt ständig zu maximieren.[1035] *Kelly* hält hierzu fest: »We assume that all of our present interpretations of the universe are subject to revision or replacement.«[1036]

Zentrale Bedeutung haben in der Personal Construct Psychology entsprechend die »persönlichen Konstrukte«. Hierbei handelt es sich um die durch den Menschen vorgenommene Unterscheidung von Dingen, Ereignissen und Beschaffenheiten, die der Mensch nach Ähnlichkeit und Unähnlichkeit zusammenfasst.[1037] Indem der Mensch Dinge und Ereignisse zu anderen in Beziehung setzt und sie damit in einen Gesamtkontext einbringt, verleiht er ihnen eine Bedeutung.[1038] »Persönliche Konstrukte« umfassen dabei alle Unterscheidungen, die der Mensch vornehmen kann und sind nicht auf rein verbale Unterscheidungen limitiert, sondern können etwa auch körperlicher Natur sein wie beispielsweise das Erröten eines Menschen.[1039] Wie der Begriff »persönliche Konstrukte« schon impliziert, handelt es sich hierbei stets um individuelle Konstrukte, schließlich verleiht jeder Mensch Dingen und Ereignissen andere Bedeutungen, nicht zuletzt auf Grund des sehr individuellen, subjektiven Kontexts, in dem sich jeder Mensch befindet.[1040] Dennoch kann es auf Grund der o. a. sozialen Prägungen zu Ähnlichkeiten von Konstrukten kommen. Nicht zuletzt, da der Mensch von Geburt an durch Bezugspersonen wie bspw. die Eltern vermittelt bekommt, wie Erfahrungen und Ereignisse »richtig« zu verarbeiten sind (sog. »public constructs«); völlig identische Konstruktsysteme verschiedener Menschen sind hingegen sehr unwahrscheinlich.[1041] Zu betonen ist auch, dass Konstrukte sich ändern können (»Experience Corollary«) und stets nur einen begrenzten Anwendungsbereich haben (»Range Corollary«).[1042] Letzteres bedeutet, dass sich ein bestimmtes Konstrukt nur für die Unterscheidung be-

1032 Vgl. Russel 1970; Fromm 1995, S. 11–12.
1033 Vgl. Kelly 1991, S. 4 ff
1034 Vgl. Scheer/ Catina 1993, S. 8.
1035 Vgl. Catina/ Schmitt 1993, S. 13.
1036 Siehe Kelly 1991, S. 15.
1037 Vgl. Kelly 1991, S. 50ff.
1038 Vgl. Fromm 1995, S. 15.
1039 Vgl. Kelly 1991, S. 51.
1040 Vgl. Kelly 1991, S. 50ff.
1041 Vgl. Fromm 1995, S. 15–16.
1042 Vgl. Kelly 1991, S. 68ff.

stimmter Dinge und Ereignisse eignet, aber nicht ohne Weiteres und ohne Bedeutungsverschiebungen auf andere Sachverhalte übertragbar ist. Beispielsweise ist das Konstrukt »Zuverlässigkeit vs. Unberechenbarkeit«, welches im Rahmen der Untersuchung von einem Familienunternehmer gebildet wurde, mit Blick auf Investoren völlig anders einzuordnen, als etwa bei der Bewertung der eigenen Mitarbeiter. Die Vergleichbarkeit der Anwendungsgebiete hängt nicht zuletzt auch vom Kenntnisstand und den Vorerfahrungen der befragten Personen ab und kann sich gleichzeitig jederzeit auch wieder ändern, im Forschungsfeld dieser Arbeit etwa durch die Lektüre von Zeitungsartikeln über Private Equity oder Gespräche mit anderen Unternehmern. Die Konstrukte folgen zwar einer 'subjektiven Logik' basierend auf dem jeweiligen Konstruktsystem des Einzelnen und sind in sich relativ konsistent (»Fragmentation Corollary«), können jedoch für andere Menschen verwirrend und widersprüchlich erscheinen.[1043] Gleichzeitig kann jedoch die soziale Prägung auch zu sehr ähnlichen Konstrukten bei verschiedenen Befragten führen. Im Rahmen dieser Arbeit könnte dies insbesondere die Diskussion von Private Equity in den Medien (vgl. sog. »Heuschreckendebatte« in Kap. 4.2.5), aber auch eine tendenziell ablehnende Haltung innerhalb von Unternehmerfamilien und seitens der Belegschaft sein.[1044]

7.2.2 Repertory Grid Methode als Anwendung der Personal Construct Theory

Wie oben ausgeführt, ist die Repertory Grid Methode ein Forschungsverfahren, das auf der Personal Construct Theory basiert und erstmals von *Kelly* im Jahr 1955 (damals als »Role Construct Repertory Test« mit insgesamt acht Varianten) entworfen wurde.[1045] Es handelt sich hierbei um eine spezielle Interviewtechnik zur Ermittlung und Auswertung subjektiver Bedeutungsassoziationen, die es insbesondere auch erlaubt, die im limbischen System verankerten und zum Teil unbewussten Einstellungen und Wertsysteme zugänglich zu machen;[1046] oder wie *Fransella* und *Bannister* es ausdrücken: »It is an attempt to stand in others‹ shoes, to see their world as they see it, to understand their situation, their

1043 Vgl. Kelly 1991, S. 83ff.; Laucken 1974, S. 183ff.

1044 Vgl. hierzu u.a. die Studie von Espel 2008, S. 143.

1045 Vgl. Scheer/ Catina 1993, S. 8.; Fromm 1995, S. 15–16.

1046 Einschränkend sei darauf hingewiesen, dass seit Einführung durch Kelly im Jahr 1955 eine Vielzahl von Variationen entwickelt wurde und daher nicht von »dem« Repertory Grid Verfahren gesprochen werden kann, da es kein einheitliches Standardverfahren gibt (vgl. Fromm 1995, S. 40). Wenn daher in dieser Arbeit von der Repertory Grid Methode gesprochen wird, so ist hiermit das im Rahmen dieses Forschungsprojekts eingesetzte Verfahren gemeint, welches im weiteren Verlauf genauer vorgestellt wird.

concerns.«[1047] Dabei ist die Grid-Methodik eine Forschungsmethode, die es ermöglicht, die inviduellen Konstruktionen der befragten Personen zu berücksichtigen,[1048] indem sie die »subjektive Wirklichkeit der untersuchten Personen offener und flexibler als mit anderen Methoden zu erfassen«[1049] versucht, da sie hauptsächlich die Form der Befragung, nicht jedoch die Inhalte vorgibt.[1050] Sie ermöglicht somit den Befragten quasi ihren eigenen Fragebogen zu entwickeln[1051] und ist damit für die beabsichtigte Untersuchung von Einstellungen und Wahrnehmungen im Rahmen dieses Forschungsprojekts ideal geeignet.

7.2.3 Ablauf der Befragung

Zu Beginn der Untersuchung wird der Untersuchungsgegenstand in verschiedene Elemente aufgelöst, die vom Forscher vorgegeben oder mit der befragten Person gemeinsam entwickelt werden können, z.B. anhand von Rollenbeschreibungen[1052] oder mittels narrativer Interviews.[1053] Hierbei handelt es sich um konkrete Dinge, Personen, Ereignisse oder Situationen; möglich sind aber auch Rollenbeschreibungen und sogar abstrakte Elemente.[1054] Wichtig ist, dass der Befragte die Elemente versteht und mit ihnen vertraut ist. In der Praxis hat sich eine Größenordnung von 10–15 Elementen durchgesetzt.[1055]

Im Rahmen dieser Arbeit wurden die Elemente durch den Forscher ex-ante festgelegt. Dabei wurde versucht, diejenigen Elemente auszuwählen, die bestmöglichst die spezifischen Konstrukte der befragten Personen zum Vorschein bringen würden. Die ex-ante Fixierung von Elementen ist ein zulässiges Vorgehen,[1056] wenngleich *Kelly* in der Urform die Elemente mit den Probanden gemeinsam auf der Basis von Rollenbeschreibungen erarbeitete.[1057] Allerdings ist nur durch konstante Beibehaltung der Elemente in allen Interviews ein überindividueller Vergleich, der für dieses Forschungsvorhaben essentiell ist, der einzelnen Grids der verschiedenen Befragten möglich.[1058] Diese Art von Vereinheitlichung widerspricht zwar der ursprünglichen Grundphilosophie

1047 Siehe Fransella/ Bannister 1977, S. 5.
1048 Vgl. Farrell 2010, S. 17.
1049 Siehe Fromm 1995, S. 14.
1050 Vgl. Lohaus 1993, S. 81.
1051 Vgl. Kruse 2004, S. 184.
1052 Vgl. Fromm 1995, S. 32ff.
1053 Vgl. Dick 2000.
1054 Zur Erhebung von Elementen vgl. u.a. Fromm 1995, S. 64ff.
1055 Vgl. Fromm 1995, S. 44.
1056 Vgl. Scheer 1993, S. 29.
1057 Ebd., S. 36ff.
1058 Vgl. Vogel 2012, S. 381ff.

Kellys, hat sich in der wissenschaftlichen Praxis jedoch durchgesetzt und nicht zuletzt macht laut *Scheer* die »damit verbundene Objektivierung idiosynkratischer Phänomene […] den Reiz des Verfahrens aus.«[1059]

Die folgenden elf Elemente wurden festgelegt:

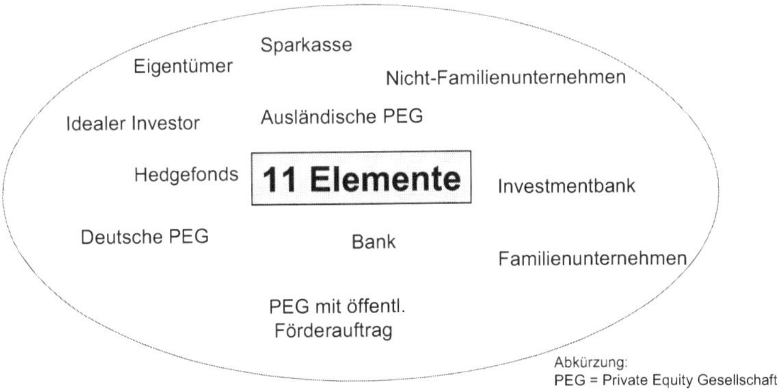

Abbildung 82: Ausgewählte Elemente im Rahmen der Repertory Grid Methode (eigene Darstellung)

Bei der Auswahl der Elemente wurde darauf geachtet, relativ homogene Begriffe zu verwenden, die die Befragten kennen und mit denen sie etwas assoziieren (z. B. »Private Equity Gesellschaft mit öffentlichem Förderauftrag« anstatt »MBGen«) und die für den Untersuchungsbereich repräsentativ sind.[1060] Gemäß dem Forschungsschwerpunkt dieser Arbeit wurde der Fokus daher auf Anbieter von Private Equity in verschiedenen Variationen gelegt (z. B. deutsche Private Equity Gesellschaft, ausländische Private Equity Gesellschaft). Zugleich wurden zur Abgrenzung und besseren Vergleichbarkeit jedoch auch weitere Kapitalmarktteilnehmer wie Banken, Sparkassen, Investmentbanken und Hedgefonds aufgenommen, ergänzt um das Element des sog. »idealen Investors«, das sich stets auf die jeweilige Sicht und Situation des Befragten bezieht und diesem zu Beginn des Interviews entsprechend erläutert wurde. Es bildet somit ein Ideal aus Sicht des Familienunternehmers ab und geht damit – wie auch das Element »Eigentümer« – auf die Ursprungsidee von *Kelly* zurück, der ebenfalls sogenannte Role Repertories wie »Ich« oder »Ideal-Ich« verwendete.[1061] Im Rahmen dieser Befragung wurde das »Ich« jedoch durch das Element »Eigentümer« ersetzt, da zwar in den meisten Fällen der Eigentümer auch zugleich die befragte Person war, jedoch auch einige Interviews mit familienfremden Geschäftsführern geführt wurden.

1059 Siehe Scheer 1993, S. 25.
1060 Zur Auswahl von Elementen vgl. u. a. Scheer 1993, S. 29.
1061 Zum Rollenbegriff vgl. Kelly 1991, S. 97 ff.

Die Erhebung der Konstrukte[1062] erfolgte im Interview in Form des Paarvergleichs basierend auf *Kelly's* Grundannahme der durch den Menschen vorgenommenen Unterscheidung von Dingen und Ereignissen nach Ähnlichkeit und Unähnlichkeit.[1063] Hierfür wurden alle Elemente einzeln auf insgesamt elf Karteikarten geschrieben und die Interviewpartner gebeten, pro Durchgang drei der (verdeckten) Karten zu ziehen (sog. Triaden-Methode).[1064] Die Interviewpartner wurden sodann gebeten, eine wesentliche Eigenschaft zu benennen, in der sich zwei der Elemente ähneln. Im Anschluss wurden sie gebeten, den aus ihrer Sicht entsprechenden Gegenbegriff (Gegenpol oder Kontrastpol) zu bilden.[1065] Beide Konstruktpole wurden dann in eine – alle Elemente enthaltene – Matrix eingetragen und die Untersuchungsteilnehmer gebeten, alle Elemente der Matrix anhand der soeben erzeugten, bipolaren Konstruktdimension zu bewerten (vgl. Abbildung 83). Hierfür wurde – mit Blick auf die spätere statistische Auswertung – eine (bewusst detaillierte) zehnstufige Skala (Rating Grid) eingesetzt.[1066] Danach wurden die Karten wieder zurückgelegt, gemischt und der Vorgang wiederholt. Die Häufigkeit der Wiederholungen war abhängig vom Interesse und der zeitlichen Verfügbarkeit der Gesprächspartner; zumeist waren vier bis fünf Durchgänge möglich.

Um eine möglichst hohe Qualität der Interviews zu erreichen, wurde nach *Fromm* versucht, ein »Vertrauensverhältnis« zwischen Versuchsleiter und Interviewpartner zu schaffen. Hierzu gehörten ausführliche Informationen über das Ziel und den Hintergrund der Befragung und die Erwartungen an den Befragten, sowie Information über den Ablauf des Interviews und eine beispielhafte Übung des Ablaufs der Befragung.[1067]

Es zeigte sich zudem, dass die z. T. in der Literatur[1068] vorgeschlagene Anzahl an Wiederholungen, die an die Zahl der Elemente zu knüpfen sei (in diesem Fall wären das elf Durchgänge gewesen), im Rahmen dieser Befragung in der Praxis unrealistisch war, da der Zeitaufwand, der in diesem Fall bei etwa 120–150 Minuten gelegen hätte, den Unternehmern und Geschäftsführern nicht zuzumuten war. Dennoch wurden im Rahmen der Befragung kumulativ 344 Konstruktpole

1062 Für eine ausführliche Anleitung zur Erhebung von Konstrukten im Rahmen von Repertory Grids vgl. beispielsweise Fromm 1995, S. 23 ff.; Vogel 2012, S. 381 ff.; sowie Scheer 1993, S. 25 ff.

1063 Vgl. Kelly 1991, S. 50 ff.

1064 Vgl. Scheer 1993, S. 26 / S. 31.

1065 Diese Vorgehen wird auch als »Triadische Oppositionsmethode« bezeichnet in Abgrenzung etwa zur »Triadischen Differenzierungsmethode« bei der der Kontrastpol über das dritte (nicht ausgewählte) Element gebildet wird.

1066 Vgl. Meyer/ Freitag 2005, S. 148.

1067 Vgl. Fromm 1995, S. 50–51.

1068 Vgl. beispielsweise Vogel 2012.

gebildet, die eine aussagekräftige Auswertung mit Hilfe der Software Sci:vesco zulassen.

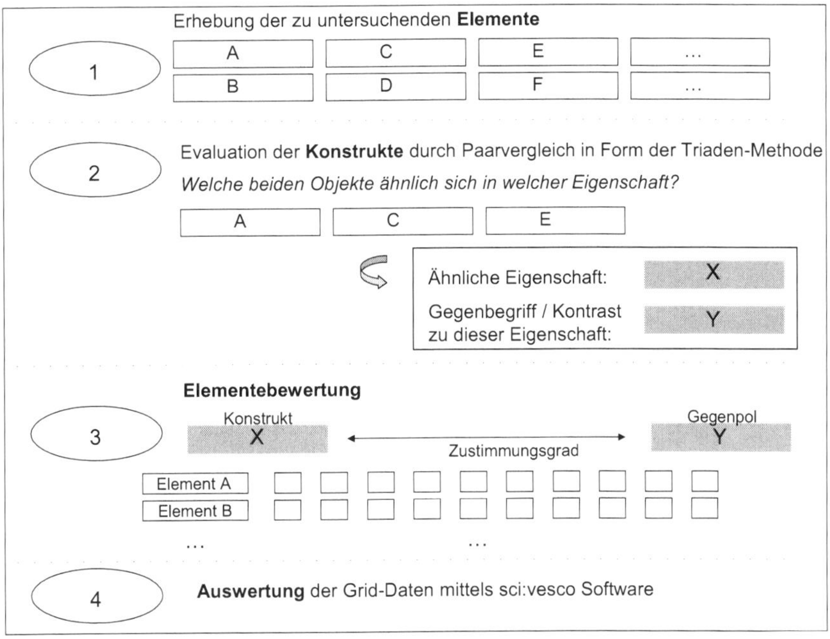

Abbildung 83: Vier Stufen des Repertory Grid Verfahrens[1069]

7.3 Datenaufbereitung und -auswertung

Die Aufbereitung der Daten stellt nicht nur einen Zwischenschritt zwischen Interview und Auswertung dar, die Wahl der richtigen Aufbereitungsmethode und eine korrekte Ausführung sind vielmehr essentiell für das Gelingen des gesamten Forschungsprojekts.[1070] In der vorliegenden Arbeit wurde für den leitfadengestützten Teil der Tiefeninterviews[1071] das zusammenfassende Protokoll mittels zusammenfassender Inhaltsanalyse als Aufbereitungsmethode verwendet, welches zum Ziel hat, bereits bei der Aufbereitung der Gesprächsdaten die Materialfülle zu reduzieren. Ursprünglich stammt diese Methode aus den Kommunikationswissenschaften und wurde in den 1920er Jahren in den USA mit dem Ziel entwickelt, eine Auswertung großer Textmengen aus den auf-

1069 Eigene Darstellung in Anlehnung an Riklin 2010, S. 70.
1070 Vgl. Mayring 2002, S. 85.
1071 Vgl. generell zum Thema Auswertung von Leitfadeninterviews: Schmidt 2009, S. 447ff.

kommenden Massenmedien zu ermöglichen; heutzutage wird sie jedoch in verschiedenen Wissenschaftsbereichen eingesetzt und hat sich in der qualitativen Forschung als gängige Auswertungsmethodik etabliert.[1072]

Abbildung 84 verdeutlicht den Ablauf einer solchen zusammenfassenden Inhaltsanalyse, die in der Regel mit der Bestimmung des angestrebten Abstraktionsniveaus beginnt und danach insgesamt sechs reduktive Prozesse wie das Auslassen bedeutungsgleicher oder die Bündelung inhaltlich eng miteinander verwandter Textpassagen durchläuft, um im Rahmen eines kontrollierten und systematischen Systems zu einer wissenschaftlich-gesicherten Reduktion des Datenmaterials zu kommen. Hierzu gehört auch eine anschließende Rücküberprüfung der Ursprungsdaten im Rahmen einer Qualitätskontrolle (vgl. Abbildung 84).[1073]

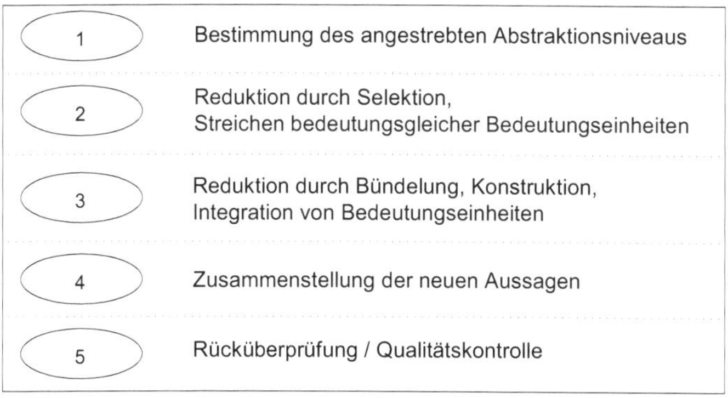

Abbildung 84: Ablaufmodell zusammenfassender Inhaltsanalyse[1074]

Mayring räumt zwar ein, dass bei einem solchen Verfahren der »konkrete Sprachkontext, die Interview- oder Diskussionssituation« verloren gehe, betont jedoch den erheblichen Vorteil, auch größere Mengen an Material auf einen »handhabbaren Umfang« reduzieren zu können und empfiehlt diese Auswertungsmethode, wenn – wie in diesem Forschungsprojekt mit 40 Interviews – eine größere Materialmenge vorhanden ist und »man vorwiegend an der inhaltlich-thematischen Seite des Materials interessiert« sei,[1075] was ebenfalls im Rahmen dieser Auswertung gegeben ist.

Anzumerken ist, dass diese Auswertungsmethode auf den ersten Teil des Interviews, der mit Hilfe eines semi-strukturierten Fragebogens geführt wurde, angewendet wurde. Der zweite Teil des Interviews wurde hingegen ausschließ-

1072 Vgl. Mayring 2009, S. 469.
1073 Vgl. Mayring 2002, S. 94ff.
1074 Eigene, modifizierte Darstellung in Anlehnung an Mayring 2002, S. 96.
1075 Siehe Mayring 2002, S. 97.

lich mittels Repertory Grid Methode analysiert. Zwar empfehlen manche Autoren wie etwa *Scheer*,[1076] auch die Kommentare der Probanden im Rahmen der Konstruktgewinnung separat auszuwerten, hiervon wurde jedoch in diesem Forschungsprojekt Abstand genommen, nicht zuletzt, um das gemäß *Fromm* ausgesprochen wichtige Vertrauensverhältnis zwischen Interviewer und Befragtem nicht zu gefährden.[1077]

7.3.1 Datenauswertung mit Hilfe der Software Sci:vesco

Die Repertory Grid Methode ermöglicht die Erzeugung sowohl qualitativer wie quantitativer Daten und somit interpersonell vergleichbarer Daten, die statistisch ausgewertet werden können.[1078] Ziel ist dabei das Erkennen zugrundeliegender Muster.[1079] In der vorliegenden Arbeit wurde für die Auswertung der im Rahmen der Repertory Grid Methode durchgeführten Interviews die hierauf spezialisierte Software Sci:vesco der Firma Elements and Constructs GmbH & Co. KG (Leipzig) verwendet, die es erlaubt, sowohl Einzel- als auch Gruppenmeinungen zu analysieren, die Ergebnisse mehrerer Interviews zu vergleichen und durch dynamische 3D-Darstellungen im Rahmen einer sog. Eigenstrukturanalyse (ESA) zu visualisieren.[1080] Hierfür werden die Daten in der Matrix, d. h. die Elemente und die durch die Interviewpartner gebildeten Konstrukte in Koordinaten auf den Hauptachsen umgerechnet und in einem n-dimensionalen Raum aufgespannt, der mittels Hauptkomponentenanalyse auf drei Dimensionen reduziert wird. Dabei wird der größte Varianzanteil der Variablen durch die erste Hauptkomponente erklärt, der zweitgrößte durch die zweite Hauptkomponente usw.[1081] Die Visualisierung der Beziehungen von Konstrukten zu Elementen erfolgt sodann durch einen dreimensionalen Würfel, in dem durch eine Faktoranalyse die Elemente als Kugeln und die Konstruktpole als Punkte im Raum dargestellt werden können (Vgl. Abbildung 85).

1076 Vgl. Scheer 1993, S. 26.
1077 Vgl. Fromm 1995, S. 50–51.
1078 Vgl. Bannister/ Fransella 1981, S. 49.
1079 Vgl. Leach 2001.
1080 Vgl. hierzu und im Folgenden: EAC 2011, S. 49ff.
1081 Vgl. Riklin 2010, S. 74.

Abbildung 85: Beispielhafte Darstellung eines Grid-Modells basierend auf einem im Rahmen dieser Arbeit durchgeführten Interview

Die Positionen und Entfernung der Objekte verdeutlichen die Bewertungen durch die Interviewpartner: Je ähnlicher die Elemente beurteilt wurden, desto näher liegen sie beieinander. Je größer der Abstand, desto unterschiedlicher wurden sie eingestuft. Die Konstrukte hingegen werden am Rand des Würfels dargestellt. Je weiter außen ein Element liegt, also umso näher am Rand, desto eindeutiger wird es durch die in der Nähe befindlichen Konstrukte beschrieben. Die Ähnlichkeit der Konstrukte ist durch die Achsennähe und die der Elemente durch Distanzen und Winkel messbar (sog. Räumlichkeitsmetapher).[1082] Die Hauptkomponentenanalyse ist eine der am meist verwendeten Methoden für die quantitative Analyse von Grid-Daten.[1083] Eine weitere – ebenfalls häufig ver-

1082 Vgl. EAC 2011, S. 49ff.
1083 Vgl. Meyer/ Freitag 2005, S. 149ff.

wendete – Möglichkeit der Auswertung ist die sog. Bertin-Clusteranalyse,[1084] die insbesondere geeignet ist, die Zusammenhänge der Elemente und gebildeten Konstrukte zu- und untereinander in der Wahrnehmung der befragten Personen zu veranschaulichen, indem sie mittels eines Algorithmus die Konstrukte zueinander sortiert und auf diese Weise eine Interpretation der Clustermatrix nach der Ähnlichkeit ihrer Bewertungen ermöglicht.[1085]

7.3.2 Testgütekriterien

Im Rahmen eines Forschungsprojekts ist zu prüfen, ob das ausgewählte Verfahren – basierend auf den Axiomen der klassischen Testtheorie – die sog. Gütekriterien der Messung, also Objektivität, Reliabilität und Validität erfüllt.[1086] Diese besagen, dass Messungen möglichst objektiv, zuverlässig und gültig und darüberhinaus als Nebengütekriterien praktikabel, ökonomisch und vergleichbar sein sollten.[1087] Die *Objektivität* eines Messinstruments gibt an, in welchem Ausmaß die Testergebnisse intersubjektiv sind, d.h. unabhängig von der Person, die das Messinstrument anwendet. Vollständige Objektivität liegt demnach vor, wenn zwei Personen unabhängig voneinander unter Anwendung des gleichen Messinstruments zu übereinstimmenden Ergebnissen kommen.[1088] Die *Reliabilität* eines Messinstruments drückt die Replizierbarkeit von Messergebnissen aus und ist somit ein Maß für die Verlässlichkeit von Messungen, d.h. sie gibt an, inwiefern wiederholte Messungen die gleichen Werte wie zuvor liefern. Mit *Validität* hingegen wird die Meßgenauigkeit eines Tests bezeichnet. Sie gibt den Grad der Genauigkeit an, mit dem ein Messinstrument das misst, was es messen soll.

Die Sinnhaftigkeit der Anwendung von Testgütekriterien auf die Repertory Grid Methode wird in der Literatur jedoch häufig hinterfragt. So weist etwa *Lohaus* darauf hin, dass nicht wenige Autoren »einer Anwendung traditioneller Gütemaßstäbe im Bereich der Grid-Technik kritisch gegenüberstehen.«[1089] Dies liege auch daran, dass die Repertory Grid Methode kein Test[1090] im klassischen Sinne ist, auf den die üblichen Gütekriterien anzuwenden seien,[1091] da es kein standardisiertes Format gäbe und sie im Rahmen der Anwendung sehr unter-

1084 Benannt nach dem französischem Kartographen Jacques Bertin.
1085 Vgl. Riklin 2010, S. 73; Meyer/ Freitag 2005, S. 149.
1086 Vgl. Raithel 2008, S. 44.
1087 Vgl. Lienert 1969, S. 12ff.
1088 Vgl. hierzu und im Folgenden: Raithel 2008, S. 45ff.
1089 Siehe Lohaus 1993, S. 81.
1090 Auch wenn Kelly den Begriff Test explizit verwendete (vgl. z.B. Kelly 1991, S. 132).
1091 Vgl. u.a. Slater 1977; Bannister/ Fransella 1971.

schiedliche Formen annehmen könne; vielmehr sei sie daher als eine spezielle Interviewtechnik zu betrachten.[1092] Weiter führt die Sichtweise, dass es verschiedene Konstruktionen der Wirklichkeit gibt, auch dazu, dass eine Entscheidung über die Güte dieser Konstruktionen nicht möglich ist, da es keine objektiv richtige Wirklichkeit gibt, die als Bewertungsmaßstab herangezogen werden könnte.[1093] Diese Feststellung hat entsprechende Auswirkungen auf die Bewertung der Güte von Forschungsmethoden. *Fromm* konstatiert hierzu: »Ob oder wie unverfälscht sie [Anm.: die Forschungsmethoden] objektive Wirklichkeit erfassen, kann auf der Basis der Personal Construct Psychology kein sinnvolles Kriterium sein, da als Bezugsgröße immer nur andere Konstruktionen von Wirklichkeit zur Verfügung stehen, nicht aber Wirklichkeit, wie sie tatsächlich ist.«[1094] Problematisch mit Blick auf die intersubjektive Objektivität ist zudem, dass im idealen Fall ein Vertrauensverhältnis zwischen Interviewer und Befragtem besteht und die Erhebung überwiegend dialogisch verläuft.[1095] Dadurch, dass keine Inhalte vorgegeben werden, werden allerdings potentielle Verfälschungen vermieden, die aus der Frage an sich, der Art der Fragestellung oder ihrer Interpretation durch den Befragten resultieren können und die Gefahr von Messfehlern deutlich reduziert. Hinzu kommt, dass Konstruktionen fortwährenden Veränderungen unterliegen mit entsprechenden Auswirkungen etwa auf die Retest-Reliabilität. Nichtsdestotrotz – auch da weite Teile des Konstruktsystems des Einzelnen in sich stabil sind – kommen verschiedene Studien zu dem Ergebnis akzeptabler Reliabilitäten:[1096] So ermittelten etwa *Bannister* und *Mair* Koeffizienten für die Reliabilitätsform von 0,6 bis 0,8,[1097] vergleichbar mit *Watson et al.*, die einen Wert von 0,74 ermittelten.[1098] *Keen* kam 1977 ebenfalls zu signifikanten Retest-Reliabilitäten, allerdings nur, wenn den Befragten die eigenen Grid-Ergebnisse nicht zuvor mitgeteilt wurden.[1099] Insgesamt lassen die meisten Studien den Schluss zu, dass die Repertory Grid Methode Reliabilitäten liefert, die im Schnitt ähnlich derer traditioneller Erhebungsmethoden sind, wenngleich mit größerer individueller Schwankungsbreite.[1100] Vergleichbare Ergebnisse gibt es auch mit Blick auf die Validität, für die *Lohaus et al.* (1990) sowie *Fransella* und *Bannister* (1967) in ihren Studien

1092 Vgl. Lohaus 1993, S. 80.
1093 Vgl. Fromm 1995, S. 13.
1094 Siehe Fromm 1995, S. 13.
1095 Vgl. Scheer 1993, S. 34.
1096 Vgl. Lohaus 1993, S. 85 ff.
1097 Vgl. Bannister/ Mair 1976.
1098 Vgl. Watson et al. 1976.
1099 Vgl. Keen 1977.
1100 Vgl. Lohaus 1993, S. 87; sowie u. a. auch Kruse, der konstatiert, dass »relevante Ergebnisabweichungen (…) zu parallel durchgeführten Vergleichsmessungen mit standardisierten Fragebögen nicht festgestellt wurden« (siehe Kruse 2004, S. 185.)

signifikante Werte ermittelten.[1101] *Lohaus* stellt zusammenfassend fest, dass es »ähnlich wie bei der Bewertung der Reliabilität keine Hinweise auf gravierende Validitätsmängel« in der Forschungsliteratur gebe.[1102]

1101 Vgl. Fransella/ Bannister 1967; sowie Lohaus et al. 1990.
1102 Siehe Lohaus 1993, S. 89.

Anhang 2: Interviewpartner

Vertreter (i. d. R. die geschäftsführenden Gesellschafter) folgender Unternehmen standen für ein Interview zur Verfügung (in alphabetischer Reihenfolge):

ARWE Service GmbH, München, gegründet 1973
August Jaeger Nachf. GmbH & Co. KG, Engelskirchen, gegründet 1834
BÜFA GmbH & Co. KG, Oldenburg, gegründet 1883
Burberg-Eicker Technische Federn GmbH, Mettmann, gegründet 1854
C.H.Erbslöh GmbH & Co.KG, Krefeld, gegründet 1876
Certuss Dampfautomaten GmbH & Co. KG, Krefeld, gegründet 1957
CleanCar AG, Meerbusch, gegründet 1986
Dillenberg GmbH & Co. KG, Düsseldorf, gegründet 1919
Dornieden Generalbau GmbH, Mönchengladbach, gegründet 1913
Dr. Babor GmbH & Co. KG, Aachen, gegründet 1956
Ebero GmbH & Co.KG, Köln, gegründet 1968
F.G. Conzen GmbH, Düsseldorf, gegründet 1854
Ferd. Schmetz GmbH, Herzogenrath, gegründet 1851
G. Siempelkamp GmbH & Co. KG, Krefeld, gegründet 1883
Goeke GmbH, Dortmund, gegründet 1983
Hatlapa Uetersener Maschinenfabrik GmbH & Co. KG, Uetersen, gegr. 1919
Helbako GmbH, Heiligenhaus, gegründet 1977
Henkelhausen GmbH & Co. KG, Krefeld, gegründet 1936
Interboden Innovative Lebenswelten GmbH, Ratingen, gegründet 1950
Jokey Plastik Wipperfürth GmbH, Wipperfürth, gegründet 1968
Jouhsen-Bündgens Maschinenbau GmbH, Stolberg, gegründet 1982
Kolb Cleaning Technology GmbH, Willich, gegründet 2007
Lienenlüke & Reinsch GmbH + Co. KG, Köln, gegründet 1904
Ludwig Krohne GmbH & Co. KG, Duisburg, gegründet 1921
Mitex GmbH Gummiwerke Hans Knott, Erkrath, gegründet 1954
MK Metallfolien GmbH, Hagen, gegründet 1999
Overlack AG, Mönchengladbach, gegründet 1922
Pe-S GmbH, Gummersbach, gegründet 1989
Reifenhäuser GmbH & Co. KG, Troisdorf, gegründet 1911
Rütex Textilhandels GmbH, Mönchengladbach, gegründet 1982
Schwarz-Rot-Gold Schmuck Vertriebs-GmbH, Uelzen, gegründet 1992
Tital GmbH, Bestwig, gegründet 1974
TML Technik GmbH, Monheim, gegründet 1993
W. Kolb Fertigungstechnik GmbH, Willich, gegründet 1988

Wilhelm Becker GmbH & Co. KG, Mettmann, gegründet 1910
Wilhelm Grillo Handelsgesellschaft mbH, Duisburg, gegründet 1919

Zwei der o. a. Unternehmen wurden von der Auswertung ausgenommen, da es sich hierbei nicht um Familienunternehmen handelte, wie im Verlauf der Interviews deutlich wurde. Hingegen gehören zur Stichprobe sechs weitere Familienunternehmen, die in den vergangenen Jahren an Private Equity Gesellschaften verkauft wurden. Sie fehlen in o. a. Auflistung auf expliziten Wunsch der Gesprächspartner. Diese Transaktionen werden im Rahmen der Arbeit als Erfahrungsberichte näher beleuchtet. Durch die Nennung der Unternehmen und Ansprechpartner wäre eine Zuordnung ggf. möglich gewesen (vgl. auch anonymisierte Erfahrungsberichte ehemaliger Inhaber, Kapitel 5.4.3).

Anhang 3: Auswertungen

Sektor [n=40]	Anzahl	in %
Produzierendes Gewerbe	28	70,0%
Dienstleistungen	4	10,0%
Handel	8	20,0%

Umsatz in Mio. EUR [n=40]		
< 10	4	10,0%
≥10 bis 24,9	10	25,0%
25 bis 49,9	5	12,5%
50 bis 249,9	14	35,0%
≥ 250	7	17,5%
Umsatz kumuliert:	4.600 Mio. EUR	
Umsatz durchschnittlich:	115,5 Mio. EUR	

Stichprobe n= 40

Rechtsform [n=40]	Anzahl	in %
GmbH	22	55,0%
GmbH & Co. KG	15	37,5%
AG	3	7,5%

Mitarbeiteranzahl [n=40]		
>10 bis 50	5	12,5%
51 bis 100	8	20,0%
101 bis 250	9	22,5%
251 bis 500	6	15,0%
501 bis 1000	5	12,5%
> 1000	7	17,5%
Mitarbeiterzahl kumuliert:	22.330	
Mitarbeiterzahl durchschnittlich:	558,3	

Auslandstochter/-niederlassung		
ja	23	57,5%
nein	17	42,5%

Gründung [n=40]		
vor 1900	7	17,5%
1900 - 1945	13	32,5%
1945 - 1999	19	47,5%
ab 2000	1	2,5%

EK Quote [n=19]		
< 30%	3	15,8%
30-39%	5	26,3%
40-49%	5	26,3%
≥50%	6	31,6%
EK durchschnittlich:	44,53%	

Generation... [n=40]		
erste	10	25,0%
zweite	13	32,5%
dritte	8	20,0%
vierte	5	12,5%
fünfte	3	7,5%
sechste	0	0,0%
siebte	1	2,5%

Abbildung 86: Zusammenfassende Darstellung der Merkmale befragter Unternehmen

Geschlecht	Anzahl	in %
Weiblich	2	5,0%
Männlich	38	95,0%

Alter		
< 30 Jahre	0	0,0%
30-40 Jahre	6	15,0%
41-50 Jahre	6	15,0%
51-60 Jahre	15	37,5%
61-70 Jahre	10	25,0%
> 70 Jahre	3	7,5%
Alter durchschnittlich:		55,1 Jahre

Schulbildung		
Promotion	7	17,5%
Hochschulabschluss	25	62,5%
Ausbildung o.ä.	8	20,0%

Stichprobe n= 40

Position	Anzahl	in %
Geschäftsführender Gesellschafter	23	57,5%
Familienfremder Geschäftsführer	7	17,5%
ehem. geschäftsf. Gesellsellschafter	6	15,0%
Vorstandsvorsitzender	2	5,0%
Gesellschafter (Beiratsmitglied)	2	5,0%

Nationalität	Anzahl	in %
Deutsch	39	97,5%
Andere	1	2,5%

Abbildung 87: Zusammenfassende Darstellung der befragten Personen

Vererbungspräferenz (n=34)	Anzahl	in %
ja	29	85,3%
nein	4	11,8%
kann ich nicht beurteilen	1	2,9%

Zeitraum Nachfolge (n=34)		
≤ 2 Jahre	2	5,9%
≤ 5 Jahre	2	5,9%
≤ 10 Jahre	6	17,6%
> 10 Jahre	24	70,6%

Maßnahmen für Übergang eingeleitet? (n=34)		
ja	17	50,0%
nein	17	50,0%

Könnte Nachfolge zum Problem werden? (n=34)		
nein	26	76,5%
ja	7	20,6%
keine Angabe	1	2,9%

Generelles Nachfolgeproblem in Deutschland? (n=40)		
ja	28	70,0%
nein	6	15,0%
kann ich nicht beurteilen	6	15,0%

Unternehmensverkauf vorstellbar? (n=34)		
Nein	21	61,8%
Ja	12	35,3%
Keine Angabe	1	2,9%

Präferenz für Verkauf (n=12 (verkaufswillige FU) Mehrfachnennungen möglich)		
Wettbewerber (anderes FU)	7	58,3%
Eigenes Management (MBO)	6	50,0%
PEG	5	41,7%
Wettbewerber (Konzern)	3	25,0%
Fremdes Management (MBI)	3	25,0%
Börsengang	2	16,7%

Börsengang eine Option? (n=34)		
ja, uneingeschränkt	1	2,9%
ja, bei Beibehaltung Mehrheit (50,1%)	4	11,8%
ja, bei Beibehaltung Sperrminorität (25%)	2	5,9%
Nein, keine Option	24	70,6%
keine Angabe	3	8,8%

Werden PEG bei FU generell skeptisch gesehen? (n=40)		
ja	25	62,5%
eher ja	13	32,5%
eher nein	1	2,5%
nein	-	-
kann ich nicht beurteilen	1	2,5%

Betrachten Sie PEG eher skeptisch? (n=20)	FU ohne PE Erfahrung	
ja	8	40,0%
eher ja	2	10,0%
eher nein	1	5,0%
nein	3	15,0%
kann ich nicht beurteilen / keine Angabe	6	30,0%

Gründe für Skepsis bei FU (n=40)		
Negatives Image	33	82,5%
Unzur. Rücksichtsnahme auf Familie	8	20,0%
Angst vor Kontrollverlust	8	20,0%
Evtl. Gefährdung Fortbestand FU	5	12,5%
Zu hohe Renditeforderungen	4	10,0%
Sonstige Gründe	15	37,5%

Gründe für das negative Image von PEG (n=40)		
Neg. Diskussion in Öffentlichkeit/Medien	24	60,0%
Umgang von PE mit erworbenen Untern.	16	40,0%
Mangelnde persönl. Bekanntschaft	15	37,5%
Auftreten von PE Investoren	8	20,0%
Rücksichtsloses Gewinnstreben der PEG	8	20,0%
Unwissenheit über das Geschäftsmodell	7	17,5%
Intransparenz der Branche	1	2,5%

Stichprobe n= 40
davon 34 (aktuelle Familienunternehmen)
6 (ehem.FU, inzwischen an PEG verkauft)

Wissenstand zum Thema Private Equity (n=40)	Anzahl	in %	Anzahl	in %
	20 FU mit PE		20 FU ohne PE-Erfahrung	
sehr gut (1)	3	15,0%	0	0,0%
gut (2)	8	40,0%	4	20,0%
mittelmäßig (3)	6	30,0%	10	50,0%
nicht sehr hoch (4)	3	15,0%	6	30,0%
keine Angabe	0	0,0%	0	0,0%

Einstellung zu PE auf Grund eigener Erfahrung verbessert? (n=20)	14 FU mit PE Mind.Bet.		6 FU (Verkauf an PEG)	
besser geworden	6	42,9%	1	16,7%
gleich positiv	5	35,7%	1	16,7%
schlechter geworden	3	21,4%	1	16,7%
gleich negativ	0	0,0%	3	50,0%

Weiterempfehlung von Private Equity auf Grund eigener Erfahrung? (n=20)	14 FU mit PE Mind.Bet.		6 FU (Verkauf an PEG)	
ja	10	71,4%	2	33,3%
nein	2	14,3%	3	50,0%
keine Angabe	2	14,3%	1	16,7%

Komplettverkauf an eine Private Equity Gesellschaft vorstellbar? (n=20)	14 FU mit PE Mind.Bet.		20 FU (ohne PE Erfahrung)	
ja	5	35,7%	9	45,0%
nein	9	64,3%	11	55,0%

Private Equity Gesellschaft als Minderheitseigner vorstellbar? (n=34)	14 FU mit PE Mind.Bet.		20 FU (ohne PE Erfahrung)	
ja, bis 24,9%	3	21,4%	6	30,0%
ja, bis max. 20%	1	7,1%	-	-
ja, bis max. 30%	1	7,1%	-	-
ja, bis max. 40%	-	-	1	5,0%
ja, bis max. 49,9%	7	50,0%	1	5,0%
Nein	2	14,3%	10	50,0%
keine Angabe	-	-	2	10,0%

Bewertungen der Auswirkungen des Einstiegs einer PEG als Minderheitseigner (n=14)	14 FU mit PE Mind.Bet.			
positiv	7	50,0%		
eher positiv	7	50,0%		
eher negativ	-	-		
negativ	-	-		
keine nennenswerten Auswirkungen	-	-		
keine Angabe	-	-		

Leiden PEG zu unrecht unter ihrem neg. Image? (n=20)	14 FU mit PE Mind.Bet.		6 FU (Verkauf an PEG)	
ja	3	21,4%	2	33,3%
teils/ teils	2	14,3%	1	16,7%
nein	8	57,1%	3	50,0%
keine Angabe	1	7,1%	-	-

Akzeptanz für PE würde steigen, wenn die Branche transparenter wäre? (n=20)			20 FU (ohne PE Erfahrung)	
trifft sehr zu			11	55,0%
trifft eher zu			2	10,0%
neutral			1	5,0%
trifft eher nicht zu			1	5,0%
trifft nicht zu			1	5,0%
kann ich nicht beurteilen/ keine Angabe			4	20,0%

Akzeptanz für PE würde steigen, wenn PEG-Mitarbeiter persönlich bekannt wären? (n=20)			20 FU (ohne PE Erfahrung)	
trifft sehr zu			10	50,0%
trifft eher zu			3	15,0%
neutral			1	5,0%
trifft eher nicht zu			3	15,0%
trifft nicht zu			-	-
kann ich nicht beurteilen/ keine Angabe			3	15,0%

Abbildung 88: Zusammenfassende Darstellung der Ergebnisse zu Nachfolge, Verkaufspräferenzen und Erfahrungen mit Private Equity

Anzahl	lfd. Nummer	Gründung	Generation	Sektor	Umsatz-Kategorie in mEUR	PE Erfahrung	Anteil	Mezzanine Kapital?	Art der PEG	Gesprächspartner aus Unternehmerfamilie	Altsgruppe	Zeitraum Unternehmensnachfolge in Jahren
1	FU13	vor 1900	5	Prod	50 bis 249,9	nein				ja	61–70 Jahre	>10
2	FU12	1900–1945	3	DL	≥10 bis 24,9	nein				nein	61–70 Jahre	>10
3	FU14	vor 1900	4	Handel	50 bis 249,9	nein				ja	30–40 Jahre	>10
4	FU11	1945–1999	1	DL	≥10 bis 24,9	nein				ja	30–40 Jahre	>10
5	FU9	1945–1999	1	Prod	≥10 bis 24,9	nein				ja	51–60 Jahre	>10
6	FU10	1945–1999	1	Handel	< 10	nein				ja	41–50 Jahre	>10
7	Ypsilon	1900–1945	4	Prod	50 bis 249,9	ja (Min)	45 %	nein	Moderate PEG	ja	51–60 Jahre	10
8	Tau	1945–1999	2	Prod	≥10 bis 24,9	ja (VK)	100 %	nein	Moderate PEG	ja	61–70 Jahre	entfällt
9	FU8	1945–1999	2	Prod	≥10 bis 24,9	nein				ja	61–70 Jahre	>10
10	FU15	1945–1999	1	Prod	50 bis 249,9	nein				nein	51–60 Jahre	>10
11	FU7	vor 1900	5	Prod	< 10	nein				ja	30–40 Jahre	>10
12	Sigma	1900–1945	3	Prod	≥ 250	ja (Mez)	still	ja	Moderate PEG	ja	51–60 Jahre	10
13	FU16	1945–1999	2	Prod	50 bis 249,9	nein	keinen	nein		ja	>70 Jahre	10
14	Rho	1900–1945	2	Prod	25 bis 49,9	ja (VK)	100 %	nein	Moderate PEG	ja		entfällt
15	PI	1945–1999	2	Prod	25 bis 49,9	ja (VK)	90 %	kA	Zunächst Moderate PEG, dann klassische PEG	ja	51–60 Jahre	entfällt
16	Omikron	1900–1945	3	Prod	50 bis 249,9	ja (MBG)	still	ja	MBG	ja	51–60 Jahre	>10
17	FU17	1945–1999	2	Prod	25 bis 49,9	nein		nein		ja	61–70 Jahre	2
18	FU6	1900–1945	2	Handel	≥ 250	nein		nein		ja	51–60 Jahre	>10
19	FU5	1900–1945	3	Prod	≥ 250	nein		nein		ja	51–60 Jahre	>10
20	FU4	vor 1900	2	Prod	≥10 bis 24,9	nein		nein		ja	30–40 Jahre	>10
21	FU3	1945–1999	2	Handel	≥10 bis 24,9	nein		nein		ja	30–40 Jahre	>10
22	Gamma	vor 1900	5	Handel		ja (Min)	12 %	ja	Moderate PEG	nein	61–70 Jahre	>10
23	Beta	1945–1999	1	Prod	25 bis 49,9	Ja (Min)	35 %	nein	Moderate PEG	ja	51–60 Jahre	5
24	Alpha	1900–1945	2	Handel	50 bis 249,9	ja (VK)	100 %	kA	Klassische PEG	ja	>70 Jahre	entfällt

(Fortsetzung)

Anzahl	lfd. Nummer	Gründung	Generation	Sektor	Umsatz-Kategorie in mEUR	PE Erfahrung	Anteil	Mezzanine Kapital?	Art der PEG	Gesprächspartner aus Unternehmerfamilie	Altsgruppe	Zeitraum Unternehmensnachfolge in Jahren
25	Delta	1900–1945	3	Prod	50 bis 249,9	ja (MBG+Mez)	still	ja	MBG	ja	51–60 Jahre	>10
26	FU18	1900–1945	4	Prod	≥ 250	nein		nein		ja	51–60 Jahre	>10
27	FU1	1900–1945	4	Prod	≥10 bis 24,9	nein		nein		nein	30–40 Jahre	>10
28	FU2	1945–1999	3	Prod	≥ 250	nein		nein		ja	41–50 Jahre	2
29	FU20	1900–1945	4	Prod	25 bis 49,9	nein		nein		ja	61–70 Jahre	10
30	FU19	vor 1900	3	Prod	≥ 250	nein		nein		nein	61–70 Jahre	10
31	Xi	vor 1900	7	DL	≥ 250	ja (Mez)	still	ja	Moderate PEG	nein	51–60 Jahre	>10
32	Ny	1945–1999	2	Prod	50 bis 249,9	ja (Mez)	still	ja	Moderate PEG	ja	51–60 Jahre	10
33	Kappa	1900–1945	2	Handel	50 bis 249,9	ja (VK)	100 %	nein	Moderate PEG	ja	>70 Jahre	entfällt
34	Iota	1945–1999	1	Prod	50 bis 249,9	Ja (Min)	49 %	nein	Moderate PEG	ja	41–50 Jahre	>10
35	My	1945–1999	1	Prod	< 10	ja (MBG)	44 %	nein	MBG	ja	51–60 Jahre	>10
36	Theta	1945–1999	1	DL	50 bis 249,9	Ja (Min)	45 %	ja	Moderate PEG	ja	61–70 Jahre	5
37	Eta	1945–1999	3	Prod	50 bis 249,9	ja (MBG)	20 %	nein	MBG	nein	41–50 Jahre	>10
38	Zeta	1945–1999	2	Prod	≥10 bis 24,9	ja (MBG)	10 %	nein	MBG	ja	41–50 Jahre	>10
39	Lambda	ab 2000	1	Prod	< 10	ja (MBG)	still	nein	MBG	ja	41–50 Jahre	>10
40	Epsilon	1945–1999	1	Handel	≥10 bis 24,9	ja (VK)	100 %	nein	Klassische PEG	ja	61–70 Jahre	entfällt

Tabelle 14: Anonymisierte Detailübersicht aller befragten Unternehmen

Wittener Schriften zu Familienunternehmen

Herausgegeben von Arist von Schlippe und Tom Rüsen

Das Wittener Institut für Familienunternehmen (WIFU) der Wirtschaftsfakultät der Universität Witten Herdecke ist in Deutschland der Pionier und Wegweiser akademischer Forschung und Lehre zu Besonderheiten von Familienunternehmen. Drei Forschungs- und Lehrbereiche – Betriebswirtschaftslehre, Psychologie/Soziologie und Rechtswissenschaften – bilden das wissenschaftliche Spiegelbild der Gestalt von Familienunternehmen. Dadurch hat sich das WIFU eine einzigartige Expertise im Bereich Familienunternehmen erarbeitet. Seit 2004 ermöglichen die Institutsträger, ein exklusiver Kreis von über 60 Familienunternehmen, dass das WIFU auf Augenhöhe als Institut von Familienunternehmen für Familienunternehmen agieren kann. Mit aktuell vierzehn Professoren leistet das WIFU mittlerweile seit fünfzehn Jahren einen signifikanten Beitrag zur generationenübergreifenden Zukunftsfähigkeit von Familienunternehmen.

Das Leiten und Führen von Familienunternehmen stellt eine komplexe und mitunter auch paradoxe Herausforderung dar. Ein neues Studienangebot leistet hier wichtige Unterstützung: Seit Oktober 2010 bietet die Fakultät für Wirtschaftswissenschaft der Universität Witten/Herdecke den als »Land der Ideen« ausgezeichneten Studiengang »Master in Family Business Management (M.Sc.)« an. Hierdurch kann das WIFU seine Expertise an potenzielle Nachfolger, Fach- und Führungskräfte und Berater in Familienunternehmer weitergeben. Daneben gibt es für Studierende im Bachelorstudiengang »Business Economics (B.A.)« sowie im Masterstudiengang »Management (M.A.)« die Möglichkeit, ein Vertiefungsfach im Bereich Familienunternehmen zu belegen.

WIFU

Weitere Bände dieser Reihe:

Band 16: Dominique Otten-Pappas
Taking over the Family Business
A career developmental perspective on male and female succession
2015, 240 Seiten, gebunden, ISBN 978-3-8471-0483-4

Band 15: Thomas Götzen
Buyouts aus Familienunternehmen
Corporate Governance, strategischer Wandel und Wachstum
2014, 232 Seiten, gebunden, ISBN 978-3-8471-0234-2

Band 14: Steffen Großmann
Konflikte und Krisen in Familienunternehmen
2014, 215 Seiten, gebunden, ISBN 978-3-8471-0245-8

Band 13: Till-Alexander Freysoldt
Beirat in der Krise
Der Einfluss von wirtschaftlichen Krisen auf Aufsichtsgremien in Familienunternehmen
2013, 221 Seiten, gebunden, ISBN 978-3-8471-0164-2